高等学校经济管理类专业"十三五"应用型规划教材

经济法
（第二版）

鲍宏礼 主　编
柯珍堂　何海花 副主编

中国经济出版社
CHINA ECONOMIC PUBLISHING HOUSE
北京

图书在版编目（CIP）数据

经济法（第二版）/ 鲍宏礼 主编.
—北京：中国经济出版社，2019.9
ISBN 978-7-5136-5782-2

Ⅰ.①经… Ⅱ.①鲍… Ⅲ.①经济法—中国—高等学校—教材 Ⅳ.①D922.29

中国版本图书馆 CIP 数据核字（2019）第 159572 号

责任编辑　赵静宜
责任印制　巢新强
封面设计　久品轩

出版发行	中国经济出版社
印 刷 者	北京力信诚印刷有限公司
经 销 者	各地新华书店
开　　本	710mm×1000mm　1/16
印　　张	25.5
字　　数	392 千字
版　　次	2019 年 9 月第 1 版
印　　次	2019 年 9 月第 1 次
定　　价	69.00 元

广告经营许可证　京西工商广字第 8179 号

中国经济出版社 网址 www.economyph.com 社址 北京市东城区安定门外大街 58 号 邮编 100011
本版图书如存在印装质量问题，请与本社销售中心联系调换（联系电话：010-57512564）

版权所有　盗版必究（举报电话：010-57512600）
国家版权局反盗版举报中心（举报电话：12390）　　服务热线：010-57512564

编委会

主　编： 鲍宏礼

副主编： 柯珍堂　何海花

主要撰稿人（按姓氏笔画顺序）：

刘卫明　纪关心　李平衡　何秀平
周　敏　武喜元　柯晶琳　胡　栾

第二版修订说明

2009年8月出版的第一版,针对经济管理类专业本科学生经济法教学要求,围绕市场经济运行过程中最为常见的经济法理论和实践问题,在经济法理论、经济组织法、市场运行秩序法、金融与保险法、会计与审计法、劳动与社会保障法、经济纠纷解决法等方面进行了比较系统的阐述,突出了实用性和案例教学,得到了经济管理类专业教师、学生的一致好评。

近年来,随着我国改革开放的进一步推进,经济法基础理论和下属各部门具体法律制度均有了较大调整,有关经济立法有了较大变化:2016年9月3日,第十二届全国人民代表大会常务委员会第二十二次会议通过了《关于修改〈中华人民共和国外资企业法〉等四部法律的决定》;2017年1月6日,国家工商行政管理总局发布了《网络购买商品七日无理由退货暂行办法》;2017年2月24日第十二届全国人民代表大会常务委员会第二十六次会议审议通过了《关于修改〈中华人民共和国企业所得税法〉的决定》;2017年8月28日,最高人民法院发布了《关于适用〈中华人民共和国公司法〉若干问题的规定(四)》;2017年11月4日,第十二届全国人民代表大会常务委员会第三十次会议修订了《反不正当竞争法》(自2018年1月1日起施行);2017年11月4日,第十二届全国人民代表大会常务委员会第三十次会议审议通过了《关于修改〈中华人民共和国会计法〉等十一部法律的决定》;2017年10月30日,国务院第191次常务会议通过了《关于废止〈中华人民共和国营业税暂行条例〉和修改〈中华人民共和国增值税暂行条例〉的决定》并于2017年11月19日公布施行;2018年12月29日,第十三届全国人民代表大会常务委员会第七次会议审议通过了《全国人民代表大会常务委员会关于修改〈中华人民共和国劳动法〉等七部法律的决定》,并自公布之日起施行;2019年3月15日,第十三届全国人民代表大会第二次会议审议通过了《中华人民共和国外商投资法》。

经济法

党的十九大以来，随着社会主义市场经济体制的不断完善发展，在经济实践中人们对有关政府与市场关系有了更深刻的认识，加上信息化、"互联网+"等对高等教育的影响日益扩大，新形势下对高等学校经济管理类专业应用型人才培养有了新的要求。鉴于此，本教材以党的十九大精神为指导，按照应用型人才培养新要求，以最新的经济法律法规为基础，在教材体例上坚持理论与实践相结合，在内容上坚持学术与应用相结合，对原教材相关章节内容均进行了全新的修订和完善。

本教材的修订主要由国内一些从事经济管理类专业教学的一线资深教师，特别是多年从事经济法教学以及富有实践经验的经济法律工作者共同完成。本教材主要内容由6个部分组成：经济法基础理论、经济组织法、市场秩序法律法规、财会与审计法、金融与保险法、劳动与社会保障法等，共19章。具体分工如下：鲍宏礼，第一章经济法概述；胡栾，第二章个人独资企业法、第三章合伙企业法；周敏，第四章外商投资企业法、第五章公司法；何海花，第六章破产法、第七章合同法；柯晶琳，第八章担保法、第九章竞争法；柯珍堂，第十章知识产权法、第十一章广告法；刘卫明，第十二章产品质量法、第十三章消费者权益保护法；武喜元，第十四章金融与保险法；纪关心，第十五章税法；何秀平，第十六章会计与审计法；李平衡，第十七章劳动与社会保障法、第十八章经济纠纷解决法律制度。

本教材再版过程中，参考了国内外大量书籍和资料，并将主要参考文献附于教材后，同时本教材的再版得到了黄冈师范学院应用经济学重点学科的资助，得到了中国经济出版社的大力支持与多方指导，在此一并表示衷心的谢意。

鲍宏礼

2019年3月

第一版前言

经济法是调整特定经济关系的法律规范的总称,从广义上讲,这种特定的经济关系还包括国家对企业的经济管理关系、企业内部的经营管理关系和企业对外的经济交易关系。经济法是随着世界经济的发展,特别是资本主义发展到垄断阶段而产生与发展起来的。19世纪下半叶,是自由竞争的资本主义向垄断的资本主义过渡的时期,在这段时期,市场经济的充分发展所导致的社会化大生产使个体对经济整体与经济环境的依赖性逐步加强,个体经济的不正当行为对社会整体经济的破坏性也日益明显,社会经济日益成为一个有机的整体。为了弥补市场所谓"看不见的手"所存在的固有的不能克服的缺陷,而且社会经济的健康、有序、良性发展也离不开国家对社会经济进行干预和调整,经济法因此应运而生并得以快速发展。

与其他教材相比,经济法的特点是内容浩繁、体系庞杂、涉及面较广,且随着社会经济的发展而处在不断的变化发展过程中。在新的形势下,为了确保市场经济持续、稳定、健康发展,构成经济法的部分法律、法规必须要根据市场经济发展的需要及时予以调整;与此同时,随着经济法制的发展和经济法学理论研究的深入,经济法的结构体系和具体内容也在不断完善。为了及时将经济法发展的最新动态和经济法研究的最新成果展示给读者,帮助读者更全面、深入地了解和掌握经济法的主要内容,我们编写了这部比较适合于高等学校经济管理类专业经济法教学需要的教材。

本教材以现行的最新经济立法为依据,围绕市场经济运行过程中最为常见的经济法理论和实践问题,在经济法理论、经济组织、宏观调控、市场运行规则和管理、劳动保障、经济纠纷等方面进行了比较系统的阐述,具有较强的理论性和实践性。其主要特点有:

第一,这是一本为非法学类专业学生编写的经济法教材。我们在考虑经济法本身自有体系的同时,主要根据经济及管理类专业教学的要求,对教材的内容作了一定的取舍。高等学校经济管理类专业讲授经济法的教学定位和培养目标有别于法学专业。法学专业经济法的教学和研究更加重视对经济立法研究、经济法学理分析以及实用法律、事后诊断案件的能力培养；而经济管理类专业经济法的教学和研究更加重视市场经济主体的经济运行规则和经济管理，这一区别体现在教材编写的风格和角度上，就是体现经济管理类专业人才培养的目标要求。

第二，教材突出了实用性和案例教学。经济法属于应用性学科，非法学专业的学生学习经济法的主要目的在于掌握经济运行规则与相关的法律、法规，学会运用经济法这一工具处理企业在市场经营中的纠纷，维护个人和企业的合法权益。为此，本教材的重点放在对经济法实务的介绍上。同时，为了让学生掌握相关的经济法律知识，提高学生运用经济法律知识分析处理问题的能力，我们在每一章都编写了案例分析。

第三，在编写体例上更方便教学。本教材的编写基本按照六个部分进行，即经济法理论、市场主体、市场运行规则、宏观调控、劳动保障、经济纠纷处理。使整个教材编写思路清晰，教学方便。而且，我们在每一章的后面都精心设计了相关的案例分析与思考题，这一安排非常有利于学生学习和掌握相关章节的基本知识和基本应用技能。

本教材由黄冈师范学院应用经济学学科组成员负责编写，由黄冈师范学院商学院院长鲍宏礼教授担任主编。全书具体写作分工如下：鲍宏礼撰写第一章经济法概述、第二章国有企业法；周敏撰写第三章个人独资企业法、第六章公司法；何秀平撰写第四章合伙企业法、第十五章票据法；何海花撰写第五章外商投资企业法、第八章合同法、第九章担保法；兰定锋撰写第七章破产法、第十六章税法；王丰阁撰写第十一章知识产权法；柯珍堂撰写第十章竞争法、第十二章产品质量法；丁厚春撰写第十三章消费者权益保护法、第十四章劳动法、第十七章经济制裁和经济诉讼。

本教材在编写过程中参考了经济法学界老前辈和同人的著作、教材和研究成果，主要参考文献目录附于书后，在此对这些专家、作者深表敬意。此外，本教材的出版得到了首都经济贸易大学出版社领导的大力支持，在编写过程中也得到了黄冈师范学院应用经济学学科的资助，在此，我们一并表示衷心的感谢！

黄冈师范学院商学院 鲍宏礼

2009 年 6 月

目　录

第一章　经济法概述 ··· 1

第一节　经济法的概念与调整对象 ······································ 1
第二节　经济法的产生与发展 ·· 3
第三节　经济法的主要内容与基本原则 ································ 7
第四节　经济法律关系 ·· 14

第二章　个人独资企业法 ··· 20

第一节　个人独资企业法概述 ··· 20
第二节　个人独资企业的设立 ··· 22
第三节　个人独资企业事务的管理 ····································· 25
第四节　个人独资企业的解散与清算 ·································· 26

第三章　合伙企业法 ··· 29

第一节　合伙企业法概述 ··· 29
第二节　合伙企业的设立与变更 ·· 33
第三节　合伙企业财产 ·· 36

第四节　合伙企业的内外关系 ························· 39
第五节　入伙与退伙 ····································· 43
第六节　合伙企业的解散与清算 ····················· 46

第四章　外商投资法 ································· 50

第一节　外商投资法概述 ······························ 50
第二节　投资促进 ······································· 53
第三节　投资保护 ······································· 54
第四节　投资管理 ······································· 55
第五节　法律责任 ······································· 56

第五章　公司法 ·· 58

第一节　公司法概述 ···································· 58
第二节　公司法基本制度 ······························ 61
第三节　有限责任公司 ································· 69
第四节　股份有限公司 ································· 78
第五节　外国公司的分支机构 ························ 87

第六章　企业破产法 ·································· 90

第一节　企业破产法概述 ······························ 90
第二节　破产申请与受理 ······························ 92
第三节　债务人财产与破产债权 ····················· 97
第四节　债权人会议 ···································· 99
第五节　重整程序与和解制度 ························ 101
第六节　破产宣告和破产清算 ························ 106

第七章　合同法 ······ 112

第一节　合同法概述 ······ 112
第二节　合同的订立 ······ 116
第三节　合同的效力 ······ 121
第四节　合同的履行 ······ 125
第五节　合同的变更、转让与终止 ······ 129
第六节　合同责任 ······ 134

第八章　担保法 ······ 139

第一节　担保法概述 ······ 139
第二节　保证 ······ 140
第三节　抵押 ······ 144
第四节　质押 ······ 147
第五节　留置 ······ 149
第六节　定金 ······ 151

第九章　竞争法 ······ 154

第一节　竞争法概述 ······ 154
第二节　反不正当竞争法 ······ 155
第三节　反垄断法 ······ 161

第十章　知识产权法 ······ 167

第一节　知识产权法概述 ······ 167
第二节　著作权法 ······ 168
第三节　专利法 ······ 173
第四节　商标法 ······ 185

第十一章　广告法 · 197

- 第一节　广告法概述 · 197
- 第二节　广告内容准则 · 198
- 第三节　广告行为规范 · 203
- 第四节　广告监督管理与法律责任 · 206

第十二章　产品质量法 · 212

- 第一节　产品质量法概述 · 212
- 第二节　产品质量监督与管理 · 213
- 第三节　生产者、销售者的产品质量义务 · 216
- 第四节　产品质量责任制度 · 219

第十三章　消费者权益保护法 · 226

- 第一节　消费者权益保护法概述 · 226
- 第二节　消费者权利 · 227
- 第三节　经营者的义务 · 231
- 第四节　消费者争议的解决和法律责任 · 234

第十四章　金融与保险法 · 240

- 第一节　金融法概述 · 240
- 第二节　银行法 · 243
- 第三节　证券法 · 253
- 第四节　票据法 · 275
- 第五节　保险法 · 294

第十五章 税法 ... 309

第一节 税法概述 ... 309
第二节 流转税法 ... 314
第三节 所得税法 ... 321
第四节 财产与行为税法 ... 326
第五节 税收征收管理法 ... 328

第十六章 会计与审计法 ... 332

第一节 会计与审计法概述 ... 332
第二节 会计法 ... 334
第三节 审计法 ... 342

第十七章 劳动与社会保障法 ... 347

第一节 劳动与社会保障法概述 ... 347
第二节 劳动法 ... 352
第三节 社会保障法 ... 359

第十八章 经济纠纷解决法律制度 ... 373

第一节 经济纠纷解决法律制度概述 ... 373
第二节 协商和调解 ... 374
第三节 经济仲裁 ... 378
第四节 经济诉讼 ... 384

主要参考文献 ... 391

第一章 经济法概述

第一节 经济法的概念与调整对象

一、经济法的概念

经济法是19世纪末20世纪初出现的一个新的法律部门。经济法的概念在学术界有一定的分歧,但结合近几年我国经济法理论的研究和经济法实践,我们认为,经济法是在国家管理协调经济运行过程中发生的经济关系的法律规范的总称。经济法产生于国家对经济运行进行管理和协调的必要性,是国家为促进和保障市场经济的健康发展、维护社会市场经济秩序而制定的,是调整需要由国家干预和调节的市场经济关系的法律规范。

经济法的这一定义有四层含义:一是经济法是调整市场经济关系的法律,是在市场经济条件下产生和发展起来的;二是经济法调整的不是所有的市场经济关系,而是那些需要由国家干预或调节的特定的市场经济关系;三是制定经济法的目的是促进和保障市场经济健康发展,维护社会经济秩序;四是经济法是许多经济法律、法规的总称,也就是说,调整上述经济关系的一系列法律、法规有机地结合为一个整体,构成我国独立的经济法部门。

经济法作为一个独立的法律部门,除了具有法的普遍特点外,还有其自身独有的特征:

(1)经济法是调整特定经济关系的法,具有经济性。经济法直接作用于经济领域,并具有经济目的性,故经济法的经济性是不言而喻的。其主要表现在:首先,经济法的对象发生在直接物质再生产领域,并具有经济目的性。其次,经济法往往把经济制度、经济活动的内容和要求直接规定为法律。最后,经济法调整的手段主要是经济手段,即以经济规律和经济现实为依据而确立的具有经济内容的手段，这与行政、刑事手段不同。

（2）经济法的目的是要体现一定的经济政策的要求，具有政策性。经济法根源于国家对经济的自觉调控与参与，其意义在于对千变万化的经济生活及时应对，以求兴利避害，促使经济快速平稳地发展，并提高国家及其经济的国际竞争力。它的任务是实现一定的经济体制和经济政策的要求，从而具有比其他任何法律部门更为显著的政策性特点。因此，有人也把经济法称为经济政策法。

（3）经济法是国家干预市场经济活动的法，具有政府主导性。经济法是在国家协调市场经济运行过程中发生的经济关系的法律规范，是国家干预、从事经济活动、参与经济关系的产物，调整的是直接体现国家意志的经济关系，从而与政府的管理和参与有着密切的关系。作为这种特殊意义性的客观要求及其在法律上的反映，经济法在强制性、授权性和法的实现方面均体现了政府主导性特征。

（4）经济法与经济活动及经济管理活动具有最直接的关联性。可以说任何法律都要为经济基础服务，但经济法对经济的服务最直接，联系也最密切。在经济法律法规中，除必不可少的法律术语外，其余的几乎都是用经济技术术语来表达的，所调整的各种经济关系很多都是在经济活动中发生的。

（5）经济法对违法行为的处理具有综合性。经济法的最大作用和功能就是通过法律形式表现出国家对社会经济活动的调整，这一作用在某种程度上体现在经济法对违法行为的惩罚和制裁上。而经济法对不同的违法行为分别规定了不同的处理办法，在这些办法中，既有行政上的惩罚，也有民事上的惩罚，还有刑事上的惩罚。通过这些办法来保障市场经济秩序，提高社会经济效益。

二、经济法的调整对象

经济法的调整对象与经济法的概念问题是紧密相关的，学术界关于经济法概念的各种分歧，同样也反映在对经济法调整对象的认识上。从我们对经济法概念和特征的揭示中可以看出，我国经济法的调整对象是经济关系，但不是一切经济关系，而是指国家协调经济运行过程中发生的特定的经济关系。具体包括下列四个方面：

(一) 企业组织管理关系及其法律调整

这是国家在对企业进行组织和管理过程中发生的经济关系,即对微观单位(经济组织)及其活动进行组织、管理和监督过程中发生的经济关系。企业组织管理关系,是指在企业设立、变更、终止和企业内部管理过程中发生的经济关系。在市场经济条件下,企业是最主要的市场经济主体,国家为了协调经济的运行,对企业的设立、变更和终止,企业内部机构的设置及其职权,企业的财务、会计管理等,进行必要的干预。

(二) 市场管理关系及其法律调整

这是国家在对市场进行干预和管理过程中发生的经济关系,即市场管理关系。要发展社会主义市场经济,必须建立统一、开放的市场体系。为了维护正常的市场经济秩序,使市场经济有序发展,克服垄断和不正当竞争等现象,需要国家干预和加强市场管理。

(三) 宏观经济调控关系及其法律调整

发展市场经济,必须建立以间接手段为主的宏观调控体系。这对于弥补市场调节的缺陷、优化资源配置,具有重要意义。所谓宏观调控,是指国家为了实现经济总量的基本平衡,促进经济结构的优化,引导国民经济持续、快速、健康发展,对国民经济总体活动进行的调节和控制。在以间接手段为主的宏观调控过程中发生的经济关系,简称宏观经济调控关系。

(四) 社会经济保障关系及其法律调整

在对作为劳动力资源的劳动者实行社会保障过程中发生的经济关系,简称社会经济保障关系。通过国家的干预,建立强制实施、互济互助、社会化管理的社会保障制度,有助于充分开发和合理利用劳动力资源,保护劳动者的基本生活权利,维护社会稳定,促进经济发展。

第二节 经济法的产生与发展

一、经济法概念的提出

"经济法"这个概念是 18 世纪由法国空想社会主义者摩莱里(Morelly)

在1755年出版的《自然法典》一书中首先提出来的。该书第四篇"合乎自然意图的法制蓝本"共12个部分,其中第二部分就是"分配法或经济法",这里首次出现了"经济法"这一概念。1842年,另一个法国空想社会主义者德撒米(Dezamy)在其《公有法典》一书中也使用了"经济法"概念,并且发展了摩莱里的经济法思想。进入20世纪以后,德国学者莱特(Ritter)在1906年创刊的《世界经济年鉴》中开始使用"经济法"这一概念,用来说明与世界经济有关的各种法规,但是并不具有严格的学术意义。之后,各西方国家先后采用"经济法"这一概念。

在我国自1979年以来,在全国人民代表大会的文件和中共中央以及在第九届全国人民代表大会常务委员会制定的五年立法规划中,都使用了"经济法"这一概念。与此同时,在我国的学术界也开始广泛使用"经济法"这一概念。

二、经济法在西方国家的产生和发展

经济法不是从来就有的,它是人类社会政治经济发展到一定历史阶段的产物。原始社会末期,随着生产力的逐步发展,产品有了剩余,这就为私有制社会的产生提供了物质条件。剩余产品分配不公平和氏族部落之间的战争,最终使社会分裂为奴隶主阶级和奴隶阶级,从而进入有阶级的奴隶社会。奴隶主阶级为了维护自身的利益、巩固自己的统治,逐步确立了对奴隶主阶级有利的社会秩序和行为规则,这就是奴隶制社会的法律。在这些法律中,有不少内容和条款是调整经济关系的,从广义上理解,这些调整经济关系的法律规范就是经济法。这种广义上的经济法律规范早在奴隶社会和封建社会就已经产生了。

但是,我们现在所说的经济法是指作为独立法律部门的经济法,或者称为狭义的经济法,其产生的时间要晚得多。这种狭义上的经济法产生于资本主义社会时期。

经济法在资本主义国家的兴起,出现在自由资本主义向垄断资本主义的过渡时期。在自由资本主义时期,国家对经济运行采取不干预政策,国家的任务是保障个人享有财产的绝对权利和缔结契约的自由权,在立法上以个人主义和自由主义为宗旨,并由此形成了资产阶级的三大法律原则,即私有财产神圣不可侵犯、契约自由、权利平等原则，经济生活完全由市场这一"看不见的手"来调节。到自由资本主义末期和垄断资本主义初期，垄断组织迅速扩大，使市场经济所固有的竞争机制和自发调节作用失去了应有的效应，自由竞争的环境被破坏殆尽，资本主义所有者固有的根本矛盾和社会矛盾一并激化和爆发出来，这些都严重威胁着资本主义的经济制度和政治制度。因此，资本主义国家不得不放弃对经济生活的不干预政策，而把"看得见的手"（国家干预）与"看不见的手"（市场调节）协调起来，开始实行国家干预和市场调节相结合的经济政策。国家干预经济生活就是国家通过法律来调整特定的经济关系，规范市场主体和市场运行，如禁止和限制经济中的不正当竞争行为和垄断行为等。在立法原则和宗旨上也发生了变化，私有财产权不再被认为是一种无限制的绝对权利，财产权应该为公共福利服务；契约自由不再是当事人意思的绝对自由，契约不应违反"善良风俗""公共秩序"，并出现了大量的标准合约替代了当事人的意思协商。这样，作为对经济生活进行调控的有力武器，现代意义上的经济法就产生了。特别是在第二次世界大战以后，西方国家为了振兴和发展国家经济，运用国家干预的手段颁布了大量的经济法。

三、经济法在中国的产生和发展

在中国，一般认为是从1979年以后才开始正式使用"经济法"这一概念的。1949年，中华人民共和国成立之前，中国处于半殖民地半封建社会，国民党政府虽然制定过一些经济行政法规，但是，这一时期无论官方还是法学界尚无经济法的概论与学说。

1949年中华人民共和国成立后至1979年改革开放前，在这30年期间，中国实行单一的计划经济体制。国家为了行使经济管理职能，在计划、财税、金融、价格、行业管理方面，曾制定过一些行政法规，但那时仍无经济法的概念。

1979年改革开放后，政府重视以法律手段调控经济，颁布了大量管理经济的法律、法规，中国的经济法应运而生。从1979年至今，中国的经济立法又可分为两个阶段。前13年（1979—1992年），我国实行计划经济与市场调节相结合的体制，这一阶段的经济立法明显带有计划经济的痕迹。尽管如此，我国的经济立法还是取得了丰硕成果。主要立法有《中华人民共和国森林法

（试行）》《中华人民共和国中外合资经营企业法》《中华人民共和国中外合资经营企业所得税法》《广东省经济特区条例》《关于扩大国营工业企业经营管理自主权的若干规定》《国务院关于推动经济联合的暂行规定》《关于发展社队企业若干问题的规定（试行草案）》《中华人民共和国外商投资企业和外国企业所得税法》《中华人民共和国个人所得税法》《中华人民共和国外汇管理暂行条例》《中华人民共和国优质产品奖励条例》《中华人民共和国标准化管理条例》《中华人民共和国环境保护法（试行）》《中华人民共和国经济合同法》《中华人民共和国会计法》等法律、法规。

1992年，邓小平同志发表了"南行讲话"，为我国确立社会主义市场经济体制奠定了基础。自1993年以来，我国市场经济法律体系建设发展很快，制定和颁布了一系列的法律、法规。在经济管理方面，我国颁布了《中华人民共和国预算法》《中华人民共和国税收征收管理法》《中华人民共和国审计法》《中华人民共和国中国人民银行法》《中华人民共和国商业银行法》《中华人民共和国外汇管理条例》等。此外，还有《水利产业政策》《外商投资产业指导目录》《中华人民共和国对外贸易法》《中华人民共和国反倾销和反补贴条例》《中华人民共和国海关法》等法律、法规。在企业和投资方面，制定了《中华人民共和国公司法》《中华人民共和国台湾同胞投资保护法》《中华人民共和国企业法人登记管理条例》等法律、法规。在市场秩序和竞争方面，制定了《中华人民共和国反不正当竞争法》《中华人民共和国产品质量法》《中华人民共和国消费者权益保护法》《中华人民共和国广告法》《中华人民共和国价格法》《制止牟取暴利的暂行规定》等。

近几年来，特别是党的十八大、十九大以来，随着社会主义市场经济体制的不断完善与发展，在经济实践当中人们对政府与市场关系有了更深刻的认识，我国又对有关经济、法律法规进行了修改，目前基本上建立了比较完善的经济法律、法规体系。

第三节 经济法的主要内容与基本原则

一、经济法的主要内容

经济法的主要内容是指作为一部独立的法律部门,经济法主要包含哪些经济法律制度。与经济法的调整对象相适应,我们认为,经济法的主要内容包括以下四个大的方面:

(一)市场主体法律制度

市场主体法律制度是经济法的重要内容,离开了市场主体,市场机制和宏观调控机制不能发挥任何作用,经济法的功能也就无法得以实现。因此,市场主体法律制度是我国经济法体系的重要组成部分。市场主体立法的最终目的和衡量标准,应当是提高企业和资本的运作效率,促进国民经济的发展。因此,市场主体的立法应当从中国的国情出发,充分考察我国的经济发展状况,在我国特定的历史阶段,以所有制作为企业法律形态分类和立法的主要标准具有一定的必要性,并起到重要作用,但随着改革的深化,企业法律形态分类和立法应当突破所有制的标准,代之以企业的组织形态和投资者的责任形式。我国目前的市场主体法律制度主要包括:个人独资企业法律制度、公司法律制度、合伙企业法律制度、外商投资企业法律制度、全民所有制企业法律制度,等等。

(二)宏观调控法律制度

市场机制有其自身不可克服的固有缺陷,这就决定了对经济生活进行宏观调控的必要性,以保持经济总量平衡,抑制通货膨胀,促进经济结构优化,实现经济健康、快速、稳定增长。所以,从一定意义上讲,市场机制与宏观调控的紧密结合是现代市场经济的突出特点之一。宏观调控法律制度是宏观调控法制化的要求,是我国经济法的重要组成部分。在以往的计划经济体制下,由于我国长期以来习惯运用经济政策和行政手段,而不重视运用法律手段来进行宏观调控,因此,宏观调控方面的法律、法规极为有限。自改革开放以来,特别是实行市场经济体制以来,我国日益重视运用法律手段来完善宏观经济调控，在对原有法律、法规进行调整、修改的基础上，还制定了很多宏观调控方面的法律、法规。宏观调控法律制度主要包括：计划和统计法律制度、固定资产法律制度、税收法律制度、金融法律制度、价格法律制度以及自然资源和能源法律制度，等等。

（三）市场规制法律制度

市场有序化是充分发挥市场机制作用的前提。要维护市场经济秩序，必须加强对市场的管理，特别要用法律手段强化对市场秩序的监督，规范市场主体的行为。这是市场经济得以健康、快速发展的前提条件之一。市场规制法律制度主要包括：反不正当竞争法律制度、反垄断法律制度、证券法律制度、产品质量法律制度、消费者权益保护法律制度和房地产法律制度、合同法律制度、担保法律制度，等等。

（四）劳动和社会保障法律制度

在市场经济发展过程中，劳动关系以及与劳动关系密切相关的其他社会关系需要由法律来调整。而社会保障法律制度是调整以国家和社会为主体，为了保证有困难的劳动者和其他社会成员以及特殊社会群体成员的基本生活并逐步提高其生活质量而发生的社会关系的法律规范的总称。劳动和社会保障法律制度主要包括：劳动法、社会保险法律制度、社会福利法律制度、优抚安置法律制度和社会救济法律制度，等等。

二、经济法的基本原则

经济法的基本原则是指规定于或寓意于经济法律规范中，指导经济立法、经济执法、经济司法的基本准则。经济法的基本原则主要有：

（一）市场主体法律地位平等原则

市场主体的法律地位平等，包括两方面的含义：一方面市场主体参与市场活动依法平等享有权利、承担义务，另一方面市场主体平等受到法律保护。市场主体的法律地位平等是市场经济对市场主体制度的必然要求，市场经济说到底是通过竞争来实现资源配置，而竞争的结果必然是优胜劣汰。这就要求经济法律确认市场竞争的参加者——市场主体的地位一律平等，不因其经济性质、组织形式、资本大小而有所不同，从而为创造公平竞争的市场环境奠定基础，使不同的市场主体能够在同一起跑线上参与市场竞争。

以往在计划经济体制下，公有制经济是社会经济的主导，起着支配作用。这种经济体制反映在对法律的要求上是以保护公有制经济为主，限制、改造私有经济，并尽力促使残存的私有经济向公有经济转变，作为经济立法和执法的最高准则。表现在具体的经济法律规定和司法实践上，就是处处强调对国有经济、集体经济的特殊保护，强调它们的权利和利益，淡化它们的义务与责任，而对非公有经济与其他经济成分之间的不平等地位和不平等的发展环境。当前，我国实行的社会主义市场经济，从根本上讲是一种多元经济。这种经济体制要求各种市场主体都能获得充分展示和公平发展的机会。这种经济上的要求反映在法律上就表现为市场主体应具有平等的法律地位，各市场主体的合法利益平等地受到法律的有效保护。经济法律把保护和发展社会主义市场经济当作自己的根本任务，必然要服从建立社会主义市场体制的改革需要，以法律的形式确认市场主体平等的法律地位，并以此作为经济法律立法和经济法律实施活动中必须遵循的原则。国家通过制定各种相应的经济法律，对各种财产所有权的性质、地位和作用加以确认、肯定，对多种市场主体及其经济利益施以平等的法律保护，并规定相应的保护方法以及对侵权行为的制裁措施，从而便于在发展社会主义市场经济的过程中充分发挥各种市场主体的积极作用。

（二）市场主体意思自治原则

意思自治是指当事人依法从事经济活动，不受国家权力或他人的非法干预，即除法律另有规定以外，当事人可根据自己意愿设定权利义务关系。意思自治是法国学者杜摩兰在16世纪提出的，意在提倡契约自由，后被各国民商立法接受，广泛适用于私法领域。我国经济体制改革的目标就是要建立市场经济体制，为此需要不断缩小指令性计划适用的范围，减少政府对经济不适当的干预，充分扩大市场主体意思自治的范围。当事人所享有的意思自治程度越高，则交易关系越活跃，越有利于市场经济在此基础上得到充分发展。意思自治原则，排除了当事人以外的单位或个人对当事人从事经营活动的不恰当干预，这对当事人来说也是公平合理的，因为在市场经济条件下，市场主体从事生产经营活动，以其全部财产对债权人负责并承担经营风险。因此，理应由市场主体自己作出经营决策。同时，意思自治原则也是市场经济分散决策风险的必然要求。从分散经营决策风险来看，经济法律应当遵循意思自治原则。

我国经济法律从不同的角度体现了市场主体意思自治原则，例如，《中华人民共和国全民所有制工业企业法》中关于企业享有经营自主权的规定；《中华人民共和国合同法》中关于"合同当事人的法律地位平等，任何一方不得把自己的意志强加给另一方"以及"当事人依法享有自愿订立合同的权利，任何单位和个人不得非法干预"的规定；《中华人民共和国公司法》中关于"公司以其全部法人财产，依法自主经营，自负盈亏"的规定；《中华人民共和国合伙企业法》中关于"设立合伙企业遵循自愿原则"的规定等，都体现了市场主体意思自治原则。当然，意思自治原则并不是绝对的。我国经济法律对意思自治原则作了必要的限制，即"意思自治"不得违反国家法律和社会公共利益。

（三）公平竞争原则

公平竞争通常是指经营者在平等的条件下，按照同一规则，诚实守信地从事市场交易，开展市场竞争。公平竞争原则包括三层含义：一是指市场主体进入市场、参与竞争的机会均等，而非结果相等；二是指开展正当竞争，杜绝各种不正当竞争行为；三是指推行经济民主，反对经济中的垄断和寡占，反对超经济的特权，特别是行政垄断。实行公平竞争原则，才能保障社会主义市场经济的健康发展。竞争是市场经济的一个基本特征，也是建立与完善我国社会主义市场经济体制的必要条件。但是，经营者在市场竞争中由于追求自身利益的内在冲动和与其他经营者竞争的外在压力，为了最大限度地追求利润往往会滥用自身经济优势或采取某些违反商业道德的手段，破坏公平竞争的原则，通过某些不正当竞争手段来排挤竞争对手，以提高自己的市场份额。为了保障市场经济的健康发展，保护经营者的合法权益，维护市场经济秩序，必须通过立法来制止不正当竞争，维护公平竞争的市场规则。

公平竞争原则是贯穿经济法律始终的一根红线。所有规范市场经济体制和经济运行活动的法律、法规，都是为创造公平、自由的竞争环境，维护公平竞争的市场经济秩序，保证公平竞争在最大范围和最大程度上的实现服务的。经济法律的公平竞争原则既体现在法律对经济主体之间的正当竞争的积极保护与鼓励上，又表现为对不正当竞争与垄断行为的禁止和制裁上。随着我国市场经济的发展，市场主体之间的市场竞争必然加剧。坚持公平竞争的原则，对于维护正当经营者的合法权益，制止不正当竞争行为，促进我国市场经济的健康发展，维护社会经济秩序等都有十分重要的意义。

（四）市场经济运行机制与宏观调控相结合的原则

市场经济运行机制是指在健全的市场体系中，通过各种市场信号来引导各类市场经营主体，实施符合市场要求的合理行为和符合法律要求的合法行为，以实现市场秩序的正常化和良性循环。在市场经济条件下，市场经济运行机制对资源配置起着基础性的调节作用，是主要的调节机制。但是，由于市场带有自发性和盲目性，因此，市场经济的运行机制会出现调节失灵。所以，在以市场作为资源配置的基础上，需要将国家调控作为资源配置的重要手段，使宏观调控这一"看得见的手"与市场经济运行机制这一"看不见的手"进行协调，以弥补市场经济运行机制的不足。世界各国的经济发展史已一再证明，完全脱离计划指导的自由主义的经济体制具有严重弊端，其不稳定性和盲目性不仅会妨碍经济增长，所造成的经济巨大波动还会损害民众利益，导致社会动荡，使社会陷入无政府状态。

市场经济绝不是完全自由放任的市场经济，它始终与政府对市场经济实施有效的宏观调控联系在一起。国家对市场经济进行宏观调控，有两个基本点：一是宏观调控的价值目标是维护社会公共利益或整体利益，而不是维护某一集体或阶层的个别利益；二是宏观调控的手段主要是运用法律手段实施间接调控，即通过宏观调控的法律规范，引导、调节、监督市场主体的经济活动。国家通过进行宏观调控达到以下目的：协调政府各部门、社会各群体、市场各主体之间的利益，使每一主体在各得其所、享受到自己应得利益的同时，实现社会的整体利益；预防经济发生剧烈波动或危机，一旦经济危机发生时，国家能够有效实行紧急对策，从容应付各种意外事件。

我国经济法律充分反映和遵循市场经济运行机制与宏观调控相结合的原则，既为国家管理经济、加强宏观调控提供法律依据，又为国家干预经济确定必要的限制和约束，使之有章可循、有法可依、协调有序、恰当适应，在充分发挥市场机制作用的基础上,广泛建立各种形式的宏观调控制度来协调市场关系和经济运行活动的发展。总之,只有正确处理市场机制与宏观调控的关系,将市场的自发调节与国家的自觉管理协调地结合起来,才能提高资源配置效率,提高劳动生产率,保障社会主义市场经济的发展与完善。

三、经济法的作用

市场经济就是法制经济,经济法在加快完善社会主义市场经济体制建设过程中起着越来越重要的作用。

第一,经济法有利于培育真正合格的、活跃的市场主体,从而奠定发展市场经济的微观基础。活跃的市场主体是一切发达市场经济的必要条件和重要特点。企业和其他经济组织是构成市场的基本细胞,没有真正充满活力的企业和其他经济组织,就没有真正发达的市场。作为经济法的一个重要组成部分的市场主体法,通过规范主体的设立、组织机构、运营、清算和终止,确立了各种企业和经济组织的独立的商品生产者和经营者的地位,为它们真正享有完整的独立的生产经营权提供了保障,使它们在市场中独立享有权利和履行义务,积极进行各种经济活动,既求得自身的发展,又促进整个市场的繁荣和社会经济的增长。

第二,经济法有助于培育完善、统一、开放的市场体系。市场是市场经济存在和运行的空间和形式,是市场机制赖以发挥作用的基础。因此,要建立市场经济体制,加快国民经济市场化进程,就必须通过经济立法发展各类市场,特别是资本市场、劳动力市场、技术市场等生产要素市场,完善生产要素价格形成机制。通过经济立法可以改革流通体制,健全市场规则,清除市场障碍,打破地区封锁和部门垄断,最终形成统一开放、竞争有序的市场体系,充分发挥市场对资源配置的基础作用。

第三,经济法有助于保证国家对市场经济的宏观调控。建立市场经济体制,政府也要转变职能,不能再像在计划经济体制下那样,对企业和其他经济组织的生产经营活动进行直接的干预和控制,而应使市场机制成为基础性的调节机制,政府对经济运用宏观调控的手段也要以间接调控为主,只有在必要时才运用直接调控手段。当然,鉴于市场自身的薄弱环节和消极面,市场调节还存在很大的局限性,它只是一种自发的、盲目的、事后的调节机制。

为保持经济总量平衡，抑制通货膨胀，促进重大经济结构优化，实现经济稳定增长，国家还要通过计划、财政、金融、税收、物价等从宏观上调节经济的运行，并要在市场发展方向、产业政策、市场主体行为等方面发挥其自觉的、事前的调节作用，引导市场经济健康、稳定发展。

第四，经济法有助于对市场经济的运行进行有效管理。在市场经济条件下，由于赋予市场主体以充分的自由，市场主体活跃起来，在市场运行中有了生产经营的积极性和自主性。但为了防止在物质利益驱使下市场主体可能有的各种不正当行为，如不正当竞争行为、损害公益行为、欺诈行为等，必须制定和贯彻反不正当竞争法、产品质量法、合同法、市场管理法等，规范市场行为，对市场运行进行有效管理，保护公平竞争，使市场活而不乱，繁荣有序。

第五，经济法有助于推动科学技术的进步和应用。现代世界各国经济增长和国力增强的主要因素之一是科技进步，发达的市场经济要以先进的科学技术为基础。振兴经济首先要振兴科技，要把加速科技进步放在社会经济发展的关键地位；要通过深化改革，建立和完善科技与经济有效结合的机制，加速科技成果的商品化和科技成果向现实生产力的转化；要不断完善保护知识产权的法律制度；认真抓好引进先进技术的消化、吸收和创新工作。专利法、科技进步法、科技成果转化促进法等法律、法规的彼此协调、相互配合，为科技进步及其向生产力的转化提供了法律手段。

第六，经济法有助于进一步扩大对外开放，加强国际经济技术合作。当代的世界经济，完全不是昔日的以国家和地区为界的封闭经济。生产力高水平、高速度的发展，加快了经济全球化的进程，对外开放已成为各国经济建设和改革的一项重要内容。坚持和完善对外开放，积极参与国际经济合作，是具有中国特色社会主义市场经济的一个基本目标和基本政策。自我国改革开放以来，特别是在"一带一路"倡议实施以来，在吸引外商投资、技术引进、对外贸易、税收、金融以及经济特区、沿海开放城市和开发区建设等方面，制定了大量的涉外经济法律、法规，为利用外国资金、资源、技术和管理经验，为开拓国际市场，建立适应市场经济要求、符合国际贸易规范的新型外贸体制提供了法律保障，发挥了极为重要的作用。

总之，充分发挥经济法的作用，既是发展市场经济的迫切要求，也是实现依法治国必不可少的重要条件。

第四节 经济法律关系

法律关系是指由法律规范确认和调整而形成的人们之间的权利义务关系，它由法律关系的主体、内容、客体三要素构成，三者缺一不可。经济法律关系是由经济法律、法规确认和调整的由国家对经济进行管理的过程中所形成的权利和义务关系。经济法律关系是由经济法律关系的主体、经济法律关系的内容、经济法律关系的客体三要素构成。

一、经济法律关系的主体

经济法律关系的主体是指参与到经济法律关系中，依法享有经济权利、承担经济义务的组织或个人。依据我国现行法律规定，经济法律关系的主体主要包括：

（一）国家

国家是经济法律关系的特殊主体，是社会主义全民所有制财产的所有者，具有主体资格。国家的经济活动主要通过代表国家的机关、事业单位或国有企业等直接进行的，只有在特定的情况下，国家才直接参与经济法律关系，如发行国债，债务人是国家，而国债购买者是债权人。

（二）国家机关

国家机关是行使国家职能的各种机关的通称，包括国家权力机关、行政机关、审判机关和检察机关等。作为经济法主体的国家机关，主要是指国家行政机关中的经济管理机关，包括职能性的经济管理机关和行业性的经济管理机关。

（三）社会组织

社会组织包括法人组织和非法人组织。法人组织是指具有民事权利能力和民事行为能力，依法独立享有民事权利和承担民事义务的组织。非法人组织是指不具备法人资格，不享有法人财产权，不能独立或完全独立享有权利、承担义务的经济组织。

（四）企业内部组织机构和有关人员

国家通过制定经济法律、法规，对企业的内部组织机构和有关人员在企业中所享有的权利和义务作出规定。只要企业的内部组织和有关人员按照法律规定参与企业内部的经济管理法律关系时，就具有经济法主体的资格，如公司的股东、股东会、董事会等。

（五）农村承包经营户、个体工商户和公民

农村承包经营户是指按照承包合同规定从事农业生产或商品经营的农村集体经济组织的成员。近年来，也出现了城镇科技人员、大学毕业生、企业家等到农村进行农业承包经营的现象，农业承包的主体已呈现多样化的发展趋势。

个体工商户是指依法经核准登记从事工商业经营的公民，包括个人经营的个体工商户和家庭经营的个体工商户两种。

公民是指具有中华人民共和国国籍的自然人。公民作为经济法律关系的主体，其参与的经济法律关系领域也十分广泛，例如，公民购买和转让商品房、公民就其发明创造申请专利、公民作为个人所得税的纳税主体等都是公民参与经济法律关系的重要表现。

（六）外国经营者

外国企业、非法人经济组织或个人参与到经济法律关系中，也可以成为经济法律关系的主体。

二、经济法律关系的内容

经济法律关系的内容是指经济法律关系的主体享有的经济权利和承担的经济义务。经济权利和经济义务虽各有不同含义，但联系密切，相辅相成，共同处于经济法律关系的统一体中。

（一）经济权利

经济权利是指经济法律关系主体依法具有的自己为或不为一定行为和要求他人为或不为一定行为的资格。不同的经济法主体所享有的经济权利各不相同，主要有以下几个方面：

1. 经济职权

经济职权是指国家机关进行经济管理时依法享有的权利。它是国家管理

调控经济生活的主要形式，具有三个特征：首先，经济职权的产生基于国家授权或法律的直接规定；其次，经济职权具有命令与服从的隶属性质；最后，经济职权不可随意转让、放弃和抛弃。正确行使经济职权对于国家机关来说是一种权力也是职责，随意转让、放弃和抛弃经济职权是一种失职和违法行为，是不被允许的。经济职权的具体内容包括立法权、决策权、资源配置权、指挥权、调节权、监督权和其他经济职权。

2. 经营管理权

经营管理权是指企业进行生产经济活动时依法享有的权利。其内容涉及人、财、物、供、产、销各个方面，包括经营方式选择权、生产经营决策权、物资采购权、产品销售权、人事劳动管理权、资金支配使用权、物资管理权及其他经营管理权。对于不同类型的企业，经营管理权的具体内容并不相同。我国在社会主义市场经济条件下，法律赋予企业开展正常生产经营活动所需要的经营管理权对于经济社会的发展具有重要意义。

3. 请求权

请求权是指经济法主体为了维护自身的合法权益，在其合法权益受到侵犯时依法享有的，要求侵权人停止侵权行为，或要求有关国家机关保护其合法权益的权利。请求权主要有要求赔偿权、请求仲裁权、经济诉讼权以及其他请求权，如债权等。请求权的确立有助于维护经济法主体的合法权益，维护社会经济秩序。

4. 财产所有权

财产所有权是经济法主体依法对财产享有的独立支配权。除法律规定以外，这种支配权不受任何限制，是一种排他的权利。财产所有权包括占有权、使用权、受益权、处分权等。

5. 知识产权

知识产权是指专利权、商标权、著作权等，是智力成果的创造人依法所享有的权利和生产经营活动中标记所有人依法所享有的权利的总称。

（二）经济义务

经济义务是指经济法律关系的主体依法承担的为一定行为或不为一定行为的责任。主要包括：贯彻执行国家政策，遵守法律、法规的义务；履行经济干预与经济管理职责的义务；服从合法调控、干预和管理的义务；全面履行经济协议和经济合同的义务；依法缴纳税金和其他费用的义务；不得侵犯其他经济法主体的合法权益的义务；等等。

三、经济法律关系的客体

经济法律关系的客体是指经济法律关系的主体享有的经济权利和承担的经济义务所共同指向的对象。根据我国经济法律、法规的有关规定，经济法律关系的客体主要包括财、物、经济行为和智力成果，等等。

（一）财

财一般是指货币和有价证券、固定资产和流动资金等。但并非所有的财都可以充当经济法律关系的客体，只有与经济法律关系主体的权利和义务相联系的财，才符合经济法律关系客体的要求。

（二）物

物是指能够为人控制和支配的、具有一定经济价值的、可通过具体物质形态表现存在的物品。物包括自然存在的物品和人类劳动生产的产品。并非所有的物都可以充当经济法律关系的客体，只有与经济法律关系主体的权利和义务相联系的物，才符合经济法律关系客体的要求。

（三）经济行为

经济行为是经济法主体为达到一定经济目的，实现其权利和义务所进行的经济活动。它包括经济管理行为、提供劳务行为和完成工作行为等。作为经济法律关系客体的经济行为，仅指具有法律意义，即为实现权利和义务的行为。

（四）智力成果

智力成果是指经济法主体从事智力劳动所创造取得的成果，如科学发明、技术成果、艺术创作成果、学术论著等。智力成果本身不直接表现为物质财富，但可以转化为物质财富。智力成果作为经济法律关系的客体，其法律表现形式主要为商标权、专利权、专有技术、著作权等。

四、经济法律关系的发生、变更和消灭

经济法律关系是根据经济法律规范在经济法主体间形成的权利与义务关

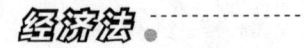

系。但经济法律规范本身并不能必然在经济法主体间形成权利与义务关系，只有在一定的经济法律事实出现后，才能使经济法律关系发生、变更和消灭。

经济法律关系的发生、变更、消灭需要具备三个条件：一是经济法律规范，即经济法律关系发生、变更和消灭的法律依据；二是经济法主体，即权利与义务的实际承担者；三是经济法律事实。经济法律事实是指由经济法律规范所规定的，能够引起经济法律关系发生、变更和消灭的客观现象。经济法律事实可以分为法律事件和法律行为两类。

（一）法律事件

法律事件是指不以经济法主体的主观意志为转移的，能引起经济法律关系发生、变更和消灭的现象。它包括自然现象和社会现象两种。自然现象又称绝对事件，如自然灾害；社会现象又称相对事件，相对事件虽由人的行为引起，但其出现在特定经济法律关系中并不以当事人的意志为转移，如因人类战争导致合同无法履行等。

（二）法律行为

法律行为是指以经济法主体意志为转移的，为达到一定经济目的而进行的有意识的活动。按其性质可分为合法行为和违法行为两种。合法行为是指经济法主体符合法律、法规规定的行为；违法行为是指经济法主体违反法律、法规的行为。这两种行为都可以引起经济法律关系的发生、变更和消灭。有的经济法律关系的发生、变更和消灭，只需一个法律事实出现即可成立；有些经济法律关系的发生、变更和消灭则需要两个以上的法律事实同时具备。引起某一经济法律关系发生、变更和消灭的数个法律事实的总和，称为事实构成。如保险赔偿关系的发生，需要订立保险合同和发生保险事故两个法律事实出现才能成立。

讨论思考题

1. 什么是经济法，经济法有什么作用？
2. 简述经济法的基本原则。
3. 经济法的调整对象是什么？
4. 简述经济法律关系的构成要素。

案例分析

李某与著名影星是好友，后来两人因为发生经济纠纷而反目，此时在某杂志社工作的记者张某找到李某并表示，如果李某能够把该影星的隐私透露给张某（在杂志上刊发），张某可以支付人民币10万元作为给李某的报酬。经过考虑李某同意了张某的建议，将该影星的隐私透露给张某，并得到了10万元人民币。

问题：

李某和张某之间是否存在经济法律关系？

第二章　个人独资企业法

为规范我国个人独资企业的行为，保护中小投资人和债权人的合法权益，维护社会经济秩序，促进社会主义市场经济的发展，我国于1999年8月30日，由第九届全国人民代表大会常务委员会第十一次会议通过了《中华人民共和国个人独资企业法》（以下简称《个人独资企业法》），该法自2000年1月1日起实施。

第一节　个人独资企业法概述

一、个人独资企业的含义和特征

个人独资企业是指依法设立的，由一个自然人投资，财产为投资人个人所有，投资人以其个人财产对企业债务承担无限责任的经营实体。

个人独资企业与其他企业形式相比具有以下法律特征：

（1）企业的投资人只能是一个自然人。

（2）企业的全部财产，包括企业经营中以企业名义所获得的所有收益都归投资人个人所有。投资人投入企业的财产与其个人的其他财产归属上并无实质区别。

（3）投资人对企业事务有绝对控制权与支配权，完全可以按照自己的意志去经营所属的企业。

（4）企业的投资人对企业债务承担无限责任。

（5）企业虽然是一个经营实体，但由于企业的财产与个人的财产是合一的，因此许多国家在法律上一般不将个人独资企业作为独立的纳税主体，而由业主个人缴纳各种税收。

在我国，根据《国务院关于个人独资企业和合伙企业征收所得税问题的通知》规定,个人独资企业不交企业所得税。对投资者的生产经营所得,比照个体工商户的生产、经营所得征收个人所得税。

个人独资企业具有以下优势:

第一,设立容易。个人独资企业只需一个投资人,且没有资金数额的限制,资金较少的人也可单独申请设立,登记手续也比较简便。

第二,经营效率高。个人独资企业,往往是所有者与经营者集于一身,单一业主可自行决定企业的经营事项,决策效率高、行动快,便于及时抢占市场先机。

个人独资企业当然也有自身的不足,这主要表现在:

第一,企业的兴衰过于依赖投资者个人。个人独资企业一般是由投资人负责经营管理的,因此,企业的兴衰与投资者个人的知识与能力,甚至与其身体健康状况紧密相连,而个人的经验、能力与精力都是有限的,这种限制会给企业的发展带来不利影响,严重时可能导致企业关闭。

第二,投资人投资风险较大。投资人依法应承担无限责任,这对维护企业的信誉和保护债权人的利益是有利的,但它使投资人的个人财产与企业风险紧密相连,增大了投资人的投资风险。

第三,经营规模受限制。个人独资企业只有一个自然人投资,由于投资人的投资风险较大,资金较多的人为规避风险一般不会采用此种企业形式。一般只有在个人资金较少时才会采取此种形式,因此,难以建立规模较大的企业。

二、个人独资企业与个体工商户

个人独资企业与个体工商户的共同之处在于两者都可以由一个自然人投资兴办,投资人都承担无限责任,都可以有自己的名称、生产经营场所和生产条件等。但二者具有本质上的区别,表现在:

第一,设立的法律依据不同。前者设立的主要依据是《个人独资企业法》;后者设立的主要依据是《个体工商户条例》。

第二,设立条件不同。前者应有自己的名称,属于企业组织范畴;后者可以不另起名称,属于自然人范畴。

第三,申请和经营主体不同。前者的申请主体可以只投资,不参与经营;

后者的申请主体既是投资者,也是经营者。投资者个人经营的,以经营者本人为申请人;家庭经营的,以家庭成员中主持经营者为申请人,参加经营的家庭成员姓名应当同时备案。

第四,承担民事责任的财产范围不同。前者申请人既可以个人财产作为出资,也可以家庭共有财产作为个人出资。承担民事责任的财产范围以设立登记时的申报情况为准,即申请人在申请企业设立登记时明确以其家庭共有财产作为个人出资的,依法应当以家庭共有财产对企业债务承担无限责任,否则以个人财产对企业债务承担无限责任。后者个人经营的,以个人全部财产承担民事责任;家庭经营的,以家庭财产承担民事责任。凡以家庭共有财产投资、共同经营或者经营收入的主要部分归家庭成员共同享用的,均属于家庭经营。在夫妻关系存续期间,一方从事个体经营或者承包经营的,其收入为夫妻共有财产,债务亦应以夫妻共有财产清偿。

第五,登记机关不同。前者由市、县工商行政管理局以及大中城市工商行政管理分局负责本辖区内的企业登记,不得委托其下属工商行政管理所办理企业登记;后者由当地县、自治县、不设区的市工商行政管理局以及市辖区工商行政管理分局负责登记,登记机关可以委托其下属工商行政管理所办理个体工商户登记。

第六,财务管理要求不同。前者应当依法设置会计账簿,进行会计核算;后者在这方面法律没有硬性要求。

由于我国个体工商户的设立条件与个人独资企业的设立条件存在交叉,因此很多依法设立的个体工商户同时具备依法设立个人独资企业的条件。凡符合《个人独资企业法》规定条件的个体工商户均可依法申请转为个人独资企业。不符合《个人独资企业法》规定条件的个体工商户,比如没有固定的生产经营场所或者只从事季节性经营的,则不能转为个人独资企业。

第二节 个人独资企业的设立

一、企业设立的条件

根据我国《个人独资企业法》第 8 条规定,设立个人独资企业应具备下列条件：

（一）投资人为一个自然人

投资人是指向企业投入资金、实物或劳务技术的人。作为个人独资企业，其投资人只能是自然人，由于企业设立后要从事经营活动，所以投资人还应是具有完全民事行为能力，并依照法律、行政法规能够从事营利性活动的人。法人不能作为其投资人。此外，由于我国《个人独资企业法》规定，外商独资企业不适用该法，因此，企业的投资人应为我国公民。

（二）合法的企业名称

企业名称是企业间相互区别的基本标志。企业对依法取得的名称享有人格权。个人独资企业登记并使用自己的名称，有利于外界了解投资人的行为是个人行为还是企业行为。

企业的名称应与其责任形式相符合，个人独资企业不能使用"有限"、"有限责任"或"公司"字样。此外，企业名称应与其从事的营业性质、地域相符合，不能将未获有关部门审批经营的业务作为自己的业务范围在名称中加以标榜。

根据我国《企业名称登记管理规定》和《企业名称登记管理实施办法》规定，企业名称一般应当由行政区划、字号、行业、组织形式依次组成。企业名称中不能含有下列文字和内容：①有损国家、社会公共利益的；②可能对公众造成欺骗或误解的；③外国国家或地方名称及国际组织名称；④政党名称、党政军机关名称、群众组织名称、社会团体名称及部队番号；⑤企业名称应当使用符合国家规范的汉字，不得使用外国文字、汉语拼音字母、阿拉伯数字；⑥其他法律、行政法规规定禁止的名称。

除国务院决定设立的企业外，企业名称不得冠以"中国""中华""全国""国家"或"国际"等字样。可以申请在企业名称中使用"中国""中华"或者冠以"国际"字样的企业仅限于：①全国性公司；②国务院或其授权的机关批准的大型进出口企业；③国务院或其授权的机关批准的大型企业集团；④国家工商行政管理局规定的其他企业。在企业名称中间使用"中国""中华""全国""国家"或"国际"等字样的，该字样应是行业的限定语，比如国际贸易、国际投资等。使用外国（地区）出资企业字号的外商投资企业，可以在名称中使用"（中国）"字样。在企业名称中使用"总"字的，必须下设三个以上分支机构。企业名称中的行政区划是本企业所在县级以上行政区划的名称或地名。市辖区的名称不能单独用作企业名称的行政区划。个人独资企业在拟定自己企业的名称时，应当遵守上述规定。

企业只能使用一个名字，并且在登记主管机关辖区内不得与登记注册的同行企业的名称相同或近似。

（三）投资人申报的出资

设立企业的申请书应当载明投资人的出资额和出资方式。投资人申报的出资只是经营条件，因此，法律对其具体数量、出资方式未予以规定。

（四）固定的生产经营场所和必要的生产经营条件

固定的生产经营场所是指企业应有比较固定的经营地点。法律作这一要求的目的是使它与行商游贩相区别。

（五）必要的从业人员

从业人员是指参与企业业务活动的人员，包括从事业务活动的投资人和企业依法招用的职工。对从业人员的人数法律未作限定。只有投资人一人从事业务活动的，也属于符合条件。

二、企业设立的程序

申请设立个人独资企业，应当由投资人或者其委托的代理人向个人独资企业所在地的登记机关提交设立申请书、投资人身份证明、生产经营场所使用证明等文件。委托代理人申请设立登记时，应当出具投资人的委托书和代理人的合法证明。

设立申请书作为申请设立个人独资企业的必备文件，应当能够反映申请设立人的基本情况和真实意愿。根据我国《个人独资企业法》第10条规定，申请书应当载明下列事项：①企业的名称和住所；②投资人的姓名和居所；③投资人的出资额和出资方式；④经营范围。其中企业的住所，是指企业从事生产经营及其他活动的地方，即企业主要办事机构所在地。投资人的居所，是一个与住所既有联系又有区别的法律概念。根据《中华人民共和国民法通则》（以下简称《民法通则》）规定，公民的住所是指公民长期居住的场所，每个公民的住所只能有一处，一般根据公民的户籍所在地、经常居住地或监护人的住所等情况确定。而投资人的居所可能是其住所也可能不是，而且还可能不止一个。投资人在登记时应根据自己开展企业活动的方便和实际要求如实填写。

登记机关在收到投资人的设立申请文件之日起 15 日内，对符合法定条件的，登记机关予以登记，发给营业执照。个人独资企业营业执照的签发日期，为企业成立日期；对不符合法定条件的，登记机关不予登记，但应给予书面答复，说明理由。按照我国行政复议法和行政诉讼法的有关规定，当事人对企业登记机关作出的不予登记的决定可以依法提起行政复议或行政诉讼。

三、企业的变更登记

企业在存续期间登记事项发生变更的，应当在作出变更决定或变更事由发生之日起 15 日内依法向登记机关申请办理变更登记。

第三节 个人独资企业事务的管理

一、投资人的主要权利和义务

投资人的权利主要体现在以下四个方面：①对企业资产及运营收益享有完全的所有权；②对企业的生产经营活动有完全的决策权、指挥权、管理权；③有将其全部营业及财产转让、赠送，以遗嘱方式处分的权利；④有为扩大其经营规模而收购、并入其他企业的权利和设立分支机构的权利。

投资人的义务主要有：①遵守法律、行政法规，在法律、行政法规允许的范围内活动，并将营业执照正本置放在企业住所的醒目位置；②遵守诚实信用原则；③不损害社会公共利益；④依法建立财务会计制度；⑤依法纳税；⑥依法招用职工，保障职工合法权益；⑦应当于每年 1 月 1 日至 6 月 30 日，通过企业信用信息公示系统向登记机关报送上一年度年度报告，并向社会公示；⑧做好环境保护工作等。

二、个人独资企业的事务管理

个人独资企业投资人对本企业的财产依法享有所有权,有权决定本企业的各项事务。个人独资企业事务管理的方式可以有两种:一是由投资人自任厂长、经理,管理企业事务;二是委托或者聘用其他人管理企业的事务。委托或者聘用其他人管理企业事务时,投资人应与受托人或者被聘用的人签订书面合同,明确委托的具体内容和授予的权利范围。根据我国《个人独资企业法》规定,投资人对受托人或者被聘用人员职权的限制,不得对抗善意第三人。

受托人或者被聘用的人员应当履行诚信、勤勉义务,按照与投资人签订的合同负责企业的事务管理。受托人或者被聘用的人员管理个人独资企业事务时违反双方订立的合同,给投资人造成损害的,应承担民事赔偿责任;受托人或者被聘用的人员违反法律规定,侵犯个人独资企业财产权益的,应依法退还侵占的财产;给企业造成损失的,应依法承担赔偿责任;有违法所得的,应没收违法所得;构成犯罪的,应依法追究刑事责任。

企业投资人对于受托人或者被聘用的人员在正常经营活动中的行为有监督权,在其有违反聘用合同的行为或其他违法行为时可解除其职务,停止聘用。其正常履行职责所带来的收益归企业投资人,如造成损失也由企业投资人承担责任。

第四节 个人独资企业的解散与清算

一、个人独资企业的解散

(一)个人独资企业解散的原因

根据我国《个人独资企业法》规定,个人独资企业有下列情形之一时,应当解散:

第一,投资人决定解散。因为个人独资企业是一个自然人投资设立的,企业财产为投资人个人所有,所以,投资人个人可以自己决定解散企业,而不需要征求其他人的意见。

第二，投资人死亡或者被宣告死亡，无继承人或者继承人决定放弃继承。投资人死亡是指其生理死亡。宣告死亡是指在法律上推定其死亡，从而发生与生理死亡相同的法律后果。根据我国《民法通则》规定，投资人被宣告死亡应当具备两个条件：一是投资人下落不明满四年，或者因意外事故下落不明，自事故发生之日起满两年，或者因意外事故下落不明，经有关机关证明该投资人已不可能生存；二是要由投资人的利害关系人向人民法院提出申请，由人民法院依法定程序作出死亡宣告。

第三，被依法吊销营业执照。

第四，法律、行政法规规定的其他情形。

（二）个人独资企业解散的法律效力

个人独资企业业主决定解散企业的，应通知和公告债权人，清理企业财产，收回企业债权，清偿企业债务。因此，如果企业债权人因故未能在规定的期限内申报其债权，或者其债权未能得到全部清偿，在企业解散后仍可请求企业投资人清偿。为敦促债权人及时主张权利，我国《个人独资企业法》规定，债权人在五年内未向债务人提出偿债请求的，该责任消灭。

二、个人独资企业的清算

个人独资企业解散，应依法进行清算。清算是指清理企业的债权债务，了结尚未完结的企业事务，使企业终止的行为。个人独资企业的清算方式有两种：一是由投资人自行清算；二是由债权人申请人民法院指定清算人进行清算。

为使企业债权人能够知悉企业解散的情况，并及时申报其债权，我国《个人独资企业法》规定，投资人自行清算的，应当在清算前15日内以书面形式通知债权人，无法通知的，应当予以公告。债权人应当在接到通知之日起30日内，未接到通知的应当在公告之日起60日内，向投资人申报其债权。

无论清算人是投资人还是人民法院指定的人，在进行清算时都应对企业资产进行全面清理核查，并对申报的债权进行登记。为保护职工和国家利益不受损害，个人独资企业解散的财产应当按照下列顺序清偿：

（1）所欠职工工资和社会保险费用。其中企业应为职工缴纳的社会保险主要包括职工基本养老保险、职工基本医疗保险和职工失业保险。

（2）所欠税款。

（3）其他债务。

个人独资企业财产不足以清偿债务的，投资人依法应当以其个人的其他财产予以清偿。清算结束后，清算人应当编制清算报告，并于15日内到登记机关办理注销登记。

讨论思考题

1. 个人独资企业的含义和特征是什么？
2. 个人独资企业设立的法定条件是什么？
3. 个人独资企业解散的法律效力是什么？
4. 个人独资企业有什么优缺点？

案例分析

2019年5月，王某下岗后利用家庭自有的4万元人民币，另以个人名义向朋友借了1万元人民币，合计5万元人民币，在自己家附近租了一间30平方米的空房，准备投资兴办一个名为"鲜香豆坊"的小型豆制品加工作坊。该作坊计划由王某及其妻子共同经营。

问题：

1. 如果王某以个人名义申请设立个人独资企业，是否符合法定条件？
2. 王某应到哪一级的工商行政管理机关申请设立登记？
3. 如果王某在企业设立申报书中将5万元作为个人财产申报出资，当企业不能偿还对外负债时，应以王某个人的财产偿还，还是以家庭财产承担？
4. 如果企业经营亏损，借自朋友的1万元是否能先于其他债权人优先受偿？

第三章 合伙企业法

合伙是一种古老的以契约为基础的法律制度。在现代，合伙已逐步发展成为具有较强组织性的经营主体——合伙企业，合伙人的身份也由自然人扩大到法人和其他组织。为规范合伙企业的组织与行为，保护合伙企业及其合伙人的合法权益，维护社会经济秩序，促进社会主义市场经济的发展，我国于1997年2月23日，由第八届全国人民代表大会常务委员会第二十四次会议通过了《中华人民共和国合伙企业法》（以下简称《合伙企业法》），该法自1997年8月1日起施行。2006年8月27日，第十届全国人民代表大会常务委员会第二十三次会议通过了《合伙企业法》修订文本，新法自2007年6月1日起施行。

第一节 合伙企业法概述

一、合伙企业的含义和特征

合伙企业是指两个或两个以上的合伙人订立合伙协议，共同投资，合伙经营，共享收益，至少有一个以上的合伙人对企业债务承担无限责任的营利性组织。合伙企业是组织体，它只是合伙存在的形式之一，不具备组织体的合伙不构成合伙企业。

与其他种类的企业相比，合伙企业的法律特征主要表现在以下几个方面：

第一，企业应有两个或两个以上的合伙人共同投资。合伙企业是由多数人出资组成的企业，其中，至少有一个是对合伙企业债务承担无限连带责任的普通合伙人。在合伙企业中，只有普通合伙人才可以负责企业经营，执行企业事务，对外代表企业。

第二，企业以合伙协议为设立基础。合伙协议依法由全体合伙人在协商一致的基础上以书面形式订立。在合伙协议中，各合伙人应就出资方式、利润分配方式和分配比例、亏损分担方式等事项作出约定。与公司章程相比，法律对合伙协议内容的强制性规定更少，合伙人有更多自主权。

第三，合伙人分别缴纳所得税。合伙企业的生产经营所得和其他所得，按照国家有关税收规定，由合伙人分别缴纳所得税。

二、合伙企业的分类

从国际上看，早期的合伙人对合伙企业债务均承担无限连带责任，但这种责任形式对合伙人而言风险较大。为降低合伙人的投资风险，吸引更多资金投入合伙企业，有些国家逐步允许部分合伙人在一定条件下以出资为限对合伙企业债务承担责任，从而产生了有限合伙企业。目前在美国的风险投资组织中，有限合伙制企业已达到80%左右。

我国1997年颁布的《合伙企业法》只允许设立合伙人承担无限连带责任的普通合伙企业，2006年颁布的《合伙企业法》增加了特殊的普通合伙企业和有限合伙企业形式。根据该法，我国合伙企业根据合伙人责任的不同，可以细分为普通合伙企业、特殊的普通合伙企业和有限合伙企业三种。

（一）普通合伙企业

普通合伙企业由普通合伙人组成，全体合伙人对合伙企业债务承担无限连带责任。所谓无限连带责任是指在企业财产不足以偿还企业债务时，各合伙人均有义务以自己的其他财产对企业的剩余债务对外承担全部偿还责任，而非仅限于其投入合伙企业的财产及按合伙协议约定或法定的比例偿付。合伙人偿付后，对超过自己应偿付比例的部分可以向其他合伙人追偿。

（二）特殊的普通合伙企业

特殊的普通合伙企业是普通合伙企业的一种特殊形式，其特殊性在于合伙人对因其他合伙人故意或者重大过失造成的合伙债务只承担有限责任，从而可以适当降低合伙人承担的合伙风险，有利于合伙企业发展壮大和在异地发展业务。特殊的普通合伙企业形式主要适用于以专业知识和专门技能为客户提供有偿服务的专业服务机构。如注册会计师事务所、律师事务所等。目前许多国际专业服务机构，如普华、德勤、安永、毕马威等会计师事务所，都采用了此种合伙形式。

我国《合伙企业法》根据合伙人在执业活动中的主观过错情况，将特殊的普通合伙企业的合伙人的民事责任具体分为三种情况：

（1）合伙人对在执业活动中因故意或者重大过失造成的合伙企业债务，依法应承担无限责任或者无限连带责任，其他合伙人以其在合伙企业中的财产份额为限承担责任。

（2）合伙人在执业活动中非因故意或者重大过失造成的合伙企业债务以及合伙企业的其他债务，由全体合伙人承担无限连带责任。

（3）合伙人执业活动中因故意或者重大过失造成的合伙企业债务，以合伙企业财产对外承担责任后，该合伙人应当按照合伙协议的约定对给合伙企业造成的损失承担赔偿责任。

由于此种企业形式限定了合伙人对合伙企业债务承担无限责任的范围，因此客观上增加了企业债权人的风险。为提高合伙企业的赔偿能力，法律规定，此类企业应从业务收入中提取一定比例资金，建立执业风险基金，用于赔付由执业责任形成的债务。另外，执业合伙人还要办理职业保险。

（三）有限合伙企业

有限合伙企业由普通合伙人和有限合伙人组成，其主要特点是有限合伙人不执行合伙企业事务，并仅以其认缴的出资额为限对合伙企业债务承担责任，普通合伙人负责合伙企业事务的执行，并对合伙企业债务承担无限连带责任。有限合伙是20世纪60年代快速发展起来的一种风险投资方式，它可以使资本与智力实现有效结合，即拥有财力的人作为有限合伙人，拥有专业知识和技能的人作为普通合伙人，从而建立有限合伙为组织形式的风险投资机构，促进这类企业的技术开发、创业发展和资金融通。

三、普通合伙企业与个人独资企业

在我国，普通合伙企业与独资企业都可以由自然人投资设立，两者既有许多共同之处，也有不少区别。了解两者之间的异同，有利于我们在设立企业时选择适合自己的企业组织形态，也便于在企业的设立、变更、解散以及经营管理过程中正确行使自己的权利，履行相应的义务。

(一)普通合伙企业与独资企业的共同点

第一,企业不具有法人资格,投资人对企业债务承担无限责任。在法律意义上,独资企业只是业主的"财产",因此业主个人即代表企业本身,企业不是独立的民事责任主体。普通合伙企业与独资企业一样,如无特别约定,每一个合伙人都是业主,都有代表合伙企业的权利。合伙企业尽管在法律上具有团体性,其财产、责任也具有相对独立性,但在法律上,合伙企业不作为完全独立的民事责任主体来看待。因此,普通合伙人对企业债务承担无限责任。

第二,企业以营利为目的,具有独立的经营主体资格。营利是企业投资者投资的基本目标,为实现这一目标,企业必须从事经营活动。为方便企业从事经营活动,法律规定合伙企业与独资企业可以有自己的名称,并可以企业商号名义独立从事经营活动,从而使它们在法律上成为独立的经营主体。凡是以商号名义进行的经营活动,其法律后果都直接归属于企业主或全体合伙人,在企业财产不足以偿债时,由企业主或合伙人承担。因此,合伙企业与独资企业虽然不具有法人资格,但这并不妨碍它们成为独立的经营主体,它们与法人的最大区别在于投资人的责任不同,而不是企业能否成为独立的经营主体。

第三,设立条件低,设立程序比较简单。法律对于独资企业和合伙企业的出资没有最低限额的规定,只要具备生产经营所需的必要的资金和生产经营条件,就可以到登记机关注册,成立独资或合伙企业。

(二)普通合伙企业与独资企业的区别

第一,出资人数不同。合伙企业由两个以上的人出资,因此,一方面合伙企业比独资企业在资金筹措上具有更多的优势;另一方面,由于不管出资性质如何,合伙人均按照约定的比例或法定方式承担经营风险,因此,合伙有利于分散投资风险,但这种优势是建立在合伙人之间的相互信任和忠诚的基础之上的。如果合伙人之间缺乏互信,那么合伙所具有的优势也就可能转化为劣势。独资企业只有一个出资人,投资风险由单个业主独立承担。

第二,出资人身份不同。独资企业的出资人只能是自然人;合伙企业的合伙人可以是自然人,也可以是法人或其他组织。

第三，企业财产性质不同。合伙企业的财产与合伙人的其他财产相对分离，在形式上属于合伙企业所有，但实质上属于合伙人共同所有。以个人或家庭财产投资设立的独资企业，企业财产与个人或家庭的其他财产是合一的，均属于投资人个人或家庭所有。

第四，经营方式及决策权行使的复杂程度不同。合伙企业由各合伙人合伙经营，每个人对合伙企业财产具有平等的表决权。合伙企业对重大事项作出决定，必须经过一定的表决程序，达到法定或约定表决比例。对于一些重要事项，法律还要求经全体合伙人一致同意才能作出决定。独资企业由出资人一人享有绝对的经营决策权，易于实现出资人的意志，不存在相互"搭便车"或推诿责任的问题。

第二节 合伙企业的设立与变更

一、合伙企业设立的条件

设立合伙企业，应当具备法定的条件。根据我国新《合伙企业法》规定，设立普通合伙企业应具备以下五个条件：

（一）两个或两个以上的合伙人

合伙企业是多数人共同投资形成的经济组织，两人是其下限。对于普通合伙企业合伙人数的上限，法律未作限制。在实践中，由于普通合伙人对企业承担无限连带责任，合伙人对企业经营管理的参与程度高，人数过多往往不利于合伙关系的处理及合伙事务的执行，因此，合伙人的人数一般不宜太多。对于有限合伙企业的合伙人数，法律规定合伙人一般应在 50 个以下，并至少应当有一个普通合伙人。这是因为有限合伙人一般不参与管理，规定最高限可以降低有限合伙人的投资风险，避免普通合伙人任意扩大有限合伙人数。

合伙人可以是自然人、法人和其他组织。首先，普通合伙人为自然人时依法应当是具有完全民事行为能力的人，否则会影响其行为的效力。其次，合伙人不能是法律、行政法规禁止的组织或自然人。我国新《合伙企业法》

第3条规定:"国有独资公司、国有企业、上市公司以及公益性的事业单位、社会团体不得成为普通合伙人。"依此规定,上述主体只能参与设立有限合伙企业成为有限合伙人。禁止从事营利性活动的自然人主要有法官、检察官、国家公务员等,他们因工作性质特殊,掌握着一定的公共权力,不能作为合伙人,否则,不利于建立公平的竞争秩序。

(二) 书面合伙协议

合伙协议又称合伙合同,是合伙企业设立的基础,是全体合伙人处理合伙企业事务的基本行为准则。合伙协议是要式合同,需要以书面方式订立,在申请企业登记时应向登记机关提交。合伙协议应在自愿、平等、公平、诚实信用的基础上经协商一致达成。

普通合伙企业的合伙协议应当载明的事项包括:①合伙企业的名称和主要经营场所的地点;②合伙目的和合伙经营范围;③合伙人的姓名或者名称、住所;④合伙人的出资方式、数额和缴付期限;⑤利润分配、亏损分担方式;⑥合伙事务的执行;⑦入伙与退伙;⑧争议解决办法;⑨合伙企业的解散与清算;⑩违约责任。此外,合伙协议可以载明合伙企业的经营期限等。

有限合伙企业的合伙协议除依法应当载明上述事项外,还应当载明下列事项:①普通合伙人和有限合伙人的姓名或者名称、住所;②执行事务合伙人应当具备的条件和选择程序;③执行事务合伙人权限与违约处理办法;④执行事务合伙人的除名条件和更换程序;⑤有限合伙人入伙、退伙的条件、程序以及相关责任;⑥有限合伙人和普通合伙人相互转变程序。此外,执行事务合伙人可以要求在合伙协议中确定执行事务的报酬及报酬提取方式。

合伙协议是具有法律意义的文件。合伙协议经全体合伙人签名、盖章后生效。修改或者补充合伙协议,应当经全体合伙人一致同意,但是合伙协议另有约定的除外。

(三) 合伙人认缴或者实际缴付的出资

作为一个经营性实体,合伙企业应拥有与其经营规模相适应的资金。普通合伙人可以用货币、实物、知识产权、土地使用权或者其他财产权利出资,也可以用劳务出资,但有限合伙人不得以劳务出资。合伙人以实物、知识产权、土地使用权或者其他财产权利出资,需要评估作价的,可以由全体合伙人协商确定,也可以由全体合伙人委托法定评估机构评估。合伙人以劳务出资的,其评估办法由全体合伙人协商确定,并在合伙协议中载明。

合伙人应当按照合伙协议约定的出资方式、数额和缴付期限,履行出资义务。以非货币财产出资的,依照法律、行政法规的规定,需要办理财产权转移手续的,应当依法办理。

(四) 合伙企业的名称和生产经营场所

企业的名称是企业的外在特定性标志,合伙企业只有拥有自己的名称,才能以自己的名义参加各种法律关系,享有相应的权利并承担义务。合伙企业对其登记的名称享有登记范围内的专有使用权、商誉权和依法转让权。

合伙企业的名称除要符合国家关于企业名称的一般性要求之外,还应标明企业的种类,即普通合伙企业名称中应当标明"普通合伙"字样,特殊的普通合伙企业名称中应当标明"特殊普通合伙"字样,有限合伙企业名称中应当标明"有限合伙"字样,以方便交易相对人了解合伙人对企业的责任。

经营场所是企业从事生产经营活动的主要场所,该场所在企业登记机关登记后即成为企业的住所。合伙企业一般只有一个经营场所,当合伙企业有一个以上的经营场所时,合伙协议中载明的主要经营场所作为合伙企业住所。

(五) 法律、行政法规规定的其他条件

其他条件包括企业根据其所从事业务的特点和要求,正常开展业务所需要的资质条件和设施等。比如,前述特殊的普通合伙企业应当建立用于偿付合伙人执业活动造成的债务的执业风险基金、办理职业保险即属于此种企业设立的其他必要条件。

二、合伙企业设立的程序

(一) 准备申请文件

合伙人在申请企业登记之前应备齐所有应提交的文件及相关材料,主要包括由全体合伙人签名、盖章的合伙协议书,合伙人身份证明等。企业经营范围中有属于法律、行政法规规定必须报经有关部门审批的项目的,应当先向有关部门报批,取得批准文件。

(二) 向企业登记机关提出设立申请

我国工商行政管理机关是合伙企业的登记机关。市、县工商行政管理机

关负责本辖区内的合伙企业登记。

(三) 企业登记机关审查登记，签发营业执照

为提高审查登记的工作效率，新《合伙企业法》规定，企业登记机关一般应当自受理申请之日起20日内，作出是否登记的决定。予以登记的，发给营业执照；不予登记的，应当给予书面答复，并说明理由。企业登记机关的审查时间比原《合伙企业法》减少了10天。此外，新《合伙企业法》还规定，如果申请人提交的登记申请材料齐全、符合法定形式，企业登记机关能够当场登记的，应予当场登记，发给营业执照。

合伙企业自营业执照签发之日起成立。合伙企业领取营业执照前，合伙人不得以合伙企业名义从事经营活动。合伙企业设立分支机构，应当向分支机构所在地的企业登记机关申请登记，领取营业执照。分支机构的经营责任由合伙企业承担。

三、合伙企业的变更登记

合伙企业在经营过程中，可能会因为主、客观方面的原因而发生变化。合伙企业登记事项发生变更的，执行合伙事务的合伙人依法应当自作出变更决定或者发生变更事由之日起15日内，向企业登记机关申请办理变更登记。法律要求合伙企业及时办理变更登记的主要目的在于方便企业以外的人了解企业的真实情况，减少欺诈。为督促合伙企业自觉办理有关变更登记，新《合伙企业法》除了要求企业限期办理变更登记外，还加大了对违法行为的处罚力度：一是将逾期不登记的罚款限额由2000元以下，改为2000元以上20000元以下。二是明确规定"执行合伙事务的合伙人未按期申请办理变更登记的，依法应当赔偿由此给合伙企业、其他合伙人或者善意第三人造成的损失"。

第三节 合伙企业财产

一、合伙企业财产的构成及合伙人的份额

(一) 合伙企业财产的构成

合伙企业的财产，由合伙人的出资、以合伙企业名义取得的收益和依法

取得的其他财产构成。

1. 合伙人的出资

合伙人的出资包括设立时合伙人实际缴付的出资和企业存续期间合伙人依照合伙协议的约定或者合伙人决定增加的对合伙企业的出资。

2. 以合伙企业名义取得的收益

合伙企业的收益在分配给合伙人之前，属于合伙企业的财产。合伙企业的收益主要包括：①合伙企业的经营收入；②以合伙企业名义购置的动产和不动产；③以合伙企业名义取得的专利权、商标权及其他财产权。

3. 依法取得的其他财产

如受赠财产、企业获得的赔偿等。从财产形式上看，构成合伙企业的财产除有形财产之外，还包括以合伙企业名义申请的专利权、非专利技术、注册商标专用权、企业商誉等无形资产及其他财产权利。

（二）合伙人的财产份额

合伙人的财产份额是指全体合伙人依照出资额或合伙协议的约定确定的各合伙人对企业财产享有的比例。财产份额依法可以转让和出质，也可以作为确定合伙人利益分配和风险分担比例的依据。

1. 财产份额转让的条件

普通合伙人之间可以自由转让其财产份额，但应当通知其他合伙人。如果要将其在合伙企业中的全部或部分财产份额转让给合伙人以外的人，除合伙协议另有约定以外，依法应取得其他合伙人一致同意。有限合伙人因不执行企业事务，所以其按照合伙协议的约定向合伙人以外的人转让其在有限合伙企业中的财产份额时只要提前 30 日通知其他合伙人即可，不需要征求其他合伙人的意见。

2. 财产份额出质的条件

普通合伙人以其在合伙企业中的财产份额出质的，依法须经其他合伙人一致同意；未经其他合伙人一致同意，其行为无效，由此给善意第三人造成损失的，由行为人依法承担赔偿责任。

二、合伙人对合伙企业的权利与义务

（一）合伙人对合伙企业的权利

合伙人对合伙企业的权利依法可以由合伙协议自行约定，合伙协议未约定的，合伙人依法对合伙企业主要享有以下权利：

1. 决定权

普通合伙人对合伙企业事务享有同等决定权，因此，对于合伙财产的重大处理必须经全体合伙人一致同意。但有限合伙人的决定权在法律上有一定限制。

2. 监督检查权

合伙人为了解合伙企业的经营状况和财务状况，有权查阅合伙企业会计账簿等财务资料。

3. 对外代表权

普通合伙人依法可以执行合伙企业的事务，对外代表合伙企业。但有限合伙人不执行合伙事务，不得对外代表有限合伙企业。

4. 利益分配权

合伙企业的经营所得，扣除一定积累后的利润可以分配给合伙人，每个合伙人均享有分配利润的权利。合伙人可以在合伙协议中约定利润分配的比例，但合伙协议不得约定将全部利润分配给部分合伙人，但有限合伙企业的合伙协议另有约定的除外。合伙协议未约定或者约定不明确的，由合伙人协商决定；协商不成的，依法由合伙人按照实缴出资比例分配；无法确定出资比例的，由合伙人平均分配。

5. 优先购买权

合伙人向合伙人以外的人转让其在合伙企业中的财产份额的，在同等条件下，其他合伙人有优先购买权。

（二）合伙人对合伙企业的义务

根据《合伙企业法》规定，合伙人对合伙企业主要承担以下义务：

1. 出资义务

普通合伙人应按照约定履行出资义务，否则应依合伙协议的约定承担违约责任。有限合伙人未按期足额缴纳出资的,应当承担补缴义务,并对其他合伙人承担违约责任。经其他合伙人一致同意,对未履行出资义务的合伙人,可以通过决议将其除名。

2. 分割财产的限制

在合伙企业清算前,除法律另有规定外,合伙人不得请求分割合伙企业的财产。合伙企业的财产要由合伙人共同管理和使用,如果允许合伙人随意分割企业财产,就会使合伙企业的财产处于不稳定状态,这不利于合伙企业的发展,因此,我国法律对合伙人请求分割企业财产的权利作出了限制,即除合伙协议另有约定以外,合伙人只有在以下三种情形下才可以请求分割财产:①合伙人依法转让其在合伙企业中的全部或部分份额的;②合伙人依法退伙的;③合伙人依法以其在合伙企业中的财产份额出质的。

3. 忠实义务

普通合伙人应忠实于企业,不得自营或者同他人合作经营与本合伙企业相竞争的业务,不得从事损害本合伙企业利益的活动。除合伙协议另有约定或者经全体合伙人一致同意外,普通合伙人不得同本合伙企业进行交易。普通合伙人违反法律规定或者合伙协议的约定,从事与本合伙企业相竞争的业务或者与本合伙企业进行交易的,该收益归合伙企业所有;给合伙企业或者其他合伙人造成损失的,依法承担赔偿责任。

4. 分担企业风险

普通合伙人对企业承担无限连带责任,有限合伙人对企业承担有限责任。合伙人可以在合伙协议中约定亏损分担的比例,但合伙协议不得约定由部分合伙人承担全部亏损。

第四节　合伙企业的内外关系

合伙企业事务的执行和合伙企业与第三人的关系分别构成合伙企业的内部关系和外部关系。合伙企业的内部关系要求合伙人在执行合伙事务时不得侵犯其他合伙人的利益;合伙人的外部关系要求合伙人对外代表企业时既不得损害合伙企业的利益,也不得损害交易相对方的利益。

一、合伙企业事务的执行

(一) 合伙企业事务执行的含义

合伙企业事务的执行是指为实现合伙企业的目的而进行的各项活动,它包括决策和具体执行两个方面。普通合伙企业是典型的人合企业,合伙企业的一切权利都集中在合伙人手中,合伙人享有充分的自主权。因此,合伙人在原则上都享有同等参与合伙事务执行的权利。

在有限合伙企业中,有限合伙人不执行合伙事务,为维护有限合伙人的利益,法律规定有限合伙人从事下列事务,不视为执行合伙事务:①参与决定普通合伙人入伙、退伙;②对企业的经营管理提出建议;③参与选择承办有限合伙企业审计业务的会计师事务所;④获取经审计的有限合伙企业财产会计报告;⑤对涉及自身利益的情况,查阅有限合伙企业财务会计账簿等财务资料;⑥在有限合伙企业中的利益受到侵害时,向有责任的合伙人主张权利或者提起诉讼;⑦执行事务合伙人怠于行使权利时,督促其行使权利或者为了本企业的利益以自己的名义提起诉讼;⑧依法为本企业提供担保。

合伙企业事务执行的方式,可以由合伙人依法在合伙协议中自行约定。不具有事务执行权的合伙人擅自执行合伙事务,给合伙企业或者其他合伙人造成损失的,依法应承担赔偿责任。

(二) 合伙企业事务的决策方式

合伙人参与合伙企业事务决策的方式主要有以下两种:

1. 由全体合伙人采取少数服从多数的原则决定

合伙人的表决办法可以由合伙人在合伙协议中约定,合伙协议没有约定或者约定不明确的,依法实行合伙人一人一票并经全体合伙人过半数通过的表决办法。这种方式能够充分反映多数合伙人的意见,有利于提高决策效率,但少数合伙人的利益可能得不到保障。

除合伙协议另有约定外,依法可以适用此原则决定的合伙企业事务主要包括:①决定委托一个或者数个合伙人对外代表合伙企业,执行合伙事务;②决定由各合伙人分别执行合伙企业事务;③决定增加或者减少对合伙企业的出资;④决定企业解散;⑤指定一个或者数个合伙人,或者委托第三人,担任清算人；⑥退伙人在合伙企业中财产份额的退还办法。

2. 由全体合伙人一致同意决定，即每个合伙人都对需要决定的事项作出同意的意思表示才能作出决定

这种方式有利于充分发挥每个合伙人的积极性和创造性，充分保护每个合伙人的合法权益，但如果合伙人人数较多，则可能降低决策效率。因此，只适用于对企业重大事务的决策。

除合伙协议另有约定外，依法应当适用此原则决定的合伙企业的事务主要包括：①改变合伙企业的名称；②改变合伙企业的经营范围、主要经营场所的地点；③处分合伙企业的不动产；④转让或者处分合伙企业的知识产权和其他财产权利；⑤以合伙企业名义为他人提供担保；⑥聘任合伙人以外的人担任合伙企业的经营管理人员；⑦修改或者补充合伙协议；⑧许可合伙人同本合伙企业进行交易；⑨许可新合伙人入伙；⑩普通合伙人转变为有限合伙人，或者有限合伙人转变为普通合伙人。

（三）合伙企业事务执行的具体方式

按照合伙协议的约定或者经全体合伙人决定，合伙企业事务执行的具体方式主要有三种：

1. 委托一个或者数个合伙人对外代表合伙企业，执行合伙企业事务

作为合伙人的法人、其他组织执行合伙事务的，应由其委派的代表执行。未受委托的合伙人不再执行合伙事务，但有权监督执行事务合伙人执行合伙事务的情况。执行事务合伙人应当定期向其他合伙人报告事务执行情况以及合伙企业的经营和财务状况，其执行合伙事务所产生的收益归合伙企业，所产生的费用和亏损由合伙企业承担。受委托执行合伙事务的合伙人不按照合伙协议或者全体合伙人的决定执行事务的，其他合伙人可以决定撤销该委托。此种方式有利于对企业实行统一管理，提高决策效率，只要监督到位，一般也能保证合伙人的基本利益。

2. 由合伙人分别对外代表合伙企业，执行合伙企业事务

未参与该项事务执行的合伙人除享有监督权外，还有提出异议权。当合伙人提出异议时，执行人应当暂停该项事务的执行。如果发生争议，由全体合伙人决定。此种方式使各个合伙人都能集中精力于某一方面的事务，充分发挥各自的特长，但合伙人可能因忙于自己所管理的事务而使合伙人相互之间的监督减弱。

3. 聘任合伙人以外的人对外代表合伙企业，执行合伙企业事务

被聘任的经营管理人员，超越合伙企业授权范围履行职务，或者在履行职务过程中因故意或者重大过失给合伙企业造成损失的，依法承担赔偿责任。此种方式对合伙人风险较大，一般不宜采用。

二、合伙企业与第三人的关系

（一）合伙人的对外代表权

合伙人的对外代表权是指合伙人以合伙企业名义对外从事合伙事务的权利。我国《合伙企业法》规定，执行合伙企业事务的合伙人，有权对外代表合伙企业。从理论上看，合伙企业是合伙人之间的一种松散的经济组织，基于合伙企业的性质，每个普通合伙人在合伙企业中都可以执行合伙企业事务，都可能享有对外代表权。由于合伙企业事务执行的具体方式是企业内部的一种权利安排，企业以外的人不一定知道，因此，合伙企业对普通合伙人执行合伙事务以及对外代表合伙企业权利的限制，依法不得对抗善意第三人。有限合伙人依法不得对外代表合伙企业，但第三人有理由相信有限合伙人为普通合伙人并与其交易的，该有限合伙人对该笔交易承担与普通合伙人同样的责任。有限合伙人未经授权以有限合伙企业名义与他人进行交易，给有限合伙企业或者其他合伙人造成损失的，该有限合伙人依法应当承担赔偿责任。

（二）合伙企业债务的清偿

合伙企业的债务是指以合伙企业名义在合伙企业存续期间按合同约定或法律规定应承担的金钱上的义务，包括合同债务、侵权赔偿责任等。合伙企业对其债务，应先以其全部财产进行清偿。合伙企业不能清偿到期债务的，普通合伙人承担无限连带责任。这种责任是一种补充责任。普通合伙人因承担连带责任，导致所清偿的数额超过其在合伙协议中约定或法定的应承担比例时，普通合伙人对外清偿后有权就超过部分向其他普通合伙人追偿。其他普通合伙人对其追偿只承担约定或法律比例内的责任，不负连带责任。

（三）合伙人的债权人与合伙企业的关系

为了既维护合伙企业的利益，又保障合伙人的债权人的利益，法律对合

伙人的债权人行使债权的方式作了一些规定。其表现在：

第一，合伙人发生与合伙企业无关的债务，相关债权人不得以其债权抵销其对合伙企业的债务，也不得代位行使合伙人在合伙企业中的权利。因为在合伙企业存续期间，合伙企业的财产与合伙人的财产是相对分离的。

第二，合伙人的自有财产不足以清偿其与合伙企业无关的债务的，该合伙人可以其从合伙企业中分取的收益用于清偿；债权人也可依法请求人民法院强制执行该合伙人在合伙企业中的财产份额用于清偿。

人民法院强制执行合伙人的财产份额时，应当通知全体合伙人，其他合伙人有优先购买权；其他合伙人未购买，又不同意将该财产份额转让给他人的，应依法为该合伙人办理退伙结算，或者办理削减该合伙人相应财产份额的结算。

第五节　入伙与退伙

一、入伙

（一）入伙的含义和方式

入伙是指在合伙企业存续期间，非合伙人加入合伙企业，取得合伙人身份的行为。入伙的方式一般有三种：

（1）非合伙人依法接受合伙人转让的财产份额，从而成为新合伙人。合伙人如果是部分转让其财产份额，则仍为合伙企业的合伙人；合伙人如果是全部转让其财产份额，则完全退出合伙企业，不再是合伙企业的合伙人。新合伙人加入后，合伙企业的财产没有变化。

（2）在没有合伙人转让财产份额的情况下，非合伙人依法加入合伙企业，从而成为新的合伙人。新合伙人加入后，合伙企业的财产增加。

（3）合伙人死亡或被依法宣告死亡时，对该合伙人在合伙企业中的财产份额享有合法继承权的人，愿意成为该企业合伙人的，依法加入企业，从而成为新的合伙人，此时合伙企业的财产没有变化。

（二）入伙的条件和程序

除合伙协议另有约定外，入伙依法应具备两个条件：①经全体合伙人一致同意；②依法订立书面协议。入伙协议经全体合伙人签名、盖章后生效。

入伙协议签订后，执行合伙事务的合伙人应当依法向企业登记机关申请办理变更登记。应当注意的是，未登记并不影响入伙协议本身的效力。

（三）入伙的法律效力

入伙的法律效力主要表现在两个方面：①新合伙人与原合伙人享有同等权利，承担同等责任，但入伙协议另有约定的，从其约定；②新入伙的普通合伙人对入伙前合伙企业的债务承担无限连带责任。新入伙的有限合伙人对入伙前合伙企业的债务，以其认缴的出资额为限承担责任。为减少入伙风险，订立入伙协议时，新合伙人应全面了解原合伙企业的经营状况和财务状况，原合伙人应当如实告知相关情况。

二、退伙

（一）退伙的含义和条件

退伙是指合伙企业存续期间，合伙人依法退出在合伙企业的财产份额，消除合伙人资格的行为。退伙的条件因合伙人退伙事由的不同，依法可以分为以下三种：

1. 声明退伙

声明退伙也称任意退伙，是指合伙人有权自主选择是否退伙情形下的退伙。根据合伙企业在合伙协议是否约定期限方面的不同，声明退伙的法定条件细分为两种情形。一是合伙协议约定合伙期限的，有下列情形之一时，合伙人可以退伙：①合伙协议约定的退伙事由出现；②经全体合伙人一致同意；③发生合伙人难于继续参加合伙企业的事由；④其他合伙人严重违反合伙协议约定的义务。二是合伙协议未约定合伙期限的，合伙人在不给合伙企业事务执行造成不利影响的情况下，可以退伙，但应当提前30日通知其他合伙人。

合伙人未按规定擅自退伙的，应当赔偿由此给其他合伙人造成的损失。

2. 法定退伙

法定退伙也称当然退伙，是指合伙人因法定事由的出现，不再具备合伙人的基本条件而必须退伙的情形。

普通合伙人有下列情形之一的，依法当然退伙：

（1）作为合伙人的自然人死亡或者被依法宣告死亡。

（2）个人丧失偿债能力。个人丧失偿债能力的认定标准，合伙人可以在合伙协议中作出约定。

（3）作为合伙人的法人或者其他组织依法被吊销营业执照、责令关闭撤销，或者被宣告破产。

（4）法律规定或者合伙协议约定合伙人必须具有相关资格而丧失该资格。

（5）合伙人在合伙企业中的全部财产份额被人民法院强制执行。

3. 除名退伙

除名退伙即指在法定条件下，经其他合伙人一致同意，合伙人被合伙企业除名而发生的退伙。合伙人有下列情形之一的，经其他合伙人一致同意，依法可以决议将其除名：①未履行出资义务；②因故意或重大过失给合伙企业造成损失；③执行合伙企业事务时有不正当行为；④发生合伙协议约定的事由。

（二）退伙的法律效力

1. 退还退伙人的财产份额

合伙人退伙，其他合伙人应当与该退伙人按照退伙时的合伙企业财产状况进行结算，退还退伙人的财产份额。退伙人对给合伙企业造成的损失负有赔偿责任的，相应扣减其应当承担的赔偿数额。退伙时有未了结的合伙企业事务的，待该事务了结后进行结算。退伙人在合伙企业中财产份额的退还办法，由合伙协议约定或者由全体合伙人决定，既可以退还货币，也可以退还实物。

2. 普通退伙人对基于其退伙前的原因发生的合伙企业债务，承担无限连带责任

有限合伙人对基于其退伙前的原因发生的合伙企业债务，以其退伙时从合伙企业中取回的财产承担责任。

退伙协议或退伙事由发生后，退伙行为生效。执行合伙事务的合伙人应当依法向企业登记机关申请办理变更登记。

第六节　合伙企业的解散与清算

一、合伙企业的解散

合伙企业的解散是指因法定原因或其他原因发生而使合伙协议终止、分割合伙企业财产,全体合伙人的合伙关系归于消灭的程序和制度。合伙企业依法设立,也应依法终止。

合伙企业有下列情形之一的,应当依法解散:

(1) 合伙期限届满,合伙人决定不再经营。如果合伙协议约定的期限届满,合伙人决定继续经营的,应视为延长合伙企业的期限,可以不发生企业解散的后果,但应依法办理企业变更登记。

(2) 合伙协议约定的解散事由出现。

(3) 全体合伙人决定解散。这种解散,不论合伙企业是否有存续期限,均可适用。

(4) 合伙人已不具备法定人数满30天。

(5) 合伙协议约定的合伙目的已经实现或者无法实现。

(6) 依法被吊销营业执照、责令关闭或者撤销。

(7) 法律、行政法规规定的其他原因。

二、合伙企业的清算

合伙企业决定解散后应依法进行清算。清算是指清理合伙企业的债权、债务,了结尚未完结的事务的行为。清算期间,合伙企业存续,但不得开展与清算无关的经营活动。

(一) 确定清算人

清算人是指负责企业清算事务的人。合伙企业的清算人一般应在合伙协议中事先约定。如果合伙协议未作约定,也可以在合伙企业解散时协商确定。合伙企业清算人的法定产生方式有三种:

(1) 由全体合伙人担任。

（2）由全体合伙人指定，即经全体合伙人过半数同意，可以自合伙企业解散事由出现后 15 日内指定一名或者数名合伙人，或者委托第三人担任清算人。

（3）人民法院指定。自合伙企业解散事由出现后 15 日内未确定清算人的，合伙人或其他利害关系人可以申请人民法院指定清算人。

清算人的职责：①清理合伙企业财产，分别编制资产负债表和财产清单；②处理与清算有关的合伙企业未了结的事务；③清缴所欠税款；④清理债权、债务；⑤处理合伙企业清偿债务后的剩余财产；⑥代表合伙企业参加诉讼或者仲裁活动。

清算人在履行职责时应恪尽职守，清算人在清算过程中因从事违法活动给合伙企业、其他合伙人或者债权人造成损失的，依法应承担赔偿责任。

（二）通知公告债权人

清算人自被确定之日起 10 日内应将合伙企业解散事项通知债权人，并于 60 日内在报纸上公告。债权人应当自接到通知书之日起 30 日内，未接到通知书的自公告之日起 45 日内，向清算人申报债权。债权人申报债权，应当说明债权的有关事项，并提供证明材料。清算人应当对债权进行登记。

（三）清偿债务、分配财产

合伙企业财产在支付清算费用后，依法应按下列顺序清偿：①职工工资、社会保险费用和法定补偿金；②所欠税款；③企业的债务。债务清偿后有剩余财产的，按照合伙协议的约定办理；合伙协议未约定或者约定不明确的，由合伙人协商决定；协商不成的，由合伙人按照实缴出资比例分配、分担；无法确定出资比例的，由合伙人平均分配、分担；合伙企业、合伙人或者清算人因违反法律规定，应当承担的民事赔偿责任和应当缴纳的罚款、罚金，其财产不足以同时支付的，依法应先承担民事赔偿责任。

合伙企业不能清偿到期债务的，债权人可以依法向人民法院提出破产清算申请，也可以要求普通合伙人清偿。与法人企业破产不同的是，合伙企业依法被宣告破产的，普通合伙人对合伙企业债务仍要承担无限连带责任。

合伙人在合伙企业清算前私自转移或者处分合伙企业财产的，合伙企业不得以此对抗善意第三人，否则善意第三人可以依法申请撤销。

（四）申请注销登记

清算结束，清算人应当编制清算报告，经全体合伙人签名、盖章后，在15日内向企业登记机关报送清算报告，申请办理合伙企业注销登记。清算人未依法向企业登记机关报送清算报告，或者报送清算报告隐瞒重要事实，或者有重大遗漏的，由企业登记机关责令改正。由此产生的费用和损失，由清算人承担和赔偿。合伙企业注销后，原普通合伙人对合伙企业存续期间的债务应承担无限连带责任。

讨论思考题

1. 简述合伙企业事务决策的基本方式。
2. 简述合伙企业清算人产生的方式和法律责任。
3. 如何理解个人独资企业与普通合伙企业的主要区别？
4. 如何理解有限合伙企业与普通合伙企业的主要区别？

案例分析

A、B、C三人共同协商准备合伙创办一个名为长远汽车运输队（以下简称运输队）的合伙企业，租用A的门面房作为运输队的住所，三人各以自有的一部"东风140"卡车入股。协议约定，B为运输队负责人，但每个合伙人都可以运输队的名义对外承接运输业务。联系到业务的人可在运费收入中提成20%，每月扣除房租等必要费用后，收入三人均分，经营风险也由三人均担。该运输队于2016年依法取得合伙企业的营业执照。第一年，运输队经营良好。第二年，三人协商一致，以运输队名义贷款买了一辆长途客车。2018年6月1日，三人在合作中发生纠纷，C书面提出退出运输队，要求开走自己的卡车，并要求得到长途客车的1/3价款。A、B同意其退伙，但因买车的贷款还欠5万元未还，于是三方签订协议约定：C自2018年6月10日起退出运输队，C开走自己的卡车，但长途客车中C应分得的款项于2019年6月10日前支付。协议签订后一个月，A在运货途中发生重大交通事故，并在事故中死亡，卡车基本报废，同时造成他人货损折价10万元。B随即将自己的卡车及长途客车卖掉，分别得款4万元和13万元。B将4万元归己，从13万元中拿出5万元偿还了贷款，剩下8万元由B和C各得2.5万元，A家属分得3万元及保险公司对A的车损补偿4万元。运输队自行解散，B去外地经商。受害人找到 C 要求 C 赔偿，C 拒绝，称自己在事故发生前已退出运输队。因找不到 B，于是受害人向法院起诉，要求 A 的家属和 C 赔偿事故导致的货物损失 10 万元。

据查，企业登记机关记载的合伙人仍为 A、B、C 三人。B 既未到企业登记机关办理 C 退伙的变更登记手续，也未办理注销运输队的手续。

问题：

1. 运输队的设立是否符合法定条件？
2. 合伙人退伙的方式有哪些？C 是否已退出该运输队？
3. B 在事故发生后依法应如何处理运输队的财产？
4. 法院应如何处理此案？

第四章 外商投资法

第一节 外商投资法概述

一、外商投资的含义

为了进一步扩大对外开放,积极促进外商投资,保护外商投资合法权益,规范外商投资管理,推动形成全面开放新格局,促进社会主义市场经济健康发展,根据宪法,制定了《中华人民共和国外商投资法》,(以下简称《外商投资法》),并于2019年3月15日第十三届全国人民代表大会第二次会议通过。

外商投资是指外国的自然人、企业或者其他组织(以下简称外国投资者)直接或者间接在中华人民共和国境内(以下简称中国境内)进行的投资活动,包括下列情形:

(1) 外国投资者单独或者与其他投资者共同在中国境内设立外商投资企业;

(2) 外国投资者取得中国境内企业的股份、股权、财产份额或者其他类似权益;

(3) 外国投资者单独或者与其他投资者共同在中国境内投资新建项目;

(4) 法律、行政法规或者国务院规定的其他方式的投资。

外商投资企业是指全部或者部分由外国投资者投资,依照中国法律在中国境内经登记注册设立的企业。

二、外商投资法的含义及法律适用

党的十一届三中全会确立了改革开放的基本国策。1979年7月1日,第五届全国人民代表大会第二次会议通过《中华人民共和国中外合资经营企业法》，我国自此有了第一部外商投资企业法律。1986 年 4 月 12 日，第六届全国人民代表大会第四次会议通过《中华人民共和国外资企业法》。1988 年 4 月 13 日，第七届全国人民代表大会第一次会议通过《中华人民共和国中外合作经营企业法》。这三部外商投资企业法（以下简称"外资三法"）成为规范我国外商投资企业活动的支柱法律，为改革开放提供了坚实的制度保障。

但随着实践的发展，"外资三法"已经不能适应现实需要，暴露出各种各样的问题，例如，与一些新颁行的法律存在冲突、与政府职能转变需求不相适应、滞后于国际经济形势新变化等。概括起来，主要体现在如下几个方面：

（1）针对中外合资企业、中外合作企业和外商独资企业分别立法，对于市场实践中并无实质差异的外商投资活动，在法律制度上人为地作出区分，造成法律实施和适用的烦琐化。

（2）在《中华人民共和国公司法》《中华人民共和国合伙企业法》等企业组织法相继出台后，"外资三法"中的部分条款与上述法律的规定存在抵消和冲突，尤其在司法实践中造成法律适用上的错乱与失衡，制度"双轨"现象亟待消除。

（3）外商投资的国民待遇原则未得到彻底贯彻，在市场准入方面与内资区别对待，需要进行专门审批，从而成为我国市场经济发展和进一步改革开放的制度性障碍。

（4）"外资三法"构建的管理机制是以企业组织形式为基本着眼点，以行政审批为主要规制手段，对市场准入全面管制，对外商投资进行全链条审批，管得过多、过宽、过死，不符合行政放权、企业自主、市场自治的大趋势。

（5）"外资三法"仅涉及新设投资这种外商投资形式，对跨国并购未予规定，对外国资本在资本市场上的间接投资行为也未予涵盖。

2019 年 3 月 15 日，第十三届全国人民代表大会第二次会议表决通过《中华人民共和国外商投资法》，自 2020 年 1 月 1 日起施行；现行"外资三法"同时被废止。这意味着统一的外商投资基本法终于问世，也标志着我国对外开放事业开启了新的篇章。

根据新时代改革开放新的形势和要求，制定外商投资法的指导思想是：

高举中国特色社会主义伟大旗帜,以习近平新时代中国特色社会主义思想为指导,深入贯彻落实党的十九大和十九届二中、三中全会精神,适应推动形成全面开放新格局、构建开放型经济新体制的新形势新要求,坚持对外开放基本国策,坚持市场化、法治化、国际化的改革方向,创新外商投资管理制度,确立新时代外商投资法律制度基本框架,为推动高水平对外开放提供有力法治保障,促进社会主义市场经济健康发展。

三、外商投资法的基本准则

(1)国家坚持对外开放的基本国策,鼓励外国投资者依法在中国境内投资。

国家实行高水平投资自由化便利化政策,建立和完善外商投资促进机制,营造稳定、透明、可预期和公平竞争的市场环境。

(2)国家对外商投资实行准入前国民待遇加负面清单管理制度。所称准入前国民待遇是指在投资准入阶段给予外国投资者及其投资不低于本国投资者及其投资的待遇;所称负面清单是指国家规定在特定领域对外商投资实施的准入特别管理措施。国家对负面清单之外的外商投资,给予国民待遇。

负面清单由国务院发布或者批准发布。

中华人民共和国缔结或者参加的国际条约、协定对外国投资者准入待遇有更优惠规定的,可以按照相关规定执行。

(3)国家依法保护外国投资者在中国境内的投资、收益和其他合法权益。

(4)在中国境内进行投资活动的外国投资者、外商投资企业,应当遵守中国法律、法规,不得危害中国国家安全、损害社会公共利益。

(5)国务院商务主管部门、投资主管部门按照职责分工,开展外商投资促进、保护和管理工作;国务院其他有关部门在各自职责范围内,负责外商投资促进、保护和管理的相关工作。

县级以上地方人民政府有关部门依照法律、法规和本级人民政府确定的职责分工,开展外商投资促进、保护和管理工作。

外商投资企业职工依法建立工会组织,开展工会活动,维护职工的合法权益。外商投资企业应当为本企业工会提供必要的活动条件。

四、外商投资法的基本特征

为积极促进外商投资,《外商投资法》规定国家实行高水平投资自由化便利化政策,建立和完善外商投资促进机制,营造稳定、透明、可预期的投资环境的同时,主要从五个方面作了规定:

一是明确对外商投资实行准入前国民待遇加负面清单管理制度。

二是明确国家支持企业发展的各项政策同等适用于外商投资企业;制定与外商投资有关的法律、法规、规章应当听取外商投资企业的意见和建议,与外商投资有关的规范性文件、司法判决应当依法及时公布;国家建立健全外商投资服务体系,为外国投资者和外商投资企业提供法律法规、政策措施、投资项目信息等方面的咨询和服务。

三是明确外商投资企业平等参与标准化工作和政府采购活动,标准制定应当强化信息公开和社会监督,强制性标准平等适用于外商投资企业,政府采购依法对外商投资企业在中国境内生产的产品平等对待。

四是明确外商投资企业可以依法通过公开发行股票、公司债券等证券以及其他方式进行融资。

五是明确地方各级人民政府可以在法定权限内制定外商投资促进政策,各级人民政府及其有关部门应当进一步提高外商投资服务水平。

第二节　投资促进

为了积极促进外商投资,《外商投资法》在总则一章中规定,国家坚持对外开放的基本国策,鼓励外国投资者依法在中国境内投资;国家实行高水平投资自由化便利化政策,建立和完善外商投资促进机制,营造稳定、透明、可预期和公平竞争的市场环境。同时,设"投资促进"专章,主要包括以下内容:

一是提高外商投资政策的透明度。《外商投资法》规定:制定与外商投资有关的法律、法规、规章,应当采取适当方式征求外商投资企业的意见和建议;与外商投资有关的规范性文件、裁判文书等,应当依法及时公布。

二是保障外商投资企业平等参与市场竞争。第9条、第15条、第16条、

第17条等都体现了外商投资企业平等参与、内外资规则一致的精神。

三是加强外商投资服务。《外商投资法》规定：国家建立健全外商投资服务体系，为外国投资者和外商投资企业提供法律法规、政策措施、投资项目信息等方面的咨询和服务；各级人民政府及其有关部门应当按照便利、高效、透明的原则，进一步提高外商投资服务水平。

四是依法依规鼓励和引导外商投资。《外商投资法》规定：国家根据需要，设立特殊经济区域，或者在部分地区实行外商投资试验性政策措施，促进外商投资，扩大对外开放；国家根据国民经济和社会发展需要，鼓励和引导外国投资者在特定行业、领域、地区投资，并可以依照法律、行政法规或者国务院的规定给予优惠；县级以上地方人民政府可以根据法律、行政法规、地方性法规的规定，在法定权限内制定外商投资促进和便利化政策措施。

第三节　投资保护

《外商投资法》对外商投资实施投资保护，主要内容如下：

（1）国家对外国投资者的投资实行征收。在特殊情况下，国家为了公共利益的需要，可以依照法律规定对外国投资者的投资实行征收或者征用。征收、征用应当依照法定程序进行，并及时给予公平、合理的补偿。

（2）外国投资者在中国境内的出资、利润、资本收益、资产处置所得、知识产权许可使用费、依法获得的补偿或者赔偿、清算所得等，可以依法以人民币或者外汇自由汇入、汇出。

（3）国家保护外国投资者和外商投资企业的知识产权，保护知识产权权利人和相关权利人的合法权益；对知识产权侵权行为，严格依法追究法律责任。

国家鼓励在外商投资过程中基于自愿原则和商业规则开展技术合作。技术合作的条件由投资各方遵循公平原则平等协商确定。行政机关及其工作人员不得利用行政手段强制转让技术。

（4）行政机关及其工作人员对于履行职责过程中知悉的外国投资者、外商投资企业的商业秘密，应当依法予以保密，不得泄露或者非法向他人提供。

（5）各级人民政府及其有关部门制定涉及外商投资的规范性文件，应当符合法律法规的规定;没有法律、行政法规依据的,不得减损外商投资企业的合法权益或者增加其义务,不得设置市场准入和退出条件,不得干预外商投资企业的正常生产经营活动。

(6)地方各级人民政府及其有关部门应当履行向外国投资者、外商投资企业依法作出的政策承诺以及依法订立的各类合同。

因国家利益、社会公共利益需要改变政策承诺、合同约定的,应当依照法定权限和程序进行,并依法对外国投资者、外商投资企业因此受到的损失予以补偿。

(7)国家建立外商投资企业投诉工作机制,及时处理外商投资企业或者其投资者反映的问题,协调完善相关政策措施。

外商投资企业或者其投资者认为行政机关及其工作人员的行政行为侵犯其合法权益的,可以通过外商投资企业投诉工作机制申请协调解决。

外商投资企业或者其投资者认为行政机关及其工作人员的行政行为侵犯其合法权益的,除依照规定通过外商投资企业投诉工作机制申请协调解决外,还可以依法申请行政复议、提起行政诉讼。

(8)外商投资企业可以依法成立和自愿参加商会、协会。商会、协会依照法律法规和章程的规定开展相关活动,维护会员的合法权益。

第四节 投资管理

《外商投资法》中明确规定,国家对外商投资实行准入前国民待遇加负面清单管理制度,并进一步规定:所称准入前国民待遇,是指在投资准入阶段给予外国投资者及其投资不低于本国投资者及其投资的待遇;所称负面清单,是指国家规定在特定领域对外商投资实施的准入特别管理措施;国家对负面清单之外的外商投资,给予国民待遇。负面清单由国务院发布或者批准发布。中华人民共和国缔结或者参加的国际条约、协定对外国投资者准入待遇有更优惠规定的,可以按照相关规定执行。根据我国有关实践和需要,《外商投资法》规定:负面清单规定禁止投资的领域,外国投资者不得投资;负面清单规定限制投资的领域,外国投资者进行投资应当符合负面清单规定的条件。同时,还对外商投资管理作出了一些指引性、衔接性规定。

一是明确按照内外资一致的原则对外商投资实施监督管理。其中规定：外商投资需要办理投资项目核准、备案的，按照国家有关规定执行；外国投资者在依法需要取得许可的行业、领域进行投资的，应当依法办理相关许可手续；外商投资企业的组织形式、组织机构，适用公司法、合伙企业法等法律的规定；外商投资企业开展生产经营活动，应当依照有关法律、行政法规和国家有关规定办理税收、会计、外汇等事宜，并接受有关主管部门依法实施的监督检查；外国投资者并购中国境内企业或者以其他方式参与经营者集中的，应当依照反垄断法的规定接受经营者集中审查。

二是建立健全外商投资信息报告制度。具体规定为：外国投资者或者外商投资企业应当通过企业登记系统以及企业信用信息公示系统向商务主管部门报送投资信息；外商投资信息报告的内容和范围按照确有必要的原则确定，通过部门信息共享能够获得的投资信息，不得再行要求报送。

三是对外商投资安全审查制度作了原则规定。其中规定：国家对影响或者可能影响国家安全的外商投资进行安全审查；依法作出的安全审查决定为最终决定。

第五节　法律责任

一、外商投资企业违反《外商投资法》的法律责任

（一）违反企业经营范围规定的法律责任

外国投资者投资外商投资准入负面清单规定禁止投资的领域的，由有关主管部门责令其停止投资活动，限期处分股份、资产或者采取其他必要措施，恢复到实施投资前的状态；有违法所得的，没收违法所得。

外国投资者的投资活动违反外商投资准入负面清单规定的限制性准入特别管理措施的，由有关主管部门责令限期改正，采取必要措施满足准入特别管理措施的要求；逾期不改正的，依照前款规定处理。

外国投资者的投资活动违反外商投资准入负面清单规定的，除依照前两款规定处理外，还应当依法承担相应的法律责任。

（二）违反企业投资信息报送规定的法律责任

外国投资者、外商投资企业违反《外商投资法》规定，未按照外商投资信息报告制度的要求报送投资信息的，由商务主管部门责令限期改正；逾期不改正的，处 10 万元以上 50 万元以下的罚款。

对外国投资者、外商投资企业违反法律、法规的行为，由有关部门依法查处，并按照国家有关规定纳入信用信息系统。

二、行政机关工作人员违反《外商投资法》的法律责任

行政机关工作人员在外商投资促进、保护和管理工作中滥用职权、玩忽职守、徇私舞弊的，或者泄露、非法向他人提供履行职责过程中知悉的商业秘密的，依法给予处分；构成犯罪的，依法追究刑事责任。

讨论思考题

1. 简述外商投资的含义。
2. 简述《外商投资法》的基本准则。
3. 简述外商投资企业违反《外商投资法》的法律责任。

案例分析

中国某企业与美国一家公司协商，决定在上海设立一家外商投资企业。合同中规定，中方出资 60 万元，美方出资 40 万元；双方合作期为 10 年；从第三年起，美方按 80% 的比例分享利润，直到收回投资后，再按中方 60%、美方 40% 的比例分享利润；合同期满后，全部固定资产归中方所有。

问题：

1. 这家外商投资企业有怎样的经营特点。
2. 该公司可以采用什么经营管理方式？

第五章 公司法

第一节 公司法概述

一、公司的概念和特征

(一) 公司的概念

公司是社会经济活动最主要的主体,是当今世界最普遍、最重要的企业形式。根据《中华人民共和国公司法》(以下简称《公司法》)的规定,公司是指依照《公司法》在中国境内设立的有限责任公司和股份有限公司。公司是企业法人,有独立的法人财产,享有法人财产权。公司以其全部财产对公司的债务承担责任。

(二) 公司的特征

作为现代企业的重要组织形式,公司具有以下法律特征:

1. 公司具有营利性,是以营利为目的的企业组织

公司以进行经营活动获取经营收益为基本动机和目的,营利是公司经营活动的出发点和归宿点。营利性是所有企业的基本特性,不论是公司企业,还是独资企业、合伙企业,都要进行经营活动,都是以营利为其目的。

2. 公司具有依法认可性,是依法登记成立的企业组织

公司必须经依法认可、登记注册,才能取得主体资格。设立公司必须符合公司法规定的条件,履行设立程序,如制定章程、缴纳出资、成立机构、注册登记等。只有按法定条件、法定程序设立的公司,才能取得公司的法律地位和资格。

3. 公司是以股东投资为基础设立的股权式企业

作为现代企业的主要形态,公司有其特定的产权结构形式。基于所有权

主体追求其财产更有效运用的意志,以所有权主体向公司进行永久性投资的行为为基础,所有权人成为公司股东,传统所有权在公司中转换为股权和公司法人权利。股权与公司法人权利既相互依存、相互独立又相互制衡,形成以公司为载体的所有权行使方式,即股权式方式。

4. 公司是具有法人资格的企业

法人是与自然人相对应的民事主体,是具有民事权利能力和民事行为能力、依法独立享有民事权利和独立承担民事义务的组织。法人的基本特征和实质要件是具有独立的财产、独立的组织机构、独立承担民事责任,进而具有独立的法律人格。公司是最典型的法人,正是公司的出现,才使法人制度得以建立和完善。

二、公司的种类

随着公司在现代社会经济生活中占有越来越重要的地位,公司的规模得到了空前的发展,其组织形式也日益多样化。一般的分类有:按股东对公司所承担的财产责任的不同性质,可划分为无限责任公司、有限责任公司、股份有限公司和两合公司;按公司之间的关系不同,可分为母公司和子公司、总公司和分公司;依公司的国籍不同,可以划分为本国公司、外国公司和跨国公司;依公司对外信用和基础的不同,可划分为人合公司、资合公司、资合兼人合公司。

根据《公司法》规定,公司种类相对较简单,主要分为以下几种:

(一) 有限责任公司和股份有限公司

以公司资本是否划分为等额股份及股份是否通过发行股票方式募集,可划分为有限责任公司和股份有限公司。有限责任公司是股东以其认缴的出资额为限对公司承担责任、公司以其全部财产对公司债务承担责任的企业法人。有限责任公司包括一般有限公司、一人有限公司和国有独资公司。股份有限公司是全部资本划分为等额股份、股东以其所认购的股份为限对公司承担责任、公司以其全部财产对公司债务承担责任的企业法人。根据公司的股票是否上市发行,股份有限公司又分为上市公司和非上市公司。

(二) 母公司和子公司

根据公司之间的控制或从属关系,可分为母公司和子公司。当一个公司拥有另一个公司一定比例以上并足以将其控制的股份时,该公司即为母公司。反之,其一定比例以上的股份被另一公司所拥有,并因此受到该公司控制的公司则为子公司。子公司具有企业法人资格,依法独立承担民事责任。

(三) 总公司与分公司

总公司与分公司是以公司分支机构的设置和关系系统为标准划分的。总公司是指依法设立的管辖其全部组织的总机构,分公司则是总公司管辖的分支机构。分公司没有独立的公司名称、章程,没有独立的财产,不具有法人资格,其民事责任由总公司承担,但可以领取营业执照,具有经营资格和诉讼主体资格,可以以自己的名义订立合同和参与诉讼。

(四) 本国公司和外国公司

本国公司与外国公司是以公司的国籍为标准划分的。本国公司是指依据本国法律、在本国登记设立的公司。凡依据《公司法》规定的条件和程序在我国境内设立登记的公司,即为中国公司。外国公司是指依照外国法律在中国境外设立的公司。

三、公司法的概念和特征

(一) 公司法的概念

公司法是规定公司的设立、组织、活动、解散及其内部、外部关系的法律规范的总称。公司法规范的对象是公司企业。公司法调整公司在设立、组织、运营或解散过程中所发生的社会关系,具体表现为:公司内部发起人之间或股东之间的关系;股东与公司之间的关系;公司内部的组织管理与协作关系;公司与国家经济行政机关之间所发生的外部组织管理关系。

(二) 公司法的特征

1. 公司法是组织法和活动法相结合的法律

公司法是组织法,以组织体为核心,因此首先应对公司的法律地位及资格,公司的设立、变更、终止,股东的权利义务,公司的组织机构及内部管理,公司与股东的关系等问题作出明确的规定。同时,公司法也是活动法,对与公司的组织特点直接相关的公司活动,如公司股份、债券的发行与转让,公司资本的增加和减少等,作出明确规定。

2. 公司法是强制性规范和任意性规范相结合的法律

公司法多为强制性规范。强制性规范是指法律规范的权利义务具有绝对肯定形式，不允许当事人双方协议或单方任意改变或否认。强制性规范当事人必须执行，而不能依个人意志予以改变。公司法强制性规范主要体现在：不能任意创设公司的形态，必须符合设立条件，履行设立程序；不能任意发行和转让公司的股票、债券，必须符合法定的程序和条件；进行利润分配前必须先弥补亏损、提取法定公积金等方面。若违反这些强制性规范，公司和相关当事人要承担相应的法律责任。

公司法中又有任意性的法律规范。任意性法律规范是法律规范留有相当的选择空间，在这一空间范围内可以由当事人通过自由协商来创设、确认相互权利义务关系，并可协商变更或解除这种关系。公司法具有私法性质，应该体现当事人意思自治的原则，对于不损害第三人和社会的行为和事项，应当允许当事人自愿协商，对法律规范进行选择和变通。公司法的任意性规范体现在公司治理结构方面，如对公司机关职权范围、决议方式的变通和补充规定，法定代表人的选择，经理的设置等。这些法律允许限度内的变更、补充规定，具有优先适用的效力。

3. 公司法是实体法和程序法相结合的法律

公司法以大量的实体法律规范公司的法律地位、组织活动准则、组织机构的职权职责、公司以及股东的权利义务等，同时，也以大量的程序法律规范对公司的设立程序、组织活动程序等有关组织和行为加以规范。

第二节 公司法基本制度

一、公司债券

（一）公司债券的概念和特征

公司债券是公司依照法定程序发行，约定在一定期限内还本付息的有价证券。公司债券有记名债券和无记名债券。它表明发行债券的公司和债券投资者之间的债权债务关系。债券持有人是公司的债权人，而不是公司的所有者。与股票持有者最大的不同点是，债券持有人有按约定条件向公司取得利息和到期收回本金的权利，取得利息优先于股东分红，公司破产清算时，也优于股东收回本金。但债券持有者不能参与公司的经营、管理等各项活动。

公司债券的特征有如下几个方面：

1. 公司债券是一种有价证券

（1）公司债券作为一种"证券"，它不是一般的物品或商品，而是能够证明权利的法律凭证。

（2）公司债券是"有价证券"，它反映和代表了一定的经济价值，并且自身带有社会接受性，一般能够转让，作为流通的金融性工具。

2. 公司债券是由公司发行的

公司债券的发行人、债务人是公司，而不是其他组织形式的企业。一般情况下，其他类型的企业，如个人独资企业、合伙制企业、合作制企业都不具备发行债券的产权基础，都不能发行公司债券。

3. 公司债券须通过发行得以实现

公司债券必须由其发行人面向其投资者通过发行才能实现。公司债券发行是发行人通过出售自身的信用凭证——公司债券获得资金，同时公司债券投资者通过支付资金购买发行人的信用凭证的一种信用交易过程。

4. 公司债券需要还本付息

还本付息，是公司债券与其他有价证券的根本区别。

（1）公司债券反映的是发行人和投资者之间的债权债务关系，因此，公司债券到期是要偿还的。

（2）公司债券到期不但要偿还，而且还需在本金之外支付一定的利息，这是投资者将属于自己的资金在一段时间内让渡给发行人使用的报酬。

5. 公司债券具有一定期限

公司债券反映的是债权债务关系，是一种借贷行为，有借有还，这需要确定经过多长时间偿还。

6. 公司债券的发行要依照法定程序进行

发行公司债券，不管对发行债券的公司而言，还是对政府监管部门而言，都是一件重大的事情。因此几乎所有国家的公司法都规定，发行公司债券必须报经政府有关监管机构批准或核准，或者到政府监管机构登记、注册，否则就属于违法行为。依照法定程序主要包含两层含义：

（1）需经公司决策层，如董事会、股东大会等批准。

（2）需经政府监管部门同意。政府监管部门在同意发行公司债券的审查过程中，还通过有关法律、法规在信用评级、财务审计、法律认证、信息披露等方面进行严格要求。

（二）公司债券的发行

1. 公司债券的发行主体

不论是股份有限公司还是有限责任公司，不论是国有出资公司还是非国有出资公司，只要符合法律（主要是证券法）规定的公司债券发行条件，就可以发行公司债券。但发行可转换公司债券的主体只能是股份有限公司，而且是上市公司。上市公司经股东大会决议可以发行可转换为股票的公司债券，并在公司债券募集办法中规定具体的转换办法。上市公司发行可转换为股票的公司债券，应当报国务院证券监督管理机构核准。发行可转换为股票的公司债券，应当在债券上标明可转换公司债券字样，并在公司债券存根簿上载明可转换公司债券的数额。发行可转换为股票的公司债券的，公司应当按照其转换办法向债券持有人换发股票，但债券持有人对转换股票或者不转换股票有选择权。

2. 公司债券的发行条件

公司发行公司债券应当符合《中华人民共和国证券法》（以下简称《证券法》）规定的发行条件。根据《证券法》规定，公开发行公司债券，应当符合下列条件。

（1）股份有限公司的净资产不低于人民币3000万元，有限责任公司的净资产不低于人民币6000万元。

（2）累计债券余额不超过公司净资产的40%。

（3）最近三年平均可分配利润足以支付公司债券一年的利息。

（4）筹集的资金投向符合国家产业政策。

（5）债券的利率不超过国务院限定的利率水平。

（6）国务院规定的其他条件。

3. 公司债券的发行程序

发行公司债券不但要具备法定条件，还要履行法定程序。发行公司债要履行以下程序：

（1）董事会制订方案，股东（大）会作出决议。

（2）有限责任公司、股份有限公司发行公司债券，由董事会制订方案，由股东会作出决议；国有独资公司由董事会制订方案，由国有资产监督管理机构作出决定。

（3）办理公司债券审核。公司申请公开发行公司债券，应当向国务院授权的部门申请予以核准，上市公司发行可转换为股票的公司债券，应当报国务院证券监督管理机构核准。

（4）公告公司债券募集方法。《公司法》规定，发行公司债券的申请经国务院授权的部门核准后，应当公告公司债券募集办法。公司债券募集办法中应当载明下列主要事项：①公司名称；②债券募集资金的用途；③债券总额和债券的票面金额；④债券利率的确定方式；⑤还本付息的期限和方式；⑥债券担保情况；⑦债券的发行价格、发行的起止日期；⑧公司净资产额；⑨已发行的尚未到期的公司债券总额；⑩公司债券的承销机构。

（5）签订承销协议，承销商销售公司债券。公司向社会公开发行公司债券，应当由证券经营机构承销。债券承销可以采取代销和包销两种方式。

（三）公司债券的转让

公司债券的转让是指公司债券持有人将自己的公司债券让与他人，使受让人成为公司债券的持有人、公司债的债权人。

公司债券可以转让，转让价格由转让人与受让人约定。公司债券在证券交易所上市交易的，按照证券交易所的交易规则转让。

记名公司债券的转让，由债券持有人以背书方式或者法律、行政法规规定的其他方式转让，转让后由公司将受让人的姓名或者名称及住所记载于公司债券存根簿。

无记名公司债券的转让，由债券持有人将该债券交付给受让人后即发生转让的效力。

二、公司的财务会计制度

（一）公司财务会计制度的概念

公司财务会计制度是公司财务制度和会计制度的统称，有时简称"财会制度"，具体指法律、法规及公司章程中所确立的一系列公司财务会计规程。公司财务会计报告是反映公司生产经营成果和财务状况的总结性的书面文件。它不仅是公司经营者准确掌握公司经营情况的重要手段，也是股东、债权人了解公司财产和经营状况的主要途径。

《公司法》规定，公司应当依照法律、行政法规和国务院财政部门的规定建立本公司的财务、会计制度。

公司应当在每一会计年度终了时编制财务会计报告，并依法经会计师事务所审计。财务会计报告应当依照法律、行政法规和国务院财政部门的规定制作。有限责任公司应当依照公司章程规定的期限将财务会计报告送交各股东，股份有限公司的财务会计报告应当在召开股东大会年会的 20 日前置备于本公司，供股东查阅；公开发行股票的股份有限公司必须公告其财务会计报告。

（二）利润分配

根据《公司法》等有关法规的规定，公司当年实现的利润，一般应按照下列顺序分配：

（1）弥补以前年度亏损，但不得超过税法规定的弥补期限。公司某一纳税年度的亏损可以用下一年度的所得弥补，下一年度的所得不足以弥补的，可以逐年延续弥补，但最长不得超过 5 年。

（2）缴纳所得税。公司应当按照《中华人民共和国企业所得税法》（以下简称《企业所得税法》）的规定缴纳企业所得税。

（3）依法提取法定公积金。公司分配当年税后利润时，应当提取利润的 10%列入公司法定公积金。公司法定公积金累积额为公司注册资本的 50%以上的，可以不再提取。公司的法定公积金不足以弥补以前年度亏损的，在提取法定公积金之前，应当先用当年利润弥补亏损。公司的公积金用于弥补公司的亏损、扩大公司生产经营或者转为增加公司资本。但是，资本公积金不得用于弥补公司的亏损。法定公积金转为资本时，所留存的该项公积金不得少于转增前公司注册资本的 25%。

（4）依法提取任意公积金。公司从税后利润中提取法定公积金后，经股东会或者股东大会决议，还可以从税后利润中提取任意公积金。

(5) 向投资人分配利润。有限责任公司依照《公司法》第 35 条规定分配；股份有限公司按照股东持有的股份比例分配，但股份有限公司章程规定不按持股比例分配的除外。股东会、股东大会或者董事会违反前款规定，在公司弥补亏损和提取法定公积金之前向股东分配利润的，股东必须将违反规定分配的利润退还公司。

三、公司的合并、分立、增资、减资

(一) 公司的合并

1. 公司合并的概念

公司合并是指两个或两个以上的公司依照《公司法》规定的条件和程序，通过订立合并协议，共同组成一个公司的法律行为。公司的合并可分为吸收合并和新设合并两种形式。吸收合并又称存续合并，它是指通过将一个或一个以上的公司并入另一个公司的方式而进行公司合并的一种法律行为。并入的公司解散，其法人资格消失；接受合并的公司继续存在，并办理变更登记手续。新设合并是指两个或两个以上的公司以消灭各自的法人资格为前提而合并组成一个公司的法律行为。其合并结果，原公司的法人资格均告消灭。新组建公司办理设立登记手续取得法人资格。

2. 公司合并的程序

（1）董事会制订合并方案。

（2）签订公司合并协议。公司合并协议是指由两个或者两个以上的公司就公司合并的有关事项订立的书面协议。协议的内容应当载明法律、法规规定的事项和双方当事人约定的事项，一般来说应当包括以下内容：公司的名称与住所；存续或者新设公司因合并而发行的股份总数、种类和数量，或者投资总额，每个出资人所占投资总额的比例等；合并各方现有的资本及对现有资本的处理方法；合并各方所有的债权、债务的处理方法；存续公司的公司章程是否变更，公司章程变更后的内容，新设公司的章程如何订立及其主要内容；公司合并各方认为应当载明的其他事项。

（3）编制资产负债表和财产清单。资产负债表是反映公司资产及负债状况、股东权益的会计报表，是会计合并中必须编制的报表。合并各方应当真实、全面地编制此表,以反映公司的财产情况,不得隐瞒公司的债权、债务。此外,公司还要编制财产清单,清晰地反映公司的财产状况。

(4) 合并决议的形成。公司合并应当由公司股东会或者股东大会作出合并决议,之后才进行其他工作。公司合并会影响到股东利益,如股权结构的变化。根据《公司法》规定,就有限责任公司来讲,其合并应当由股东会作出特别决议,即必须经代表 2/3 以上表决权的股东通过才能进行;就股份有限公司来讲,其合并应当由公司的股东大会作出特别决议,即必须经出席会议的股东所持表决权的 2/3 以上通过才能进行;就国有独资公司来讲,其合并必须由国有资产监督管理机构决定,其中,重要的国有独资公司合并应当由国有资产监督管理机构审核后,报本级人民政府批准才能进行。

(5) 向债权人通知和公告。公司应当自作出合并决议之日起 10 日内通知债权人,并于 30 日内在报纸上公告。一般来说,对所有的已知债权人应当采用通知的方式告知,只有对那些未知的或者不能通过普通的通知方式告知的债权人才可以采用公告的方式。通知和公告的目的主要是告知债权人,以便让他们作出决定,对公司的合并是否提出异议。此外,公告也可以起到通知未参加股东会(股东大会)的股东的作用。

(6) 合并登记。公司合并以后解散的公司应当到工商登记机关办理注销登记手续,存续公司应当到登记机关办理变更登记手续,新成立的公司应当到登记机关办理设立登记手续。公司合并只有进行登记后,才能得到法律上的承认。

(二) 公司的分立

公司分立是指一个公司依照《公司法》有关规定,分成两个以上的公司的法律行为。

公司分立主要有两种方式:派生分立和解散分立。派生分立是指一个公司分立成两个以上公司,本公司继续存在并设立一个以上新的公司;解散分立是指一个公司分散为两个以上公司,本公司解散并设立两个以上新的公司。公司分立程序如下:

1. 公司董事会拟订公司分立方案

此与公司合并类似。但在公司分立方案中,除应当对分立原因、分立目的、分立后各公司的地位、分立后公司章程及其他相关问题作出安排外,特别应当妥善处理财产及债务分割问题。

2. 公司股东会关于分立方案的决议

公司分立属于《公司法》上所称重大事项,应当由股东会以特别会议决议方式决定。股东会决议通过方案时,特别要通过公司债务的分担协议,即由未来两家或多家公司分担原公司债务的协议。为了保证分立方案的顺利执行,应当同时授权董事会具体实施分立方案。该授权包括向国家主管机关提出分立申请、编制其他相关文件等事项。

3. 董事会编制公司财务及财产文件

根据《公司法》规定,公司分立时应当进行财产分割。为妥善处理财产分割,应当编制资产负债表及财产清单。经股东会授权后,应当由董事会负责实施。

4. 政府主管机关的批准

此项与公司合并须经政府主管机关批准的规则在本质上相同,即公司分立应以政府批准为前提。公司应当自作出分立决议之日起10日内通知债权人,并于30日内在报纸上公告。

5. 履行债权人保护程序

公司分立,其财产作相应的分割。公司分立前的财产所有权、经营权、知识产权、债权等由分立后的公司享有,公司分立前的债务由分立后的公司承担连带责任。但是,公司在分立前与债权人就债务清偿达成的书面协议另有约定的除外。

(三) 公司的减资、增资

1. 公司注册资本的减少

公司减少注册资本不仅关系到公司股东的利益,还关系到公司债权人的利益和市场交易秩序的稳定,因而必须依法进行。根据《公司法》规定,公司需要减少注册资本时必须编制资产负债表及财产清单。公司应当自作出减少注册资本决议之日起10日内通知债权人,并于30日内在报纸上公告。债权人自接到通知书之日起30日内,未接到通知书的自公告之日起45日内,有权要求公司清偿债务或者提供相应的担保。公司减资后的注册资本不得低于法定的最低限额。公司减少注册资本，应当依法向公司登记机关办理变更登记。

2. 公司注册资本的增加

有限责任公司增加注册资本时，股东认缴新增资本的出资，按照《公司法》设立有限责任公司缴纳出资的有关规定执行。

股份有限公司为增加注册资本发行新股时，股东认购新股，依照《公司法》设立股份有限公司缴纳股款的有关规定执行。

公司增加注册资本，应当依法向公司登记机关办理变更登记。

第三节 有限责任公司

一、有限责任公司的设立

有限责任公司也称有限公司，是指依照《公司法》设立的，股东以其认缴的出资额为限对公司承担责任，公司以其全部财产对公司债务承担责任的公司。

（一）设立条件

1. 股东符合法定人数

有限责任公司由 50 个以下股东出资设立。公司法对于股东人数只有上限的规定而没有下限的规定，承认了一人有限责任公司的法律地位。一人有限责任公司是指只有一个自然人股东或者一个法人股东的有限责任公司。国有独资公司是特殊的一人有限责任公司，是指国家单独出资、由国务院或者地方人民政府授权本级人民政府国有资产监督管理机构履行出资人职责设立的有限责任公司。

2. 有符合公司章程规定的全体股东认缴的出资额

除法律、行政法规另有规定外，有限责任公司设立无最低注册资本限度要求，各有限责任公司可在公司章程中自行约定公司注册资本。

3. 股东共同制定公司章程

有限责任公司章程应当载明下列事项：公司名称和住所；公司经营范围；

公司注册资本；股东的姓名或者名称；股东的出资方式、出资额和出资时间；公司的机构及其产生办法、职权、议事规则；公司法定代表人；股东会会议认为需要规定的其他事项。股东应当在公司章程上签名、盖章。

4. 有公司名称，建立符合有限责任公司要求的组织机构

公司名称是指公司在经营活动中用以表达、彰显自己，区别于其他商事主体的标志。公司只准使用一个名称。公司的名称应当由行政区划名称、字号（商号）、行业、组织形式四项基本要素构成。公司法规定的有限责任公司的组织机构包括股东会、董事会和监事会。股东人数较少或者规模较小的有限责任公司，可以不设立董事会，而只设一名执行董事，也可以不设监事会，设1~2名监事。

5. 有公司住所

公司的住所是公司主要办事机构所在地，是管理和统辖公司全部经营活动的总机关所在地。经公司登记机关登记的住所只能有一个。

（二）出资义务的履行

有限责任公司的注册资本为在公司登记机关登记的全体股东认缴的出资额。法律、行政法规以及国务院决定对有限责任公司注册资本实缴、注册资本最低限额另有规定的，从其规定。

股东可以用货币出资，也可以用实物、知识产权、土地使用权等可以用货币估价并可以依法转让的非货币财产作价出资；但是，法律、行政法规规定不得作为出资的财产除外。对作为出资的非货币财产应当评估作价，核实财产，不得高估或者低估作价。法律、行政法规对评估作价有规定的，从其规定。

股东应当按期足额缴纳公司章程中规定的各自所认缴的出资额。股东以货币出资的，应当将货币出资足额存入有限责任公司在银行开设的账户；以非货币财产出资的，应当依法办理其财产权的转移手续。股东不按期缴纳出资的，除应当向公司足额缴纳外，还应当向已按期足额缴纳出资的股东承担违约责任。有限责任公司成立后，发现作为设立公司出资的非货币财产的实际价额显著低于公司章程所定价额的，应当由交付该出资的股东补足其差额；公司设立时的其他股东承担连带责任。

公司成立后，股东不得抽逃出资。

（三）设立登记

股东认缴公司章程规定的出资后，由全体股东指定的代表或者共同委托的代理人向公司登记机关报送公司登记申请书、公司章程等文件，申请设立登记。

如果公司的设立符合法律规定的条件和程序，经公司登记机关依法核准后，发给公司营业执照。公司营业执照签发日期为公司成立日期。公司营业执照应当载明公司的名称、住所、注册资本、经营范围、法定代表人姓名等事项。公司只有依法成立后，才能取得法人资格，以公司名义对外从事法律行为。

二、有限责任公司的股东

（一）有限责任公司股东身份的确认

有限责任公司成立后，应当向股东签发出资证明书。出资证明书应当载明下列事项：公司名称，公司成立日期，公司注册资本，股东的姓名或者名称、缴纳的出资额和出资日期，出资证明书的编号和核发日期。出资证明书由公司盖章。

有限责任公司应当置备股东名册，记载下列事项：股东的姓名或者名称及住所；股东的出资额；出资证明书编号。记载于股东名册的股东，可以依股东名册主张行使股东权利。公司应当将股东的姓名或者名称向公司登记机关登记；登记事项发生变更的，应当办理变更登记。未经登记或变更登记的，不得对抗第三人。

（二）有限责任公司股东的权利

有限责任公司的股东依法享有股权，具体包括：

（1）按照出资比例在股东会会议上行使表决权，但是公司章程另有规定的除外。

（2）股东有权查阅、复制公司章程、股东会会议记录、董事会会议决议、监事会会议决议和财务会计报告。

（3）股东可以要求查阅公司会计账簿。股东要求查阅公司会计账簿的应当向公司提出书面请求，说明目的。公司有合理根据认为股东查阅会计账簿有不正当目的，可能损害公司合法利益的，可以拒绝提供查阅，并应当自股东提出书面请求之日起15日内书面答复股东并说明理由。公司拒绝提供查阅的，股东可以请求人民法院要求公司提供查阅。

（4）股东按照实缴的出资比例分取红利；公司新增资本时，股东有权优先按照实缴的出资比例认缴出资。但是，全体股东约定不按照出资比例分取红利或者不按照出资比例优先认缴出资的除外。

（三）有限责任公司的股权转让

1. 因股东原因引起的股权转让

有限责任公司的股东之间可以相互转让其全部或者部分股权。股东向股东以外的人转让股权，应当经其他股东过半数同意。股东应就其股权转让事项书面通知其他股东，征求其他股东同意，其他股东自接到书面通知之日起满30日未答复的，视为同意转让。其他股东半数以上不同意转让的，不同意的股东应当购买该转让的股权；不购买的，视为同意转让。经股东同意转让的股权，在同等条件下，其他股东有优先购买权。两个以上股东主张行使优先购买权的，协商确定各自的购买比例；协商不成的，按照转让时各自的出资比例行使优先购买权。公司章程对股权转让另有规定的，从其规定。

2. 因强制执行程序引起的股权转让

人民法院依照法律规定的强制执行程序转让股东的股权时，应当通知公司及全体股东，其他股东在同等条件下有优先购买权。其他股东自人民法院通知之日起满20日不行使优先购买权的，视为放弃优先购买权。

前述因股东原因、强制执行程序引起股权转让后，公司应当注销原股东的出资证明书，向新股东签发出资证明书，并相应修改公司章程和股东名册中有关股东及其出资额的记载。对公司章程的该项修改不需再由股东会表决。

3. 因股权回购的转让

股权回购指的是公司购买股东的股权，从而使股东退出公司。异议股东的股权回购请求权为小股东提供了退出公司的途径，是一项保护小股东权益的措施。在法律规定的特定情况下，对股东会决议投反对票的股东可以请求公司按照合理的价格收购其股权：①公司连续5年不向股东分配利润，而公司连续5年盈利,并且符合《公司法》规定的分配利润条件的;②公司合并、分立、转让主要财产的;③公司章程规定的营业期限届满或者章程规定的其他解散事由出现,股东会会议通过决议修改章程使公司存续的。

自股东会会议决议通过之日起60日内,股东与公司不能达成股权收购协议的,股东可以自股东会会议决议通过之日起90日内向人民法院提起诉讼。

4. 因继承的转让

自然人股东死亡后,其合法继承人可以继承股东的资格;但是,公司章程另有规定的除外。股东权既具有财产权的内容,也具有一定的人身权的特点。股东资格或者身份是享有股东权的前提。原则上,股东的资格可以被继承,但是如果章程有其他规定,则遵从章程的规定。

三、有限责任公司的组织机构

(一)股东会

1. 股东会的召集与主持

有限责任公司的股东会是由全体股东组成的公司权力机构。首次股东会会议由出资最多的股东召集和主持,依法行使职权。有限责任公司设立董事会的,股东会会议由董事会召集,董事长主持;董事长不能履行职务或者不履行职务的,由副董事长主持;副董事长不能履行职务或者不履行职务的,由半数以上董事共同推举一名董事主持。有限责任公司不设董事会的,股东会会议由执行董事召集和主持。董事会或者执行董事不能履行或者不履行召集股东会会议职责的,由监事会或者不设监事会的公司的监事召集和主持;监事会或者监事不召集和主持的,代表1/10以上表决权的股东可以自行召集和主持。

股东会会议分为定期会议和临时会议。定期会议应当按照公司章程的规定按时召开。代表1/10以上表决权的股东,1/3以上的董事,监事会或者不设监事会的公司的监事提议召开临时会议的,应当召开临时会议。

2. 股东会的职权

股东会是股东行使权利的场所,对关涉公司发展和股东根本利益的重大事项进行决议。按照《公司法》规定,股东会行使下列职权:决定公司的经营方针和投资计划；选举和更换非由职工代表担任的董事、监事，决定有关董事、监事的报酬事项；审议批准董事会的报告；审议批准监事会或者监事的报告；审议批准公司的年度财务预算方案、决算方案；审议批准公司的利润分配方案和弥补亏损方案；对公司增加或者减少注册资本作出决议；对发行公司债券作出决议；对公司合并、分立、解散、清算或者变更公司形式作出决议；修改公司章程；公司章程规定的其他职权。

3. 股东会的决议

召开股东会会议，应当于会议召开15日以前通知全体股东；但是，公司章程另有规定或者全体股东另有约定的除外。股东会应当将所议事项的决定做成会议记录，出席会议的股东应当在会议记录上签名。对股东会法定职权所列事项，股东以书面形式一致表示同意的，可以不召开股东会会议，直接作出决定，并由全体股东在决定文件上签名、盖章。股东会会议由股东按照出资比例行使表决权，但是，公司章程另有规定的除外。股东会的议事方式和表决程序，除《公司法》有规定的外，由公司章程规定。股东会会议作出修改公司章程、增加或者减少注册资本以及公司合并、分立、解散或者变更公司形式的决议，必须经代表2/3以上表决权的股东通过。

（二）董事会或执行董事和经理

1. 董事会或执行董事

董事会是公司的经营决策机关，董事会对股东会负责，执行股东会决议。有限责任公司设董事会，其成员为3~13人。股东人数较少或者规模较小的有限责任公司，可以设一名执行董事，不设立董事会。执行董事的职权由公司章程规定。两个以上的国有企业或者两个以上的其他国有投资主体投资设立的有限责任公司，其董事会成员中应当有公司职工代表；其他有限责任公司董事会成员中可以有公司职工代表。董事会中的职工代表由公司职工通过职工代表大会、职工大会或者其他形式民主选举产生。

董事会设董事长一人，可以设副董事长。董事长、副董事长的产生办法由公司章程规定。董事任期由公司章程规定，但每届任期不得超过3年。董事任期届满，连选可以连任。董事任期届满未及时改选，或者董事在任期内辞职导致董事会成员低于法定人数的，在改选出的董事就任前，原董事仍应当依照法律、行政法规和公司章程的规定，履行董事职务。

董事会依法行使下列职权：召集股东会会议，并向股东会报告工作；执行股东会的决议；决定公司的经营计划和投资方案；制定公司的年度财务预算方案、决算方案；制定公司的利润分配方案和弥补亏损方案；制定公司增加或者减少注册资本以及发行公司债券的方案；制定公司合并、分立、解散或者变更公司形式的方案；决定公司内部管理机构的设置；决定聘任或者解聘公司经理及其报酬事项，并根据经理的提名决定聘任或者解聘公司副经理、财务负责人及其报酬事项；制定公司的基本管理制度；公司章程规定的其他职权。

董事会会议由董事长召集和主持；董事长不能履行职务或者不履行职务的，由副董事长召集和主持；副董事长不能履行职务或者不履行职务的，由半数以上董事共同推举一名董事召集和主持。董事会的议事方式和表决程序，除《公司法》有规定以外，由公司章程规定。董事会应当将所议事项的决定做成会议记录，出席会议的董事应当在会议记录上签名。董事会决议的表决，实行一人一票。

2. 经理

经理是董事会聘任的负责公司日常管理事务的业务执行人。有限责任公司可以设经理，由董事会决定聘任或者解聘。经理对董事会负责，行使下列职权：主持公司的生产经营管理工作，组织实施董事会决议；组织实施公司年度经营计划和投资方案；拟订公司内部管理机构设置方案；拟订公司的基本管理制度；制定公司的具体规章；提请聘任或者解聘公司副经理、财务负责人；决定聘任或者解聘除应由董事会决定聘任或者解聘以外的负责管理人员；董事会授予的其他职权。公司章程对经理职权另有规定的，从其规定。

执行董事可以兼任公司经理。经理列席董事会会议。

(三) 监事会或者监事

监事会是负责对董事会及其成员和高级管理人员执行职务的行为进行监督的机关。有限责任公司设立监事会，其成员不得少于 3 人。股东人数较少或者规模较小的有限责任公司，可以设 1~2 名监事，不设立监事会。

1. 监事会的人员构成

监事会应当包括股东代表和适当比例的公司职工代表，其中职工代表的比例不得低于1/3，具体比例由公司章程规定。监事会中的职工代表由公司职工通过职工代表大会、职工大会或者其他形式民主选举产生。董事、高级管理人员不得兼任监事。

监事会设主席一人，由全体监事过半数选举产生，与之相比，公司法未对董事长产生方式作强制性的规定。监事会主席召集和主持监事会会议；监事会主席不能履行职务或者不履行职务的，由半数以上监事共同推举一名监事召集和主持监事会会议。

2. 监事的任期

监事的任期每届为3年。监事任期届满，连选可以连任。监事任期届满未及时改选或者监事在任期内辞职导致监事会成员低于法定人数的，在改选出的监事就任前，原监事仍应当依照法律、行政法规和公司章程的规定，履行监事职务。

3. 监事会的职权

监事会、不设监事会的公司的监事行使下列职权：检查公司财务；对董事、高级管理人员执行公司职务的行为进行监督，对违反法律、行政法规、公司章程或者股东会决议的董事、高级管理人员提出罢免的建议；当董事、高级管理人员的行为损害公司的利益时，要求董事、高级管理人员予以纠正；提议召开临时股东会会议，在董事会不履行《公司法》规定的召集和主持股东会会议职责时召集和主持股东会会议；向股东会会议提出提案；依法对董事、高级管理人员提起诉讼；公司章程规定的其他职权。

4. 监事会的议事规则

监事可以列席董事会会议并对董事会决议事项提出质询或者建议。监事会、不设监事会的公司的监事发现公司经营情况异常，可以进行调查；必要时，可以聘请会计师事务所等协助其工作，费用由公司承担。

监事会每年度至少召开一次会议，监事可以提议召开临时监事会议。监事会的议事方式和表决程序，除《公司法》有规定以外，由公司章程规定。监事会决议应当经半数以上监事通过。监事会应当将所议事项的决定做成会议记录，出席会议的监事应当在会议记录上签名。

监事会、不设监事会的公司的监事行使职权所必需的费用由公司承担。

四、特殊有限公司的特别规定

(一) 一人公司

《公司法》对一人公司作了许多特别规定,具体表现为:

(1) 股东的限制。一个自然人只能投资设立一个一人有限责任公司。该一人有限责任公司不能投资设立新的一人有限责任公司。

(2) 登记中的特别规定。一人有限责任公司应当在公司登记中注明自然人独资或者法人独资,并在公司营业执照中载明。

(3) 公司运营的特别规定。一人有限责任公司章程由股东制定。一人有限责任公司不设股东会。股东作出《公司法》关于有限责任公司股东会法定职权所列决定时,应当采用书面形式,并由股东签字后置备于公司。一人有限责任公司应当在每个会计年度终了时编制财务会计报告,并经会计师事务所审计。

(4) 主体资格的维持。一人有限责任公司的股东不能证明公司财产独立于股东自己财产的,应当对公司债务承担连带责任。

(二) 国有独资公司的特别规定

《公司法》在该领域的特别规定包括:

(1) 公司章程。国有独资公司章程由国有资产监督管理机构制定,或者由董事会制定报国有资产监督管理机构批准。

(2) 股东职权的行使。国有独资公司不设股东会,由国有资产监督管理机构行使股东会职权。国有资产监督管理机构可以授权公司董事会行使股东会的部分职权,决定公司的重大事项,但公司的合并、分立、解散、增减注册资本和发行公司债券,必须由国有资产监督管理机构决定。其中,重要的国有独资公司合并、分立、解散、申请破产的,应当由国有资产监督管理机构审核后,报本级人民政府批准。

(3) 董事会。董事每届任期不得超过 3 年。董事会成员中应当有公司职工代表。董事会成员由国有资产监督管理机构委派;但是,董事会成员中的职工代表由公司职工代表大会选举产生。董事会设董事长一人,可以设副董事长。董事长、副董事长由国有资产监督管理机构从董事会成员中指定。国有独资公司的董事长、副董事长、董事,未经国有资产监督管理机构同意,不得在其他有限责任公司、股份有限公司或者其他经济组织兼职。

(4)经理。国有独资公司设经理,由董事会聘任或者解聘。经国有资产监督管理机构同意,董事会成员可以兼任经理。国有独资公司的高级管理人员,未经国有资产监督管理机构同意,不得在其他有限责任公司、股份有限公司或者其他经济组织兼职。

(5)监事会。国有独资公司监事会成员不得少于5人,其中职工代表的比例不得低于1/3,具体比例由公司章程规定。监事会成员由国有资产监督管理机构委派。但是,监事会中的职工代表由公司职工代表大会选举产生。监事会主席由国有资产监督管理机构从监事会成员中指定。监事会行使的职权包括:检查公司财务,对董事、高级管理人员执行公司职务的行为进行监督,对违反法律、行政法规、公司章程或者股东会决议的董事、高级管理人员提出罢免的建议;当董事、高级管理人员的行为损害公司的利益时,要求董事、高级管理人员予以纠正;国务院规定的其他职权。

第四节 股份有限公司

一、股份有限公司的设立

股份有限公司是指全部资本划分为等额股份,股东以其所认购的股份为限对公司承担责任,公司以其全部财产对公司的债务承担责任的公司。

(一)设立条件

设立股份有限公司,应当具备下列条件:

(1)发起人符合法定人数。股份有限公司发起人承担公司筹办事务,发起人应当签订发起人协议,明确各自在公司设立过程中的权利和义务。设立股份有限公司,应当有2人以上200人以下为发起人,其中须有半数以上的发起人在中国境内有住所。

(2)有符合公司章程规定的全体发起人认购的股本总额或者募集的实收股本额。法律、行政法规以及国务院决定对股份有限公司注册资本实缴、注册资本最低限额另有规定的，从其规定。

（3）股份发行、筹办事项符合法律规定。

（4）发起人制定公司章程。采用募集方式设立的，经创立大会通过。股份有限公司章程应当载明下列事项：公司名称和住所；公司经营范围；公司设立方式；公司股份总数、每股金额和注册资本；发起人的姓名或者名称、认购的股份数、出资方式和和出资时间；董事会的组成、职权、任期和议事规则；公司法定代表人；监事会的组成、职权和议事规则；公司利润分配办法；公司的解散事由与清算办法；公司的通知和公告办法；股东大会会议认为需要规定的其他事项。

（5）有公司名称，建立符合股份有限公司要求的组织机构。

（6）有公司住所。

（二）设立程序

股份有限公司的设立，可以采取发起设立或者募集设立的方式。发起设立是指由发起人认购公司应发行的全部股份而设立公司；募集设立是指由发起人认购公司应发行股份的部分，其余股份向社会公开募集或者向特定对象募集而设立公司。因设立方式的不同，设立程序有所不同。

1. 发起设立股份有限公司的程序

（1）发起人订立公司章程。

（2）发起人认足股份。发起人以书面形式认足公司章程规定其认购的股份，在公司登记机关登记的全体发起人认购的股本总额为公司的注册资本。

（3）发起人缴纳股款。发起人应当书面认足公司章程规定其认购的股份，并按照公司章程规定缴纳出资。以非货币财产出资的，应当依法办理其财产权的转移手续。在发起人认购的股份缴足前，不得向他人募集股份。

（4）发起人组建公司机构。发起人认足公司章程规定的出资后，应当选举公司董事会及监事会。

（5）公司设立登记。由董事会向公司登记机关报送公司章程以及法律、行政法规规定的其他文件，申请设立登记。

2. 募集设立股份有限公司的设立程序

（1）发起人订立公司章程并认购股份。股份有限公司采取募集方式设立的，注册资本为在公司登记机关登记的实收股本总额。在募集设立中，发起人应一次性足额认缴其股份，发起人认购的股份不得少于公司股份总数的35%。但是，法律、行政法规另有规定的，从其规定。发起人对于公司能否成立，以及公司成立初期的运行，起着至关重要的作用。为了保证公司的顺利成立和正常运营，防止发起人利用设立公司来损害其他投资者的利益，应当加重发起人的责任。

（2）认股人认股。向特定对象募集的，应该要求该特定人认股并缴纳股款。发起人向社会公开募集股份，必须公告招股说明书，并制作认股书。认股书应当载明公司法定事项，由认股人填写认购股数、金额、住所，并签名、盖章。认股人按照所认购股数缴纳股款。发起人向社会公开募集股份，应当由依法设立的证券公司承销，签订承销协议，并应当同银行签订代收股款协议。代收股款的银行应当按照协议代收和保存股款，向缴纳股款的认股人出具收款单据，并负有向有关部门出具收款证明的义务。发行股份的股款缴足后，必须经依法设立的验资机构验资并出具证明。

（3）召开创立大会。创立大会是在股份有限公司募集设立过程中由认股人（包括发起人）所组成的决议机构或决策机构。发起人应当自股款缴足之日起 30 日内主持召开公司创立大会。发行的股份超过招股说明书规定的截止期限尚未募足的，或者发行股份的股款缴足后，发起人在 30 日内未召开创立大会的，认股人可以按照所缴股款并加算银行同期存款利息，要求发起人返还。发起人应当在创立大会召开 15 日前将会议日期通知各认股人或者予以公告。创立大会应有代表股份总数过半数的发起人、认股人出席，方可举行。创立大会行使下列职权：审议发起人关于公司筹办情况的报告；通过公司章程；选举董事会成员；选举监事会成员；对公司的设立费用进行审核；对发起人用于抵作股款的财产的作价进行审核；发生不可抗力或者经营条件发生重大变化直接影响公司设立的，可以作出不设立公司的决议。创立大会对上述所列事项作出决议，必须经出席会议的认股人所持表决权过半数通过。

发起人、认股人缴纳股款或者交付抵作股款的出资后，除未按期募足股份、发起人未按期召开创立大会或者创立大会决议不设立公司的情形外，不得抽回其股本。

（4）申请设立登记。董事会应于创立大会结束后 30 日内，向公司登记机关报送有关文件，申请设立登记。以募集方式设立股份有限公司公开发行股票的，还应当向公司登记机关报送国务院证券监督管理机构的核准文件。

（三）股份有限公司发起人的法律责任

1. 公司成立后的资本补足责任

股份有限公司成立后，发起人未按照公司章程的规定缴足出资的，应当补缴；其他发起人承担连带责任。股份有限公司成立后，发现作为设立公司出资的非货币财产的实际价额显著低于公司章程所定价额的，应当由交付该出资的发起人补足其差额；其他发起人承担连带责任。

2. 公司成立后的损害赔偿责任

在公司设立过程中由于发起人的过失致使公司利益受到损害的，应当对公司承担赔偿责任。

3. 公司不能成立时的责任

公司不能成立时，发起人对设立行为所产生的债务和费用负连带责任；公司不能成立时，对认股人已缴纳的股款，发起人负返还股款并加算银行同期存款利息的连带责任。

二、股份有限公司的组织机构

（一）股东大会

1. 股东大会概述

股份有限公司股东大会由全体股东组成，是公司的权力机构，依法行使职权。其职权范围与有限责任公司股东会的职权相同。

股东大会分为年会和临时股东大会。股东大会年会每年召开一次，由公司章程规定具体的召开时间。临时股东大会是在股东大会年会之间临时召开的、研究决定公司重大事项的股东大会。有下列情形之一的，应当在两个月内召开临时股东大会：①董事人数不足公司法规定人数或者公司章程所定人数的2/3时；②公司未弥补的亏损达实收股本总额1/3时；③单独或者合计持有公司10%以上股份的股东请求时；④董事会认为必要时；⑤监事会提议召开时；⑥公司章程规定的其他情形。

2. 股东大会的召集与主持

股东大会会议由董事会召集，董事长主持；董事长不能履行职务或者不履行职务的，由副董事长主持；副董事长不能履行职务或者不履行职务的，由半数以上董事共同推举一名董事主持。董事会不能履行或者不履行召集股东大会会议职责的，监事会应当及时召集和主持；监事会不召集和主持的，连续90日以上单独或者合计持有公司10%以上股份的股东可以自行召集和主持。

召开股东大会会议，应当将会议召开的时间、地点和审议的事项于会议召开20日前通知各股东，临时股东大会应当于会议召开15日前通知各股东；发行无记名股票的，应当于会议召开30日前公告会议召开的时间、地点和审议事项。股东大会的审议事项包括由公司董事会提出的审议事项和股东提出的临时提案两个方面，其中临时提案的情形是指单独或者合计持有公司3%以上股份的股东，可以在股东大会召开10日前提出临时提案并书面提交董事会；董事会应当在收到提案后2日内通知其他股东，并将该临时提案提交股东大会审议。临时提案的内容应当属于股东大会职权范围，并有明确议题和具体决议事项。股东大会不得对通知中未列明的事项作出决议。无记名股票持有人出席股东大会会议的，应当于会议召开5日前至股东大会闭会时将股票交存于公司。

3. 股东大会的表决

股东出席股东大会会议，所持每一股份有一个表决权。股东可以委托代理人出席股东大会会议，代理人应当向公司提交股东授权委托书，并在授权范围内行使表决权。但是，公司持有的本公司股份没有表决权。股东大会作出决议，必须经出席会议的股东所持表决权过半数通过。但是，股东大会作出修改公司章程，增加或者减少注册资本的决议，以及公司合并、分立、解散或者变更公司形式的决议，必须经出席会议的股东所持表决权的2/3以上通过。

除了《公司法》列举的股东大会的一般职权外，股东大会依法或者依公司章程就一些特别事项进行表决。《公司法》和公司章程规定公司转让、受让重大资产或者对外提供担保等事项必须经股东大会作出决议的，董事会应当及时召集股东大会会议，由股东大会就上述事项进行表决。上市公司在一年内购买、出售重大资产或者担保金额超过公司资产总额30%的，应当由股东大会作出决议，并经出席会议的股东所持表决权的2/3以上通过。

股东大会的表决通常采用直接投票制，即一股一票表决权。为了保护中小股东的合法权益，《公司法》规定股东大会选举董事、监事，可以根据公司章程的规定或者股东大会的决议，实行累积投票制。累积投票制是指股东大会选举董事或者监事时，每一股份拥有与应选董事或者监事人数相同的表决权，股东拥有的表决权可以集中使用。假设某公司有两位股东，A股东占70%（70股）的股份，B股东占30%（30股），公司章程规定设5位董事。若采取直线投票制，A股东提名的5位候选人每人可以得到70票，而B股东提名的候选人每人只能得到30票。在此情况，B的候选人将无一入选董事会。按照累计投票制，每一股都可代表一个表决权，A有350张选票（70乘5），B有150张选票（30乘5）。若B将150张选票都投给自己的一名候选人，A无法阻止B的候选人入选。股东大会应当将所议事项的决定做成会议记录，主持人、出席会议的董事应当在会议记录上签名。会议记录应当与出席股东的签名册及代理出席的委托书一并保存。

（二）董事会

1. 董事会概述

股份有限公司设董事会，其成员为5~19人。董事会成员中可以有公司职工代表。董事会中的职工代表由公司职工通过职工代表大会、职工大会或者其他形式民主选举产生。董事的任期、董事会的职权与有限责任公司的相关规定相同。

董事会设董事长一人，可以设副董事长。董事长和副董事长由董事会以全体董事的过半数选举产生。董事长召集和主持董事会会议，检查董事会决议的实施情况。副董事长协助董事长工作，董事长不能履行职务或者不履行职务的，由副董事长履行职务；副董事长不能履行职务或者不履行职务的，由半数以上董事共同推举一名董事履行职务。上市公司设立独立董事及董事会秘书，其中，董事会秘书负责公司股东大会和董事会会议的筹备、文件保管以及公司股权管理，办理信息披露事务等事宜。

2. 董事会的召开

董事会每年度至少召开两次会议，每次应当于会议召开10日前通知全体董事和监事。代表1/10以上表决权的股东、1/3以上董事或者监事会，可以提议召开董事会临时会议。董事长应当自接到提议后 10 日内，召集和主持董事会会议。董事会召开临时会议，可以确定召集董事会的通知方式和通知时限。

3. 董事会的表决

董事会会议应有过半数的董事出席方可举行。董事会作出决议，必须经全体董事的过半数通过。董事会决议的表决，实行一人一票。董事会会议，应由董事本人出席；董事因故不能出席，可以书面委托其他董事代为出席，委托书中应载明授权范围。

董事应当对董事会的决议承担责任。董事会的决议违反法律、行政法规或者公司章程、股东大会决议，致使公司遭受严重损失的，参与决议的董事对公司负赔偿责任。但经证明在表决时曾表明异议并记载于会议记录的，该董事可以免除责任。股份有限公司董事与董事会会议决议事项所涉及的企业有关联关系的，不得对该项决议行使表决权，也不得代理其他董事行使表决权。该董事会会议由过半数的无关联关系董事出席即可举行，董事会会议所作决议须经无关联关系董事过半数通过。出席董事会的无关联关系董事人数不足 3 人的，应将该事项提交公司股东大会审议。

（三）经理

股份有限公司设经理，由董事会决定聘任或者解聘。关于有限责任公司经理职权的规定，适用于股份有限公司经理。公司董事会可以决定由董事会成员兼任经理。

（四）监事会

股份有限公司设立监事会，其成员不得少于 3 人。监事的任期及监事会的职权与有限责任公司的相关规定相同。监事会应当包括股东代表和适当比例的公司职工代表，其中职工代表的比例不得低于 1/3，具体比例由公司章程规定。监事会中的职工代表由公司职工通过职工代表大会、职工大会或者其他形式民主选举产生。监事会设主席一人，可以设副主席。监事会主席和副主席由全体监事过半数选举产生。监事会主席召集和主持监事会会议；监事会主席不能履行职务或者不履行职务的，由监事会副主席召集和主持监事会会议；监事会副主席不能履行职务或者不履行职务的，由半数以上监事共同推举一名监事召集和主持监事会会议。董事、高级管理人员不得兼任监事。

监事会每 6 个月至少召开一次会议。监事可以提议召开临时监事会会议。监事会的议事方式和表决程序除《公司法》有规定以外,从公司章程规定。监事会决议应经半数以上监事通过。监事会应当将所议事项的决定做成会议记录,出席会议的监事应当在会议记录上签名。

(五) 股东在监督公司组织机构运行中的特殊权利

股东是公司的出资人,公司经营状况直接影响股东的权益。为了使股东能够获得关于公司经营状况的真实信息,以便作出正确的投资决定,并对公司的管理者进行监督,《公司法》赋予了股东特别的获取信息的权利。

1. 股东的查阅、建议或质询权

股份有限公司应当将公司章程、股东名册、公司债券存根、股东大会会议记录、董事会会议记录、监事会会议记录、财务会计报告置备于本公司。股东有权查阅公司章程、股东名册、公司债券存根、股东大会会议记录、董事会会议决议、监事会会议决议、财务会计报告,对公司的经营提出建议或者质询。

股东大会要求董事、监事、高级管理人员列席会议的,董事、监事、高级管理人员应当列席并接受股东的质询。

2. 股东的知情权

公司应当定期向股东披露董事、监事、高级管理人员从公司获得报酬的情况。基于公司的董事、监事、高级管理人员对公司的贡献,应从公司获得与其付出相当的报酬。但是,如果报酬过高,则相当于减少股东的应得利益。定期获悉董事、监事、高级管理人员从公司获得报酬的情况,也是股东监督管理者的重要措施。

三、股份有限公司的股份发行与转让

(一) 股份有限公司的股份发行

股份有限公司的资本划分为等额股份,每一股的金额相等。公司的股份采取股票的形式。股票是公司签发的证明股东所持股份的凭证。股票采用纸面形式或者国务院证券监督管理机构规定的其他形式。股票应当载明下列主要事项：公司名称；公司成立日期；股票种类、票面金额及代表的股份数；股票的编号。股票由法定代表人签名，公司盖章。股份有限公司成立后，即向股东正式交付股票。公司成立前不得向股东交付股票。股份的发行，实行公开、公平、公正的原则，同种类的每一股份应当具有同等权利。同次发行的同种类股票，每股的发行条件和价格应当相同；任何单位或者个人所认购的股份，每股应当支付相同价额。股票发行价格可以按票面金额，也可以超过票面金额，但不得低于票面金额。

公司股份发行按照发行阶段可以分为设立发行和新股发行。公司发行新股，股东大会应当对下列事项作出决议：新股种类及数额；新股发行价格；新股发行的起止日期；向原有股东发行新股的种类及数额。公司经国务院证券监督管理机构核准公开发行新股时，必须公告新股招股说明书和财务会计报告，并制作认股书，依法与证券公司签订股票承销协议、与银行签订代收股款协议。公司发行新股，可以根据公司经营情况和财务状况，确定其作价方案。公司发行新股募足股款后，必须向公司登记机关办理变更登记，并公告。

股份发行按照发行对象的不同可以分为记名股票与无记名股票。公司向发起人、法人发行的股票，应当为记名股票，并应当记载该发起人、法人的名称或者姓名，不得另立户名或者以代表人姓名记名。公司发行记名股票的，应当置备股东名册，记载下列事项：股东的姓名或者名称及住所；各股东所持股份数；各股东所持股票的编号；各股东取得股份的日期。发行无记名股票的，公司应当记载其股票数量、编号及发行日期。

（二）股份有限公司的股份转让

1. 股份转让的一般规定

股东持有的股份可以依法转让。股东转让其股份应当在依法设立的证券交易场所进行或者按照国务院规定的其他方式进行。

记名股票，由股东以背书方式或者法律、行政法规规定的其他方式转让；转让后由公司将受让人的姓名或者名称及住所记载于股东名册。股东大会召开前20日内或者公司决定分配股利的基准日前5日内，不得进行股东名册的变更登记。但是，法律对上市公司股东名册变更登记另有规定的，从其规定。

无记名股票的转让,由股东将该股票交付给受让人后即发生转让的效力。

发起人持有的本公司股份,自公司成立之日起一年内不得转让。公司公开发行股份前已发行的股份,自公司股票在证券交易所上市交易之日起一年内不得转让。公司董事、监事、高级管理人员应当向公司申报其所持有的本公司的股份及其变动情况,在任职期间每年转让的股份不得超过其所持有本公司股份总数的25%;所持本公司股份自公司股票上市交易之日起一年内不得转让。上述人员离职后半年内,不得转让其所持有的本公司股份。公司章程还可以对公司董事、监事、高级管理人员转让其所持有的本公司股份作出其他限制性规定。

2. 公司股份的自行收购

公司不得收购本公司股份。但是,有下列情形之一的除外:①减少公司注册资本;②与持有本公司股份的其他公司合并;③将股份奖励给本公司职工;④股东因对股东大会作出的公司合并、分立决议持异议,要求公司收购其股份的。公司因第①项至第③项的原因收购本公司股份的,应当经股东大会决议。公司收购本公司股份后,属于第①项情形的,应当自收购之日起10日内注销;属于第②项、第④项情形的,应当在6个月内转让或者注销。公司依照第③项规定收购的本公司股份,不得超过本公司已发行股份总额的5%;用于收购的资金应当从公司的税后利润中支出;所收购的股份应当在一年内转让给职工。公司不得接受本公司的股票作为质权的标的。

3. 股票的被盗、遗失或者灭失

记名股票被盗、遗失或者灭失,股东可以依照《中华人民共和国民事诉讼法》规定的公示催告程序,请求人民法院宣告该股票失效。人民法院宣告该股票失效后,股东可以向公司申请补发股票。

第五节 外国公司的分支机构

一、外国公司分支机构概述

外国公司是指依照外国法律在中国境外设立的公司。外国公司在中国境内设立的分支机构不具有中国法人资格。外国公司对其分支机构在中国境内进行的经营活动承担民事责任。

（一）外国公司具有以下特征

（1）外国公司依据外国法律登记成立。

（2）外国公司在中国境外登记成立。

（3）外国公司具有外国国籍，适用外国法律。

（4）外国公司是一国公司在本国之外从事经营活动时的公司称谓，作为在本国之外从事经营活动（包括通过其分支机构从事经营活动）的公司，要遵守经营活动所在地国家的法律。

（5）外国公司必须有法人资格，并对其分支机构进行的经营活动承担民事责任，外国公司的分支机构是指外国公司依照我国法律经过我国政府批准，在我国境内设立的从事生产经营活动的分支机构。

（二）外国公司的分支机构具有以下特征

（1）外国公司分支机构是外国公司设立的机构，以外国公司存在为前提。

（2）外国公司分支机构是在我国设立并从事经营活动的机构，必须经我国政府批准，遵守我国法律。

（3）外国公司分支机构不具有法人资格。

二、关于外国公司分支机构的具体规定

（一）设立的规定

外国公司在中国境内设立分支机构，必须在中国境内指定负责该分支机构的代表人或者代理人，并向该分支机构拨付与其所从事的经营活动相适应的资金。对外国公司分支机构的经营资金需要规定最低限额的，由国务院另行规定。外国公司在中国境内设立分支机构，必须向中国主管机关提出申请，并提交其公司章程所属国的公司登记证书等有关文件，经批准后，向公司登记机关依法办理登记，领取营业执照。外国公司的分支机构应当在其名称中标明该外国公司的国籍及责任形式。外国公司的分支机构应当在本机构中置备该外国公司章程。

（二）关于撤销的规定

外国公司撤销其在中国境内的分支机构时，必须依法清偿债务，依照

《公司法》有关公司清算程序的规定进行清算。未清偿债务之前,不得将其分支机构的财产移至中国境外。

讨论思考题

1. 如何理解股票和公司债券的区别?
2. 有限责任公司与有限合伙企业的主要区别表现在哪里?
3. 一人有限责任公司与个人独资企业有何区别?
4. 简述有限责任公司与股份有限公司在董事会方面的主要区别。
5. 如何理解有限责任公司与股份有限公司在股东权利方面的区别?

案例分析

2014年3月,甲、乙、丙、丁四方协商一致,决定共同出资组建一家生产和销售果汁饮料的有限责任公司。章程草案规定,公司注册资本280万元,其中,甲以货币40万元出资;乙以厂房出资,评估价为100万元;丙以其专利技术出资,评估价为40万元;丁以已设定抵押的房产作为出资,评估价为100万元。公司拟设董事会,由甲任董事长,乙任董事,丙任总经理兼法定代表人。公司不设监事会,由丁担任监事。

假设公司章程中存在的问题经登记机关指出后,发起人进行了整改。合格后,该饮料公司依法成立。前两年经营状况良好,但第三年经营业绩开始下降,除功能型饮料外,其他产品均呈亏损状态。因公司负债较多,融资困难。于是,甲想将功能型饮料生产车间分立出去,另成立具有独立法人资格的公司专门生产功能型饮料。

问题:

1. 请分析饮料公司章程规定的各股东的出资是否符合法律规定,并说明理由。
2. 饮料公司内部管理结构设置是否合法,为什么?
3. 如果甲想将功能型饮料车间分立出去,在公司内部应履行哪些程序?
4. 公司分立前的债务应由谁承担?

第六章 企业破产法

第一节 企业破产法概述

一、破产的概念与法律特征

（一）破产的概念和特征

破产是商品经济社会发展到一定阶段必然出现的法律现象。破产（bankrupt）一词来源于意大利语"banca rotta"，其中"banca"是"板凳"之义，"rotta"是"砸破"之义。中世纪后期，欧洲地中海沿岸的商品经济发展迅速，贸易活动频繁，当一些商人或手工业者无力清偿债务时，债权人就会到其经营场所将板凳砸破。"破产"在意大利语中的意思就是"砸破了的板凳"。

在市场经济背景下，破产已成为一种十分普遍的经济和社会现象。破产法律制度不仅调整债权人与债务人之间的权利义务关系，更着眼于调整债权人相互之间乃至债权人、债务人与社会其他利害关系人之间的社会关系。

在法律层面上，破产概念是有其特定含义的。法律上的破产是指处理经济上破产时债务如何清偿的一种法律制度，即对丧失清偿能力的债务人，经法院审理与监督，强制清算其全部财产，公平清偿全体债权人的法律制度。

从不同的角度分析，破产概念的法律特征主要有以下几项，见表6-1。

表 6-1 破产概念的法律特征

特征区分点	法律特征介绍
债务清偿	从对债务的清偿角度看，破产具有执行程序的属性。执行程序属于司法程序，故破产必须在法院的管辖和支配下进行，其他机构没有承接破产案件的权力。作为一种特殊的执行程序，破产与普通程序一样，不具有解决当事人间实体民事争议的功效。对破产程序中当事人间发生的实体民事争议，各国破产立法均规定在破产程序之外通过诉讼程序解决。只有无争议的，抑或由法院或仲裁机关生效裁判所确定的债权债务关系，才能依法执行
启动原因	企业法人不能清偿到期债务，并且资产不足以清偿全部债务或者明显缺乏清偿能力，是启动破产程序的原因。除法律有特别规定以外，在其他情况下不能适用破产程序
清算程度	破产是对债务人现有的全部法律关系较为彻底的清理和结算。在企业破产情形下，破产程序的启动将直接导致债务人主体资格消灭的法律后果。破产对企业债务人全部财产的清算，使企业丧失继续从事商业经营的经济基础和经营资格
实施宗旨	破产程序的实施宗旨是要保证对债权人的公平清偿和对债务人正当权益的合理保护，并进而实现对社会整体利益的维护。人民法院审理破产案件，应当依法保障企业职工的合法权益，依法追究破产企业经营管理人员的法律责任

（二）企业破产法的概念

破产法是规定在债务人丧失清偿能力时，法院强制对其全部财产清算分配、公平清偿债权人，或通过债务人与债权人达成的和解协议清偿债务，或进行企业重整，避免债务人破产的法律规范的总称。在形式意义上，狭义的破产法专指破产法典，如我国 2006 年 8 月 27 日通过的《中华人民共和国企业破产法》（以下简称《企业破产法》）；广义的破产法则还包括其他有关破产的法律、法规、行政规章、司法解释，以及散见于其他立法中的调整破产关系的法律规范。在调整范围上，狭义的破产法，仅指对债务人进行破产清算的法律；广义的破产法则还包括以避免债务人破产为主要目的的和解与重整制度的法律。

二、企业破产法律的适用范围

（一）企业破产法律的主体适用范围

根据企业破产法律的规定，破产法的适用范围可分为直接适用范围与参照适用范围两种情况。《企业破产法》第 2 条规定，企业法人不能清偿到期债务，并且资产不足以清偿全部债务或者明显缺乏清偿能力的，依照本法规定清理债务。企业法人有上述规定情形，或者有明显丧失清偿能力可能的，可以依法进行重整。

同时，破产法还规定有主体适用的一些特殊情况——国有企业的政策性破产。在《企业破产法》施行前，国务院规定的期限和范围内的国有企业实施破产的特殊事宜，按照国务院有关规定办理。商业银行、证券公司、保险公司等金融机构具有破产法定情形的，国务院金融监督管理机构可以向人民法院提出对该金融机构进行重整或者破产清算的申请。国务院金融监督管理机构依法对出现重大经营风险的金融机构采取接管、托管等措施的，可以向人民法院申请中止以该金融机构为被告或者被执行人的民事诉讼程序或者执行程序。此外，其他法律规定企业法人以外的组织的清算，属于破产清算的，参照适用《企业破产法》规定的程序。由此可见，《企业破产法》将企业法人以外的组织也纳入其调整之中。

（二）企业破产法律的适用地域范围

企业破产法律制度采取有限制的普及主义原则。破产案件由债务人住所地人民法院管辖，依照《企业破产法》启动的破产程序，对债务人在中华人民共和国领域外的财产发生效力。对国外法院作出的发生法律效力的破产案件的判决、裁定，涉及债务人在中华人民共和国领域内的财产，申请或者请求人民法院承认和执行的，人民法院依照中华人民共和国缔结或者参加的国际条约，或者按照互惠原则进行审查，认为不违反中华人民共和国法律的基本原则，不损害国家主权、安全和社会公共利益，不损害中华人民共和国领域内债权人的合法权益的，裁定承认和执行。

第二节 破产申请与受理

一、破产原因

发生破产原因，是当事人提出破产申请的基本条件，也是法院裁定受理案件时的判断标准（除提出重整申请者外）。

企业法人不能清偿到期债务，并且资产不足以清偿全部债务或者明显缺乏清偿能力的，依法清理债务。企业法人有上述情形，或者有明显丧失清偿能力可能的，可以依法进行重整。

破产原因实际上分为两种情况：第一，债务人不能清偿到期债务，并且资产不足以清偿全部债务；第二，债务人不能清偿到期债务，并且明显缺乏清偿能力。前者适用于债权人提出破产申请以及债务人提出破产申请、资不抵债现象明显、易于判断的案件；后者适用于债权人提出破产申请以及债务人提出破产申请、资不抵债现象不易判别的破产案件，见表6-2。

表6-2 破产申请情况表

破产申请人	条件	申请适用的程序	管辖法院
债务人	不能清偿到期债务，并且资产不足以清偿全部债务或者明显缺乏清偿能力	重整、和解或者破产清算申请	债务人住所地的人民法院
债权人	债务人不能清偿到期债务，并且明显缺乏清偿能力	对债务人进行重整或者破产清算的申请	
对债务人负有清算责任的人	企业法人已解散但未清算或者未清算完毕，资产不足以清偿债务	破产清算的申请	

二、破产申请的提出

（一）提出破产申请应提交的文件

当事人向人民法院提出破产申请，应当提交破产申请书和有关证据。破产申请书应当载明下列事项：①申请人、被申请人的基本情况，在申请人为债务人时，只需要说明申请人的基本情况即可；②申请目的，指申请开始的是清算程序、和解程序还是重整程序；③申请的事实和理由，主要是债务人发生破产原因、可适用破产法程序的情况；④人民法院认为应当载明的其他事项。债务人提出申请的，还应当向人民法院提交财产状况说明、债务清册、债权清册、有关财产会计报告、职工安置预案以及职工工资的支付和社会保险费用的缴纳情况。

（二）破产申请费用

根据新制定的《诉讼费用交纳办法》规定，当事人依法向人民法院申请破产，应当交纳申请费。破产申请费不由申请人预交，在清算后从破产财产中交纳。同时，破产案件申请费依据破产财产总额计算，按照财产案件受理费标准减半交纳，但是，最高不超过30万元。

（三）破产申请的撤回

在人民法院决定受理企业破产案件前，破产申请人可以请求撤回破产申请。人民法院准许申请人撤回破产申请的，在撤回破产申请前已经支出的费用由破产申请人承担。《企业破产法》第9条规定，人民法院受理破产申请前，申请人可以请求撤回申请。但在破产案件受理后，为保护其他债权人的利益，不允许撤回破产申请。

在破产申请撤回以后，申请人仍然有权就同一案件以同一理由再次提出破产申请。但为了防止滥用破产申请与撤回的权利，应考虑对破产申请撤回以后申请人再次提出破产申请的间隔时间加以限制。如美国破产法律规定，债务人提出破产清算申请后又撤回破产申请的，必须在180天以后才能再次提出申请。

对申请人以外的破产债权人，申报债权后要求撤回债权申报，各国立法均予准许，也不限制撤回时间，在破产分配之前都可以进行。破产申报撤回后，原已接受的破产分配仍然有效，不必退回。

三、破产申请的受理

（一）管辖的确定

破产案件由法院审理，由债务人住所地人民法院管辖。债务人住所地，通常认为是指债务人的主要办事机构所在地。若债务人没有办事机构，由其注册地人民法院管辖。确认人民法院对破产案件有无管辖权，应以破产案件受理时债务人的情况为准。破产案件受理后债务人改变所在地的，不影响管辖权的确定。

（二）破产案件受理程序

债权人提出破产申请的，人民法院应当自收到申请之日起5日内通知债务人。通知中应告知债务人不得转移资产、逃避债务，不得进行有碍于公平清偿的行为，以及进行这些违法行为时的法律责任。

鉴于企业破产案件的受理对债务人的权利、经营活动、商业声誉将产生重大影响，所以，人民法院在审查破产申请时应充分保障当事人的权利，尤其应赋予当事人异议的权利。为此，法律也规定了债务人对破产申请的异议程序。债务人对申请有异议的，应当自收到人民法院的通知之日起7日内向人民法院提出。人民法院应当自异议期满之日起10日内裁定是否受理。除上述情形外，人民法院应当自收到破产申请之日起15日内裁定是否受理。有特殊情况需要延长受理案件期限的，经上一级人民法院批准，可以延长15日。

人民法院受理或不受理破产申请，都必须履行告知、送达义务。人民法院应当自裁定受理破产申请之日起25日内通知已知债权人，并在指定地点或报刊上公告下列事项：申请人、被申请人的名称或者姓名；人民法院受理破产申请的时间；申报债权的期限、地点和注意事项；管理人的名称或者姓名及其处理事务的地址；债务人的债务人或者财产持有人应当向管理人清偿债务或者交付财产的要求；第一次债权人会议召开的时间和地点；人民法院认为应当通知和公告的其他事项。受理法院应当自裁定作出之日起5日内送达申请人。如若债权人提出申请，人民法院应当自裁定作出之日起10日内送达债务人。债务人应当自裁定送达之日起15日内向人民法院提交财产状况说明、债务清册、债权清册、有关财务会计报告以及职工工资的支付和社会保险费用的缴纳情况。人民法院裁定不受理破产申请的，应当自裁定作出之日起5日内送达申请人并说明理由。申请人对裁定不服的，可以自裁定送达之日起10日内向上一级人民法院提起上诉。

当然，若发生受理破产申请后至破产宣告前债务人不符合破产的法定情形，可裁定驳回破产申请。申请人对裁定不服的，可以自裁定送达之日起10日内向上一级人民法院提起上诉。

（三）债务人企业涉讼案件的处理

人民法院受理破产申请后，已经开始而尚未终结的有关债务人的民事诉讼或仲裁应当中止。在管理人接管债务人的财产与管理事务后，该诉讼或者仲裁继续进行。

破产申请受理后，对债务人企业已经发生的未结诉讼，在管理人接管债务人财产、恢复诉讼后仍由原审法院管辖；有关债务人的新的民事诉讼，只能向受理破产申请的人民法院提起。但是其他法律有特殊规定的除外，如劳动争议仍应依法先行进行劳动仲裁，当事人约定仲裁解决纠纷的，仍然应当以仲裁方式解决。

四、破产案件受理的法律效力

（一）禁止债务人对个别债权人的清偿行为

为保证对全体债权人的公平清偿，人民法院受理破产申请后，债务人对个别债权人的债务清偿无效。但债务人以其自有财产向债权人提供物权担保的，其在担保物价值内向债权人所作的债务清偿，不受限制。

（二）中止对债务人财产的执行程序

人民法院受理破产申请后，已经开始而尚未终结的有关债务人的民事诉讼或仲裁应当中止。在管理人接管债务人的财产后，该诉讼或者仲裁继续进行。第一，对已提起的执行程序应当中止；已经审结但尚未申请或移送执行的，不得再提起新的执行程序。债权人凭生效的法律文书向受理破产案件的人民法院申报债权。但对于已执行终结的程序以及已部分执行完毕的财产，该规定无溯及力。第二，应当中止的仅限于以财产为标的的执行程序，对债务人提起的非财产性执行程序可继续进行。

（三）解除有关债务人财产的保全措施

人民法院受理破产申请后，有关债务人财产的保全措施应当解除。因此，债务人财产自动受到破产程序禁止个别清偿保全效力的保护。保全措施，既包括民事诉讼保全措施，也包括在行政处罚程序中的保全措施，还应包括刑事诉讼中公安部门、司法部门采取的相关措施。

（四）对债务人企业的债务人和财产持有人的效力

人民法院受理破产申请后，债务人的债务人或者财产持有人应当向管理人清偿债务或者交付财产。一方面，破产申请受理后，债务人企业已丧失对其财产的管理和处分权利，从而无权再接受债的清偿和财产的交付。另一方面，为避免财产交付给债务人企业的人员后被隐匿及私分现象的发生，向管理人交付财产极为必要。债务人的债务人或者财产持有人故意违反法律规定向债务人清偿债务或者交付财产，使债权人受到损失的，不免除其清偿债务或者交付财产的义务。

（五）管理人对未履行完毕合同的处置权

人民法院受理破产申请后，管理人对破产申请受理前成立而债务人和对方当事人均未履行完毕的合同有权决定解除或者继续履行，并通知对方当事人。管理人决定解除或者继续履行合同，应当以保障债权人权益最大化为原则，同时还应当考虑到对方当事人因合同解除而可能提出的损害赔偿额，综合权衡利弊。管理人自破产申请受理之日起2个月内未通知对方当事人，或者自收到对方当事人催告之日起30日内未答复的，视为解除合同。管理人决定继续履行合同的，对方当事人应当履行；但是，对方当事人有权要求管理人提供担保。管理人不提供担保的，视为解除合同。在此必须强调的是，债务人为他人担保而签订的担保合同，管理人无权解除，必须继续履行，担保责任不因担保人的破产而解除。

（六）债务人的有关人员的义务

为了保障企业破产程序的顺利进行，自人民法院受理破产申请的裁定送达债务人之日起至破产程序终结之日，债务人的有关人员必须妥善保管其占有和管理的财产、印章和账簿、文书等资料；根据人民法院、管理人的要求进行工作，并如实回答询问；列席债权人会议并如实回答债权人的询问；未经人民法院许可，不得离开住所地；不得新任其他企业的董事、监事、高级管理人员。

第三节　债务人财产与破产债权

一、债务人财产

（一）债务人财产的概念与性质

债务人财产是我国《企业破产法》中新增加的概念，之前使用的仅是破产财产的概念。破产财产的概念，适用于债务人被宣告破产后对其财产的称谓；债务人财产的概念，则适用于债务人的破产案件受理后至破产宣告之前对其财产的称谓，债务人财产在破产宣告后便改称为破产财产。

（二）我国立法对债务人财产范围的规定

债务人财产包括破产申请受理时属于债务人的全部财产，以及破产申请受理后至破产程序终结前债务人取得的财产。

二、破产债权

（一）破产债权的概念

破产债权是针对破产人，并原则上基于破产宣告而发生的一种财产上的请求权。

（二）破产债权的内涵

破产债权包括以下内容：①破产宣告前成立的无财产担保的债权和虽有担保但放弃优先受偿权利的债权；②未到期的债权视为已到期债权，但是应当减去未到期的利息；③连带之债的债务人破产时，债权人所享有的债权；④保证人破产时，债权人所享有的债权；⑤清算组解除合同而致使对方当事人受到损害的，其损害赔偿额；⑥有财产担保的债权，其数额超过担保物价款的，未受清偿的部分，作为破产债权。

（三）债权不必申报的范围

为更好地维护职工权益，债务人所欠职工的工资和医疗、伤残补助、抚恤费用，所欠的应当划入职工个人账户的基本养老保险、基本医疗保险费用以及法律、行政法规规定应当支付给职工的补偿金，也就是职工债权不必申报，由管理人调查后列出清单并予以公示。职工对清单记载有异议的，可以要求管理人更正；管理人不予更正的，职工可以向人民法院提起诉讼。据此，职工债权属于免申报的特殊债权，这有助于更好地维护职工权益。

第四节 债权人会议

一、债权人会议的概念与成员组成

(一) 债权人会议概念

债权人会议机制在破产程序中具有重要作用。我国破产程序的债权人会议，是为了更好地保障债权人的共同利益，由依法申报债权的债权人组成，通过实施破产程序参与权，对有关破产事宜进行讨论决定的破产议事机构。

(二) 债权人会议成员组成

依法申报债权的债权人为债权人会议的成员，有权参加债权人会议，享有表决权。债权尚未确定的债权人，除人民法院能够为其行使表决权而临时确定债权额的外，不得行使表决权。对债务人的特定财产享有担保权的债权人，未放弃优先受偿权利的，对于通过和解协议、通过破产财产分配方案的事项不享有表决权。债权人可以委托代理人出席会议，行使表决权。债权人会议应当有债务人的职工和工会的代表参加，发表自己的意见。

债权人会议设主席一人，由人民法院从有表决权的债权人中指定。债权人会议主席主持债权人会议。债权人会议主席不是与债权人会议相独立的机构，而仅是债权人会议的召集与主持者。根据法律规定和实际需要，通常会议主席应有以下职责：①在法定人员申请召集债权人会议时，确定第一次债权人会议后的其他债权人会议的日期，负责召集会议；②编定债权人会议的议事日程；③宣告债权人会议的开会、闭会；④主持债权人会议，包括对会议发言的许可与限制、决定讨论事项、维持会议秩序等；⑤负责作出会议记录与决议；⑥根据债权人会议的需要，主席还可行使其他有关职权。

债权人会议主席出于正当原因可以辞去职务，但应经人民法院允许，其辞职在新主席继任后生效。如果债权人会议主席在履行职务过程中出现无能力履行职务、严重失职或违法行为，如明显偏袒部分债权人、故意损害其他债权人的利益等情形，债权人或管理人可以向人民法院提出撤换债权人会议主席的请求。

二、债权人会议的召集和权利行使

(一) 债权人会议的召集

第一次债权人会议由人民法院召集,自债权申报期限届满之日起 15 日内召开。以后的债权人会议,在人民法院认为必要时,或者管理人、债权人委员会、占债权总额 1/4 以上的债权人向债权人会议主席提议时召开。召开债权人会议,管理人应当提前 15 日通知已知的债权人。债权人会议的决议,由出席会议的有表决权的债权人过半数通过,并且其所代表的债权额占无财产担保债权总额的 1/2 以上,另有规定的除外。债权人认为债权人会议的决议违反法律规定,损害其利益的,可以自债权人会议作出决议之日起 15 日内,请求人民法院裁定撤销该决议,责令债权人会议依法重新作出决议。债权人会议的决议,对于全体债权人均有约束力。

(二) 债权人会议的权利行使

债权人会议行使下列职权:①核查债权;②申请人民法院更换管理人,审查管理人的费用和报酬;③监督管理人;④选任和更换债权人委员会成员;⑤决定继续或者停止债务人的营业;⑥通过重整计划;⑦通过和解协议;⑧通过债务人财产的管理方案;⑨通过破产财产的变价方案;⑩通过破产财产的分配方案;⑪人民法院认为应当由债权人会议行使的其他职权。

(三) 债权人委员会的运作

债权人会议可以决定设立债权人委员会。债权人委员会由债权人会议选任的债权人代表和一名债务人的职工代表或者工会代表组成。债权人委员会成员不得超过 9 人,且应经人民法院书面决定予以认可。债权人委员会行使监督债务人财产的管理和处分、监督破产财产分配、提议召开债权人会议及债权人会议委托的其他职权。

债权人委员会执行职务时,有权要求管理人、债务人的有关人员对其职权范围内的事务作出说明或者提供有关文件。债权人委员会有权就管理人、债务人的有关人员违反监督的情形,向人民法院提出请求,人民法院应当在 5 日内作出决定。

第五节　重整程序与和解制度

一、重整程序

（一）重整程序的概念

重整是指对可能或已经发生破产原因但又有挽救希望的企业，通过对各方利害关系人进行利益协调，强制性地进行营业重组与债务清理，以使企业避免破产进而重新运转的法律制度。

（二）重整原因简述

启动重整程序应当具备法律规定的重整原因。企业法人不能清偿到期债务，并且资产不足以清偿全部债务或明显缺乏清偿能力的，依法清理债务。企业法人具有如上情形，或者有明显缺乏清偿能力但依然具有挽救可能的，可以依照《企业破产法》进行重整。

（三）重整申请

债务人或者债权人可以依法直接向人民法院申请对债务人进行重整。债权人申请对债务人进行破产清算的，在人民法院受理破产申请后、宣告债务人破产前，债务人或者出资额占债务人注册资本1/10以上的出资人，可以向人民法院申请重整。因此，对债务人的出资人提出重整申请有两点要求：①出资额必须占债务人注册资本额的1/10以上；②仅在债权人对债务人提出破产清算申请并为人民法院受理后，才能提出重整申请。

（四）重整期间

自人民法院裁定债务人重整之日起至重整程序终止，为重整期间。

在重整期间，经债务人申请及人民法院批准，债务人可以在管理人的监督下自行管理财产和营业事务。已接管债务人财产和营业事务的管理人应当向债务人移交财产和营业事务，管理人的职权由债务人行使。

管理人负责管理财产和营业事务的，可以聘任债务人的经营管理人员负责营业事务。对债务人的特定财产享有的担保权暂停行使。但是，担保物有损坏或者价值明显减少的可能，足以危害担保权人权利的，担保权人可以向人民法院请求恢复行使担保权。在重整期间，债务人或者管理人为继续营业而借款的，可以为该借款设定担保。

债务人合法占有的他人财产，该财产的权利人在重整期间要求取回的，应当符合事先约定的条件。在重整期间，债务人的出资人不得请求投资收益分配。在重整期间，债务人的董事、监事、高级管理人员不得向第三人转让其持有的债务人的股权，但经人民法院同意的除外。

在重整期间，有下列情形之一的，经管理人或者利害关系人请求，人民法院应当裁定终止重整程序，并宣告债务人破产：①债务人的经营状况和财产状况继续恶化，缺乏挽救的可能性；②债务人有欺诈、恶意减少债务人财产或者其他显著不利于债权人的行为；③由于债务人的行为致使管理人无法执行职务。

（五）重整计划的相关规定

重整计划是旨在促进企业再建，维持债务人营业能力，解决债务清偿事宜的计划形式。关于重整计划的内容与流程见表6-3。

表6-3　重整计划的内容与流程

重整计划	介绍
重整计划的功能	重整计划是重整程序能否顺利进行的核心环节。重整计划旨在促进企业再建。在当事人的重整申请被人民法院受理之后，应当在法定期限内提交重整计划草案
重整计划的制订	债务人或者管理人应当自人民法院裁定债务人重整之日起6个月内，同时向人民法院和债权人会议提交重整计划草案。期限届满，经债务人或者管理人请求，有正当理由的，人民法院可以裁定延期3个月。债务人或者管理人未按期提出重整计划草案的，人民法院应当裁定终止重整程序，并宣告债务人破产
重整计划草案的内容	重整计划草案应当包括下列内容：①债务人的经营方案；②债权分类；③债权调整方案；④债权受偿方案；⑤重整计划的执行期限；⑥重整计划执行的监督期限；⑦有利于债务人重整的其他方案

续表

重整计划	介绍
重整计划草案的表决	债权人参加讨论重整计划草案的债权人会议，依照下列债权分类，分组对重整计划草案进行表决：①对债务人的特定财产享有担保权的债权；②债务人所欠职工的工资和医疗、伤残补助、抚恤费用，所欠的应当划入职工个人账户的基本养老保险、基本医疗保险费用，以及法律、行政法规规定应当支付给职工的补偿金；③债务人所欠税款；④普通债权。人民法院在必要时可以决定在普通债权组中另设小额债权组进行表决。重整计划不得规定减免债务人欠缴的债务人所欠职工的工资和医疗、伤残补助、抚恤费用，所欠的应当划入职工个人账户的基本养老保险、基本医疗保险费用，以及法律，行政法规规定应当支付给职工的补偿金以外的社会保险费用；该项费用的债权人不参加重整计划草案的表决。人民法院应当自收到重整计划草案之日起30日内召开债权人会议，对重整计划草案进行表决。债务人或者管理人应当向债权人会议就重整计划草案作出说明并回答询问
重整计划草案的批准	表决通过的具体规定。人民法院应当自收到重整计划草案之日起的30日内召开债权人会议，对重整计划草案进行表决。出席会议的同一表决组的债权人过半数同意重整计划草案，并且其所代表的债权额占该组债权总额的2/3以上的，即为该组通过重整计划草案。债务人或者管理人应当向债权人会议就重整计划草案作出说明，并回答询问。债务人的出资人代表可以列席讨论重整计划草案的债权人会议。重整计划草案涉及出资人权益调整事项的，应当设出资人组，对该事项进行表决。各表决组均通过重整计划草案时，重整计划即为通过 表决未通过的救济渠道。部分表决组未通过重整计划草案的，债务人或者管理人可以同未通过重整计划草案的表决组协商。该表决组可以在协商后再表决一次。双方协商的结果不得损害其他表决组的利益。未通过重整计划草案的表决组拒绝再次表决或者再次表决仍未通过重整计划草案，但重整计划草案符合下列条件的，债务人或者管理人可以申请人民法院批准重整计划草案：①按照重整计划草案，对债务人的特定财产享有担保权的债权可就该特定财产获得全额清偿，其因延期清偿所受的损失将得到公平补偿，并且其担保权未受实质性损害，或者该表决组已经通过重整计划草案；②按照重整计划草案，债务人所欠职工的工资和医疗、伤残补助、抚恤费用，所欠的应当划入职工个人账户的基本养老保险、基本医疗保险费用，以及法律、行政法规规定应当支付给职工的补偿金，债务人所欠税款等所列债权将获得全额清偿，或者相应表决组已经通过重整计划草案；③按照重整计划草案，普通债权所获得的清偿比例，不低于其在重整计划草案被提请批准时依照破产清算程序所能获得的清偿比例，或者该表决组已经通过重整计划草案；④重整计划草案对出资人权益的调整公平、公正，或者出资人组已经通过重整计划草案；⑤重整计划草案公平对待同一表决组的成员，并且所规定的债权清偿顺序不违反《企业破产法》第113条的规定；⑥债务人的经营方案具有可行性

续表

重整计划	介绍
重整计划的执行、监督与终止	重整计划的执行人在执行过程中应全面执行计划。自人民法院裁定批准重整计划之日起，在重整计划规定的监督期内，由管理人监督重整计划的执行。在监督期内，债务人应当向管理人报告重整计划执行情况和债务人财务状况 监督期届满时，管理人应当向人民法院提交监督报告。自监督报告提交之日起，管理人的监督职责终止。经管理人申请，人民法院可以裁定延长重整计划执行的监督期限，管理人向人民法院提交的监督报告，重整计划的利害关系人有权查阅 债权人未依法申报债权的，在重整计划执行期间不得行使权利；在重整计划执行完毕后，可以依照重整计划规定的同类债权的清偿条件行使权利。据此，在重整程序中，债权人未依法申报债权的，在债务人向人民法院和债权人会议提交重整计划草案之前未依法补充申报的，在重整计划执行期间不得通过补充申报债权获得清偿权利，以免打乱重整计划中的债权调整与清偿方案，影响重整程序的进行

二、和解制度

（一）和解制度的概念

和解历来是人们解决纠纷的重要方式。破产和解是指债务人在进入破产程序后，在法院的主持下，就延长债务人清偿债务的期限、减免部分债务等事项达成一致意见，中止破产程序的制度。

（二）和解程序

1. 和解程序的提出

债务人可以依照《企业破产法》规定，直接向人民法院申请和解；也可以在人民法院受理破产申请后，宣告债务人破产前，向人民法院申请和解。债务人申请和解，应当提出和解协议草案。

2. 和解申请的受理

人民法院经审查认为和解申请符合《企业破产法》规定的，应当裁定和解，予以公告，并召集债权人会议讨论和解协议草案。对债务人的特定财产享有担保权的权利人，自人民法院裁定和解之日起可以行使权利。

3. 和解程序的进行

债务人在向人民法院提出和解申请时，应当提交和解协议草案，供债权人会议讨论审查，并表决是否通过。债权人会议通过和解协议的决议，由出席会议的有表决权的债权人过半数同意，并且其所代表的债权额占无财产担保债权总额的 2/3 以上。对和解协议的表决实行特别表决制度，即要求同意者所代表的债权额占无财产担保债权总额的 2/3 以上。同时，债权人会议通过和解协议的，由人民法院裁定认可，终止和解程序，并予以公告。管理人应当向债务人移交财产和营业事务，并向人民法院提交执行职务的报告。人民法院对和解协议的裁定认可，代表国家对当事人就其民事权利所作的处分进行监督与干预。一般而言，人民法院审查的主要内容有：①和解协议是否违反法律、法规；②决议通过程序是否合法；③债务人有无和解诚意，如有无破产欺诈行为。和解协议草案经债权人会议表决未获得通过，或者经债权人会议通过的和解协议未获得人民法院认可的，人民法院应当裁定终止和解程序，并宣告债务人破产。

经过法院裁定认可的和解协议，对债务人和全体债权人均有约束力。债务人应当按照和解协议规定的条件清偿债务。

（三）和解协议的无效与终止执行

1. 和解协议的无效

因债务人的欺诈或者其他违法行为而成立的和解协议，人民法院应当裁定无效，并宣告债务人破产。有前款规定的，和解债权人因执行和解协议所受的清偿，在其他债权人所受清偿同等比例范围内，不予返还。

2. 和解协议的终止执行

债务人不能执行或者不执行和解协议的，人民法院经和解债权人请求，应当裁定终止和解协议的执行，并宣告债务人破产。人民法院裁定终止和解协议执行的，和解债权人在和解协议中作出的债权调整的承诺失去效力。和解债权人因执行和解协议所受的清偿仍然有效，和解债权未受清偿的部分作为破产债权。

（四）和解协议的强制执行力和债务清偿

和解协议不具有强制执行的法律效力。在债务人不能执行或者不执行和解协议时，和解债权人只能请求人民法院裁定终止和解协议的执行，并宣告债务人破产。

第六节 破产宣告和破产清算

一、破产清算的阶段

破产清算主要包括破产宣告、破产财产的变价和分配、破产程序的终结三个阶段。

（一）破产宣告

1. 破产宣告概述

依照我国法律，有下列情形之一的，由人民法院裁定宣告企业破产：①债务人在重整期间因法定事由被人民法院裁定终止重整程序；②债务人或管理人未按期提出重整计划草案，被人民法院裁定终止重整程序；③重整计划草案未获通过且未被批准，或者重整计划已通过但未被批准，被人民法院裁定终止重整程序；④债务人不能执行或不执行重整计划的，经管理人或利害管理人请求，人民法院裁定终止重整计划的执行；⑤债务人不能清偿债务且与债权人不能达成和解协议的；⑥和解协议草案经债权人会议表决未获通过，或者已获通过但未获得人民法院认可的，被人民法院裁定终止和解程序；⑦因债务人的欺诈或其他违法行为而成立的和解协议，被人民法院裁定无效；⑧债务人不执行或者不能执行和解协议的。

破产宣告是一项司法行为，它产生一系列法律效果，构成了破产法的一个重要事件，标志着企业破产程序进入实质性阶段，是整个破产程序中最重要的阶段和环节。破产宣告的裁定一旦作出，破产企业应当立即停止生产经营活动，进入破产清算程序。

破产宣告具有以下基本特征：

（1）破产宣告的适用对象是不能清偿到期债务的债务人。对于一般的债务人，能够清偿债务而拒不清偿的，可通过民事诉讼和执行程序，强制其清偿债务，不能宣告债务人破产。

（2）破产宣告的权力机关是人民法院。破产宣告对债权人和债务人的利益有着重大影响，且具有不可逆转的性质。破产宣告是法院行使破产案件专属管辖权的具体形态，法院以外的国家行政机关或者其他任何机构，都没有权力对债务人不能清偿债务作出具有法律意义的裁定。

（3）破产宣告是破产清算开始的标志。人民法院宣告债务人破产之后，即可对债务人进行破产清算，并对债务人所有的财产进行处分。

2. 破产宣告的法律效力

破产宣告的法律效力，是指破产宣告对被宣告破产的债务人、债权人等所产生的法律后果。其主要有以下几个方面：

（1）对债务人而言，债务人被宣告破产后，债务人称为破产人。在破产清算期间，破产人只能从事清算范围内的活动，即结清未了事务的活动以及为清算所必需的一些经营活动，并且这些经营活动不是由破产人的原机关而是由管理人实施。债务人财产成为破产财产，破产财产在归属、用途和处置方法上都服从于实现破产清算的目的。

（2）对债权人而言，人民法院受理破产申请时对债务人享有的债权称为破产债权。对破产人的特定财产享有担保权的债权人，对该特定财产享有优先受偿的权利，该债权人行使优先受偿权利未能完全受偿的，其未受偿的债权作为普通债权；放弃优先受偿权利的，其债权作为普通债权。

（二）破产财产的变价和分配

1. 破产财产

被宣告破产后，债务人财产转为破产财产。

2. 变价

（1）拟定变价方案。管理人应当及时拟定破产财产变价方案，提交债权人会议讨论通过；债权人会议表决未通过的，由人民法院裁定。

（2）变价出售破产财产。管理人应当根据债权人会议通过或人民法院裁定的破产财产变价方案，适时变价出售破产财产。除非债权人会议另有决议，变价出售破产财产应当通过拍卖进行。

（3）变价出售方法。破产企业可以全部或者部分变价出售。企业变价出售时，可以将其中的无形资产和其他财产单独变价出售。按照国家规定不能拍卖或者限制转让的财产，应当按照国家规定的方式处理。

3. 分配

除非债权人会议另有决议，破产财产的分配应当以货币分配方式进行。

（1）破产分配顺序。破产财产在优先清偿破产费用和共益债务后，依照下列顺序清偿：①破产人所欠职工的工资和医疗、伤残补助及抚恤费用，所欠的应当划入职工个人账户的基本养老保险、基本医疗保险费用，以及法律、行政法规规定应当支付给职工的补偿金；②破产人欠缴的除前项规定以外的社会保险费用和破产人所欠税款；③普通破产债权。破产财产不足以清偿同一顺序的清偿要求的，按照比例分配。破产企业的董事、监事和高级管理人员的工资按照该企业职工的平均工资计算。

《企业破产法》施行后，破产人在该法公布之日前所欠职工的工资和医疗、伤残补助及抚恤费用，所欠的应当划入职工个人账户的基本养老保险、基本医疗保险费用，以及法律、行政法规规定应当支付给职工的补偿金，依照前述分配顺序的规定清偿后不足以清偿的部分，优先于对特定财产享有担保权的权利人受偿。这是《企业破产法》作出的突破性规定，目的是保障破产人职工的基本利益，这也是在市场经济条件下，企业更应承担相应的社会责任的表现。

（2）分配过程：①管理人拟定破产财产分配方案，提交债权人会议讨论；②债权人会议通过该方案后，由管理人将该方案提请人民法院裁定认可；③人民法院认可后，由管理人执行。

（3）分配过程中的公告。管理人按照破产财产分配方案实施多次分配的，应当公告本次分配的财产额和债权额。管理人实施最后分配的，应当在公告中指明。

（4）分配过程中的提存。在三种情况下应提存：①对于附生效条件或者解除条件的债权，管理人应当将其分配额提存；②债权人未受领的破产财产分配额，管理人应当提存；③在分配破产财产时，对于诉讼或者仲裁未决的债权，管理人应当将其分配额提存。

（5）追加分配。因债务人财产不足以支付破产费用，或破产人无财产可供分配，或破产财产分配完毕后有下列情形之一的，债权人可以请求人民法院按照破产财产分配方案进行追加分配：①发现依照法律有涉及债务人财产可撤销或无效的规定应当追回的财产的；②发现破产人有应当供分配的其他财产的。当然，如果追回的财产数量不足以支付分配费用，则不再进行追加分配，由人民法院将其上交国库。

（三）破产程序的终结

破产程序的终结发生于以下三种情形：

一是破产人脱离破产困境。主要有：①第三人为债务人提供足额担保或者为债务人清偿全部到期债务的；②债务人已清偿全部到期债务的。

二是财产不够分配，在债务人财产不足以支付破产费用或者破产人无财产可分配的情况下，管理人应当请求人民法院裁定终结破产程序。

三是管理人在最终分配完结后，应当及时向人民法院提交破产财产分配报告并提请人民法院裁定终结破产程序。

破产程序的终结应当由人民法院作出裁定，并予以公告。

管理人应当自破产程序终结之日起10日内，持人民法院终结破产程序的裁定，向破产人的原登记机关办理注销登记。管理人于办理注销登记完毕的次日终止执行职务。但是，存在诉讼或者仲裁未决情况的除外。

二、与破产程序相关的几项特殊权利

（一）取回权

取回权是对于债务人占有管理的不属于债务人的财产，其所有权人从破产管理人处依法取回的请求权。取回权分为一般取回权和特殊取回权。《破产企业法》第38条规定，人民法院受理破产申请后，债务人占有的不属于债务人的财产，该财产的权利人可以通过管理人取回。这是对一般取回权的规定。《破产企业法》第39条是对特殊取回权的规定：人民法院受理破产申请时，出卖人已将买卖标的物向作为买受人的债务人发运，债务人尚未收到且未付清全部价款的，出卖人可以取回在运输途中的标的物。但是，管理人可以支付全部价款，请求出卖人交付标的物。

（二）别除权

别除权是指不依照破产程序而能从破产企业的特定财产得到单独优先受偿的权利。《破产企业法》第109条规定，对破产人的特定财产享有担保权的权利人，对该特定财产享有优先受偿的权利。

（三）抵销权

抵销权是指债权人在破产申请受理前对债务人负有债务的，可以不论债

务的种类和到期时间,在清算分配前以破产债权抵销其所负债务的权利。但是,有三种情形不得主张抵销:

(1) 债务人的债务人在破产申请受理后取得他人对债务人的债权的。

(2) 债权人已知债务人有不能清偿到期债务或者破产申请的事实,对债务人负担债务的;但是,债权人因为法律规定或者破产申请一年前所发生的原因而负担债务的除外。

(3) 债务人的债务人已知债务人有不能清偿到期债务或者破产申请的事实,对债务人取得债权的;但是,债务人的债务人因为法律规定或者破产申请一年前所发生的原因而取得债权的除外。

(四)追回权

追回权是指对于债务人或破产人在破产申请受理前一定期间内所为的有害债权人的行为进行否认,使其归于无效,并将无效或被撤销的行为处分的财产追回,并入破产财产的权利。《破产企业法》第 31 条规定,人民法院受理破产申请前一年内,涉及债务人财产的下列行为,管理人有权请求人民法院予以撤销:①无偿转让财产的;②以明显不合理的价格进行交易的;③对没有财产担保的债务提供财产担保的;④对未到期的债务提前清偿的;⑤放弃债权的。人民法院受理破产申请前 6 个月内,债务人有不能清偿到期债务且资产不足以清偿全部债务或者明显缺乏清偿能力的情形,仍对个别债权人进行清偿的,管理人有权请求人民法院予以撤销。但是,个别清偿使债务人财产受益的除外。《破产企业法》第 33 条规定的涉及债务人财产的无效行为有:①为逃避债务而隐匿、转移财产的;②虚构债务或者承认不真实的债务的。

> 讨论思考题

1. 债权人申请债务人破产的利与弊有哪些?
2. 破产程序开始的效力如何?
3. 什么是破产财产?界定破产财产对破产程序的意义是什么?
4. 债权人会议的法律地位如何?
5. 债务人对重整与和解如何做出选择?
6. 何种情况下程序应从重整转入清算?如何进行?

7. 清算程序中，如何考量全体债权人是否得到了公平受偿？

案例分析

甲公司是国有企业，因经营不善，已经资不抵债，有意向法院申请破产。甲公司系在 A 省工商行政管理局注册登记的公司，欠当地工商银行贷款 2200 万元。贷款时曾提供甲公司一套进口生产流水线作抵押，该套设备现值 100 万元。甲公司的债权人之一乙公司因追索 250 万元货款而在一个月前起诉甲公司，此案尚在审理中。甲公司曾为丙公司向当地建设银行借入的一笔 500 万元的贷款作保证人，现丙公司对该笔贷款未予偿还。

同时，甲公司欠丁有限责任公司货款 120 万元，丁公司欠甲公司 100 万元。甲公司资不抵债已达 4500 万元。

问题：

1. 甲公司如果申请破产，应由谁受理？
2. 建设银行能否参加破产程序、申报破产债权？理由是什么？
3. 甲公司与丁有限责任公司之间的债务关系如何处理？

第七章 合同法

第一节 合同法概述

一、合同的概念和特征

（一）合同的概念

合同是指平等主体的自然人、法人、其他组织之间设立、变更、终止民事权利义务关系的协议。合同的本质即合意的协议。广义的合同，可以包括行政、劳动、身份、财产等不同的法律关系。《中华人民共和国合同法》（以下简称《合同法》）中的合同不包括婚姻、收养、监护等有关身份关系的协议。

（二）合同的特征

合同具有以下特征：

（1）合同是双方或多方当事人之间的协议。合同的订立主体须为两人或两人以上。合同的成立乃各当事方意思表示一致的结果。

（2）合同是当事人自愿签订的协议。首先，各当事方在合同活动中的法律地位完全平等，此乃订立合同的基础条件；其次，各当事方签订合同须出于自愿，一方不得将其意志强加于他方。

（3）合同是以设立、变更、终止民事权利义务关系为目的的协议。合同当事人通过合同来设立、变更、终止他们之间的民事权利义务关系，以实现一定的经济目的。

二、合同的分类

根据不同的标准，合同可分为不同的种类。常见的分类有以下几种。

(一) 单务合同与双务合同

单务合同与双务合同是根据合同当事人双方权利义务的分担方式来划分的。单务合同指一方当事人只享有权利不负担义务而另一方当事人只负担义务不享有权利的合同，如赠与合同、无偿保管合同。双务合同指双方当事人都享有权利负担义务的合同，如买卖合同、承揽合同。

这一分类有助于确定风险负担、因一方过错所致合同不履行的后果及是否适用同时履行抗辩权。

(二) 有偿合同与无偿合同

有偿合同与无偿合同是根据当事人是否为取得权利支付了对价来划分的。有偿合同指当事人为了取得权利必须支付相应对价的合同，如买卖合同。无偿合同指当事人取得权利无须支付相应对价的合同，如赠与合同。

这一分类有助于确定合同当事人的权利义务及违约责任的大小。

(三) 诺成合同与践成合同

诺成合同与践成合同是根据合同的成立是否以交付标的物为要件来划分的。诺成合同指以当事人意思表示一致为成立要件的合同，如借贷合同。践成合同指除当事人意思表示一致外尚需交付标的物才能成立的合同，如借用合同。

这一分类有助于确定合同的成立时间，标的物的所有权、使用权转移时间及风险转移时间。

(四) 要式合同与不要式合同

要式合同与不要式合同是根据法律是否要求合同成立必须符合一定的形式来划分的。要式合同指要求采用特定形式才能成立的合同。不要式合同指无须采用特定形式即可成立的合同。一般而言，除法律有特别规定外均为不要式合同。

这一分类有助于确定合同是否生效以及何时生效。

(五) 主合同与从合同

主合同与从合同是根据合同是否具有从属性来划分的。主合同指不依赖其他合同而独立存在的合同。从合同指必须依赖其他合同的存在而存在、自身不能独立存在的合同。如借款合同是主合同，为借款设立的抵押合同是从合同。

这一分类有助于明确合同相互之间的制约关系。

(六) 有名合同与无名合同

有名合同与无名合同是根据法律是否有规范并赋予某类合同特定名称来划分的。《合同法》中有15种有名合同。

这一分类有助于明确合同的法律适用。有名合同可直接适用《合同法》的相关规定；无名合同则适用《合同法》总则规定，并参照分则或其他法律的规定。

(七) 利己合同与利他合同

利己合同与利他合同是根据当事人订立合同是为谁的利益来划分的。利己合同指订约人为使自己直接获得和享有合同利益而订立的合同。利他合同指订约当事人一方非为自己而是为第三人直接获得和享有合同利益而订立的合同。

为第三人利益而订立的合同，第三人在接受权利后便具有了合同当事人地位，独立享有合同规定的权利。

(八) 格式合同与非格式合同

格式合同与非格式合同是根据合同条款的设定方式以及合同的订立方式来划分的。格式合同指合同内容由一方当事人预先拟定而不容对方协商的合同。非格式合同指合同内容由双方当事人协商的合同。

这一分类的意义在于明了格式合同必须严守法律的强制性规定，否则无效。

三、合同法的概念及特征

(一) 合同法概述

合同法是调整平等主体之间的财产流转关系的法律规范的总称，主要规范合同的订立、效力、履行、变更、解除、终止、违约责任等关系。

合同法的概念在中国古已有之，但一直没有统一、系统的合同法。到了清末法律改革时，在几个民律草案中才出现有关合同法的规范，直到1929年《"中华民国"民法精编》的颁布，中国才有了合同法制度。中华人民共和国成立后，废除了旧法，陆续制定了一些合同相关法规，诸如《中华人民共和国民法通则》《中华人民共和国经济合同法》《中华人民共和国技术合同法》《中华人民共和国涉外经济合同法》。到 1999 年《合同法》颁布，才有了统一、系统的合同法。

（二）合同法的特征

（1）财产性。合同法的调整对象是财产流转关系，不涉及人身关系。

（2）任意性。从合同法的概念中可见，合同法尊重当事人意志，只要不违反法律的禁止性规定、不损害社会公共利益，就可由当事人协商决定合同的内容和形式。

（3）灵活性。财产流转关系是一种动态变化的过程，这就要求合同法具有包容性和灵活性来适应现实的需要。

（4）国际性。由于跨国界的财产流转频繁，各国合同法逐渐趋同，加之《联合国国际货物销售合同公约》的制定、地区性合同法统一活动，这种趋势更加明显。

四、合同法的基本原则

《合同法》的基本原则是合同立法的指导思想贯穿合同司法和进行合同活动的基本方针与准则。

（一）意思自治原则

意思自治是指当事人取得权利义务或从事民事活动时应基于意志的自由，不受国家权力和其他人的非法干预。

意思自治原则在合同法中的体现包括不允许欺诈、胁迫行为，当事人有选择相对人、合同内容、履行方式的自由等。当然，意思自治也并非绝对，国家在行使社会经济生活的调控和管理职责时，可能会对合同进行干预以体现合同自由与社会正义的统一。

（二）平等、公平原则

平等指当事人在订立和履行合同时，在承担合同责任时是平等的。公平指任何当事人不得滥用权力，不得在合同中规定显失公平的内容；要根据公平的原则确定双方的权利、义务，确定合同风险和违约责任的承担。

(三) 诚实信用原则

当事人应诚实守信、善意地履行义务，不得有欺诈等恶意行为，在法律、合同未作规定或规定不明确时，根据诚信原则对法律与合同作出解释，以平衡当事人之间的利益关系。

(四) 公序良俗原则

当事人在进行合同行为时，应当遵守社会善良风俗和公共秩序，不得损害社会公共利益。

第二节　合同的订立

一、合同订立概述

合同订立是指缔约方为达成协议而进行的接触、谈判磋商、达成合意的全过程，是动态行为与静态协议的统一。它与合同的成立不同。后者属于前者的组成部分，标志着合同的产生和存在，是静态协议。

二、合同的内容与形式

(一) 合同的内容

合同的内容是指当事人订立合同的各项具体意思表示，表现为合同的条款。在不违背法律强制性规定的情况下，合同的内容由当事人约定，一般包括：①当事人的名称或姓名和住所；②标的，即合同当事人权利义务一致指向的对象；③数量；④质量；⑤价款或者报酬；⑥履行期限、地点和方式；⑦违约责任；⑧解决争议的方法。

在当事人对合同是否成立存在争议时，人民法院能够确定当事人名称或者姓名、标的和数量的，一般应当认定合同成立，但法律另有规定或者当事人另有约定的除外。对合同欠缺的前款规定以外的其他内容，当事人未约定或约定不明的，可以另行达成补充协议；不能达成协议的，按照合同有关条款或者交易习惯确定；仍不能确定的，按照《合同法》第62条规定予以确定。

（二）格式条款

格式条款指一方当事人为了重复使用而预先拟定，并在订立合同时未与对方协商的条款。格式条款既可能出现在合同文本中，也可能以店堂告示的形式表现出来。

它的适用可以简化缔约程序、降低缔约成本，但是由于它由一方事先拟定且不容对方协商修改，双方的地位实质上不平等。拟定格式条款一方总会倾向于免除自己的责任、增加对方的义务。故《合同法》对其适用做了特别规定，以保障另一方的合法权益。

《合同法》规定采用格式条款订立合同的，提供格式条款一方应遵循公平原则确定双方的权利义务，并采取合理的方式提请对方注意免除或限制一方责任的条款，按照对方的要求，对该条款作出说明。

如果格式条款具有法律规定的合同无效或免除条款无效的情形，或提供格式条款的一方免除其责任、加重对方责任、排除对方主要权利的，该条款无效。此外，对格式条款的理解发生争议的，应当按照通常理解予以解释；对它有两种以上解释的，应做不利于拟订方的解释；格式条款与非格式条款不一致时，应采取非格式条款。

示范文本与格式条款不一样，前者是由无利害关系的第三人制定的，由各当事方决定是否采用。

（三）合同的形式

合同的形式指合同当事人设立、变更、终止民事权利义务关系的一致协议的表现形式。通常使用的合同形式主要有口头形式、书面形式、行为默示形式等。

（1）口头形式，指当事人以直接对话的方式相互表示意思而订立合同的形式。电话属于口头形式，录音则为口头形式的证据。只要没有法定形式的要求、当事方也未约定排除，就可以采用口头形式。它的缺点在于发生争议时难以举证。

（2）书面形式，指合同书、信件和数据电文（包括电报、电话、传真、电子数据交换和电子邮件）等一切可以保留所载内容并能够被有形复制的形式。法律、行政法规规定、当事人约定采取书面形式的，应采用书面形式。

此外，若还需履行公证、见证、登记或审批的，为特殊书面形式。

（3）行为默示形式，又称推定形式、意思实现形式，指当事人以某种表明法律意图的行为间接表示合同内容的合同形式。以合同的开始履行推定合同已经订立。如顾客投币进入自动售货机，买卖合同即告成立，即由投币行为可推定合同成立。

（4）当事人未以书面形式或者口头形式订立合同，但从双方从事的民事行为能够推定双方有订立合同意愿的，人民法院可以认定是以《合同法》第10条中的"其他形式"订立的合同，但法律另有规定的除外。

三、合同的订立程序

合同的订立程序指当事人互相作出意思表示并就合同条款达成一致协议的过程，包括要约和承诺两个阶段。

（一）要约

1. 要约概述

要约是希望与他人订立合同的意思表示。发出要约的人为要约人，受领要约的人为相对人或受要约人。

2. 要约的构成条件

（1）要约须由要约人向相对人作意思表示。一般而言，要约应向特定的人发出；但向不特定的人发出又不影响所希望的效果发生的，也可以成立要约。

（2）要约内容必须具体和确定。"具体"指要约包括足以成立合同的各项基本条款；"确定"指要约条款是明确的，不是含糊的。

（3）要约须表明经受要约人承诺，要约人即受该意思表示约束，合同即告成立。

3. 要约的效力

（1）要约的生效时间。要约到达受要约人时生效。采用数据电文形式的，要约进入收件人指定的系统的时间或未指定时进入收件人的任何系统的首次时间，为到达时间。

（2）对要约人的效力。要约生效后，要约人有接受承诺的义务，不得随意撤销、变更要约。

（3）对受要约人的效力。要约生效后，受要约人获得承诺的权利，合同经受要约人承诺即告成立，除法律规定或约定外，受要约人不负承诺义务。

4. 要约的消灭

要约的消灭是指要约失去约束力。要约一旦失去约束力，受要约人就不能取得或者丧失了承诺的资格。

导致要约消灭的情形有：

（1）要约的撤回。要约可撤回，但撤回通知必须在要约到达之前或与要约同时到达受要约人。

（2）要约的撤销。要约一般可以撤销，但撤销通知必须在受要约人发出承诺之前到达受要约人。在要约人确定了承诺期限或以其他形式明示要约不可撤销，受要约人有理由认为要约不可撤销并已为履行合同做了准备工作的情况下，要约不可撤销。

（3）拒绝要约的通知到达要约人。如果受要约人拒绝要约，则在拒绝要约的通知到达要约人时，要约失效。因拒绝而失效，往往只发生在受要约人为特定人的情况下，对不特定人发出的要约并不因为特定人的拒绝而失效。

（4）要约承诺期限届满，受要约人未作出承诺。

（5）受要约人对要约的内容做了实质性变更。对于合同标的、数量、质量、价款或报酬、履行期限、地点及方式、违约责任和争议解决方式等内容的变更为实质性变更。这是对要约的拒绝，但这个拒绝同时又构成了一个新要约，此时前一要约的受要约人为新要约人。

（二）承诺

1. 承诺概述

承诺是受要约人同意要约的意思表示。构成承诺的一般条件为：

（1）承诺须由受要约人向要约人作出。要约使受要约人具有承诺资格，只有受要约人有权作出承诺，无论其特定与否。

（2）承诺的内容应与要约的内容一致。承诺原则上必须是无条件的。对要约的实质性变更、扩张或限制，应视为拒绝，并构成新要约。

（3）承诺必须在要约的有效期限内作出。如果要约规定了承诺期限，承诺应在规定的期限内作出；如果要约没有规定承诺期限，承诺应在合理的期限内作出。

2. 承诺的效力

承诺到达要约人时生效，承诺生效时合同成立。

3. 承诺的迟延和迟到

（1）承诺的迟延，即迟发而迟到的承诺，被视为新要约。原要约人及时通知该承诺有效的，合同成立。

（2）承诺的迟到，即未迟发而迟到的承诺。因承诺人不知其迟到，按诚信原则，要约人负有及时通知义务。要约人怠于履行此义务时，承诺视为未迟到；及时通知受要约人的，承诺无效。

4. 承诺的撤回

承诺可撤回，但撤回的通知必须先于承诺或与承诺同时到达。如果撤回承诺的通知在承诺之后到达，但依通常情形应先于或同时到达的，要约人应将此情况通知受要约人，不发生撤回承诺的效力，否则承诺撤回有效，合同不成立。

四、合同成立的时间与地点

合同成立的时间关系到合同当事人的权利、义务和责任的发生，而合同成立的地点则关系到案件的诉讼管辖。

（一）合同成立的时间

原则上承诺生效的时间即合同成立的时间。要式合同除当事人之间的意思表示一致外，还须完成特定手续，故要式合同的成立时间为完成特定手续的时间。

（二）合同成立的地点

原则上承诺生效的地点即合同成立的地点。而法律规定或者当事人约定采用特定形式成立合同的，特定形式完成地点为合同成立的地点。如果当事人采用书面形式订立合同，需签字盖章后，合同才成立，各当事人签字或盖章的地点为合同成立的地点。

当事人也可约定合同签订地，合同约定的签订地与实际签字或者盖章地点不符的，应当认定约定的签订地为合同签订地；合同没有约定签订地，双方当事人签字或者盖章不在同一地点的，应当认定最后签字或者盖章的地点为合同签订地。

采用数据电文形式订立合同的，首先由当事人约定合同成立的地点；没有约定的，以收件人的主营业地为合同成立的地点；没有主营业地的，其经常居住地为合同成立的地点。

五、合同成立的特殊情况

法律、行政法规规定或当事人约定采用书面形式订立合同，当事人未采用书面形式，但在签字或盖章前，当事人一方已履行主要义务，对方接受的，合同成立。虽然欠缺形式要件，但是为了维护交易安全并保障当事人的合法权益，《合同法》承认这些情况下合同关系已成立。

第三节　合同的效力

合同的效力指已成立的合同将对合同当事人乃至第三方产生的法律后果，或称法律约束力。此种法律后果是立法者意志对当事人合意的评价结果。

一、合同的生效

合同生效指已成立的合同在当事人之间开始发生法律效力。合同生效不同于合同的成立，成立是一种事实判断，而生效是一种价值判断。成立是生效的基础，生效是成立的可能后果。

已成立的合同，具备法定条件后才能发生法律约束力。合同的一般生效要件有：

（1）缔约主体有相应的民事行为能力。无行为能力人所订立的纯获利益的合同具有法律效力；限制行为能力人订立与其年龄、智力等相适应的合同有效。法律对法人经营范围的限制，既非对权利能力的限制，亦非对行为能力的限制，仅是对法人的法定代表人的代表权的限制。法人或者其他组织的法定代表人、负责人超越权限订立的合同，除相对人知道或应当知道其超越权限的以外,该代表行为有效。

(2) 意思表示真实,指订约人的外在意思表示与内心意思是一致的。

(3) 不违反强制性法律规范和公序良俗,又称合同的目的及内容适法性原则。

(4) 标的须确定与可能。"确定"指合同的标的在合同成立时已经确定或在将来可以得到确定。"可能"指合同的标的在客观上是有实现的可能的。

二、合同的无效

合同无效指因欠缺生效要件而致合同不产生法律效力。它是当然、绝对、自始的无效。

导致合同无效的情形有:

(1) 合同违反法律、行政法规的强制性规定。这里的强制性规定,仅指效力上的强制性规定,包括强行性规范和禁止性规范,任何人都必须遵守,不得排除,故此情形下的合同当然无效。

(2) 合同违反公序良俗。公序良俗指社会公众的利益,包括社会公德、社会经济秩序和生活秩序、优良风俗。为了维护基本的道德和秩序,此类合同无效。

(3) 当事人恶意串通,损害国家、集体或第三人的利益。恶意串通指订立合同的行为人故意非法勾结,损害他人的合法利益。可见此类合同并不是当事人之间的正常交易行为。

(4) 一方以欺诈、胁迫手段订立合同,损害国家利益。若损害的是另一方的利益,则应由受损害方来主张合同不发生法律效力,他人没有主动干预的必要。但若该合同损害了国家的利益,则不论受损害方是否承认该合同的效力,该合同都应无效。

(5) 以合法形式掩盖非法目的。若行为在形式上合法,而其根本目的却是非法的,为了不让非法目的得逞,法律规定所有此类合同都是无效的。

合同无效,有的是全部无效,有的只是部分无效。部分无效不影响其他部分的效力。合同中关于争议解决方法的条款不因合同无效而当然无效。

三、合同的可撤销

合同的可撤销指因合同欠缺一定生效要件，其有效与否都取决于有撤销权的一方当事人是否行使撤销权。撤销权通常由因意思表示不真实而受损的一方当事人享有，如欺诈、胁迫中的受害人。撤销权本质上是一种请求权而非形成权，故享有者不能通过己方的单方行为来实现，而只能向法院或仲裁机关主张撤销合同。可撤销的合同都是已成立的合同，合同一旦被撤销就自始无效。

一般而言，导致合同撤销的情形有：

（1）欺诈、胁迫或乘人之危。欺诈指故意陈述虚假事实或隐瞒真实情况而使他人作出错误意思表示订立合同；胁迫指以正在实施的或将来实施的危害使对方感到恐惧而接受胁迫人提出的条件订立合同；乘人之危指利用对方的危难处境或紧迫需要，迫使其违背真实意思而订立合同。

（2）重大误解，指一方当事人因自己的过失导致对涉及合同法律效果的重大事项发生认识上的显著错误并使自己遭受重大损失的法律事实。对重大误解的具体确定要考虑当事人的状况、活动性质、交易习惯等各种因素。

（3）显失公平，指双方当事人的权利义务极不平等，明显违反公平原则，使一方遭受重大不利。这里的显失公平是在无其他可撤销事由适用的情况下结果上的显失公平。

撤销权还有一定的限制，撤销权人自知道或应该知道撤销事由之日起一年内没有行使撤销权的，或当事人知道撤销事由后明确表示或以自己的行为放弃撤销权的，撤销权消灭。

四、合同的效力待定

合同的效力待定指已成立的合同因欠缺一定的生效要件，其生效与否尚未确定，须经补正方可生效。效力待定合同不等于无效合同。后者自始、当然、确定地无效，不会因其他事实使之有效；前者则可因补正行为使之生效。效力待定合同也不同于可撤销合同。后者在成立时可能是有效的，仅因撤销权行使而自始无效；前者在合同成立时并不会发生法律效力。

合同效力待定概括而言是因合同主体资格欠缺所致，主要的情形有：

（1）无行为能力人、限制行为能力人订立的合同。这两类人订立的合同，须经其法定代理人追认方为有效。但纯获益或与其年龄、智力、精神健康状况相适应的合同，不必经法定代理人追认也有效。

（2）无权代理人订立的合同。行为人没有代理权、超越代理权或代理权终止后以被代理人的名义订立合同，非经本人追认对其不产生效力。若构成表见代理，则无须追认当然有效。

（3）无处分权人订立的合同。非经权利人追认或事后仍不能取得处分权的，合同无效，但无效不适用于善意取得的情形。

（4）法定代表人越权订立的合同。法人或其他组织的法定代表人、负责人越权订立的合同，非经法人或其他组织追认则无效。但相对人若为善意，则代表行为有效。

相对人可以催告法定代理人、被代理人、权利人在一个月内追认。未作表示的，视为拒绝。法定代理人、被代理人、权利人追认的意思自到达相对人时生效，合同自订立时生效。合同被追认之前，善意相对人有撤销的权利，撤销以通知方式作出。

五、附条件合同与附期限合同的法律效力

由于现实生活的复杂性，当事人有时希望对合同的效力加以限制，如附加一定的条件或期限，而合同自由原则又赋予当事人这种权利。于是附条件合同与附期限合同应运而生，它们的生效除须符合生效的一般要件外，还须符合由其各自特点所决定的特别要件。

（一）附条件合同

附条件合同指当事人约定把一定条件的成就作为效力发生或终止的根据的合同。所附条件可以是自然现象、事件、行为等，但都必须符合以下条件：①尚未发生的事实；②不能确定将来是否发生的事实；③合法的事实；④当事人约定的事实。

当事人为自己的利益不当阻止条件成就的，视为条件已成就；促成条件成就的，视为条件未成就。

（二）附期限合同

附期限合同指当事人约定以一定期限的届至作为效力发生或终止的根据

的合同。期限必须是：①将来的事实；②将来确定会到来的事实；③合法的事实。

其中，第②点是区分条件与期限的关键。

第四节 合同的履行

一、合同履行概述

合同履行指当事人按照约定完成义务的行为过程，是债务人全面、适当地完成其所担负的义务与合同债权人的合同债权得到完全实现的统一。

合同履行应遵循诚信原则，即应当按照合同的约定全面履行自己的义务；相互协作给予方便；因故不能履行或不能完全履行时，应当积极采取措施避免和减少损失的发生；等等。

二、合同履行的规则

（1）履行主体，指履行合同义务与接受履行的人。通常的履行主体就是合同的权利人和义务人，有时也可由第三人代替履行，只要符合合同的性质或不违反法律的规定或当事人的约定即可。

（2）履行标的，指当事人执行合同义务的行为所针对的事物，包括实物、劳务等，原则上义务人应全部履行。对标的质量、价款没有约定或约定不明确的，可以补充协议；不能达成补充协议的，按照通常标准或合同目的的特定标准履行。

（3）履行期限，指义务人履行义务和权利人接受履行的时间。应按照法律的规定或合同的约定加以确定。没有约定或约定不明确的，可以补充协议；不能达成补充协议的，按照通常标准或符合合同目的的标准履行；仍不能确定的，义务人可以随时履行，权利人也可以随时要求履行，但应当给对方必要的准备时间。

（4）履行地点，指债务人履行债务和债权人接受履行的地方。对履行地点有明确规定的，按规定；没有约定或约定不明的，可以补充协议；无法达成补充协议的，按照通常标准或符合合同目的的特定标准。仍不能确定时，给付货币的,在接受货币一方所在地履行;交付不动产的,在不动产所在地履行;其他标的,在履行义务一方所在地履行。

(5)履行方式,指义务人履行义务的方法。一般由当事人约定。没有约定或约定不明的,可以补充协议;不能达成补充协议的,按照通常标准或符合合同目的的特定标准;仍不能确定的,按照有利于实现合同目的的方式。

(6)履行费用,指债务人履行合同所支付的费用。一般由合同当事人约定。没有约定或约定不明的,可以订立补充协议;不能达成补充协议的,按照通常标准或符合合同目的的特定标准;仍不能确定的,由履行义务一方承担。

三、合同履行中的抗辩权

(一)同时履行抗辩权

同时履行抗辩权又称不履行抗辩权,指当事人互负债务且没有先后履行顺序的,一方当事人在对方当事人未对待给付之前,有拒绝履行自己合同义务的权利。同时履行抗辩权的目的是维护双务合同当事人之间在利益关系上的公平,以维护交易安全。

同时履行抗辩权成立要件:①同一双务合同互负债务,一方履行的义务和对方履行的义务之间互为条件,互相牵连;②双方互负债务均已届履行期,且无先后履行顺序;③对方当事人未履行;④对方的对待履行是可能的。

同时履行抗辩权的效力:它属于延期的抗辩权,但没有消灭对方请求权和请求对方先行给付的效力。

(二)不安抗辩权

不安抗辩权指在双务合同中,应当先履行义务的当事人有确切证据证明对方有丧失或可能丧失履行能力的情形时,在其未对待给付或提供适当担保前有权拒绝自己给付。不安抗辩权的目的是使先履行一方未雨绸缪、防患未然。

不安抗辩权的成立要件:①双方因双务合同互负义务。②当事人一方有先履行义务且已至履行期。不安抗辩权适用于有先后履行顺序的双务合同,若无先后顺序则适用同时履行抗辩权。③后履行一方有丧失或可能丧失履行能力的情况。如经营状况严重恶化；有转移财产、抽逃资金以逃避债务行为；丧失商业信誉；有丧失或可能丧失履行能力的其他情形等。④后履行义务的一方没有对待给付或提供担保。

不安抗辩权的效力：不安抗辩权的主要效力在于中止合同，抗辩权人不享有同时履行抗辩权和提供担保的请求权。先履行的一方有权中止合同，但应负及时通知对方的义务。对方提供适当担保后，应当恢复履行。中止后，对方未在合理期限内恢复履行能力并提供适当担保的，中止履行的一方可以解除合同。

（三）先履行抗辩权

先履行抗辩权指在双务合同中应当先履行的一方当事人没有履行合同义务或者履行不符合约定的，后履行一方有拒绝履行自己义务的权利。

先履行抗辩权的成立要件：①当事人因双务合同互负义务；②履行义务有先后顺序；③先履行一方到期未履行或未适当履行合同义务。

先履行抗辩权的效力：能够在对方未履行或未适当履行义务前，拒绝自己履行，但不具有消灭对方请求权的效力。若先履行一方完全履行了自己的义务，则后履行一方的先履行抗辩权消灭，应恢复履行。但因行使先履行抗辩权而使合同迟延履行的当事人不承担迟延责任。

四、合同履行的保全

（一）合同履行保全的概念

合同履行保全指债权人为了防止债务人的财产不当减少而危害其债权，对第三人所采取的保护债权的措施。合同履行保全属于合同的对外效力，是在利益衡量下对合同相对性原则的突破。

（二）债权人的代位权

债权人的代位权是指债务人怠于行使其对第三人的到期债权而危及债权人债权的实现时，债权人可以以自己的名义代替债务人直接向第三人行使权利的权利。

1. 债权人代位权的成立要件

(1) 债务人享有对第三人的债权。

(2) 债务人怠于行使其对第三人的债权。债务人对第三人的债权已经到期、能行使而不行使，不行使会使之消灭或丧失。

(3) 债务人的债务履行已构成迟延。

(4) 债务人的怠于行使危害了债权人的债权。

2. 行使与效力

债权人应以自己的名义行使，且必须通过法院行使。行使的范围以代位权人的债权为限，由第三人直接向债权人清偿。专属于债务人本身的债权不得代位行使，如人身伤害产生的损害赔偿请求权、亲属间的抚养继承等给付请求权。行使权利的费用由债务人承担。债权人行使代位权必须尽到善良管理人的注意义务，否则因此给债务人带来损失的，应承担损害赔偿责任。

（三）债权人的撤销权

债权人的撤销权指对债务人实施的以财产为标的且危及债权人债权实现的行为，债权人有请求法院撤销的权利。

1. 成立要件

(1) 客观要件。债务人实施了以财产为标的并危害债权人债权的行为，包括减少财产或增加财产上的负担。

(2) 主观要件。对无偿行为不论债务人主观的善恶意，只要具备客观要件，债权人就能行使撤销权。无偿行为包括无偿转让以及放弃到期债权。对于有偿行为，则以恶意为主观要件：当债务人有恶意时，撤销权成立；若第三人同时也有恶意，债权人就可以行使撤销权。

2. 行使与效力

各债权人通过法院来行使。债权人自知道或应当知道撤销事由之日起一年内行使，若不知或不应知道则从债务人实施行为之日起 5 年内行使，否则撤销权消灭。撤销权的范围以债权人的债权为限。

撤销权行使后，被撤销的债务人的行为自始无效。第三人因此取得的财产返还债务人，该财产仍是对全体债务人的共同担保，行使撤销权的债权人没有优先受偿权，行使费用由债务人负担。

第五节 合同的变更、转让与终止

一、合同的变更

广义的合同变更包括合同主体的变更和合同内容的变更。狭义的合同变更指合同内容的变更。合同法中的概念指后者。

（一）合同的变更方式

（1）协议变更。实质上是以新成立的合同取代旧合同，适用合同成立的要约和承诺的规则。当事人对合同变更的内容约定不明确的，推定为未变更。若法律、行政法规规定变更合同应当办理批准、登记手续，必须依据规定办理相关手续后才能发生合同变更的效力。

（2）法定变更。在法律规定的情形出现时，合同的内容发生变更。如合同履行期间发生不可抗力时，合同中的违约责任条款发生变更，债务人的债务数额缩小或可延期履行。

（3）裁决变更。对于可撤销合同，当事人可请求法院和仲裁机构裁决变更。

（二）合同变更的效力

变更生效后，合同变更部分原有的债权债务关系消灭，当事人应按照变更后的合同内容履行合同，未变更部分仍然有效。合同变更对已履行部分不具溯及力。

二、合同的转让

（一）合同转让的概念

合同的转让指在不变更合同内容的情况下，合同主体的变更。合同转让既可以是转让合同权利，也可以是转让合同义务，还可以是将两者一并转让。

（二）合同权利的转让

合同权利的转让指合同债权人将合同权利全部或部分转让给第三人，以合同债权人与第三人订立转让合同的形式进行。

合同权利的转让无须经合同债务人同意，但应通知债务人，否则债务人可拒绝履行对受让人的义务。

根据合同法，主要有以下几种不允许转让的合同权利：

（1）根据合同性质不得转让。这主要是指与特定人身份有关的合同，如委托合同、赠与合同。

（2）当事人约定不能转让。但要求此约定不违反法律的禁止性规定或社会公共道德。

（3）依照法律规定不得转让。如我国《担保法》规定，最高额抵押的主合同债权不得转让。

根据《合同法》规定，合同权利转让效力有：

（1）从权利转移。从权利指以主权利的存在为前提的权利。常见的有担保权、利息债权、违约金债权等。但是从权利专属于债权人自身的除外。

（2）抗辩权的转移。抗辩权指阻止请求权效力的权利。债务人得以对抗原债权人的抗辩权也得以对抗新债权人。

（3）抵销权的转移。抵销指合同当事人双方互负同种类的**给付**义务，将两项义务互相充抵。债务人在享有到期债权的情形下，依照法律规定，可以对债权人主张抵销权。债权人转让债权的，债务人接到债权转让通知后，可以依法向受让人主张抵销。

（三）合同义务的转让

合同义务的转让可以分为全部转让和部分转让。前者指第三人受让债务人的全部债务从而取代其地位而成为合同的债务人。后者指第三人受让债务人的部分债务。合同义务的转让可以通过第三人与债务人或债权人订立合同进行。

合同义务转让的限制：

（1）根据合同性质不得转让。

（2）当事人约定不能转让。

（3）依照法律规定不得转让。

债务人将合同义务的全部或部分转让给第三人的，应经债权人同意。法律、行政法规规定转移义务应当办理批准、登记等手续的，应当办理这些手续。

合同义务转让的效力：

（1）从债务转移。从债务指以其他债务的存在为前提的合同义务，例如支付贷款利息的义务。专属于债务人自身的从债务不随主债务转移。如以原债务人的劳务充抵主债务利息，此种从债务是不能随主债务的转移而转移的。

（2）抗辩权的转移。新债务人可以主张原债务人对债权人的抗辩。界线为债权人同意转让债务的时间。

（四）合同权利义务的概括转移

合同权利义务的概括转移指合同当事人一方的权利和义务一并转移给第三人。合同权利义务的概括转移只发生在双务合同中。

合同权利义务的概括转移方式有以下两种：

（1）协议概括转移。此种协议需要经过合同另一方的同意，仅有转让方与第三人的协议还不能完成。

（2）法定概括转移。当事人订立合同后合并的，由合并后的法人或其他组织行使合同权利、履行合同义务。当事人订立合同后分立的，除债权人和债务人另有约定外，由分立的法人或其他组织对合同权利义务享有连带债权、承担连带责任。被继承人订立合同后死亡的，继承人即可依继承法的规定承担被继承人在该合同中的权利和义务。

合同权利义务的概括转移效力：受让人取代原合同一方当事人的法律地位。

三、合同的终止

（一）合同终止概念

合同终止指合同当事人双方在合同关系建立以后，因一定的法律事实的出现，使合同确立的权利义务关系消灭。与合同的终止履行不同，合同的中止指债务人依法行使抗辩权，拒绝债权人的履行请求，使合同的权利义务处于停止状态。在中止期间，权利义务依然存在，抗辩权消灭后，合同权利义务恢复原来的效力。

合同终止的原因有：债务已按约履行；合同解除；债务相互抵销；债务

人依法将标的物提存；债权人免除债务；债权债务同归于一人；法律规定或当事人约定终止的其他情形。

（二）合同的解除

合同的解除指合同订立后，在尚未履行或未全部履行的情况下，终止合同的权利义务。

1. 协议解除

协议解除指当事人协商解除合同。其实质是通过签订一个新合同来解除原来的合同。

2. 约定解除

约定解除指当事人基于双方约定的事由行使解除权而解除合同。在合同中约定解除的条件，当条件出现时，即可行使解除权。

3. 法定解除

当事人基于法律规定的事由行使解除权而解除合同。解除的条件由法律直接规定，包括因不可抗力不能实现合同目的；在履行期限届满之前，一方当事人明确表示或以自己的行为表明不履行主要债务；当事人一方迟延履行主要债务，经催告在合理期限内仍未履行；当事人一方迟延履行债务或有其他行为致使不能实现合同目的；法律规定的其他情形。

（三）抵销

抵销指合同当事人互负债务，在到期后，各以其债权抵偿所负债务的行为。

1. 法定抵销

法定抵销指具备法律规定的条件时，依一方当事人的意思表示所为的抵销。合同的法定抵销条件如下：

（1）双方互负债务，互享债权，即债权人和债务人之间互相存在对待之债，可供抵销，并且主动债权与被动债权均合法有效。

（2）双方债务的给付为同一种类，即债务人用以履行债务的标的物种类、品种相同。

（3）主动债权已届清偿期，即提出抵销一方所享有的债权已经到期，而放弃其作为债务人对于未到期债务的期限利益。如果允许债权人在到期前以其债权与对方的债权抵销,就等于请求债务人提前偿还,势必会损害债务人的期限利益。但债务人自己可以主动放弃期限利益。

(4) 双方的债务均为可抵销的债务。当事人约定或性质上不能抵销的债务不可抵销。

2. 约定抵销

《合同法》规定当事人互负债务,标的物种类、品质不相同的,经当事人双方协商一致,也可以抵销。

(四) 提存

提存指由于债权人的原因,致使债务人难以履行债务时,债务人将该标的物提交给提存机关,终止合同的权利义务关系。提存的原因主要有:

(1) 债权人无正当理由拒绝受领。

(2) 债权人下落不明。既包括地址不清、失踪等,也包括债权人的代理人下落不明。

(3) 债权人死亡或丧失行为能力而未确定继承人或监护人。

(4) 法律规定的其他情形。

提存效力:标的物提存后,不论债权人是否提取,都发生债务消灭的法律后果。标的物所有权自交付时转移,提存可视为交付,风险、孳息随之转移。提存费用由债权人支付。

(五) 免除

免除指债权人向债务人表示放弃其债权,从而消灭合同关系。免除是一种单方法律行为,仅需债权人的意思表示即可生效。免除的表示应向债务人作出,既可以是部分免除,也可以是全部免除。主债务因免除消灭,从债务也消灭。

(六) 混同

混同指债权与债务同归于一人而使合同关系消灭。不需要当事人的意思表示,仅需这一事实就可以产生合同权利义务终止的效果。混同的原因主要有:

(1) 概括承受。合同关系的一方当事人概括承受他人的权利义务。

(2) 特定承受。因合同权利或义务的转让而承受的权利义务。

混同使得合同关系绝对消灭。但当涉及第三人利益时，虽然债权人与债务人发生混同，但合同权利义务关系不消灭。如票据的债权人与债务人混同时，债不当然消灭。

第六节 合同责任

一、缔约过失责任

（一）缔约过失责任的概念

缔约过失责任指在缔约过程中，缔约人因违反法律规定、违背诚信原则，致使合同未能成立，并给对方造成损失而承担的损害赔偿责任。

缔约过失责任不同于违约责任。后者以合同的有效成立为基础，前者以合同未能有效成立为基础。后者救济的是履行利益，而前者救济的是信赖利益。

（二）构成要件

（1）缔约一方违反先合同义务。先合同义务指缔约人的协力义务、保护义务、告知义务、保密义务等。一般而言，先合同义务自要约生效时开始产生，要约生效之前因一方的过错所造成的损失，产生的是侵权责任。

（2）相对方受到损失。民事责任一般以损害事实的存在为成立条件，缔约过失责任也如此。

（3）违反先合同义务与损失之间存在因果关系。

（4）违反先合同义务的一方有过错，包括故意和过失。

（三）缔约过失责任的具体形式

（1）假借订立合同，恶意磋商。

（2）故意隐瞒与订立合同有关的重要事实或提供虚假情况。

（3）违反保密义务。在磋商阶段，由于缔约需要和相互信赖，一方极有可能获悉对方的商业秘密，当事人对此有保密义务。

（4）其他违背诚信原则的行为。

二、违约责任

（一）违约责任的概念

违约责任指合同当事人不履行合同义务或履行合同义务不符合约定所承担的法律后果。违约责任的设立对于合同的正确履行、弥补因违约给对方造成的损失、稳定社会经济秩序有着极为重要的意义。

（二）构成要件

《合同法》对违约责任采取的是严格责任原则，只要当事人不履行或履行不符合约定，不管其有无过错都应承担违约责任。至于一方因第三方原因造成违约的，在其承担违约责任后，其与第三方之间的纠纷是另一项法律关系。

对一些特殊类型的合同，法律如另有规定，则适用特殊规定，如承运人承担违约责任须有过错。

（三）违约行为的表现形式

（1）预期违约，包括明示的和默示的。前者指在合同履行期限到来前，当事人一方明确表示不履行合同。后者指在合同履行期限到来前，一方以自己的行为表示不履行合同。对于前者，对方当事人可以立即解除合同，请求赔偿；对于后者，对方当事人可以中止履行，若有违约危险的一方在法定期限内未提供充分担保，可以立即解除合同。

（2）完全不履行，指合同债务人因可归责于自己的事由而致履行不能，或者在履行期限到来之后、届满之前，债务人无正当理由拒绝履行，前者称为履行不能，后者称为拒绝履行。对于前者，债权人可以解除合同，并请求赔偿、支付违约金，但不能要求继续履行合同。对于后者，当事人既可以要求继续履行合同，也可以解除合同。

（3）迟延履行，包括给付迟延和受领迟延。前者指债务人在履行期限到来时，能够履行而没有按期履行。后者指债权人对于债务人在履行期限到来时的履行没有正当理由而未及时接受。对于给付迟延，对方当事人可以要求迟延方继续履行，经催告在合理期限内仍不履行的，对方当事人可以解除合同并追究其不履行的责任。

（4）瑕疵履行，包括违约瑕疵和损害瑕疵。前者指债务人履行的标的物仅在品种、规格、技术要求等方面与合同不符,尚未因此造成他人人身或财产的损失。后者又称加害履行或瑕疵结果损害,指债务人因交付的标的物的缺陷而造成他人人身、财产损害的行为。

(5) 不适当履行,指除瑕疵履行外,债务人未按合同约定的标的、数量、质量、履行方式和地点履行债务。

(四) 违约责任的免除

违约责任的免除指在合同履行过程中,由于出现了一定的事由而导致不能履行的,债务人将不承担违约责任。

1. 法定免责条件

法定免责条件指法律明文规定的对当事人的不履行合同免除其违约责任的条件。

(1) 不可抗力,即当事人不能预见、不能避免并且不能克服的情况。一般包括自然灾害、政府行为、社会异常事件三类。

(2) 债权人过错。

(3) 货物本身的自然性质或合理损耗。

2. 约定的免责条款

约定的免责条款指合同双方当事人在合同中约定的旨在排除或限制其未履行责任的条款。根据合同自由原则,当事人可以在合同中作出此种约定,但是这一约定并非一定有效,且必须不违背法律、不损害公序良俗。

(五) 责任承担形式

1. 继续履行

继续履行指在违约方不履行合同义务时,对方请求法院以国家强制力强制违约方履行合同。其目的不在于弥补损害,而在于实现当事人的订约目的。

继续履行适用条件为:

(1) 须有当事人的违约行为。

(2) 债权人在合理期限内请求继续履行。若债权人不要求,法院不能主动强制违约方继续履行。

(3) 继续履行合同是可能的。

(4) 继续履行是必要的。是否必要主要从经济合理性角度考虑。

(5) 债务标的是适于强制履行的。有些债务标的是不适于强制履行的,如具有人身性质的演出合同、雇佣合同。

2. 赔偿损失

赔偿损失指当事人对因自己的违约而给对方造成的财产损失予以赔偿的一种责任形式。

赔偿损失适用条件为:

(1) 有违约行为存在。

(2) 合同一方当事人造成损失。一般指财产损失,不包括精神损害。若存在违约责任与侵权责任竞合,可以通过要求侵权人承担侵权责任的方式要求精神损害赔偿。

损失分为直接损失和间接损失。前者指违反合同实际上已经给对方造成的财务的减少、损毁、灭失或支出的增加。后者指违反合同而使对方可得利益的减少。两者均属于赔偿范围。

(3) 违约行为与损失之间具有因果关系。

3. 违约金

违约金指当事人在订立合同时,预先约定的或法律规定的,在一方违约时,应向对方支付一定数量的金钱。

违约金适用条件为:

(1) 必须有违约行为存在。

(2) 必须有有效的违约金协议或法律的具体规定。法律规定了违约金幅度的,双方协商的违约金不能超过该幅度,否则超过部分无效。

4. 定金

定金指当事人为了担保合同的履行,依约定或法律规定由一方在合同履行前预先给付对方的金钱。定金既是一种合同担保的方式,又是一种承担违约责任的形式。根据定金罚则,给付定金的一方不履行债务的,无权要求返还定金;收受定金的一方不履行债务的,应双倍返还。当事人既约定了定金又约定了违约金的一方违约时可以择一,不得并用。

5. 其他补救措施

如《合同法》第111条规定,质量不符合约定的,应当按照当事人的约定承担违约责任。对违约责任没有约定或者约定不明确,依照《合同法》第

61 条规定仍不能确定的，受损害方根据标的的性质以及损失的大小，可以合理选择要求对方承担修理、更换、重做、退货、减少价款或者报酬等违约责任。

讨论思考题

1. 合同欠缺法定的形式要件的法律后果是什么？
2. 合同的成立与生效的联系与区别是什么？
3. 合同无效和被撤销在法律上的后果是什么？
4. 缔约过失责任与违约责任的赔偿范围存在的区别是什么？
5. 不安抗辩权的效力如何？
6. 定金和违约金并存时如何适用？
7. 什么是债权人的代位权？其行使的条件有哪些？

案例分析

甲、乙公司于 2017 年 4 月 1 日签订买卖合同，合同标的额为 100 万元。根据合同约定，甲公司应于 4 月 10 日前交付 20 万元的定金，以此作为买卖合同的生效要件。4 月 15 日，乙公司在甲公司未交付定金的情况下发出全部货物，甲公司接受了该批货物。4 月 20 日，乙公司要求甲公司支付 100 万元货款，遭到拒绝。经查明，甲公司怠于行使对丙公司的到期债权 100 万元，此外，甲公司欠丁银行贷款本息 100 万元。4 月 30 日，乙公司对丙公司提起代位权诉讼，向人民法院请求以自己的名义代位行使甲公司对丙公司的到期债权。

人民法院经审理后，认定乙公司的代位权成立，由丙公司向乙公司履行清偿义务，诉讼费用 2 万元由债务人甲公司负担。丁银行得知后，向乙公司主张平均分配丙公司偿还的 100 万元，遭到乙公司的拒绝。

问题：

1. 甲、乙公司签订的买卖合同是否生效？并说明理由。
2. 简述乙公司向丙公司提起代位权诉讼时应当符合的条件。
3. 丁银行的主张是否成立？并说明理由。
4. 人民法院判定诉讼费用由甲公司负担是否符合法律规定？并说明理由。

第八章 担保法

第一节 担保法概述

一、担保的概念

担保是法律为保证特定债权人利益的实现而特别规定的以第三人的信用或者以特定财产保障债务人履行义务，保证债权人实现债权的制度。在借贷、买卖、货物运输、加工承揽等经济活动中，债权人需要以担保方式保障其债权实现的，可以设定担保。担保具有以下三方面的含义：

（1）担保是保障特定债权人债权实现的法律制度。其目的是强化债务人的清偿能力，使特定债权人的债权能够优先受偿。

（2）担保是以第三人的信用或者特定财产来保障债权人债权实现的制度。

（3）担保是对债的效力的一种加强和补充，是对债务人信用的一种保证措施。债权人所享有的担保上的权利为一种从权利，债权人的债权为主权利。

《中华人民共和国担保法》（以下简称《担保法》）规定担保的方式为保证、抵押、质押、留置和定金。

二、担保的特征

（一）从属性

担保从属于主合同，以主合同的存在或将来存在为前提，随主合同的变更而变更，消灭而消灭。

（二）补充性

合同的担保一经有效成立，就在主债关系的基础上补充了某种权利义务关系，如保证法律关系、抵押法律关系、质押法律关系、定金法律关系等。

另外，在主债务因适当履行等而正常终止时，补充的义务并不实际履行；只有在主债务不履行时，补充的义务才履行，使主债权得以实现。

(三) 保障性

设立担保的目的是保障主债权的实现，即以特定人的信用或者特定财产作为债权实现的保证。当债务人不履行到期债务时，应由保证人代为履行或者以特定财产折价或变卖的价款优先补偿债权人。

(四) 自愿性

一般情况下，是否设定担保、设立何种担保以及担保的范围与期限，均由当事人自愿协调，自主决定。

三、担保合同的效力

担保合同是主合同的从合同，主合同无效，担保合同无效。担保合同另有约定的，按照约定。担保合同被确认无效后，债务人、担保人、债权人有过错的，应当根据其过错各自承担相应的民事责任。

主合同有效而担保合同无效，债权人无过错的，担保人与债务人对主合同债权人的经济损失，承担连带赔偿责任；债权人、担保人有过错的，担保人承担民事责任的部分，不应超过债务人不能清偿部分的1/2。

主合同无效而导致担保合同无效，担保人无过错的，担保人不承担民事责任；担保人有过错的，担保人承担民事责任的部分，不应超过债务人不能清偿部分的1/3。

担保人因无效担保合同向债权人承担赔偿责任后，可以向债务人追偿，或者在承担赔偿责任的范围内，要求有过错的反担保人承担赔偿责任。

第二节 保证

一、保证的概念

保证是指保证人和债权人约定，当债务人不履行债务时，保证人按照约定履行债务或者承担责任的行为。

不同于抵押、质押、留置、定金等担保物权是担保人以自己的一定财产提供担保，保证是以保证人的信誉和不特定财产为他人提供担保。保证属于人的保证，其担保效力取决于保证人的财产状况，不受担保人财产状况的影响。

二、保证人的条件

具有代为清偿债务能力的法人、其他组织或者公民，可以作保证人。不具有完全代偿能力的法人、其他组织或者自然人，以保证人身份订立保证合同后，又以自己没有代偿能力要求免除保证责任的，人民法院不予支持。

根据《担保法》规定，下列主体不得作为保证人：

（1）国家机关不得为保证人，但经国务院批准为使用外国政府或者国际经济组织贷款进行转贷的除外。

（2）学校、幼儿园、医院等以公益为目的的事业单位、社会团体不得为保证人。

（3）企业法人的分支机构、职能部门不得为保证人。企业法人的分支机构有法人书面授权的，可以在授权范围内提供保证。

（4）任何单位和个人不得强令银行等金融机构或者企业为他人提供保证；银行等金融机构或者企业对强令其为他人提供保证的行为，有权拒绝。

同一债务有两个以上保证人的，保证人应当按照保证合同约定的保证份额，承担保证责任。没有约定保证份额的，保证人承担连带责任，债权人可以要求任何一个保证人承担全部保证责任，保证人负有担保全部债权实现的义务。已经承担保证责任的保证人，有权向债务人追偿，或者要求承担连带责任的其他保证人清偿其应当承担的份额。

三、保证合同

保证人与债权人应当以书面形式订立保证合同。保证人与债权人可以就单个主合同分别订立保证合同，也可以协议在最高债权额限度内就一定期间连续发生的借款合同或者某项商品交易合同订立一个保证合同。保证合同应当包括以下内容：①被保证的主债权种类、数额；②债务人履行债务的期限；③保证的方式；④保证担保的范围；⑤保证的期间；⑥双方认为需要约定的其他事项。保证合同不完全具备前述规定内容的，可以补正。

四、保证方式

(一) 一般保证

一般保证是当事人在保证合同中约定,债务人不能履行债务时,由保证人承担保证的责任。一般保证的保证人在主合同纠纷未经审判或者仲裁,并就债务人财产依法强制执行仍不能履行债务前,对债权人可以拒绝承担保证责任。

有下列情形之一的,保证人不得行使前述规定的权利:

(1) 债务人住所变更,致使债权人要求其履行债务发生重大困难的。
(2) 人民法院受理债务人破产案件,中止执行程序的。
(3) 保证人以书面形式放弃前款规定的权利的。

(二) 连带责任保证

当事人在保证合同中约定保证人与债务人对债务承担连带责任的,为连带责任保证。连带责任保证的债务人在主合同规定的债务履行期届满没有履行债务的,债权人可以要求债务人履行债务,也可以要求保证人在其保证范围内承担保证责任。当事人对保证方式没有约定或者约定不明确的,按照连带责任保证承担保证责任。

五、保证责任

(一) 保证责任的范围

保证担保的范围包括主债权及利息、违约金、损害赔偿金和实现债权的费用。保证合同另有约定的,按照约定。当事人对保证担保的范围没有约定或者约定不明确的,保证人应当对全部债务承担责任。

(二) 保证责任的期间

一般保证的保证人与债权人未约定保证期间的,保证期间为主债务履行期届满之日起6个月。在合同约定的保证期间和前款规定的保证期间,债权人未对债务人提起诉讼或者申请仲裁的,保证人免除保证责任;债权人已提起诉讼或者申请仲裁的,保证期间适用诉讼时效中断的规定。

连带责任保证的保证人与债权人未约定保证期间的,债权人有权自主债务履行期届满之日起 6 个月内要求保证人承担保证责任。在合同约定的保证期间和前述规定的保证期间，债权人未要求保证人承担保证责任的，保证人免除保证责任。

（三）主合同转让、变更对保证责任的影响

（1）保证期间，债权人依法将主债权转让给第三人的，保证人在原保证担保的范围内继续承担保证责任。保证合同另有约定的，按照约定。

（2）保证期间，债权人许可债务人转让债务的，应当取得保证人书面同意，保证人对未经其同意转让的债务，不再承担保证责任。

（3）债权人与债务人协议变更主合同的，应当取得保证人书面同意，未经保证人书面同意的，保证人不再承担保证责任。保证合同另有约定的，按照约定。

（四）关于保证责任的其他规定

（1）保证人就连续发生的债权作保证，未约定保证期间的，保证人可以随时书面通知债权人终止保证合同，但保证人对于通知到达债权人前所发生的债权，承担保证责任。

（2）同一债权既有保证又有物的担保的，保证人对物的担保以外的债权承担保证责任。债权人放弃物的担保的，保证人在债权人放弃权利的范围内免除保证责任。

（3）企业法人的分支机构未经法人书面授权或者超出授权范围与债权人订立保证合同的，该合同无效或者超出授权范围的部分无效，债权人和企业法人有过错的，应当根据其过错各自承担相应的民事责任；债权人无过错的，由企业法人承担民事责任。

（4）有下列情形之一的，保证人不承担民事责任：第一，主合同当事人双方串通，骗取保证人提供保证的；第二，主合同债权人采取欺诈、胁迫等手段，使保证人在违背真实意思的情况下提供保证的。

（5）保证人承担保证责任后，有权向债务人追偿。

第三节 抵押

一、抵押的概念

抵押是指债务人或者第三人不转移对抵押财产的占有,将该财产作为债权的担保。债务人不履行债务时,债权人有权依法以该财产折价或者以拍卖、变卖该财产的价款优先受偿。债务人或者第三人为抵押人,债权人为抵押权人,提供担保的财产为抵押物。

二、抵押物的范围

(一) 可以抵押的财产

《中华人民共和国物权法》(以下简称《物权法》)第178条:担保法与物权法的规定不一致的,适用物权法。抵押物必须是抵押人所有或依法有权处分的不动产或其他资产。根据《物权法》第180条规定,债务人或者第三人有权处分的下列财产可以抵押:①建筑物和其他土地附着物;②建设用地使用权;③以招标、拍卖、公开协商等方式取得的荒地等土地承包经营权;④生产设备、原材料、半成品、产品;⑤正在建造的建筑物、船舶、航空器;⑥交通运输工具。抵押人可以将前述所列财产一并抵押。

抵押人所担保的债权不得超出其抵押物的价值。财产抵押后,该财产的价值大于所担保债权的余额部分,可以再次抵押,但不得超出其余额部分。以依法取得的国有土地上的房屋抵押的,该房屋占用范围内的国有土地使用权同时抵押。

以出让方式取得的国有土地使用权抵押的,应当将抵押时该国有土地上的房屋同时抵押。乡(镇)、村企业的土地使用权不得单独抵押。以乡(镇)、村企业的厂房等建筑物抵押的,其占用范围内的土地使用权同时抵押。

(二) 不得抵押的财产

根据《物权法》第184条规定,下列财产不得抵押:①土地所有权;②耕地、宅基地、自留地、自留山等集体所有的土地使用权,但法律规定可以抵押的除外；③学校、幼儿园、医院等以公益为目的的事业单位、社会团体的教育设施、医疗卫生设施和其他社会公益设施；④所有权、使用权不明或者有争议的财产；⑤依法被查封、扣押、监管的财产；⑥法律、行政法规规定不得抵押的其他财产。

三、抵押合同和抵押物登记

（一）抵押合同

抵押人和抵押权人应当以书面形式订立抵押合同。抵押合同应当包括以下内容：①被担保的主债权种类、数额；②债务人履行债务的期限；③抵押物的名称、数量、质量、状况、所在地、所有权权属或者使用权权属；④抵押担保的范围；⑤当事人认为需要约定的其他事项。

抵押合同不完全具备上述规定内容的，可以补正。订立抵押合同时，抵押权人和抵押人在合同中不得约定在债务履行期届满抵押权人未受清偿时，抵押物的所有权转移为债权人所有。

（二）抵押物的登记

当事人以财产抵押的，应当办理抵押物登记，抵押合同自登记之日起生效。办理抵押物登记的部门如下：①以无地上定着物的土地使用权抵押的，为核发土地使用权证书的土地管理部门；②以城市房地产或者乡（镇）、村企业的厂房等建筑物抵押的，为县级以上地方人民政府规定的部门；③以林木抵押的，为县级以上林木主管部门；④以航空器、船舶、车辆抵押的，为运输工具的登记部门；⑤以企业的设备和其他动产抵押的，为财产所在地的工商行政管理部门。

当事人以其他财产抵押的，可以自愿办理抵押物登记，抵押合同自签订之日起生效。当事人未办理抵押物登记的，不得对抗第三人。当事人办理抵押物登记的，登记部门为抵押人所在地的公证部门。

四、抵押权的效力

（1）抵押担保的范围包括主债权及利息、违约金、损害赔偿金和实现抵押权的费用。抵押合同另有约定的，按照约定。

（2）抵押期间，抵押人转让已办理登记的抵押物的，应当通知抵押权人并告知受让人转让物已经抵押的情况；抵押人未通知抵押权人或者未告知受让人的，转让行为无效。转让抵押物的价款明显低于其价值的，抵押权人可以要求抵押人提供相应的担保；抵押人不提供的，不得转让抵押物。抵押人转让抵押物所得的价款，应当向抵押权人提前清偿所担保的债权或者向与抵押权人约定的第三人提存。超过债权数额的部分，归抵押人所有，不足部分由债务人清偿。

（3）抵押权不得与债权分离而单独转让或者作为其他债权的担保。

（4）抵押人的行为足以使抵押物价值减少的，抵押权人有权要求抵押人停止其行为。抵押物价值减少时，抵押权人有权要求抵押人恢复抵押物的价值，或者提供与减少的价值相当的担保。抵押人对抵押物价值减少无过错的，抵押权人只能在抵押人因损害而得到的赔偿范围内要求提供担保。抵押物价值未减少的部分，仍作为债权的担保。

（5）抵押权与其担保的债权同时存在，债权消灭的，抵押权也消灭。

五、抵押权的实现

债务履行期届满抵押权人未受清偿的，可以与抵押人协议以抵押物折价或者以拍卖、变卖该抵押物所得的价款受偿；协议不成的，抵押权人可以向人民法院提起诉讼。抵押物折价或者拍卖、变卖后，其价款超过债权数额的部分归抵押人所有，不足部分由债务人清偿。

同一财产向两个以上债权人抵押的，拍卖、变卖抵押物所得的价款按照以下规定清偿：

（1）抵押合同已登记生效的，按照抵押物登记的先后顺序清偿；顺序相同的，按照债权比例清偿。

（2）抵押合同自签订之日起生效的，该抵押物已登记的，按照第（1）项规定清偿；未登记的，按照合同生效时间的先后顺序清偿，顺序相同的，按照债权比例清偿。抵押物已登记的先于未登记的受偿。

拍卖划拨的国有土地使用权所得的价款，在依法缴纳相当于应缴纳的土地使用权出让金的数额后，抵押权人有优先受偿权。为债务人抵押担保的第三人，在抵押权人实现抵押权后，有权向债务人追偿。抵押权因抵押物灭失而消灭。因灭失所得的赔偿金,应当作为抵押财产。

第四节 质押

一、质押的概念和特征

(一) 质押的概念

质押指债务人或者第三人将其财产移交债权人占有,以该财产作为债权的担保,债务人不履行债务时,债权人有权依法以该财产折价或以拍卖、变卖该财产的价款优先受偿。其中,债务人或者第三人为出质人,债权人为质权人,质押的财产或者权利为质物。

(二) 质押的特征

(1) 质权以转移物的占有为生效条件。质押合同不是自合同成立时生效,而是自质物移交于质权人占有时生效。

(2) 质权的标的物为动产或者权利。

二、动产质押

(一) 动产质押的概念

动产质押是指债务人或者第三人将其动产移交债权人占有,将该动产作为债权的担保。债务人不履行债务时,债权人有权依照规定以该动产折价或者以拍卖、变卖该动产的价款优先受偿。

(二) 动产质押的合同

出质人和质权人应当以书面形式订立质押合同。质押合同自质物移交于质权人占有时生效。

质押合同应当包括以下内容:①被担保的主债权种类、数额;②债务人履行债务的期限;③质物的名称、数量、质量、状况;④质押担保的范围;⑤质物移交的时间;⑥当事人认为需要约定的其他事项。质押合同不完全具备上述规定内容的,可以补正。

出质人和质权人在合同中不得约定在债务履行期届满质权人未受清偿时,

质物的所有权转移为质权人所有。

（三）动产质押的效力

（1）质押担保的范围包括主债权及利息、违约金、损害赔偿金、质物保管费用和实现质权的费用。质权人有权收取质物所生的孳息，孳息应当先充抵收取孳息的费用。质押合同另有约定的，按照约定。

（2）质权人负有妥善保管质物的义务。因保管不善致使质物灭失或者毁损的，质权人应当承担民事责任。质权人不能妥善保管质物可能致使其灭失或者毁损的，出质人可以要求质权人将质物提存，或者要求提前清偿债权而返还质物。

（3）债务履行期届满债务人履行债务的，或者出质人提前清偿所担保的债权的，质权人应当返还质物。债务履行期届满质权人未受清偿的，可以与出质人协议以质物折价，也可以依法拍卖、变卖质物。质物折价或者拍卖、变卖后，其价款超过债权数额的部分归出质人所有，不足部分由债务人清偿。

（4）为债务人质押担保的第三人，在质权人实现质权后，有权向债务人追偿。

（5）质权因质物灭失而消灭。因灭失所得的赔偿金，应当作为出质财产。

（6）质权与其担保的债权同时存在，债权消灭的，质权也消灭。

三、权利质押

（一）权利质押的概念

权利质押是以所有权以外的可让与的财产权作为质权的标的的担保方式。与动产质押不同，权利质押的标的是权利，其对质物的占有主要表现在质权人对出质人行使已出质的权利的基础上。

（二）可以出质的权利范围

债务人或者第三人有权处分的下列权利可以出质：①汇票、支票、本票；②债券、存款单；③仓单、提单；④可以转让的基金份额、股权；⑤可以转让的注册商标专用权、专利权、著作权等知识产权中的财产权；⑥应收账款；⑦法律、行政法规规定可以出质的其他财产权利。

（三）权利质押生效条件

（1）以汇票、支票、本票、债券、存款单、仓单、提单出质的，当事人应当订立书面合同。质权自权利凭证交付质权人时设立；没有权利凭证的，质权自有关部门办理出质登记时设立。汇票、支票、本票、债券、存款单、仓单、提单的兑现日期或者提货日期先于主债权到期的，质权人可以兑现或者提货，并与出质人协议将兑现的价款或者提取的货物提前清偿债务或者提存。

（2）以基金份额、股权出质的，当事人应当订立书面合同。以基金份额、证券登记结算机构登记的股权出质的，质权自证券登记结算机构办理出质登记时设立；以其他股权出质的，质权自工商行政管理部门办理出质登记时设立。基金份额、股权出质后，不得转让，但经出质人与质权人协商同意的除外。出质人转让基金份额、股权所得的价款，应当向质权人提前清偿债务或者提存。

（3）以注册商标专用权、专利权、著作权等知识产权中的财产权出质的，当事人应当订立书面合同。质权自有关主管部门办理出质登记时设立。知识产权中的财产权出质后，出质人不得转让或者许可他人使用，但经出质人与质权人协商同意的除外。出质人转让或者许可他人使用出质的知识产权中的财产权所得的价款，应当向质权人提前清偿债务或者提存。

（4）以应收账款出质的，当事人应当订立书面合同。质权自信贷征信机构办理出质登记时设立。应收账款出质后，不得转让，但经出质人与质权人协商同意的除外。出质人转让应收账款所得的价款，应当向质权人提前清偿债务或者提存。

第五节　留置

一、留置

留置是指债权人按照合同约定占有债务人的动产，债务人不按照合同约定的期限履行债务的，债权人有权依照规定留置该财产，以该财产折价或者以拍卖、变卖该财产的价款优先受偿。

留置担保的范围包括主债权及利息、违约金、损害赔偿金、留置物保管费用和实现留置权的费用。

二、留置权的概念及特征

(一) 留置权的概念

留置权是指债权人对已占有的债务人的动产,在债权未能如期获得清偿前,留置该财产作为担保和实现债权的权利。因保管合同、运输合同、加工承揽合同发生的债权,债务人不履行债务的,债权人有留置权。

(二) 留置权的特征

(1) 留置权是一种从权利,它以担保债权实现为目的,为担保债务人履行其合同而设立。

(2) 留置权是他物权,留置权人有从留置的债务人财产的价值中优先受偿的权利。

(3) 留置权是法定担保物权,它是由法律直接规定,非当事人双方自由约定。

三、留置权的效力

(1) 留置的财产为可分物的,留置物的价值应当相当于债务的金额。

(2) 留置权人与债务人应当约定留置财产后的债务履行期间;没有约定或者约定不明确的,留置权人应当给债务人两个月以上履行债务的期间,但鲜活易腐等不易保管的动产除外。

(3) 债务人逾期未履行的,留置权人可以与债务人协议以留置财产折价,也可以就拍卖、变卖留置财产所得的价款优先受偿。留置财产折价或者变卖的,应当参照市场价格。

(4) 债务人可以请求留置权人在债务履行期届满后行使留置权;留置权人不行使的,债务人可以请求人民法院拍卖、变卖留置财产。留置财产折价或者拍卖、变卖后,其价款超过债权数额的部分归债务人所有,不足部分由债务人清偿。依照我国《民法通则》和《担保法》规定,留置权人变价留置物取偿主要有三种方式:一是以留置物折价取偿;二是以拍卖留置物取偿;三是以其他形式变卖留置物取偿。

(5) 留置权人负有妥善保管留置物的义务。因保管不善致使留置物灭失或者毁损的，留置权人应当承担民事责任。

(6) 留置权因下列原因消灭：一是债权消灭的；二是债务人另行提供担保并被债权人接受的。

第六节 定金

一、定金的概念

定金是指当事人约定一方向对方给付定金作为债权的担保，债务人履行债务后，定金应当抵作价款或者收回，给付定金的一方不履行约定的债务的，无权要求返还定金；收受定金的一方不履行约定的债务的，应当双倍返还定金。

二、定金的特征

(一) 定金具有从属性

定金随着合同的存在而存在，随着合同的消灭而消灭。

(二) 定金的成立具有实践性

定金是由合同当事人约定的，但只有当事人关于定金的约定，而无定金的实际交付，定金担保并不能成立。只有合同当事人将定金实际交付给对方，定金才能成立。

(三) 定金具有预先支付性

定金只有在合同成立后未履行前交付，才能起到担保的作用。因此，定金具有预先支付性。

(四) 定金具有双重担保性

双重担保性即同时担保合同双方当事人的债权。也就是说，交付定金的一方不履行债务的，丧失定金；而收受定金的一方不履行债务的，则应双倍返还定金。

三、定金的种类

根据定金给付的目的和效力不同，定金可分为订约定金、成约定金、解约定金、证约定金、违约定金。

(一) 订约定金

订约定金又称立约定金,在合同订立之前交付,目的在于保证双方于将来签订正式合同。当事人约定以交付定金作为订立主合同担保的,给付定金的一方拒绝订立主合同的,无权要求返还定金;收受定金的一方拒绝订立合同的,应当双倍返还定金。

(二) 成约定金

成约定金是指当事人交付定金后合同始成立。当事人约定以交付定金作为主合同成立或者生效要件的,给付定金的一方未支付定金,但主合同已履行或者已经履行主要部分的,不影响主合同的成立或者生效。

(三) 解约定金

解约定金又称反悔定金,是为保留合同解除权而支付的定金。定金交付后,交付定金的一方可以按照合同的约定以丧失定金为代价而解除主合同,收受定金的一方可以双倍返还定金为代价而解除主合同。所以此种定金又具有证明合同成立的作用。

(四) 证约定金

证约定金是为证明合同的成立而交付的定金。与订约定金不同,其定金的交付于合同签约之后,与成约定金不同,它不能作为合同成立的必要条件。无此定金的交付,并不影响合同的成立与效力,但其能证明合同成立。

(五) 违约定金

违约定金是为担保债的履行而交付的定金。此种定金对违约方有制裁的功能,但对未违约方又有补偿的功能,并且具有证约的作用。

四、定金成立条件

(1) 定金应当以书面形式约定。当事人在定金合同中应当约定交付定金的期限。定金合同从实际交付定金之日起生效。

(2) 当事人交付留置金、担保金、保证金、订约金、押金或者订金等,但没有约定定金性质的,当事人主张定金权利的,人民法院不予支持。

(3) 必须有实际交付定金的行为。实际交付的定金数额多于或者少于约定数额,视为变更定金合同;收受定金一方提出异议并拒绝接受定金的,定金合同不生效。

（4）定金数额符合法定要求。当事人约定的定金数额不得超过主合同标的额20%，超过的部分，人民法院不予支持。

（5）因不可抗力、意外事件致使主合同不能履行的，不适用定金罚则。因合同关系以外第三人的过错，致使主合同不能履行的，适用定金罚则。受定金处罚的一方当事人，可以依法向第三人追偿。

讨论思考题

1. 什么是保证？保证的方式有哪些？
2. 简述抵押和质押的区别。
3. 什么是留置权？留置权有哪些特征？
4. 什么是定金？定金有哪些特征？
5. 简述定金成立的条件。

案例分析

2018年3月3日，公民廖某为做一笔业务，向甲借款12万元，期限为一年。甲要求廖某提供担保，廖某请A公司提供担保，A公司表示用一份购销合同作抵押担保。该购销合同载明：A公司售予X商店一批货物，价值8万元，X商店应于2019年2月5日前付清全部价款给A公司。甲于是与廖某签订了以该购销合同为标的的抵押合同，但甲要求廖某继续提供担保，后廖某又请B公司公关部出具了4万元的担保书。

2019年3月3日，廖某还款期限已到，但因业务受挫，无力清偿借款。甲向A公司实施抵押权，但X商店还未清偿A公司的货款，A公司也因经营不善，处于破产清算中。后X商店所欠货款被追回，但A公司清算组织拒绝甲行使优先受偿权。

甲又要求B公司公关部偿还其所担保的4万元债务。但公关部认为自己是B公司的一个分支机构，没有独立财产权，没有偿付能力，让甲找B公司。B公司认为公关部是以自己的名义而不是以B公司名义设立担保，因而拒绝廖某的要求。

问题：

1. 廖某与A公司之间是否形成担保关系？
2. 甲对A公司的债权是否有优先受偿的效力？
3. 甲与B公司公关部的担保合同是否有效？

第九章 竞争法

第一节 竞争法概述

一、竞争法的概念

反垄断法和反不正当竞争法是市场监管法的重要组成，也是经济法的重要组成部分。竞争法是指在反对垄断、限制竞争和反对不正当竞争过程中发生的市场监管关系的法律规范的总称。

二、竞争法的调整对象

竞争法的调整对象是国家在协调市场竞争活动中所形成的经济关系，主要包括以下两种类型。

（一）经营者之间的竞争关系

竞争关系是指市场经营者与竞争对手就资金、技术、质量、服务、市场占有率等各方面展开争夺而形成的经济关系。竞争法对这种竞争关系的调整体现在对平等的市场主体之间，且涉及市场经济领域的全方位。

（二）与竞争有密切联系的其他社会关系

作为竞争法调整对象的"与竞争有密切联系的其他社会关系"，是指竞争主体与竞争相关人之间，不同竞争相关人之间在竞争过程中发生的，作为竞争的社会条件而存续的社会关系。

竞争法调整的与竞争有密切联系的其他社会关系主要有：①政府部门、社会团体和中介机构参与竞争活动时所产生的社会关系；②竞争者以外的单位和个人以不正当行为危害市场竞争正常进行时所引发的社会关系；③国家管理机构依法监督、管理市场竞争的过程中所产生的社会关系等。

三、竞争法的立法模式

（一）分立式

以德国为代表，将垄断或限制竞争行为和不正当竞争行为区别开来，分别立法规范垄断或限制竞争行为的法律称为反垄断法，将限制不正当竞争的法律行为称为反不正当竞争法。这种分立模式立法内容界限清楚、针对性强，不足之处在于两套法律要相互配合，协调性要求高。

（二）合立式

以中国台湾地区为代表，将反垄断法或反限制竞争行为和反不正当竞争行为合并立法制定统一的竞争法"公平交易法"，调整范围涉及一切反竞争行为。合立模式面对各种反竞争行为做出统一、综合的规制，有助于执法机关综合运用，但立法难度较大。

（三）综合式

以美国为代表，形成了《谢尔曼法》《克莱顿法》和《联邦贸易委员会法》为核心的规制反竞争行为的法律体系。这种综合式立法具有典型的判例法特征，实用性强且灵活性好，但同时也相对较为分散，缺乏体系性。

我国采用分立式立法模式，《中华人民共和国反不正当竞争法》（以下简称《反不正当竞争法》）自1993年12月1日起首次施行，2017年11月4日，第十二届全国人民代表大会常务委员会第三十次会议修订，2018年1月1日起施行。《中华人民共和国反垄断法》（以下简称《反垄断法》）自2008年8月1日起施行。

第二节 反不正当竞争法

一、反不正当竞争法概述

（一）反不正当竞争法的概念

反不正当竞争法是调整在制止不正当竞争过程中产生的经济关系的法律规范的总称。现代竞争法体系包括反垄断、反限制竞争和反不正当竞争等内容。我国《反不正当竞争法》规定的不正当竞争行为，是指经营者在生产经营活动中,违反《反不正当竞争法》规定,扰乱市场竞争秩序,损害其他经营者或者消费者的合法权益的行为。

(二) 不正当竞争行为的特征

1. 主体的特定性

不正当竞争的行为主体是违反竞争的经营者。《反不正当竞争法》所称的经营者是指从事商品生产、经营或者提供服务的自然人、法人和非法人组织。

2. 行为的违法性

不正当竞争行为是指经营者在生产经营活动中,违反《反正不正当竞争法》规定,扰乱市场竞争秩序,损害其他经营者或者消费者的合法权益的行为。不正当竞争行为具有违法性,如果行为主体在竞争过程中违反了《反不正当竞争法》规定的原则和具体法律规范,就应当承担法律责任。

3. 行为的危害性

一方面,不正当竞争行为会损害其他合法经营者的利益。不正当竞争行为将会直接或间接地侵害其他经营者的知识产权、财产权、名誉权等合法权益,给其他经营者造成财产或名誉损害,甚至导致其严重亏损或破产倒闭。另一方面,不正当竞争行为会扰乱或破坏市场竞争秩序、增加市场道德风险、加大交易成本。

二、不正当竞争行为的表现形式

(一) 混淆行为

混淆行为是指经营者在市场经营活动中,采用假冒、仿冒等欺骗性手段对自己的商品或服务作虚假表示、说明或承诺,或不当利用他人的智力劳动成果推销自己的商品或服务,使用户或者消费者产生误解,扰乱市场秩序、损害同业竞争者的利益或者消费者利益的行为。

根据《反不正当竞争法》第6条规定,经营者不得实施下列混淆行为,引人误认为是他人商品或者与他人存在特定联系:①擅自使用与他人有一定影响的商品名称、包装、装潢等相同或者近似的标志;②擅自使用他人有一定影响的企业名称(包括简称、字号等)、社会组织名称(包括简称等)、姓名(包括笔名、艺名、译名等);③擅自使用他人有一定影响的域名主体部分、网站名称、网页等；④其他足以引人误认为是他人商品或者与他人存在特定联系的混淆行为。

（二）商业贿赂行为

商业贿赂行为是指经营者为了争取交易机会或获得竞争优势，给予交易相对方有关人员和能够影响交易的其他相关人员以财物或好处的不正当竞争行为，其形式通常会以"回扣""好处费""折扣""辛苦费""提成""酬金"等各种形式出现。

《反不正当竞争法》第7条规定，经营者不得采用财物或者其他手段贿赂下列单位或者个人，以谋取交易机会或者竞争优势：①交易相对方的工作人员；②受交易相对方委托办理相关事务的单位或者个人；③利用职权或者影响力影响交易的单位或者个人。

经营者在交易活动中，可以以明示方式向交易相对方支付折扣，或者向中间人支付佣金。经营者向交易相对方支付折扣、向中间人支付佣金的，应当如实入账。接受折扣、佣金的经营者也应当如实入账。经营者的工作人员进行贿赂的，应当认定为经营者的行为；但是，经营者有证据证明该工作人员的行为与为经营者谋取交易机会或者竞争优势无关的除外。

（三）引人误解的虚假宣传

引人误解的虚假宣传是指经营者利用广告或其他方法，对商品的质量、性能、用途、生产者、有效期限、产地等作引人误解的宣传的行为。《反不正当竞争法》第8条规定，经营者不得对其商品的性能、功能、质量、销售状况、用户评价、曾获荣誉等作虚假或者引人误解的商业宣传，欺骗、误导消费者。经营者不得通过组织虚假交易等方式，帮助其他经营者进行虚假或者引人误解的商业宣传。

（四）侵犯商业秘密的行为

商业秘密是指不为公众所知悉、具有商业价值并经权利人采取相应保密措施的技术信息和经营信息。《反不正当竞争法》第9条规定，经营者不得实施下列侵犯商业秘密的行为：①以盗窃、贿赂、欺诈、胁迫或者其他不正当手段获取权利人的商业秘密；②披露、使用或者允许他人使用以前项手段获取的权利人的商业秘密；③违反约定或者违反权利人有关保守商业秘密的要求、披露、使用或者允许他人使用其所掌握的商业秘密。第三人明知或者应知商业秘密权利人的员工、前员工或者其他单位、个人实施前款所列违法行为，仍获取、披露、使用或者允许他人使用该商业秘密的，视为侵犯商业秘密。

（五）不正当有奖销售行为

不正当有奖销售是指经营者在销售商品或提供服务时，以提供奖励（包括金钱、实物、附加服务等）为名，实际上采取欺骗或者其他不正当手段损害用户、消费者利益，或者损害其他经营者的合法权益的行为。

有奖销售是指经营者销售商品或者提供服务，附带性地向购买者提供物品、金钱或者其他经济上的利益的行为，包括奖励所有购买者的附赠式有奖销售和奖励部分购买者的抽奖式有奖销售。法律并不禁止所有的有奖销售行为，而仅仅对可能造成不良后果，破坏竞争规则的有奖销售加以禁止。

《反不正当竞争法》第 10 条规定了经营者进行有奖销售不得存在下列情形：①所设奖的种类、兑奖条件、奖金金额或者奖品等有奖销售信息不明确，影响兑奖；②采用谎称有奖或者故意让内定人员中奖的欺骗方式进行有奖销售；③抽奖式的有奖销售，最高奖的金额超过 5 万元。

国家工商行政管理局《关于禁止有奖销售活动中不正当竞争行为的若干规定》对上述内容加以补充，禁止下列欺骗性有奖销售行为：①谎称有奖销售或者对所设奖的种类、中奖概率、最高奖金额、总金额、奖品种类、数量、质量、提供方法等作虚假不实的表示；②采取不正当的手段故意让内定人员中奖；③故意将设有中奖标志的商品、奖券不投放市场或者不与商品、奖券同时投放市场，故意将带有不同奖金金额或者奖品标志的商品、奖券按不同时间投放市场；④利用有奖销售手段推销质次价高的商品；⑤其他欺骗性有奖销售行为。

（六）诋毁商誉行为

诋毁商誉行为是指经营者为了获得竞争利益，捏造、散布虚假事实，损害他人商誉，侵犯他人商誉权的行为。

实践中，诋毁他人商誉的行为主要包括：①利用散发公开信、召开新闻发布会、刊登对比性广告、声明性公告等形式，制造、散布诋毁竞争对手的虚假事实；②组织人员，以顾客的名义，向有关经济监督管理部门作关于竞争对手产品、服务质量低劣的虚假投诉；③唆使他人在公众中制造有损于竞争对于商誉的谣言等。

《反不正当竞争法》第11条规定，经营者不得编造、传播虚假信息或者误导性信息，损害竞争对手的商业信誉、商品声誉。

（七）妨碍、破坏合法网络产品和服务的行为

《反不正当竞争法》第12条规定，经营者不得利用技术手段，通过影响用户选择或者其他方式，实施下列妨碍、破坏其他经营者合法提供的网络产品或者服务正常运行的行为：①未经其他经营者同意，在其合法提供的网络产品或者服务中，插入链接、强制进行目标跳转；②误导、欺骗、强迫用户修改、关闭、卸载其他经营者合法提供的网络产品或者服务；③恶意对其他经营者合法提供的网络产品或者服务实施不兼容；④其他妨碍、破坏其他经营者合法提供的网络产品或者服务正常运行的行为。

三、不正当竞争行为的监督检查

（一）监督主体

各级人民政府应当采取措施，制止不正当竞争行为，为公平竞争创造良好的环境和条件。国务院建立反不正当竞争工作协调机制，研究决定反不正当竞争重大政策，协调处理维护市场竞争秩序的重大问题。县级以上人民政府履行工商行政管理职责的部门对不正当竞争行为进行查处；法律、行政法规规定由其他部门查处的，依照其规定。

（二）社会监督

社会监督即非国家机关的社会组织和个人进行的监督。社会监督的主体包括经营者、消费者、新闻媒体及行业协会等社会团体，可以采取建议、公开批评、举报等方式行使监督权。国家鼓励、支持和保护一切组织和个人对不正当竞争行为进行社会监督。国家机关及其工作人员不得支持、包庇不正当竞争行为。行业组织应当加强行业自律，引导、规范会员依法竞争，维护市场竞争秩序。

四、不正当竞争行为的法律责任

（1）经营者实施混淆行为或侵犯商业秘密的，权利人因被侵权所受到的实际损失、侵权人因侵权所获得的利益难以确定的，由人民法院根据侵权行为的情节判决给予权利人300万元以下的赔偿。

（2）经营者实施混淆行为的，由监督检查部门责令停止违法行为，没收违法商品。违法经营额5万元以上的，可以并处违法经营额5倍以下的罚款；没有违法经营额或者违法经营额不足5万元的，可以并处25万元以下的罚款。情节严重的，吊销营业执照。

（3）经营者贿赂他人的，由监督检查部门没收违法所得，处10万元以上300万元以下的罚款。情节严重的，吊销营业执照。

（4）经营者对其商品作虚假或者引人误解的商业宣传，或者通过组织虚假交易等方式帮助其他经营者进行虚假或者引人误解的商业宣传的，由监督检查部门责令停止违法行为，处20万元以上100万元以下的罚款；情节严重的，处100万元以上200万元以下的罚款，可以吊销营业执照。经营者虚假或者引人误解的商业宣传，属于发布虚假广告的，依照《中华人民共和国广告法》的规定处罚。

（5）经营者侵犯商业秘密的，由监督检查部门责令停止违法行为，处10万元以上50万元以下的罚款；情节严重的，处50万元以上300万元以下的罚款。

（6）经营者进行有奖销售的，由监督检查部门责令停止违法行为，处5万元以上50万元以下的罚款。

（7）经营者损害竞争对手商业信誉、商品声誉的，由监督检查部门责令停止违法行为、消除影响，处10万元以上50万元以下的罚款；情节严重的，处50万元以上300万元以下的罚款。

（8）经营者妨碍、破坏其他经营者合法提供的网络产品或者服务正常运行的，由监督检查部门责令停止违法行为，处10万元以上50万元以下的罚款；情节严重的，处50万元以上300万元以下的罚款。

（9）经营者从事不正当竞争，有主动消除或者减轻违法行为危害后果等法定情形的，依法从轻或者减轻行政处罚；违法行为轻微并及时纠正，没有造成危害后果的，不予行政处罚。

（10）经营者违反本法规定从事不正当竞争，受到行政处罚的，由监督检查部门记入信用记录，并依照有关法律、行政法规的规定予以公示。

当事人对监督检查部门作出的决定不服的，可以依法申请行政复议或者提起行政诉讼。

第三节　反垄断法

一、反垄断法概述

（一）反垄断法的概念

反垄断法是通过规范垄断和限制竞争行为来调整企业和企业联合组织相互之间竞争关系的法律规范的总称。《反垄断法》的立法目的是预防和制止垄断行为，保护市场公平竞争，提高经济运行效率，维护消费者利益和社会公共利益，促进社会主义市场经济健康发展。

（二）反垄断法的调整对象

反垄断法调整的对象包括：①中华人民共和国境内经济活动中的垄断行为；②中华人民共和国境外的垄断行为，对境内市场竞争产生排除、限制影响的。

二、反垄断法的基本内容

《反垄断法》是国家制定和实施与社会主义市场经济相适应的竞争规则，完善宏观调控，健全统一、开放、竞争、有序的市场体系。经营者可以通过公平竞争、自愿联合，依法实施集中，扩大经营规模，提高市场竞争能力。具有市场支配地位的经营者，不得滥用市场支配地位，排除、限制竞争。

《反垄断法》规定的垄断行为包括：①经营者达成垄断协议；②经营者滥用市场支配地位；③具有或者可能具有排除、限制竞争效果的经营者集中。

《反垄断法》的任务就是防止市场上出现垄断，并对合法的垄断企业进行监督，防止它们滥用市场优势地位。我国反垄断法主要包括以下内容：

(一) 垄断协议

垄断协议，也称限制竞争协议、联合限制竞争行为，是指两个或两个以上的经营者排除、限制竞争的协议、决定或者其他协同行为。垄断协议具有以下特征：①垄断协议的主体是两个或两个以上的经营者；②垄断协议的表现形式多样化；③垄断协议排除、限制竞争。

1. 横向垄断协议和纵向垄断协议

反垄断法把具有竞争关系的经营者达成的联合限制竞争行为协议称为横向垄断协议，或者"卡特尔"。《反垄断法》第13条规定，禁止下列垄断协议：①固定或者变更商品价格；②限制商品的生产数量或者销售数量；③分割销售市场或者原材料采购市场；④限制购买新技术、新设备或者限制开发新技术、新产品；⑤联合抵制交易。

以上协议①～③因损害竞争的程度非常严重，各国反垄断法一般称它们为核心卡特尔或者恶性卡特尔，任何情况下都不给予豁免。鉴于竞争者之间有些限制竞争有利于提高经济效益，如为改进技术和节约成本进行的合作研发，统一产品的规格或型号，推动中小企业之间的合作，或者有利于社会公共利益，如节约能源、保护环境。《反垄断法》第15条对某些限制竞争协议做出了豁免的规定。

纵向垄断协议是指同一产业中处于不同市场环节而具有买卖关系的企业通过共谋达成的联合限制竞争行为的协议。《反垄断法》第14条规定，禁止下列垄断协议：①固定向第三人转售商品的价格；②限定向第三人转售商品的最低价格；③国务院反垄断执法机构认定的其他垄断协议。

2. 垄断协议的豁免

《反垄断法》第15条规定，经营者能够证明所达成的协议属于下列情形之一的，不适用上述规定。豁免的垄断协议类型如下：①为改进技术、研究开发新产品的；②为提高产品质量、降低成本、增进效率，统一产品规格、标准或者实行专业化分工的；③为提高中小经营者经营效率，增强中小经营者竞争力的；④为实现节约能源、保护环境、救灾救助等社会公共利益的；⑤因经济不景气，为缓解销售量严重下降或者生产明显过剩的；⑥为保障对外贸易和对外经济合作中的正当利益的；⑦法律和国务院规定的其他情形。

（二）滥用市场支配地位

市场支配地位是指经营者在相关市场内具有能够控制商品价格、数量或者其他交易条件，或者能够阻碍、影响其他经营者进入相关市场能力的市场地位。根据《反垄断法》第17条规定，禁止具有市场支配地位的经营者从事下列滥用市场支配地位的行为：①以不公平的高价销售商品或者以不公平的低价购买商品；②没有正当理由，以低于成本的价格销售商品；③没有正当理由，拒绝与交易相对人进行交易；④没有正当理由，限定交易相对人只能与其进行交易或者只能与其指定的经营者进行交易；⑤没有正当理由搭售商品，或者在交易时附加其他不合理的交易条件；⑥没有正当理由，对条件相同的交易相对人在交易价格等交易条件上实行差别待遇。

此外，《反垄断法》第55条还规定，经营者依照有关知识产权的法律、行政法规规定行使知识产权的行为，不适用本法；但是，经营者滥用知识产权，排除、限制竞争的行为，适用本法。

（三）经营者集中

经营者集中有利于提高企业的规模经济，促进企业间的人力、物力、财力以及技术方面的合作。经营者集中的方式包括经营者合并；通过取得股份或者资产取得对其他经营者的控制权；通过合同方式或者取得对其他经营者的控制权或者能够对其他经营者施加决定性影响。

经营者集中达到国务院规定的申报标准的，经营者应当事先向国务院反垄断执法机构申报，未申报的不得实施集中。经营者集中有下列情形之一的，可以不向国务院反垄断执法机构申报：①参与集中的一个经营者拥有其他每个经营者50%以上有表决权的股份或者资产的；②参与集中的每个经营者50%以上有表决权的股份或者资产被同一个未参与集中的经营者拥有的。

反垄断执法机构审查经营者集中时，主要考虑经营者在相关市场上的份额及其对市场的控制力、相关市场集中度、经营者集中对市场进入和技术进步的影响、经营者集中对消费者和其他经营者的影响、经营者集中对国民经济发展的影响。

经营者集中具有或者可能具有排除、限制竞争效果的，国务院反垄断执法机构应当作出禁止经营者集中的决定。但是，经营者能够证明该集中对竞争产生的有利影响明显大于不利影响，或者符合社会公共利益的，国务院反垄断执法机构可以作出对经营者集中不予禁止的决定。

（四）滥用行政权力排除、限制竞争

《反垄断法》第32条规定，行政机关和法律、法规授权的具有管理公共事务职能的组织不得滥用行政权力，限定或者变相限定单位或者个人经营、购买、使用其指定的经营者提供的商品。

行政机关和法律、法规授权的具有管理公共事务职能的组织不得滥用行政权力，实施下列行为，妨碍商品在地区之间的自由流通：①对外地商品设定歧视性收费项目、实行歧视性收费标准，或者规定歧视性价格；②对外地商品规定与本地同类商品不同的技术要求、检验标准，或者对外地商品采取重复检验、重复认证等歧视性技术措施，限制外地商品进入本地市场；③采取专门针对外地商品的行政许可，限制外地商品进入本地市场；④设置关卡或者采取其他手段，阻碍外地商品进入或者本地商品运出；⑤妨碍商品在地区之间自由流通的其他行为。

三、法律责任

（1）经营者违反规定，达成并实施垄断协议的，由反垄断执法机构责令停止违法行为，没收违法所得，并处上一年度销售额1%以上10%以下的罚款；尚未实施所达成的垄断协议的，可以处50万元以下的罚款。

经营者主动向反垄断执法机构报告达成垄断协议的有关情况并提供重要证据的，反垄断执法机构可以酌情减轻或者免除对该经营者的处罚。

行业协会违反规定，组织本行业的经营者达成垄断协议的，反垄断执法机构可以处50万元以下的罚款；情节严重的，社会团体登记管理机关可以依法撤销登记。

（2）经营者违反规定，滥用市场支配地位的，由反垄断执法机构责令停止违法行为，没收违法所得，并处上一年度销售额1%以上10%以下的罚款。

（3）经营者违反规定实施集中的，由国务院反垄断执法机构责令停止实施集中、限期处分股份或者资产、限期转让营业以及采取其他必要措施恢复

到集中前的状态，可以处 50 万元以下的罚款。

（4）行政机关和法律、法规授权的具有管理公共事务职能的组织滥用行政权力，实施排除、限制竞争行为的，由上级机关责令改正；对直接负责的主管人员和其他直接责任人员依法给予处分。反垄断执法机构可以向有关上级机关提出依法处理的建议。

讨论思考题

1. 什么是竞争法？竞争法的调整对象是什么？
2. 不正当竞争行为具体有哪些特征？
3. 不正当竞争行为的具体表现形式有哪些？
4. 《反垄断法》规定的垄断行为有哪些？

案例分析

1. 北京甲公司委托他人设计推出其产品"9快9"减肥茶，后经授权经销、广告宣传和营业推广，"9快9"减肥茶短时间就取得了较高的知名度和较好的销售业绩。2011年4月，在A市市场上出现一种名为"9快9"的减肥茶，生产厂家是北京科贸乙公司。经查发现，两者读音相同，在外包装的颜色、图案、文字排列等方面均相同，只存在细小的差别。北京甲公司将北京科贸乙公司诉至人民法院后，原告表示，其减肥产品之所以叫"9快9"，一是价格低，一盒价格9.9元；二是因为减得快，综合起来取名"9快9"。被告称，自己自2008年就设计完成了现在使用的包装，但是被告没有提交使用在先的证据。

问题：

北京科贸乙公司的行为性质为何？该案件应如何裁判？

2. 2000年3月19日的A报和2000年3月24日的B报中刊登了甲公司为其掌上电脑品牌"掌上通"所做的广告，在广告词中写道："还把上不了网的电子记事本当作掌上电脑？"并用醒目的大字写道："网都上不了，商务怎么通？"其中"商务"二字采用了"商务通"品牌的特殊字体。2000年8月，"商务通"品牌的拥有者乙公司，以不正当竞争为由将甲公司告上法庭，从而引发了这场"掌上通"与"商务通"之间的诉讼。2001年3月，北京市第一中级人民法院进行了公开宣判，判令被告甲公司向原告乙公司赔礼道歉，并赔偿经济损失 100 万元。

问题：

根据本案的案情，运用你所掌握的关于《反不正当竞争法》的知识，对本案所涉及的问题进行深入分析。

第十章 知识产权法

第一节 知识产权法概述

一、知识产权的概念和范围

知识产权是指人们对其智力创造性劳动成果和商业识别性标记所依法享有的专有权利。传统的知识产权可分为"工业产权"和"著作权"(版权)两类。根据《保护工业产权巴黎公约》(简称《巴黎公约》)第1条的规定,工业产权包括专利、实用新型、工业品外观设计、商标、服务标记、厂商名称、产地标记或原产地名称、制止不正当竞争等9项内容。

在我国,工业产权主要指专利权和商标权。工业产权的"工业"一词应作广义理解,不仅指狭义的工业,而且指农业、商业、运输业、采掘业等产业。随着科学技术的迅速发展,知识产权保护对象的范围不断扩大,不断涌现出新型的智力成果,如计算机软件、生物工程技术、遗传基因技术、植物新品种等也是当今世界各国所公认的知识产权的保护对象。

二、知识产权的法律特征

知识产权的对象是人们的智力创造性劳动成果和商业识别性标记,作为一种无形财产权,它与有形财产相比,具有以下法律特征:

(一)专有性

专有性也称独占性、排他性或垄断性,是指知识产权只能为合法所有人享有,除法律有特别规定外,其他任何人未经权利人同意而实施或使用被授予知识产权的智力成果或识别性标记,都构成侵权行为,要受到法律制裁。

(二) 地域性

地域性是指知识产权的空间限制，即一国授予的知识产权只在该国领域内受法律保护，对其他国家不发生效力。如果一国的知识产权要在其他国家具有法律效力，必须依照该国的法律申请并获得批准，或者通过签订条约或协定相互承认他国批准的知识产权。而有形财产权不受这种限制。

(三) 时间性

知识产权的专有性仅在法律规定的期限内得到法律保护，规定的期限届满，被授予知识产权的客体就会成为社会公共财富，他人可自由使用。如专利权的时间限制是绝对的，超过有效期就不再受法律保护；商标权的时间限制是相对的，期限届满时，权利人可通过申请续展注册，继续享有该注册商标的专用权。

三、知识产权法律体系

知识产权法是在调整智力创造性劳动成果和商业识别性标记的法律过程中，即知识产权的取得、实施、转让、许可实施及法律保护过程中所产生的多种社会关系的法律规范的总称。在保护知识产权方面，全国人民代表大会常务委员会先后制定了《中华人民共和国商标法》（以下简称《商标法》）、《中华人民共和国专利法》（以下简称《专利法》）、《中华人民共和国著作权法》（以下简称《著作权法》）以及《中华人民共和国反不正当竞争法》等法律，国务院制定了《计算机软件保护条例》《植物新品种保护条例》《集成电路布图设计保护条例》和《知识产权海关保护条例》等16部行政法规，国家工商总局、国家版权局、国家知识产权局等国务院有关主管部门还制定了一系列部门规章。

第二节　著作权法

一、著作权概述

著作权又称版权，是指作者或其他著作权人依法对文学、艺术和科学作品在法定期限内所享有的人身权利和财产权利的总称。著作权分为著作人身权和著作财产权。广义的著作权还包括著作邻接权,即作品传播者依法享有的与著作权相邻相关的权利,主要是指艺术表演者、录音录像制作者、广播电视组织、图书报刊出版者享有的权利。我国的著作权法适用于广义的著作权概念。

著作权不同于专利权和商标权,著作权是依法自动产生的,即作品一经完成,不论是否发表,均依法取得著作权。

著作权法是在调整著作权及相关权利的产生、行使和法律保护过程中所形成的社会关系的法律规范的总称。我国著作权法不仅指《中华人民共和国著作权法》(以下简称《著作权法》,1990年9月7日,第七届全国人民代表大会常务委员会第十五次会议通过,2001年10月27日第一次修正,2010年2月26日第二次修正)及《著作权法实施条例》,还包括有关著作权的取得、行使、法律保护的其他法律、法规、司法解释及我国参加的国际条约,如《计算机软件保护条例》、《集成电路布图设计保护条例》、《中华人民共和国刑法》(以下简称《刑法》)、《保护文学艺术作品的伯尔尼公约》、《世界版权公约》、TRIPS等。

二、著作权的主体

著作权的主体是指享有著作权的人,即著作权人,包括以下几种:

(一) 作者

作者即创作作品的人,是著作权的原始主体。作者包括创作作品的公民和视为作者的法人或非法人单位。一般情况下,如无相反证明,在作品上署名的公民、法人或者其他组织为作者。作者和著作权人是两个不同的概念,作者以外的人也可以成为著作权人。

美术等作品原件所有权的转移,不视为作品著作权的转移,但美术作品原件的展览权由原件所有人享有。

改编、翻译、注释、整理已有作品而产生的作品,其著作权由改编、翻译、注释、整理人享有,但行使著作权时不得侵犯原作品的著作权。

两人以上合作创作的作品,著作权由合作作者共同享有。没有参加创作的人,不能成为合作作者。合作作品可以分割使用的,作者对各自创作的部分可以单独享有著作权,但行使著作权时不得侵犯合作作品整体的著作权。

（二）依法享有著作权的作者以外的其他公民、法人或其他组织

作者以外的其他公民、法人或其他组织依据法律规定或基于继承、委托合同、版权转让合同、赠与合同也可以成为著作权的主体。

依据《著作权法》规定，公民为完成法人或者其他组织工作任务所创作的作品是职务作品，其职务作品的著作权归属有两种情况：

一是著作权由作者享有，但法人或者其他组织有权在其业务范围内优先使用。作品完成2年内，未经单位同意，作者不得许可第三人以与单位使用的相同方式使用该作品。

二是有下列情形之一的职务作品，作者享有署名权，著作权的其他权利由法人或者其他组织享有，法人或者其他组织可以给予作者奖励：主要是利用法人或者其他组织的物质技术条件创作，并由法人或者其他组织承担责任的工程设计图、产品设计图、地图、计算机软件等职务作品；法律、行政法规规定或者合同约定著作权由法人或者其他组织享有的职务作品。

《著作权法》第17条规定："受委托创作的作品，著作权的归属由委托人和受托人通过合同约定，合同未作明确约定或者没有订立合同的，著作权属于受托人。"如果委托合同约定，委托人可以成为著作权人。

（三）国家

在特定条件下，国家可以成为著作权人。如国家接受著作权人的捐献、遗赠，就可以成为捐献、遗赠作品的著作权人。

三、著作权的客体

著作权的客体是指受著作权法保护的文学、艺术和自然科学、社会科学、工程技术等作品。

（一）受著作权法保护的作品

根据《著作权法》第3条规定，受著作权法保护的作品包括文学、艺术和自然科学、社会科学、工程技术等作品，具体包括：①文字作品；②口述作品；③音乐、戏剧、曲艺、舞蹈、杂技艺术作品；④美术、建筑作品；⑤摄影作品；⑥电影作品和以类似摄制电影的方法创作的作品；⑦工程设计图、产品设计图、地图、示意图等图形作品和模型作品；⑧计算机软件；

⑨法律、行政法规规定的其他作品。

(二) 不受著作权法保护的对象

依法禁止出版、传播的作品都不受著作权法保护。此外，不适用《著作权法》保护的对象有：法律、法规，国家机关的决议、决定、命令和其他具有立法、行政、司法性质的文件，及其官方正式译文；时事新闻；历法、通用数表、通用表格和公式。

四、著作权的内容

(一) 著作人身权

著作人身权是指作者对其创作的作品依法享有的以人身利益为内容的权利。著作人身权不同于一般的人身权，作者的死亡并不导致著作人身权的丧失，著作人身权永远归作者享有，不能转让，也不受著作权保护期限的限制。著作人身权包括以下四种：

(1) 发表权，是指作者决定作品是否公之于众的权利。

(2) 署名权，是指表明作者身份，在作品上署名的权利，作者有权决定在自己的作品上署名或不署名，是否署真名。

(3) 修改权，是指作者修改或者授权他人修改作品的权利。

(4) 保护作品完整权，是指保护作品不受歪曲、篡改的权利。

(二) 著作财产权

著作财产权是指著作权人依法使用作品、许可他人使用作品、转让著作权并因此获得经济利益的权利。依据《著作权法》第10条规定，著作财产权包括以下13种：

(1) 复制权，即以印刷、复印、拓印、录音、录像、翻录、翻拍等方式将作品制作一份或者多份的权利。

(2) 发行权，即以出售或者赠与方式向公众提供作品的原件或者复制件的权利。

(3) 出租权，即有偿许可他人临时使用电影作品和以类似摄制电影的方法创作的作品、计算机软件的权利，计算机软件不是出租的主要标的除外。

(4) 展览权，即公开陈列美术作品、摄影作品的原件或者复制件的权利。

（5）表演权，即公开表演作品，以及用各种手段公开播送作品的表演的权利。

（6）放映权，即通过放映机、幻灯机等技术设备公开再现美术、摄影、电影和以类似摄制电影的方法创作的作品等的权利。

（7）广播权，即以无线方式公开广播或者传播作品，以有线传播或者转播的方式向公众传播广播的作品，以及通过扩音器或者其他传送符号、声音、图像的类似工具向公众传播广播的作品的权利。

（8）信息网络传播权，即以有线或者无线方式向公众提供作品，使公众可以在其个人选定的时间和地点获得作品的权利。

（9）摄制权，即以摄制电影或者以类似摄制电影的方法将作品固定在载体上的权利。

（10）改编权，即改变作品，创作出具有独创性的新作品的权利。

（11）翻译权，即将作品从一种语言文字转换成另一种语言文字的权利。

（12）汇编权，即将作品或者作品的片段通过选择或者编排，汇集成新作品的权利。

（13）应当由著作权人享有的其他权利。

著作权人可以许可他人行使、也可以全部或者部分转让著作权，并依照约定或者《著作权法》有关规定获得报酬。

五、著作权的保护

（一）著作权的保护期限

因著作人身权和著作财产权两种权利的性质不同，法律对它们规定了不同的保护期限。

著作人身权除发表权外，作者的署名权、修改权、保护作品完整权的保护期不受限制。

公民（即自然人）的作品，其发表权和著作财产权的保护期为作者终生及其死亡后50年，截止于作者死亡后第50年的12月31日；如果是合作作品，截止于最后死亡的作者死亡后第50年的12月31日。

法人或其他组织的作品，著作权（署名权除外）由法人或非法人单位享有的职务作品，其发表权和著作财产权的保护期为 50 年，截止于作品首次发表后第 50 年的 12 月 31 日，但作品自创作完成后 50 年未发表的，不再给予保护。

（二）对著作权的限制

任何权利都不是无限制的。为了促进整个社会科学文化艺术事业的繁荣发展，在保护著作权人利益的同时，也要注意协调著作权人的利益和社会公众利益，因此，我国《著作权法》对著作权（主要是著作财产权）作了若干限制性规定，包括合理使用、法定许可。

（三）著作权的法律保护

我国《著作权法》规定，禁止任何单位或个人侵犯他人的著作权。未经著作权人的许可又无法律上的依据，使用享有著作权作品的行为，均构成对著作权的侵权行为。

第三节　专利法

一、专利概述

专利一般是指专利权，即依照专利法的规定，由国家专利机关依法授予发明人、设计人或其所属单位对其发明创造在法定期限内享有的专有权。有时，专利也指依法授予专利权的发明创造、专利证书或专利文献。

专利法是指在调整因申请、取得、实施和保护专利过程中发生的各种社会关系的法律规范的总称。《中华人民共和国专利法》（以下简称《专利法》）于 1984 年 3 月 12 日第六届全国人民代表大会常务委员会第四次会议通过，并于 1992 年 9 月 4 日、2000 年 8 月 25 日、2008 年 12 月 27 日先后经过三次修订后实施。

二、专利权的主体

专利权的主体是指有资格申请并获得专利权的单位或个人。根据《专利法》的规定，专利权的主体包括以下几方面：

（一）发明人、设计人所属单位

职务发明创造是指发明人、设计人执行本单位的任务或者主要是利用本单位的物质技术条件完成的发明创造。执行本单位任务完成的发明创造是指：①在本职工作中完成的发明创造，即完成的发明创造属于岗位职责范围；②履行本单位交付的本职工作以外的任务所作出的发明创造；③退休、调离原单位后或者劳动、人事关系终止后1年以内作出的，与其在原单位的本职工作或分配的任务有关的发明创造。

主要是利用本单位的物质技术条件，是指利用本单位的资金、设备、零部件、原材料或者不对外公开的技术资料等，利用本单位的物质技术条件完成的发明创造，单位与发明人、设计人订有合同，对申请专利的权利和专利权的归属作出约定的，从其约定。若没有约定的，申请专利的权利属于发明人或设计人所在的单位或雇主。

（二）发明人或设计人

发明人或设计人必须是对发明创造的实质性特点作出创造性贡献的人。在完成发明创造过程中，只负责组织工作的人、为物质条件的利用提供方便的人或者从事其他辅助工作的人，不是发明人或设计人。

非职务发明创造，申请专利的权利属于发明人或设计人。申请被批准后，专利权归发明人或设计人所有。我国《专利法》第7条规定："对发明人或者设计人的非职务发明创造专利申请，任何单位或者个人不得压制。"

（三）共同发明创造

两个以上单位或者个人合作完成的发明创造、一个单位或者个人接受其他单位或者个人委托所完成的发明创造，除另有协议的以外，申请专利的权利属于完成或者共同完成的单位或者个人；申请被批准后，申请的单位或者个人为专利权人。

（四）继受人

专利申请权和专利权可以依法转让、继承，因而继受人包括继承人和受让人，是指通过转让、继承或赠与的方式依法获得专利权的主体。不是发明人、设计人及所属单位的其他单位或个人，也可以通过继承或合同转让方式依法成为专利权的主体。

（五）外国人

在我国境内有经常居所或营业场所的外国公民、企业或其他组织，在中国申请专利的，依照其所属国同中国签订的协议或者共同参加的国际性条约，或者依照互惠原则，应当委托国务院专利行政部门指定的专利代理机构，办理专利申请和其他专利事务。申请被批准后，专利权归外国人所有。

三、专利权的客体

专利权的客体是指专利法的保护对象，即依法授予专利权的发明创造。我国《专利法》保护的发明创造，包括发明、实用新型和外观设计。

（一）发明

发明是人们利用自然规律对某一领域中所存在的问题提出的具有创造性水平的解决方法，是对产品、方法或者改进所提出的新的技术方案，发明包括产品发明、方法发明和改进发明等。

1. 产品发明

产品发明是指人们通过智力劳动创造出来的各种有形物品的发明，例如，某种机器、设备的发明作为产品发明，必须是自然界中从未有过的，经过人们的创造性劳动作出的发明，那些完全处于自然状态，未经过人的加工、创造就已存在的物品不属于产品发明。

2. 方法发明

方法发明是把一种物品变成另一种物品所使用的特有方法或手段，包括所有利用自然规律的方法，如化学方法、生物方法等。受专利法保护的范围除其方法本身外，其效力还涉及利用该方法所制造的产品，即未经专利权人许可，他人不得使用其专利方法或使用、销售依照该专利方法直接获得的产品。

3. 改进发明

改进发明是指对已有的产品发明或方法发明提出实质性改革的新的技术方案，这种发明只是对现有产品或方法的改进，给已有的产品或方法带来新的特性、新的部分质变，但并未突破原有的产品发明或方法发明的基础。

（二）实用新型

实用新型是指对产品的形状、构造或者其结合所提出的适于实用的新的技术方案。由于实用新型的创造水平与发明相比较低，所以又被称为"小发明"。实用新型通常具备两个特征：一是它必须是一种产品，而不是工艺方法，如工具、器械和日用品等，但制造这些产品的工艺方法不能申请实用新型专利。二是它必须是具备一定形状和结构的物品，没有固定形状和构造的产品，如液体、粉末等，不属于实用新型范围。

（三）外观设计

外观设计是指对产品的形状、图案或者其结合以及色彩与形状、图案的结合所作出的富有美感并适合于工业上应用的新设计。外观设计应具备以下四个条件：

（1）外观设计只涉及美化产品的外表和形状，而不涉及产品的制造和设计技术。

（2）外观设计必须与产品结合在一起，即外观设计仅涉及产品的形状、图案、色彩，而不涉及产品的内部结构。

（3）外观设计必须富于美感。

（4）外观设计必须是适合工业上应用的，即使用外观设计的产品经过工业生产过程可以大量复制生产。

四、专利权的内容

专利权是指专利权人依法享有的各种权利和应承担的义务。

（一）专利权人的权利

我国《专利法》规定专利权人的权利包括以下几个方面：

1. 独占权

专利权人有自己制造、使用和销售专利产品，或使用专利方法的权利，即实施专利的权利。《专利法》第11条规定：发明和实用新型专利权被授予后，除本法另有规定的以外，任何单位或者个人未经专利权人许可，都不得实施其专利。外观设计专利权被授予后，任何单位或者个人未经专利权人许可，都不得实施其专利，即不得为生产经营目的制造、许诺销售、销售、进口其外观设计专利产品。

但这种权利是有时间限制的，根据《专利法》规定，发明专利权的保护期限为 20 年，实用新型和外观设计专利权的保护期限为 10 年，均自申请日起计算。

2. 许可权

专利权人有许可他人实施其专利并收取使用费的权利。任何单位或者个人实施他人专利的，应当与专利权人订立实施许可合同，向专利权人支付专利使用费。被许可人无权允许合同规定以外的任何单位或者个人实施该专利。

3. 转让权

专利权人依法享有将自己的专利权转让给他人的权利。《专利法》规定了专利权转让的审批手续和转让方法。中国单位和个人向外国转让专利权，必须经国务院有关主管部门批准。当事人必须以订立书面合同的形式转让专利权。专利转让合同经专利局登记和公告后才发生法律效力。

4. 标记权

专利权人依法享有在其专利产品或者该产品的包装上标明专利标记和专利号的权利。发明人或设计人不论是否为专利权人，都有在专利文件上署名的权利。这种权利作为一种人身权，不因专利权的转让、继承而变更、消灭。

5. 请求保护权

专利权人在其专利权受到侵犯时，有权请求专利管理机关进行处理，或直接向人民法院起诉，以维护自己的合法权益。

6. 放弃权

专利权人可以在专利权保护期限届满前，以书面形式声明或以不缴纳年费的方式自动放弃其专利权。专利权人提出放弃专利权声明后，一经国务院专利机关登记和公告，其专利权即可终止。

（二）专利权人的义务

（1）缴纳专利年费的义务。年费实际上是专利权人付给专利局的管理费用，专利权人应从授予专利权的当年开始缴纳专利年费，不按规定缴纳年费的，专利权应予以终止。

（2）接受专利实施强制许可的义务。

（3）属于职务发明创造的专利权人，应当对该发明创造的发明人或设计人给予奖励；有关国防和对国民经济发展有重大影响的发明创造，专利权人应当保守国家机密等。

(三) 专利权的终止

根据我国《专利法》规定，专利权由于下列原因而终止：有效期限届满而自然终止；专利权人没有按照《专利法》规定缴纳专利年费而终止；因专利权人书面声明放弃专利权而终止；因专利权人（自然人）死亡后无人继承而终止，或因专利权人（企业）消灭后无继受单位而终止；专利权因被宣告无效而终止。

五、授予专利权的条件

(一) 授予发明和实用新型专利权的条件

1. 新颖性

新颖性是指该发明或者实用新型不属于现有技术，也没有任何单位或者个人就同样的发明或者实用新型在申请日以前向国务院专利行政部门提出过申请，并记载在申请日以后公布的专利申请文件或者公告的专利文件中。

为鼓励早日公开技术发明内容，保护发明人利益，《专利法》第24条规定，申请专利的发明创造在申请日前6个月内，在中国政府主办或者承认的国际展览会上首次展出的，在规定的学术会议或者技术会议上首次发表的，他人未经申请人同意而泄露其内容的，不丧失新颖性。

2. 创造性

创造性是指与现有技术相比，该发明具有突出的实质性特点和显著的进步，该实用新型具有实质性特点和进步。所谓现有技术，是指申请日以前在国内外为公众所知的技术。

新颖性注重的是发明创造在一定时间和地域内是否是已知的技术问题，而创造性则是衡量其技术水平高低的客观标准。发明要求的创造性程度高于实用新型。

3. 实用性

实用性是指一项发明或者实用新型能够制造或使用，并且能够产生积极效果。实用性作为授予专利权的必备条件之一，是专利制度旨在推动技术进步和经济发展的必然要求。

（二）授予外观设计专利权的条件

授予专利权的外观设计，应当不属于现有设计，也没有任何单位或者个人就同样的外观设计在申请日以前向国务院专利行政部门提出过申请，并记载在申请日以后公告的专利文件中。

授予专利权的外观设计与现有设计或者现有设计特征的组合相比，应当具有明显区别。

授予专利权的外观设计不得与他人在申请日以前已经取得的合法权利相冲突。现有设计是指申请日以前在国内外为公众所知的设计。

（三）不能授予专利权的项目

根据《专利法》第25条规定，不能授予专利权的项目包括：①科学发现；②智力活动的规则和方法；③疾病的诊断和治疗方法；④动物和植物品种；⑤用原子核变换方法获得的物质；⑥对平面印刷品的图案、色彩或者结合作出的主要起标志作用的设计。

六、专利的申请

专利权的取得包括原始取得和继受取得两种方式。原始取得是指单位和个人依法提出专利申请，由国家机关审查核准后授予专利权；继受取得是指单位和个人通过继承或转让方式取得他人的专利权。

（一）专利申请的原则

1. 申请在先原则

申请在先原则是指两个或两个以上的申请人分别就同样的发明创造申请专利时，专利权授予最先申请的人。也就是说，授予申请日或优先权日最早的人。

2. 一件发明一项专利原则

同样的发明创造只能授予一项专利权。但是，同一申请人同一日对同样的发明创造既申请实用新型专利又申请发明专利，先获得的实用新型专利权尚未终止，且申请人声明放弃该实用新型专利权的，可以授予发明专利权。

一件发明或者实用新型专利申请应当限于一项发明或者实用新型。属于一个总的发明构思的两项以上的发明或者实用新型专利，可以作为一件申请提出。一件外观设计专利申请应当限于一项外观设计。同一产品两项以上的相似外观设计，或者用于同一类别并且成套出售、使用的产品的两项以上外观设计，可以作为一件申请提出。

3. 优先权原则

这种优先权包括以下两种情形：一是第一次专利申请是在外国提出的。在这种情况下，申请人自提出发明或实用新型申请之日起12个月内，自提出外观设计专利申请之日起6个月内，又在中国就相同主题提出专利申请的，依照该外国同中国签订的协议或者共同参加的国际条约，或者依照相互承认的优先权原则，可以享有优先权。二是第一次专利申请是在中国提出的。在这种情况下，申请人自提出发明或实用新型专利申请之日起12个月内，又向中国专利局就相同主题提出国外专利申请的，可以享有优先权。

（二）专利的申请与审批

1. 递交专利申请文件

申请发明或者实用新型专利的，应当提交请求书、说明书及其摘要和权利要求书等文件。

（1）请求书，是专利申请人正式向专利机关提交的请求授予专利权的一种法律文件。请求书应当写明发明或者实用新型的名称，发明人或者设计人的姓名，申请人姓名或者名称、地址，以及其他事项。

（2）说明书，是具体说明请求保护的发明或实用新型内容的专利申请文件，主要简述发明创造的关键技术的实质，公开发明创造的基本内容，因而是确定专利要求保护范围的依据。说明书中关于发明创造的描述必须清楚、完整、充分，以所属技术领域的技术人员能够实现为准，必要时应当有附图及书面说明。

（3）权利要求书，是专利申请人说明要求专利保护范围的文件，是以后专利侵权纠纷中判断侵权与否的法律依据。权利要求书应当以说明书为依据，清楚、简要地限定要求专利保护的范围。依赖遗传资源完成的发明创造，申请人应当在专利申请文件中说明该遗传资源的直接来源和原始来源；申请人无法说明原始来源的，应当陈述理由。

（4）摘要，应当简要说明发明或者实用新型的技术要点。

(5) 其他文件，专利申请人还可以提交附图、优先权请求书、专利委托文件等。申请外观设计专利的，应当提交请求书、该外观设计的图片或者照片以及对该外观设计的简要说明等文件。申请人提交的有关图片或者照片应当清楚显示要求专利保护的产品外观设计。

2. 初步审查

国务院专利行政部门收到发明专利申请后，对其是否符合《专利法》规定的形式要求以及是否有明显的实质性缺陷进行审查。如专利申请文件是否齐备，格式是否规范，申请的主题是否属于不授予专利权的范围。

一般来讲，实用新型和外观设计专利申请经初步审查没有发现驳回理由的，由国务院专利行政部门作出授予实用新型专利权或者外观设计专利权的决定，发给相应的专利证书，同时予以登记和公告。实用新型专利权和外观设计专利权自公告之日起生效。发明专利还要进行实质审查。

3. 早期公开

经过初步审查后，国务院专利行政部门认为发明专利申请符合要求的，自申请日起满18个月予以公布，也可根据申请人的请求早日公布其申请，申请的内容将发表在《专利发明公报》上。这就是专利法关于"早期公开，延迟审查"的制度。

4. 实质审查

发明专利申请自申请日起3年内，国务院专利行政部门可以根据申请人随时提出的请求，对其申请进行实质审查，申请人无正当理由逾期不请求实质审查的，该申请视为撤回。

国务院专利行政部门也可自行决定对发明专利申请进行实质审查，主要是审查该发明是否符合新颖性、创造性和实用性等实质条件。

5. 驳回或核准

国务院专利行政部门进行实质审查后，认为不符合《专利法》规定条件的，应通知申请人限期陈述意见或对申请进行修改。经申请人陈述意见或修改后，仍不符合授予专利条件的，国务院专利行政部门应驳回申请。若经实质审查未发现驳回理由的，国务院专利行政部门应作出授予发明专利权的决定，发放专利证书，并给予登记和公告。

任何单位和个人认为专利权的授予不符合《专利法》规定的，可以自国务院专利行政部门公告授予专利权之日起，请求专利复审委员会宣告该专利权无效。专利复审委员会对宣告专利权无效的请求应当及时审查和作出决定，并通知请求人和专利权人。宣告专利权无效的决定，由国务院专利行政部门登记和公告。对专利复审委员会宣告专利权无效或者维持专利权的决定不服的，可以自收到通知之日起3个月内向人民法院起诉。

七、专利权的限制及法律保护

（一）法律规定不视为侵犯专利权的行为

根据《专利法》第69条规定，有下列情形之一的，不视为侵犯专利权：

（1）专利产品或者依照专利方法直接获得的产品，由专利权人或者经其许可的单位、个人售出后，使用、许诺销售、销售、进口该产品的。

（2）在专利申请日前已经制造相同产品、使用相同方法或者已经做好制造、使用的必要准备，并且仅在原有范围内继续制造、使用的。

（3）临时通过中国领陆、领水、领空的外国运输工具，依照其所属国同中国签订的协议或者共同参加的国际条约，或者依照互惠原则，为运输工具自身需要而在其装置和设备中使用有关专利的。

（4）专为科学研究和实验而使用有关专利的。

（5）为提供行政审批所需要的信息，制造、使用、进口专利药品或者专利医疗器械的，以及专门为其制造、进口专利药品或者专利医疗器械的。

另外，根据《专利法》第62条规定，在专利侵权纠纷中，被控侵权人有证据证明其实施的技术或者设计属于现有技术或者现有设计的，不构成侵犯专利权。

《专利法》第70条规定："为生产经营目的使用、许诺销售或者销售不知道是未经专利权人许可而制造并售出的专利侵权产品，能证明该产品合法来源的，不承担赔偿责任。"所谓"许诺销售"，是指以做广告、在商店货架或展销会陈列等方式做出销售商品的表示。

（二）强制许可对专利权的限制

强制许可是指国务院专利行政部门依照法律规定的条件，不需要经专利权人同意，准许其他单位和个人实施专利权人的专利的一种强制性法律手段。

我国《专利法》规定的强制许可有以下几种。

1. 商业性强制许可

《专利法》第 48 条规定,有下列情形之一的,国务院专利行政部门根据具备实施条件的单位或者个人的申请,可以给予实施发明专利或者实用新型专利的强制许可:

(1) 专利权人自专利权被授予之日起满 3 年,且自提出专利申请之日起满 4 年,无正当理由未实施或者未充分实施其专利的。

(2) 专利权人行使专利权的行为被依法认定为垄断行为,为消除或减少该行为对竞争产生的不利影响的。

2. 为公共利益的强制许可

《专利法》第 49 条规定,在国家出现紧急状态或者非常情况时,或者为了公共利益的目的,国务院专利行政部门可以给予实施发明专利或者实用新型专利的强制许可。

《专利法》第 50 条规定,为了公共健康目的,对取得专利权的药品,国务院专利行政部门可以给予制造并将其出口到符合中华人民共和国参加的有关国际条约规定的国家或者地区的强制许可。

3. 从属专利的强制许可

《专利法》第 51 条规定,一项取得专利权的发明或者实用新型比前已经取得专利权的发明或者实用新型具有显著经济意义的重大技术进步,其实施又有赖于前一发明或者实用新型的实施的,国务院专利行政部门根据后一专利权人的申请,可以给予实施前一发明或者实用新型的强制许可。在依照前款规定给予实施强制许可的情形下,国务院专利行政部门根据前一专利权人的申请,也可以给予实施后一发明或者实用新型的强制许可。

应注意的是:

(1) 强制许可仅限于发明和实用新型专利权。

(2) 除依照《专利法》第 48 条第 2 项、第 50 条规定给予的强制许可外,强制许可的实施应当主要为了供应国内市场。

(3) 强制许可涉及的发明创造为半导体技术的,其实施限于公共利益的目的和《专利法》第 48 条第 2 项规定的情形。

(4) 取得实施强制许可的单位或者个人不享有独占的实施权,并且无权允许他人实施。取得实施强制许可的单位或者个人应当付给专利权人合理的使用费。

(三) 专利权的保护

1. 专利权的保护范围

根据《专利法》第59条规定,发明或者实用新型专利权的保护范围以其权利要求的内容为准,说明书及附图可以用于解释权利要求的内容。外观设计专利权的保护范围以表示在图片或者照片中的该产品的外观设计为准,简要说明可以用于解释图片或者照片所表示的该产品的外观设计。

2. 专利侵权行为

专利侵权行为是指除法律规定以外,任何单位或个人未经专利权人同意,以生产经营为目的实施他人专利的行为。具体包括:①制造、使用、许诺销售、销售或进口他人的发明或实用新型专利产品;②使用他人的专利方法;③使用、许诺销售、销售或进口依照他人专利方法直接获得的产品;④制造、许诺销售、销售或进口他人的外观设计专利产品。

3. 对专利侵权行为的处理

对于专利侵权案件纠纷,可以由当事人协商解决;不愿协商或者协商不成的,专利权人或者利害关系人可以向人民法院起诉,也可以请求相关部门处理。

当地专利管理机关处理时,认定侵权行为成立的,可以责令侵权人立即停止侵权行为,当事人不服的,可以自收到处理通知之日起15日内依照《中华人民共和国行政诉讼法》向人民法院起诉;侵权人期满不起诉又不停止侵权行为的,当地专利管理机关可以申请人民法院强制执行。

对专利侵权行为,我国《专利法》主要规定了以下三种责任形式:

(1) 民事责任。对于专利侵权行为,专利权人和利害关系人有权向人民法院起诉,并在起诉前向人民法院申请采取责令停止侵害和财产保全的措施。如果侵权行为成立,法院将根据不同情况追究侵权人的民事责任。如停止侵害、消除影响、赔偿损失等。

关于专利侵权赔偿额的计算,可按照以下方法计算:①按照权利人因被侵权所受到的实际损失确定;②实际损失难以确定的,可以按照侵权人因侵权所获得的利益确定；③权利人的损失或者侵权人获得的利益难以确定的，参照该专利许可使用费的倍数合理确定；④权利人的损失、侵权人获得的利益和专利许可使用费均难以确定的，人民法院可以根据专利权的类型、侵权行为的性质和情节等因素，确定给予1万元以上100万元以下的赔偿，赔偿数额还应当包括权利人为制止侵权行为所支付的合理开支。

专利侵权诉讼时效为2年，自专利权人或者利害关系人得知或者应当得知侵权行为之日起计算。

（2）行政责任。专利权人或利害关系人发现专利侵权行为，可要求当地专利管理机关处理，如果专利侵权行为成立，专利管理机关有权对侵权人作出责令改正、没收非法所得、罚款的行政处罚。

违反《专利法》规定向外国申请专利，泄露国家秘密的，由所在单位或者上级主管机关给予行政处分。侵夺发明人或者设计人的非职务发明创造专利申请权和《专利法》规定的其他权益的，由所在单位或者上级主管机关给予行政处分。

（3）刑事责任。对于情节严重、构成犯罪的专利侵权行为应当依法追究其刑事责任，《中华人民共和国刑法》（以下简称《刑法》）第216条规定，假冒他人专利，情节严重的处3年以下有期徒刑或者拘役，并处或者单处罚金。单位违犯此条的，对单位判处罚金。专利工作人员徇私枉法罪，比照《刑法》第399条处罚。发明人未经批准，擅自向国外申请专利泄露国家重要机密，情节严重的，依法追究刑事责任。

第四节　商标法

一、商标概述

商标，俗称商品的"牌子"，是指商品生产经营者用以标明自己生产或经销的商品、提供的服务与他人生产或经销的商品或服务相区别的一种专用标记，通常由具有显著特征的文字、图形、字母、数字、三维标志和颜色组合或其他要素组合构成。

（一）商标的种类

商标法规定，经商标局核准注册的商标为注册商标，商标注册人享有商标专用权，受法律保护。按照不同标准，商标分为不同的类别。

1. 按照商标的构成不同，可分为平面商标和立体商标

平面商标是由文字、图形、字母、数字和颜色组合，以及上述要素组合而成的商标。立体商标是由三维标志构成的商标，如麦当劳的金色拱门标志。

2. 按商标的作用不同，可分为联合商标和防御商标

联合商标是指商标所有人在同一种或类似商品上注册若干与主商标相近似的一系列商标。防御商标是指商标所有人在不同类别的商品或服务上注册相同商标。如海尔集团可以将"海尔"商标注册在除家电以外的其他商品或服务类别上。

3. 按商标的使用对象不同，可分为商品商标、服务商标、集体商标和证明商标

商品商标是指生产者或经营者置于商品表面或商品包装上的标记。服务商标是指服务的提供者用以标明自己所提供的服务项目和质量不同于他人的标记。商标法有关商品商标的规定，同样适用于服务商标。

集体商标是指以团体、协会或者其他组织名义注册，供该组织成员在商事活动中使用，以表明使用者在该组织中的成员资格的标志。集体商标只限于该集体成员使用，非该集体成员不得使用。

证明商标是指由对某种商品或服务具有监督能力的组织控制，而由该组织以外的单位或个人使用于其商品或服务，用以证明该商品或服务的原产地、原料、制造方法、质量或其他特定品质的标志。证明商标是注册人自己不能使用，只能由符合一定条件的他人使用，如国际羊毛局注册"纯羊毛"标志、农业部管理下的"绿色食品"标志等。

4. 按照商标是否经过注册，可分为注册商标和非注册商标

注册商标是指经过商标注册管理机关依法核准注册的商标；非注册商标是指未履行商标注册手续而直接使用的商标。尽管法律允许使用未注册商标，但未注册商标不享有专用权，未注册商标的使用，一旦与他人注册商标构成混同，即可能构成侵权。

5. 按商标的信誉不同,可分为普通商标和驰名商标

普通商标和驰名商标是相对而言的。普通商标是指驰名商标以外的商标。驰名商标是指在市场上享有较高声誉并为公众所熟知的注册商标。1925年,在《保护工业产权巴黎公约》第三次修订的海牙文本中首次出现了对驰名商标的保护规定。1996年8月14日,国家工商行政管理局发布了《驰名商标认定和管理暂行规定》,我国对驰名商标的保护正式纳入法制化轨道。

(二) 商标法的构成

商标法是调整商标在注册、使用、管理和保护商标专用权过程中发生的社会关系的法律规范的总称。我国调整商标权的法律、法规主要有:《中华人民共和国商标法》(1982年8月23日发布,2001年10月27日修订并实施,以下简称《商标法》)、《中华人民共和国商标法实施细则》(1983年3月10日发布,2002年8月3日修订并于2002年9月15日实施)。此外,还包括国家商标管理机关为贯彻《商标法》所制定的一系列规范性文件、最高人民法院所作的司法解释以及其他法律、法规中关于保护商标专用权的条款。

二、商标权的主体、客体、内容

商标权又称商标专用权,是指商标注册人或其合法受让人在法定期限内对注册商标所享有的独占使用权。

(一) 商标权的主体

商标权的主体是指可以申请商标注册并享有商标专用权的单位或个人。根据《商标法》规定,国内自然人、法人或者其他组织对其生产、制造、加工、拣选或者经销的商品或提供的服务项目,需要取得商标专用权的,均可作为商品商标、服务商标的注册申请人。工商业团体、协会或者其他集体组织才有资格申请集体商标。根据《商标法》《集体商标、证明商标注册和管理办法》规定,国内申请证明商标的注册申请人必须是对商品和服务的特定品质具有检测和监督能力的组织。外国人或外国企业在我国取得商标权的,按其所属国与我国签订的协议或共同参加的国际条约或对等原则办理。

(二) 商标权的客体

商标权的客体是指经国家商标局依法核准注册的商标,即注册商标。未注册商标,其使用人不享有专用权,因而不能成为商标权的客体。根据我国《商标法》规定,任何能够将自然人、法人或者其他组织的商品与他人的商品区别开的可视性标志,包括文字、图形、字母、数字、三维标志和颜色组合,以及上述要素的组合,均可以作为商标申请注册,过去我国《商标法》不保护立体商标,即三维标志。2001年的《商标法》修正案中增加了三维标志作为商标的构成要素,但音响商标和气味商标不能注册。

1. 不得作为商标使用的标志

根据《商标法》规定,下列标志不得作为商标使用:

(1) 同中华人民共和国的国家名称、国旗、国徽、军旗、勋章相同或者近似的,以及同中央国家机关所在地特定地点的名称或者标志性建筑物的名称、图形相同的。

(2) 同外国的国家名称、国旗、国徽、军旗相同或者近似的,但该国政府同意的除外。

(3) 同政府间国际组织的名称、旗帜、徽记相同或者近似的,但经该组织同意或者不易误导公众的除外。

(4) 与表明实施控制、予以保证的官方标志、检验印记相同或者近似的,但经授权的除外。

(5) 同"红十字""红新月"的名称、标志相同或者近似的。

(6) 带有民族歧视性的。

(7) 夸大宣传并带有欺骗性的。

(8) 有害于社会主义道德风尚或者有其他不良影响的。

县级以上行政区划的地名或者公众知晓的外国地名,不得作为商标。但是,地名具有其他含义或者作为集体商标、证明商标组成部分的除外;已经注册的使用地名的商标继续有效。

商标的目的在于区别不同的商品和服务,作为商标必须是可视性的标志,因此,《商标法》规定下列标志不得作为商标注册:仅有本商品的通用名称、图形、型号的;仅仅直接表示商品的质量、主要原料、功能、用途、重量、数量及其他特点的;缺乏显著特征的。如果上述标志经过使用取得显著特征,并便于识别的,可以作为商标注册。

以三维标志申请的注册商标,仅由商品自身的性质产生的形状、为获得技术效果而需有的商品形状或者使商品具有实质性价值的形状，不得注册。

2. 不予注册并禁止使用的情形

（1）《商标法》的相关规定。对驰名商标的保护，依据国际公约给予驰名商标特殊的法律保护规定，我国《商标法》规定，就相同或者类似商品申请注册的商标是复制、模仿或者翻译他人驰名商标未在中国注册的，容易导致混淆的，不予注册并禁止使用。就不相同或者不相类似商品申请注册的商标是复制、模仿或者翻译他人已经在中国注册的驰名商标，误导公众，致使该驰名商标注册人的利益可能受到损害的，不予注册并禁止使用。

（2）地理标志的特殊规定。商标中有商品的地理标志，而该商品并非来源于该标志所标示的地区，误导公众的，不予注册并禁止使用；但是，已经善意取得的继续有效。

（三）商标权的内容

商标权的内容是指商标权人对其注册商标依法享有的各种权利和应承担的义务。

1. 商标权人的权利

商标权人依法享有的权利主要包括：

（1）专用权，即商标权人在核定使用的商品或服务项目上独占使用其注册商标的权利，其他任何人未经权利人许可均不得使用，这是商标权人享有的最基本的权利。除驰名商标外，注册商标的专用权，以核准注册的商标和核定使用的商品为限。

（2）禁止权，是指商标权人有权禁止他人未经自己许可使用与其注册商标相同或相似的商标；有权禁止他人假冒自己的注册商标；有权禁止他人在相同或近似商品上注册与自己注册商标相同或相似的商标。禁止权的范围往往大于注册商标专用权的范围，商标权人不仅可禁止在核定商品上使用与其注册商标完全一致的商标，还可延及他人在类似商品上使用与其注册商标近似的商标以及其他的侵权行为。

（3）转让权，即商标权人享有依法转让其注册商标的权利。转让注册商标的，转让方和受让方必须签订转让协议，共同向商标局提出申请，由商标局核准公告后才发生法律效力。受让方应当保证使用注册商标的商品质量，以维护消费者权益。

（4）许可使用权，即商标权人通过签订合同的形式许可他人有偿使用其注册商标的权利。许可他人使用注册商标的，双方应签订书面许可使用合同，并将合同副本在规定期限内向商标局备案。

2. 商标权人的义务

（1）应当标明注册标记。凡使用注册商标的，应当标明"注册商标"字样，或者标明R或注标记，在商品上不便标明的，应在商品包装或说明书以及其附着物上标明。

（2）应当正确使用注册商标。具体包括：不得自行改变注册商标的文字、图形或其组合；不得自行改变注册人名称、地址或其他注册事项，如确需改动，应当提出变更申请；不得自行转让注册商标；不得连续3年停止使用注册商标。

（3）必须保证使用注册商标的商品质量。不得粗制滥造，以次充好，欺骗消费者。

（4）应依法缴纳有关费用。如授权注册费、续展注册费等。

（四）商标权的终止

商标权因为注册商标被注销或撤销而终止。主要有以下四种情况：①保护期限届满；②商标权人声明放弃商标；③无人继承而注销；④被依法撤销。

三、商标注册

商标注册是指商标使用人为了取得商标权，将其使用的商标，依照法定的注册条件和程序，向商标主管机关提出注册申请，商标主管机关经过审核，准予注册的法律制度。它是原始取得商标权的必经程序，经过国家核准注册的商标为注册商标。商标注册人对其注册商标享有专用权，其他人不得侵犯。

（一）商标注册的原则

1. 自愿注册与强制注册相结合的原则

自愿注册，是指商标使用人根据其意志，自由决定是否进行商标注册。强制注册，是指凡是使用的商标必须申请注册。我国实行自愿原则为主、强制注册为辅的商标注册原则，即除人用药品和烟草制品两类商品上使用的商标必须注册外，其他绝大多数商品或服务项目上使用的商标由使用人自主决定是否注册。

2. 申请在先与使用在先分别适用的原则

《商标法》第 29 条规定："两个或者两个以上的商标注册申请人，在同一种商品或者类似商品上，以相同或者近似的商标申请注册的，初步审定并公告申请在先的商标；同一天申请的，初步审定并公告使用在先的商标，驳回其他人的申请，不予公告。"

3. "一类商品，一种商标，一份申请"的原则

商标注册申请人应当按规定的商品分类表填报使用商标的商品类别和商品名称。同一申请人在不同类别的商品上使用同一商标的，应当按商品分类表分别提出注册申请。注册商标需要在同一类的其他商品上使用的，应当另行提出注册申请。注册商标需要改变其标志的，应重新提出注册申请。

4. 优先权原则

商标申请人自其商标在外国第一次提出注册申请之日起 6 个月内，又在中国就相同商标提出注册申请的，依照该外国同中国签订的协议或者共同参加的国际条约，或者按照相互承认优先权的原则，可享有优先权。商标在中国政府主办的或承认的国际展览会展出的商品上首次使用的，自该商品展出之日起 6 个月内该商标的注册申请人可享有优先权。

（二）商标注册程序

1. 商标注册的申请

申请人在提交的商标注册申请中，应按商品分类表的规定，明确在哪一类商品的哪些具体商品上使用该商标。申请人不能随意划分商品类别和商品名称。我国采用的是国际上通行的商品分类表，将商品或服务分为 45 类。

按照有关规定，申请商标注册可以委托地方工商局认可的组织（即商标事务所）代理，也可以直接向国家商标局办理。申请商标注册时，应依据有关规定交送申请书 1 份、商标图样 10 份（指定颜色的彩色商标，应当交送着色图样 10 份）、商标黑白墨稿 1 份及有关的证明文件等。

2. 商标注册的审查

商标局对申请注册的商标既进行形式审查，又进行实质审查。形式审查

主要审查该商标注册的申请是否具备法定的条件和手续，从而确定对申请是否受理，如审查申请人的申请资格；审查申请文件和材料是否齐全，手续是否完备等，通过审查，确认不符合条件的或者退回申请，或者通知补齐。如果符合要求，则要进行实质审查。

实质审查主要是对申请注册的商标的文字、图形的含义及其客观效果等进行审查，如商标是否具备显著特征，商标是否违反禁用规定，商标是否与他人注册商标混同。

3. 商标注册的公告

商标局对申请注册的商标进行认真审查后，凡符合有关规定的，由商标局刊登在《商标公告》上，征询社会公众的意见。凡不符合法律规定，或者同他人在同一种商品或类似商品上已注册的或初步审定的商标相同或相近似的，由商标局驳回申请，不予公告。申请人如果不服，可以在收到驳回通知书 15 日内，向商标评审委员会申请复审。

4. 商标注册的异议

对商标局初步审定的商标，自公告之日起 3 个月内，任何人均可提出异议，并向商标局送交商标异议书，写明异议的理由。商标局在听取异议人和注册申请人（被异议人）双方陈述的事实和理由，经调查核实后，作出裁定。

对于商标局的异议裁定，当事人如果不服，可在收到裁定书之日起 15 天内向商标评审委员会申请复审。当事人对评审委员会的裁定仍不服的，可在 30 天内向人民法院起诉。

5. 核准注册

申请注册的商标经商标局初步审定，予以公告后 3 个月内无人提出异议，或者虽有人提出异议，经商标局或法院裁定认为异议不能成立，准予被异议的商标取得注册，由商标局颁发商标注册证，并再次刊登在《商标公告》上，注册商标开始受法律保护，商标权人依法享有专用权。

申请商标注册不得损害他人现有的在先权利，也不得以不正当手段抢先注册他人已经使用并有一定影响的商标。

（三）注册商标争议及其处理

注册商标争议是指两个或两个以上的商标注册人之间，对注册时间在后的商标与注册时间在先的商标是否混同而发生的争执。注册时间在先的商标注册人，可以在有争议的注册商标注册之日起5年内，向商标评审委员会申请裁定。但是，对核准注册前已经提出异议并经裁定的商标，不得再以相同的事实和理由申请裁定。当事人对评审委员会裁定不服的，可在30天内向人民法院起诉。

（四）商标注册不当及其处理

商标注册不当是指已经注册的商标违反《商标法》规定，以欺骗手段或者其他不正当手段取得注册的商标，主要表现为：

（1）虚构、隐瞒事实真相或者伪造申请书及有关文件进行注册的。

（2）违反诚实信用原则，以复制、模仿、翻译等方式，将他人已为公众熟知的商标进行注册的。

（3）未经授权，代理人或者代表人以自己的名义将被代理人或者被代表人的商标进行注册，被代理人或者被代表人提出异议的。

（4）侵犯他人合法优先权利进行注册的。

（5）其他不正当手段取得注册的。

已经注册的商标，违反上述条款规定的，自商标注册之日起5年内，商标所有人或者利害关系人可以请求商标评审委员会裁定撤销该注册商标。对恶意注册的，驰名商标所有人不受5年的时间限制。商标局发现商标注册不当的，应做出撤销注册不当的商标的决定。商标注册人不服的，可以在收到通知之日起15日内申请商标评审委员会复审，对评审委员会裁定不服的，还可自收到通知之日起30日内向法院起诉。

四、注册商标的保护期限

注册商标的期限是指注册商标受法律保护的时间。各国对商标权的有效期规定从10年到20年不等，期满可续展。我国《商标法》规定，注册商标的有效期为10年，自核准注册之日起计算，《商标法》第38条规定："注册商标有效期满，需要继续使用的，应当在期满前6个月内申请续展注册；在此期间未能提出申请的，可以给予6个月的宽展期。宽展期满仍未提出申请的，注销其注册商标。"

五、注册商标的保护

经过商标局注册登记的商标，是受法律保护的，国家将运用法律手段制止和制裁一切商标侵权行为，保护商标权人的合法权益。

（一）商标侵权行为

商标侵权行为是指违反《商标法》规定，侵犯他人注册商标专用权的行为。有下列行为之一的，均属侵犯注册商标专用权的行为。

（1）未经注册所有人的许可，在同一种商品或者类似商品上使用与其注册商标相同或者近似的商标。

（2）销售明知是侵犯注册商标专用权的商品的。

（3）伪造、擅自制造他人注册商标标识或者销售伪造、擅自制造他人注册商标标识的。

（4）未经商标注册人同意，更换其注册商标并将该更换商标的商品投入市场的。

（5）给他人的注册商标专用权造成其他损害的。具体包括：一是在同一种或类似商品上，将与他人注册商标相同或者近似的文字、图形作为商品名称或者商品装潢使用，并足以造成误认的。二是故意为侵犯他人注册商标专用权行为提供仓储、运输、邮寄、隐匿等便利条件的。

（二）对商标侵权行为的处理

对侵犯注册商标专用权的，任何人均有权向侵权人所在地或者侵权行为地县级以上工商行政管理机关控告或者检举，被侵权人也可以直接向人民法院起诉。

工商行政管理机关认为侵犯注册商标专用权的，在调查取证时可以行使下列职权：询问有关当事人，调查与侵犯他人注册商标专用权有关的情况；查阅、复制当事人与侵权活动有关的合同、发票、账簿以及其他有关资料；对当事人涉嫌从事侵犯他人注册商标专用权活动的场所实施现场检查；检查与侵权活动有关的物品；对有证据证明是侵犯他人注册商标专用权的物品，可以查封或者扣押。工商行政管理部门依法行使职权时，当事人应当予以协助、配合，不得拒绝、阻挠。

对商标侵权行为，我国《商标法》规定了三种责任形式：

1. 民事责任

注册商标所有人因商标侵权行为而遭受损失的，有权向人民法院起诉，人民法院将根据不同情况追究侵权人的民事责任。如停止侵害、消除影响、赔偿损失等。商标权人要求侵权人赔偿其损失时，可选择以下任一种计算方法：按侵权人在侵权期间因侵权所获得的利润，或者商标权人在被侵权期间因被侵权所受到的损失，包括被侵权人为制止侵权行为所支付的合理开支。若商标权人因被侵权所受损失难以确定的，由人民法院根据侵权行为的情节判决给予50万元以下的赔偿。

2. 行政责任

商标权人或利害关系人发现商标侵权行为，可向当地工商行政管理机关举报，工商行政管理机关在认定商标侵权行为成立后，有权责令行为人立即停止侵权行为，没收、销毁侵权商品及专门用于制造侵权商品、伪造注册商标标识的工具，并处以罚款；还可应当事人的请求，就赔偿数额进行调解。调解不成的，当事人可以向人民法院起诉。

3. 刑事责任

对于情节严重、构成犯罪的商标侵权行为，应当依法追究其刑事责任。我国《刑法》规定了四种商标侵权的犯罪行为：假冒注册商标罪、销售假冒注册商标商品罪、非法制造和销售注册商标标识罪。

讨论思考题

1. 知识产权包括哪些主要内容？
2. 商标注册应遵循哪些原则？
3. 商标权人依法享有哪些权利？
4. 如何判定商标侵权行为？
5. 专利侵权行为有哪些表现形式？
6. 著作权保护的对象有哪些？

案例分析

2002年7月3日，甲商厦在报纸上刊登启事，向社会公开征集企业广告语，并设立一、二、三等奖及纪念奖若干。王某阅读该启事后以"世界风采，东方情韵上海东方商厦"一稿应征。经专家评定，该广告语被专家润色为

经济法

"世界风采东方情——甲商厦",并被评为二等奖。同年9月4日,甲商厦在报纸上公告了广告语评选结果,并刊有"获奖作品版权归公司所有"字样。10月1日,王某参加了商厦的开业典礼,领取了荣誉证书及奖金5000元。事后,王某发现甲商厦在广播、电视、报刊、出租汽车、商品包装袋等处使用该广告语,遂向其提出抗议但无效。于是王某向法院起诉,要求确认该广告语的著作权归自己所有,甲商厦应公开赔礼道歉并赔偿损失1万元。被告则辩称,该广告语不属于文字作品,原告不享有著作权。被告在以奖金形式奖励原告后使用该广告语,是行使所有权的权能,并未构成对原告著作权的侵犯。

问题:

1. 广告语是否属于作品?谁对该广告语享有著作权?为什么?
2. 上海东方商厦使用上述广告语是否构成侵权?

第十一章 广告法

第一节 广告法概述

一、广告的概念

广告有广义和狭义之分。广义的广告泛指面向大众的宣传活动,包括商业广告和社会公益广告;狭义的广告仅指商业广告,也称为经济广告。根据《中华人民共和国广告法》(以下简称《广告法》)第2条第1款规定:"在中华人民共和国境内,商品经营者或者服务提供者通过一定媒介和形式直接或者间接地介绍自己所推销的商品或者服务的商业广告活动,适用本法。"第74条第2款规定:"公益广告的管理办法,由国务院工商行政管理部门会同有关部门制定。"可见,我国《广告法》调整的范围仅限于商业广告。

二、广告法的概念

广告法是调整广告活动中广告主、广告经营者、广告发布者、广告代言人等之间的关系,以及广告监督管理关系的法律规范的总称。

我国广告法律制度起步较晚。1982年2月6日,国务院颁布了《广告管理暂行条例》。1987年10月26日,国务院正式颁布了《广告管理条例》,该条例于1987年12月1日起施行。根据《广告管理条例》,1988年1月9日国家工商行政管理局发布了《广告管理条例施行细则》(2004年11月30日修改)。1994年10月27日,第八届全国人民代表大会第十次会议审议通过了《中华人民共和国广告法》(自1995年2月1日起施行,2015年4月24日修改)。

三、广告法的基本原则

广告法的基本原则，是指广告主、广告经营者和广告发布者及广告代言人，在广告活动中应当遵守的最基本的行为规则。我国《广告法》明确规定了以下几项基本原则：

（1）真实原则。真实是指广告内容必须如实反映或表述商品和服务的实际情况，不得虚假，不得夸张。《广告法》规定，广告应当真实，不得含有虚假或引人误解的内容，不得欺骗和误导消费者。

（2）合法原则。合法不仅要求广告的内容合法，而且还要求广告的形式、广告活动本身应当符合法律的规定。《广告法》规定，广告应当合法，广告主、广告经营者、广告发布者从事广告活动，应当遵守法律、法规。

（3）诚实信用原则。诚实信用是指广告主、广告经营者、广告发布者在进行广告活动时应当诚实、守信用，全面、善意地履行自己的义务。《广告法》规定，广告主、广告经营者、广告发布者从事广告活动，应当诚实信用。

（4）公平竞争原则。《广告法》规定，广告主、广告经营者、广告发布者从事广告活动，应当公平竞争，不得在广告活动中进行任何形式的不正当竞争。

第二节　广告内容准则

广告内容准则，是指广告的内容应当符合法律规定的基本要求。广告内容准则可分为一般广告内容准则和特殊广告内容准则。

一、一般广告内容准则

一般广告内容准则，是指任何广告内容都应当遵守的准则。总体而言，广告内容应当有利于人民的身心健康，促进商品和服务质量的提高，保护消费者的合法权益，遵守社会公德和职业道德，维护国家的尊严和利益。根据《广告法》的规定，广告内容的一般准则有以下几个方面：

（一）广告内容应当真实、准确、清晰

广告中对商品的性能、功能、产地、用途、质量、成分、价格、生产者、

有效期限、允诺等,或者对服务的内容、提供者、形式、质量、价格、允诺等有表示的,应当准确、清楚、明白。广告中表明推销的商品或者服务附带赠送的,应当明示所附带赠送商品或者服务的品种、规格、数量、期限和方式。法律、行政法规规定广告中明示的内容,应当显著、清晰表示。广告使用数据、统计资料、调查结果、文摘、引用语等引证内容的,应当真实、准确,并表明出处。引证内容有适用范围和有效期限的,应当明确表示。广告中涉及专利产品或者专利方法的,应当标明专利号和专利种类。未取得专利权的,不得在广告中谎称取得专利权。

《广告法》规定,广告以虚假或者引人误解的内容欺骗、误导消费者的,构成虚假广告。广告有下列情形之一的,为虚假广告:①商品或者服务不存在的;②商品的性能、功能、产地、用途、质量、规格、成分、价格、生产者、有效期限、销售状况、曾获荣誉等信息,或者服务的内容、提供者、形式、质量、价格、销售状况、曾获荣誉等信息,以及与商品或者服务有关的允诺等信息与实际情况不符,对购买行为有实质性影响的;③使用虚构、伪造或者无法验证的科研成果、统计资料、调查结果、文摘、引用语等信息作证明材料的;④虚构使用商品或者接受服务的效果的;⑤以虚假或者引人误解的内容欺骗、误导消费者的其他情形。

(二)广告应当具有可识别性

广告应当具有可识别性,能够使消费者辨明其为广告。为了防止"有偿新闻"误导消费者,我国《广告法》规定,大众传播媒介不得以新闻报道形式变相发布广告。通过大众传播媒介发布的广告应当显著标明"广告",与其他非广告信息相区别,不得使消费者产生误解。

(三)广告不得违反有关禁止性规定

《广告法》规定,广告不得有下列情形:①使用或者变相使用中华人民共和国的国旗、国歌、国徽、军旗、军歌、军徽;②使用或者变相使用国家机关、国家机关工作人员的名义或者形象;③使用"国家级""最高级""最佳"等用语;④损害国家的尊严或者利益,泄露国家秘密;⑤妨碍社会安定,损害社会公共利益;⑥危害人身、财产安全,泄露个人隐私;⑦妨碍社会公共秩序或者违背社会良好风尚;⑧含有淫秽、色情、赌博、迷信、恐怖、暴力的内容；⑨含有民族、种族、宗教、性别歧视的内容；⑩妨碍环境、自然资源或者文化遗产保护；⑪法律、行政法规规定禁止的其他情形。

此外，广告不得损害未成年人和残疾人的身心健康；不得贬低其他生产经营者的商品或服务。禁止使用未授予专利权的专利申请和已经终止、撤销、无效的专利做广告。

二、特殊广告内容准则

（一）医疗、药品、医疗器械广告内容准则

医疗、药品、医疗器械广告不得含有下列内容：①表示功效、安全性的断言或者保证；②说明治愈率或者有效率；③与其他药品、医疗器械的功效和安全性或者其他医疗机构比较；④利用广告代言人作推荐、证明；⑤法律、行政法规规定禁止的其他内容。

药品广告的内容不得与国务院药品监管部门批准的说明书不一致，并应当显著标明禁忌、不良反应。处方药广告应当显著标明"本广告仅供医学药学专业人士阅读"，非处方药广告应当显著标明"请按药品说明书或者在药师指导下购买和使用"。

推荐给个人自用的医疗器械的广告，应当显著标明"请仔细阅读产品说明书或者在医务人员的指导下购买和使用"。医疗器械产品注册证明文件中有禁忌内容、注意事项的，广告中应当显著标明"禁忌内容或者注意事项详见说明书"。

除医疗、药品、医疗器械广告外，禁止其他任何广告涉及疾病治疗功能，并不得使用医疗用语或者易使推销的商品与药品、医疗器械相混淆的用语。

广播电台、电视台、报刊音像出版单位、互联网信息服务提供者不得以介绍健康、养生知识等形式变相发布医疗、药品、医疗器械广告。麻醉药品、精神药品、医疗用毒性药品、放射性药品等特殊药品，药品类易制毒化学品，以及戒毒治疗的药品、医疗器械和治疗方法，不得制作广告。其他处方药，只能在国务院卫生行政部门和国务院药品监督管理部门共同指定的医学、药学专业刊物上制作广告。

（二）食品广告内容准则

保健食品广告不得含有下列内容：①表示功效、安全性的断言或者保证；

②涉及疾病预防、治疗功能；③声称或者暗示广告商品为保障健康所必需；④与药品、其他保健食品进行比较；⑤利用广告代言人作推荐、证明；⑥法律、行政法规规定禁止的其他内容。保健食品广告应当显著标明"本品不能代替药物"。

广播电台、电视台、报刊音像出版单位、互联网信息服务提供者不得以介绍健康、养生知识等形式变相发布保健食品广告。禁止在大众传播媒介或者公共场所发布声称全部或者部分替代母乳的婴儿乳制品、饮料和其他食品广告。

（三）农药、兽药、饲料和饲料添加剂广告内容准则

农药、兽药、饲料和饲料添加剂广告不得含有下列内容：①表示功效、安全性的断言或者保证；②利用科研单位、学术机构、技术推广机构、行业协会或者专业人士、用户的名义或者形象作推荐、证明；③说明有效率；④违反安全使用规程的文字、语言或者画面；⑤法律、行政法规规定禁止的其他内容。

农药广告不得贬低同类产品，不得与其他农药进行功效和安全性对比。农药广告中不得含有评比、排序、推荐、指定、选用、获奖等综合性评价内容；不得使用直接或者暗示的方法，以及模棱两可、言过其实的用语，使人在产品的安全性、适用性或者政府批准等方面产生误解；不得滥用未经国家认可的研究成果或者不科学的词句、术语；不得含有"无效退款""保险公司保险"等承诺。

下列兽药不得发布广告：①兽用麻醉药品、精神药品，以及兽医医疗单位配制的制剂；②所含成分的种类、含量、名称与兽药国家标准不符的；③临床应用发现超出规定毒副作用的；④国务院农牧行政管理部门明令禁止使用的，未取得兽药产品批准文号或者未取得《进口兽药注册证书》的。此外，兽药广告不得贬低同类产品，不得与其他兽药进行功效和安全性对比。兽药广告中不得含有"最高技术""最高科学""最进步制法""包治百病"等绝对化的表示；不得含有评比、排序、推荐、指定、选用、获奖等综合性评价内容；不得含有直接显示疾病症状和病理的画面，也不得含有"无效退款""保险公司保险"等承诺。

(四)烟草、酒类广告内容准则

禁止在大众传播媒介或者公共场所、公共交通工具、户外发布烟草广告。禁止向未成年人发送任何形式的烟草广告。禁止利用其他商品或者服务的广告、公益广告，宣传烟草制品名称、商标、包装、装潢类似内容。烟草制品生产者或者销售者发布的迁址、更名、招聘等启事中，不得含有烟草制品名称、商标、包装、装潢及类似内容。

酒类广告不得含有下列内容：①诱导、怂恿饮酒或者宣传无节制饮酒；②出现饮酒的动作；③表现驾驶车、船、飞机等活动；④明示或者暗示饮酒有消除紧张和焦虑、增加体力等功效。

(五)教育、培训广告内容准则

教育、培训广告不得含有下列内容：①对升学、通过考试、获得学位学历或者合格证书，以及对教育、培训的效果作出明示或者暗示的保证性承诺；②明示或者暗示有相关考试机构或者其工作人员、考试命题人员参与教育、培训；③利用科研单位、学术机构、教育机构、行业协会、专业人士、受益者的名义或者形象作推荐、证明。

(六)招商广告内容准则

招商等有投资回报预期的商品或者服务广告，应当对可能存在的风险以及风险责任承担有合理提示或者警示，且不得含有下列内容：①对未来效果、收益或者与其相关的情况作出保证性承诺，明示或者暗示保本、无风险或者保收益等，国家另有规定的除外；②利用学术机构、行业协会、专业人士、受益者的名义或者形象作推荐、证明。

(七)房地产广告内容准则

房地产开发企业、房地产权利人、房地产中介服务机构发布的房地产项目预售、预租、出售、出租、项目转让，以及其他房地产项目介绍的广告，必须真实、合法科学、准确，不得欺骗、误导消费者。

房地产广告，房源信息应当真实，面积应当标明为建筑面积或者套内建筑面积，且不得含有下列内容：①作升值或者投资回报的承诺；②以项目到达某一具体参照物的所需时间表示项目位置；③违反国家有关价格管理的规定；④对规划或者建设中的交通、商业、文化教育设施，以及其他市政条件作误导宣传。

房地产广告不得含有风水、占卜等封建迷信内容，对项目情况进行的说明、渲染，不得有悖社会良好风尚。房地产广告中涉及所有权或者使用权的，所有或者使用的基本单位应当是有实际意义的完整的生产、生活空间。房地产广告中对价格有表示的，应当清楚表示为实际的销售价格，明示价格的有效期限。房地产广告中的项目位置示意图，应当准确、清楚，比例恰当。房地产广告中涉及的交通、商业、文化教育设施及其他市政条件等，如在规划或者建设中，应当在广告中注明。房地产广告涉及内部结构、装修装饰的，应当真实、准确。房地产广告中不得利用其他项目的形象、环境作为本项目的效果。房地产广告中使用建筑设计效果图或者模型照片的，应当在广告中注明。房地产广告中不得出现融资或者变相融资的内容。房地产广告中涉及贷款服务的，应当载明提供贷款的银行名称及贷款额度、年期。房地产广告中不得含有广告主能够为入住者办理户口、就业、升学等事项的承诺。房地产广告中涉及物业管理内容的，应当符合国家有关规定；涉及尚未实现的物业管理内容的，应当在广告中注明。房地产广告中涉及房地产价格评估的，应当标明评估单位、估价师和评估时间；使用其他数据、统计资料、文摘、引用语的，应当真实、准确，标明出处。

（八）种、苗和种养殖广告准则

农作物种子、林木种子、草种子、种畜禽、水产苗种和种养殖广告关于品种名称、生产性能、生长量，或者产量、品质、抗性、特殊使用价值、经济价值适宜种植，或者养殖的范围和条件等方面的表述，应当真实、清楚、明白，且不得含有下列内容：①作科学上无法验证的断言；②表示功效的断言或者保证；③对经济效益进行分析、预测或者作保证性承诺；④利用科研单位、学术机构、技术推广机构、行业协会或者专业人士、用户的名义或者形象作推荐、证明。

第三节 广告行为规范

广告行为也称为广告活动，是指广告当事人就广告的设计、制作和发布所作行为的总称，包括广告主直接设计、制作、发布广告的行为，广告主委托广告经营者而设计、制作、发布广告的行为,广告发布者接受广告主或广告经营者的委托而为广告主发布广告的行为等。

一、广告行为主体

广告行为主体包括广告主、广告经营者、广告发布者和广告代言人。广告主也称为广告客户,是指为推销商品或者服务,自行或者委托他人设计、制作、发布广告的自然人、法人或者其他组织;广告经营者是指接受委托提供广告设计、制作、代理服务的自然人、法人或者其他组织;广告发布者是指为广告主或者广告主委托的广告经营者发布广告的自然人、法人或者其他组织;广告代言人是指广告主以外的,在广告中以自己的名义或者形象对商品、服务作推荐、证明的自然人、法人或者其他组织。

《广告法》规定,广播电台、电视台、报刊音像出版单位从事广告发布业务的,应当设有专门从事广告业务的机构,配备必要的人员,具有与发布广告相适应的场所设备,并向县级以上地方工商行政管理部门办理广告发布登记。广告主委托设计、制作、发布广告,应当委托具有合法经营资格的广告经营者、广告发布者。

二、广告行为规范

根据《广告法》的规定,广告活动主要应当遵守以下规则:

(1) 依法订立和履行广告合同。广告主、广告经营者、广告发布者之间在广告活动中应当依法订立书面合同。

(2) 禁止不正当竞争。广告主、广告经营者、广告发布者不得在广告活动中进行任何形式的不正当竞争。

(3) 合法使用他人名义或者形象。广告主或者广告经营者在广告中使用他人名义或者形象的,应当事先取得其书面同意;使用无民事行为能力人、限制民事行为能力人的名义或者形象的,应当事先取得其监护人的书面同意。

(4) 依法查验、核实广告。广告经营者、广告发布者依据法律、行政法规查验有关证明文件,核实广告内容。对内容不实或者证明文件不全的广告,广告经营者不得提供设计、制作、代理服务,广告发布者不得发布。广告发布者向广告主、广告经营者提供的媒介覆盖率、收视率、发行量等资料应当真实。法律、行政法规规定禁止生产、销售的商品或者提供的服务，以及禁止发布广告的商品或者服务，不得设计、制作、发布广告。

（5）广告收费公开、透明。广告经营者、广告发布者应当公布其收费标准和收费办法。

（6）依法代言广告。广告代言人在广告中对商品、服务作推荐、证明，应当依据事实，符合本法和有关法律、行政法规规定，且不得为其未使用过的商品或者未接受过的服务作推荐、证明。不得利用不满十周岁的未成年人作为广告代言人。对在虚假广告中作推荐、证明受到行政处罚未满三年的自然人、法人或者其他组织，不得利用其作为广告代言人。

（7）不得妨害中小学生和未成年人的正常学习和身心健康。不得在中小学校、幼儿园内开展广告活动，不得利用中小学生和幼儿的教材、教辅材料、练习册、文具、教具、校服、校车等发布或者变相发布广告，公益广告除外。在针对未成年人的大众传播媒介上，不得发布医疗、药品、保健食品、医疗器械、化妆品、酒类、美容广告，以及不利于未成年人身心健康的网络游戏广告。针对不满十四周岁的未成年人的商品或者服务的广告，不得含有下列内容：①劝诱其要求家长购买广告商品或者服务；②可能引发其模仿不安全行为。

（8）遵守户外广告的特别规定。户外广告是指在露天场地或公共场所设置的广告，比如利用街道、广场、机场、车站、码头等的建筑物或空间设置路牌、霓虹灯电子显示牌、橱窗、灯箱、墙壁等广告；利用影剧院、体育场（馆）、文化馆、展览馆、宾馆、饭店、游乐场、商场等场所外部设置、张贴广告；利用车、船、飞机等交通工具设置、绘制、张贴广告；等等。由于户外广告对市容环境、交通通信，以及人们的生活会产生一定的影响，因此《广告法》对于户外广告活动作了较为严格的规定，有下列情形之一的，不得设置户外广告：①利用交通安全设施、交通标志的；②影响市政公共设施、交通安全设施、交通标志、消防设施、消防安全标志使用的；③妨碍生产或者人民生活，损害市容市貌的；④在国家机关、文物保护单位、风景名胜区等的建筑控制地带，或者县级以上地方人民政府禁止设置户外广告的区域设置的。

（9）依法发布电子、互联网广告。任何单位或者个人未经当事人同意或者请求不得向其住宅、交通工具等发送广告,也不得以电子信息方式向其发送广告。以电子信息方式发送广告的,应当明示发送者的真实身份和联系方式,并向接收者提供拒绝继续接收的方式。利用互联网发布、发送广告,不得影响用户正常使用网络。在互联网页面以弹出等形式发布的广告,应当显著标明关闭标志,确保一键关闭。

第四节　广告监督管理与法律责任

一、广告审查

广告审查是指在广告发布前由广告审查机关对广告的内容依法进行审核的活动。它是广告监管中的一种事前预防机制,目的是确保广告内容的真实、合法。

广告审查是一项专业性技术性很强,涉及内容广泛的工作,因此,广告审查机关需要具备相关的专业职能。根据现行规定,广告审查机关由有关行政主管部门担当,比如省、自治区、直辖市药品监督管理部门是药品广告审查机关,负责本行政区域内药品广告的审查工作;卫生行政部门、中医药管理部门,负责医疗广告的审查,并对医疗机构进行监督管理;省、自治区、直辖市药品监督管理部门是医疗器械广告审查机关,负责本行政区域内医疗器械广告审查工作;国务院农业行政主管部门和省、自治区、直辖市行政主管部门,负责对农药广告进行审查。

根据《广告法》规定,发布医疗、药品、医疗器械、农药、兽药和保健食品广告,以及法律、行政法规规定进行审查的其他广告,应当在发布前由有关部门(以下称广告审查机关)对广告内容进行审查;未经审查,不得发布。广告主申请广告审查,应当依照法律、行政法规向广告审查机关提交有关证明文件。广告审查机关应当依照法律、行政法规规定作出审查决定,并应当将审查批准文件抄送同级工商行政管理部门。广告审查机关应当及时向社会公布批准的广告。任何单位或者个人不得伪造、变造或者转让广告审查批准文件。

二、广告监管

广告监管是指对广告行为及广告内容的常规性监督管理。广告活动主体作为理性的经济人,为了实现利益的最大化,往往心存机会主义,从事违法广告活动。因此,有必要对广告活动进行适度的监督管理,维护广告市场秩序,保护消费者的合法权益。

根据《广告法》规定,工商行政管理部门履行广告监督管理职责,可以行使下列职权:①对涉嫌从事违法广告活动的场所实施现场检查;②询问涉嫌违法当事人或者其法定代表人、主要负责人和其他有关人员,对有关单位或者个人进行调查;③要求涉嫌违法当事人限期提供有关证明文件;④查阅、复制与涉嫌违法广告有关的合同、票据、账簿、广告作品和其他有关资料;⑤查封、扣押与涉嫌违法广告直接相关的广告物品、经营工具设备等财物;⑥责令暂停发布可能造成严重后果的涉嫌违法广告;⑦法律、行政法规规定的其他职权。

工商行政管理部门应当建立健全广告监测制度,完善监测措施,及时发现和依法查处违法广告行为。国务院工商行政管理部门会同国务院有关部门,制定大众传播媒介广告发布行为规范。工商行政管理部门依法行使职权,当事人应当协助、配合,不得拒绝、阻挠。工商行政管理部门和有关部门及其工作人员对其在广告监督管理活动中知悉的商业秘密负有保密义务。

三、广告的社会监督

任何单位或者个人有权向工商行政管理部门和有关部门投诉、举报违反《广告法》的行为。消费者协会和其他消费者组织对违法发布虚假广告侵害消费者合法权益,以及其他损害社会公共利益的行为,依法进行社会监督。

四、违反广告法的法律责任

广告主、广告经营者、广告发布者、广告代言人,广告监督管理机关和广告审查机关及其工作人员,违反《广告法》的规定,应当承担相当的法律责任。责任形式涉及民事责任、行政责任和刑事责任。

（一）发布虚假广告的法律责任

违法发布虚假广告的，由工商行政管理部门责令停止发布广告，责令广告主在相应范围内消除影响，并处广告费用 3 倍以上 5 倍以下的罚款，广告费用无法计算或者明显偏低的，处 20 万元以上 100 万元以下的罚款；2 年内有 3 次以上违法行为或者有其他严重情节的，处广告费用 5 倍以上 10 倍以下的罚款，广告费用无法计算或者明显偏低的，处 100 万元以上 200 万元以下的罚款，可以吊销营业执照，并由广告审查机关撤销广告审查批准文件、一年内不受理其广告审查申请。

医疗机构违法发布虚假广告情节严重的，除由工商行政管理部门依法处罚外，卫生行政部门可以吊销诊疗科目或者吊销医疗机构执业许可证。

广告经营者、广告发布者明知或者应知广告虚假仍设计、制作、代理、发布的，由工商行政管理部门没收广告费用，并处广告费用 3 倍以上 5 倍以下的罚款，广告费用无法计算或者明显偏低的，处 20 万元以上 100 万元以下的罚款；2 年内有 3 次以上违法行为或者有其他严重情节的，处广告费用 5 倍以上 10 倍以下的罚款，广告费用无法计算或者明显偏低的，处 100 万元以上 200 万元以下的罚款，并由有关部门暂停广告发布业务、吊销营业执照、吊销广告发布登记证件。

广告主、广告经营者、广告发布者违法设计、制作、代理、发布虚假广告构成犯罪的，依法追究刑事责任。

违法发布虚假广告，欺骗、误导消费者，使购买商品或者接受服务的消费者的合法权益受到损害的，由广告主依法承担民事责任。广告经营者、广告发布者不能提供广告主的真实名称、地址和有效联系方式的，消费者可以要求广告经营者、广告发布者先行赔偿。

关系消费者生命健康的商品或者服务的虚假广告，造成消费者损害的，其广告经营者、广告发布者、广告代言人应当与广告主承担连带责任。其他商品或者服务的虚假广告，造成消费者损害的，其广告经营者、广告发布者、广告代言人明知或者应知广告虚假仍设计、制作、代理、发布或者作推荐、证明的，应当与广告主承担连带责任。

（二）违反规定从事广告活动的法律责任

违反规定从事广告活动的行为包括：违法发布有《广告法》明文禁止情

形的广告；违法发布医疗、药品、医疗器械、农药、兽药、饲料和饲料添加剂、酒类、教育、培训、招商、房地产、种、苗、种养殖等广告；违法利用不满十周岁的未成年人作为广告代言人；违法利用广告推销禁止生产、销售的产品或者提供的服务，或者禁止发布广告的商品或者服务；违法在针对未成年人的大众传播媒介上发布医疗、药品、保健食品、医疗器械、化妆品酒类、美容广告，以及不利于未成年人身心健康的网络游戏广告；违法利用自然人、法人或者其他组织作为广告代言人；违法在中小学校、幼儿园内或者利用与中小学生、幼儿有关的物品发布广告；广告内容违法；广告不具有可识别性；广播电台、电视台、报刊音像出版单位未办理广告发布登记，擅自从事广告发布业务；广告经营者、广告发布者明知或者应知且有违法行为仍设计、制作、代理、发布的；广告经营者、广告发布者未按照国家有关规定建立、健全广告业务管理制度或者未对广告内容进行核对；广告经营者、广告发布者未公布其收费标准和收费办法；广告代言人违法从事广告代言活动；违法发送电子信息广告；利用互联网发布广告，未显著标明关闭标志，确保一键关闭；公共场所的管理者和电信业务经营者、互联网信息服务提供者明知或者应知广告活动违法不予制止；隐瞒真实情况或者提供虚假材料申请广告审查；伪造、变造或者违法转让广告审查批准文件；等等。

广播电台、电视台、报刊音像出版单位发布违法广告，或者以新闻报道形式变相发布广告，或者以介绍健康、养生知识等形式变相发布医疗、药品、医疗器械、保健食品广告，工商行政管理部门依法给予处罚的，应当通报新闻出版广电部门及其他有关部门。新闻出版广电部门及其他有关部门应当依法对负有责任的主管人员和直接责任人员给予处分；情节严重的，并可以暂停媒体的广告发布业务。

因发布虚假广告或者有其他本法规定的违法行为，被吊销营业执照的公司、企业的法定代表人，对违法行为负有个人责任的，自该公司、企业被吊销营业执照之日起三年内不得担任公司、企业的董事、监事、高级管理人员。

违反规定，拒绝、阻挠工商行政管理部门监督检查，或者有其他构成违反治安管理行为的，依法给予治安管理处罚；构成犯罪的，依法追究刑事责任。

(三)广告侵权行为的法律责任

广告主、广告经营者、广告发布者违反本法规定,有下列侵权行为之一的,依法承担民事责任:①在广告中损害未成年人或者残疾人的身心健康的;②假冒他人专利的;③贬低其他生产经营者的商品、服务的;④在广告中未经同意使用他人名义或者形象的;⑤其他侵犯他人合法民事权益的。

(四)广告监管机关、广告审查机关、其他有关部门及其工作人员违法行为的法律责任

广告审查机关对违法的广告内容作出审查批准决定的,对负有责任的主管人员和直接责任人员,由任免机关或者监察机关依法给予处分;构成犯罪的,依法追究刑事责任。

工商行政管理部门对在履行广告监测职责中发现的违法广告行为或者对经投诉、举报的违法广告行为,不依法予以查处的,对负有责任的主管人员和直接责任人员,依法给予处分。工商行政管理部门和负责广告管理相关工作的有关部门的工作人员玩忽职守、滥用职权、徇私舞弊的,依法给予处分。构成犯罪的,依法追究刑事责任。

新闻出版广电部门及其他有关部门,未依法对广播电台、电视台、报刊音像出版单位进行处理的,对负有责任的主管人员和直接责任人员依法给予处分。

讨论思考题

1. 简述广告的基本原则。
2. 简述一般广告内容准则。
3. 广告活动应该遵守哪些原则?
4. 如何进行广告监督管理?

案例分析

2000年6月6日,某科技公司与案外人李某签订《〈中华图片库〉图片拍摄合同书》,某科技公司依约获得了《中华图片库》中所有图片的著作权。此后,《中华图片库》系列音像材料由A出版社出版发行,在《中华图片库——商务与金融33》音像材料的索引中有包括CF2-007和CF2-047在内的若干图片。某科技公司在其中的"版权声明"称其享有音像材料中所有图片

的著作权。2003年7月15日，A出版社出具《关于〈中华图片库〉的说明》，表示《中华图片库》中所有图片著作权由某科技公司享有。

2003年1月3日，一汽销售公司（甲方）与B广告公司（乙方）签订《广告发布合同书》，约定甲方委托乙方在指定地区的媒体上发布明仕汽车商务版的平面媒体广告；广告所用物料全权委托乙方办理，基础素材由甲方负责提供，乙方刊出广告前，版面需经甲方审核才能刊登；乙方负责审查广告内容及表现形式，对不符合法律法规的广告内容和表现形式，乙方有权要求甲方进行修改；甲方委托乙方发布的广告出现法律问题，应由甲方承担相关法律责任；甲方应及时提供广告材料，配合乙方做好媒体发布工作等内容。此后，B广告公司依据该委托在2003年1月6日出版的《××时报》上刊登了"明仕商务成功真朋友"汽车广告，该广告中使用了编号为CF2-047的图片。

此后，一汽销售公司又委托案外其他广告公司在《××时报》上发布了3次广告，其中2003年1月23日的广告与上述广告相同，使用了编号为CF2-047的图片，同年2月20日、3月20日的广告则使用了编号为CF2-007的图片。

后原告某科技公司起诉到北京市朝阳区法院，要求一汽销售公司和《××时报》社停止侵权，在《××时报》上刊登致歉声明以消除影响，并赔偿经济损失4万元。

问题：

该案应如何处理？

第十二章 产品质量法

第一节 产品质量法概述

1993年2月22日，第七届全国人大常委会第三十次会议通过《中华人民共和国产品质量法》（以下简称《产品质量法》），于1993年9月1日起实行。2000年7月8日，第九届全国人大常委会第十六次会议和2009年8月27日第十一届人大常委会第十次会议分别对《产品质量法》进行了修订。2018年12月29日第十三届全国人民代表大会常务委员会第七次会议，通过全国人民代表大会常务委员会关于修改《产品质量法》的决定，自公布之日起施行。

一、《产品质量法》的概念

《产品质量法》是指调整国家在产品质量管理过程中形成的产品质量监督管理关系，以及因产品缺陷而引起的生产者、销售者与消费者之间侵权损害赔偿关系，即产品质量责任关系的法律规范的总称。产品质量通常是指产品满足需要的适用性、安全性、可靠性、耐用性、可维修性、经济性等特征和特性的总和。

二、《产品质量法》的适用范围

在中华人民共和国境内从事产品生产、销售活动，必须遵守《产品质量法》。本法所称产品是指经过加工、制作，用于销售的产品。建设工程不适用本法规定；但建设工程使用的建筑材料、建筑构配件和设备，属于前款规定的产品范围的，适用本法规定。

三、《产品质量法》的基本原则

我国《产品质量法》的基本原则如下：

（一）"质量第一"原则

严格保证产品质量，保证产品的安全性、可靠性和适用性。国家采取各种措施贯彻这一原则：其一，加强对产品质量的行政监督管理；其二，推行先进的企业质量体系认证制度和产品质量认证制度；其三，全面具体地规定生产者、销售者在保证产品质量方面所承担的义务；其四，对不履行产品质量义务的责任人员予以法律制裁。

（二）保护消费者合法权益原则

在我国生产的目的是最大限度地满足人们日益增长的物质和文化生活的需要，即不断满足广大消费者的要求。要实现这一目的，必须使消费者的合法权益得以保障。对此，我国《产品质量法》也有明确的规定。

（三）过错责任与严格责任并举原则

过错责任与严格责任是指法律的归责原则，即依据什么标准要求主体来承担法律责任。我国《产品质量法》对生产者采用严格责任原则，即缺陷产品如果造成了他人人身、财产损害，生产者即使没有过错也要承担民事侵权赔偿责任。而面对销售者，则采用过错责任原则。

（四）全额赔偿原则

因产品缺陷造成消费者损失，损失多少就应赔偿多少。我国《产品质量法》第73条规定："军工产品质量监督管理办法，由国务院、中央军事委员会另行制定。"从法律的规定中，未经加工的天然形成的产品、初级农产品、不动产、军工产品不适用《产品质量法》。

第二节　产品质量监督与管理

国家建立完善的市场质量的监督与管理体制，企业建立完整的质量保证体系，共同确保产品质量。

一、市场质量监督管理体制

国务院市场质量监督部门主管全国市场质量监督工作。国务院有关部门在各自的职责范围内负责市场质量监督工作。县级以上地方市场质量监督部门主管本行政区域内的产品质量监督工作。县级以上地方人民政府有关部门在各自的职责范围内负责市场质量监督工作。

按照现行的国务院机构设置，国家市场监督总局负责市场综合监督管理：起草市场监督管理有关法律法规草案，制定有关规章、政策、标准，组织实施质量强国战略、食品安全战略和标准化战略；负责监督管理市场秩序；依法监督管理市场交易、网络商品交易及有关服务的行为；负责宏观质量管理，产品质量安全监督管理，特种设备安全监督管理，食品安全监督管理综合协调，食品安全监督管理，统一管理计量工作，统一管理标准化工作，统一管理检验检测工作，统一管理、监督和综合协调全国认证认可工作，市场监督管理科技和信息化建设、新闻宣传、国际交流与合作等工作。

国务院有关主管部门是指在各自的职责范围内，负有对产品质量监督职责的有关部门，包括国家发展和改革委员会、农业部、工业和信息化部、国家工商行政管理总局等。其他法律对一些特殊产品质量的监督部门已有规定的，应依有关特别法的规定执行。例如，按照食品安全法的规定，主管食品卫生监督的是食品药品监督管理部门，药品管理法也对主管药品质量监督的部门作了规定。因此，对食品和药品的质量监督，应分别按食品安全法和药品管理法的规定执行。

二、产品质量监督管理

（一）企业质量体系认证制度

国家根据国际通用的质量管理标准，推行企业质量体系认证制度。企业根据自愿原则可以向国务院市场质量监督部门认可的或者国务院市场质量监督部门授权的部门认可的认证机构申请企业质量体系认证。经认证合格的，由认证机构颁发企业质量体系认证证书。

（二）产品质量认证制度

国家参照国际先进的产品标准和技术要求，推行产品质量认证制度。企业根据自愿原则可以向国务院产品质量监督部门认可的或者国务院市场质量监督部门授权的部门认可的认证机构申请产品质量认证。经认证合格的，由认证机构颁发产品质量认证证书，准许企业在产品或者其包装上使用产品质量认证标志。

产品质量认证标准按照层级不同可以分为国际标准、区域性或国家集团标准、国家标准、行业标准、地方标准、企业标准；按照实施强制力的程度不同可以分为强制性标准和推荐性标准。产品质量认证种类有安全认证和合格认证。根据我国《认证证书和认证标志管理办法（2015修订）》规定，认证标志分为强制性认证标志和自愿性认证标志。自愿性认证标志包括国家统一的自愿性认证标志和认证机构自行制定的认证标志。强制性认证标志和国家统一的自愿性认证标志属于国家专有认证标志。认证机构自行制定的认证标志是指认证机构专有的认证标志。

产品质量认证制度采取强制和自愿相结合的原则。对于涉及人体健康和人身、财产安全的工业产品，以及重要的工业产品实行强制认证，未经认证的产品不能销售。

（三）特殊工业产品许可证制度

自1984年建立以来，生产许可证制度经过多年发展，形成了一套较为完善的制度体系。国家对生产重要工业产品的企业实行生产许可制度，任何企业未取得生产许可证不得生产列入目录的产品。任何单位和个人不得销售或者在经营活动中使用未取得生产许可证的列入目录的产品。为适应市场经济发展的需要，截至2018年，许可的产品类别已经从最高487类缩减到38类。简化审批程序和加大证后监管力度是改革的方向。

（四）产品质量抽查制度

国家对产品质量实行以抽查为主要方式的监督检查制度，对可能危及人体健康和人身、财产安全的产品，影响国计民生的重要工业产品，以及消费者、有关组织反映有质量问题的产品进行抽查。监督抽查的样品应当由抽样人员在市场上或被抽查市场主体待销的产品中随机抽取。市场监督管理部门统一管理、组织开展本行政区域内的地方监督抽查工作；汇总、分析本行政区域监督抽查信息。省级以下市场监督管理部门组织实施本行政区域内的监督抽查工作；负责本行政区域内不合格产品及其生产者、销售者的处理和其他相关工作。

第三节 生产者、销售者的产品质量义务

《产品质量法》对生产者的产品质量义务和销售者的产品质量义务的规定如下。

一、生产者的产品质量责任和义务

（一）保证产品内在质量

《产品质量法》第26条规定："生产者应当对其生产的产品质量负责。产品质量应当符合下列要求：①不存在危及人身、财产安全的不合理的危险，有保障人体健康和人身、财产安全的国家标准、行业标准的，应当符合该标准；②具备产品应具备的使用性能，但是，对产品存在使用性能的瑕疵作出说明的除外；③符合在产品或者其包装上注明采用的产品标准，符合以产品说明、实物样品等方式表明的质量状况。"

本条是关于生产者对其生产的产品质量负责及对产品质量应达到的法定要求的规定。这里所规定的生产者对其生产的产品质量负责，包括两方面的含义：一是指生产者必须严格履行其保证产品质量的法定义务；二是指生产者不履行或不完全履行其法定义务时，必须依法承担相应的产品质量责任。生产者的法定产品质量义务，是指生产者必须依照法律的规定，为保证其生产的产品的质量必须作出一定行为或者不得作出一定行为。生产者的产品质量责任，是指生产者违反国家有关产品质量的法律、法规的规定，不履行或者不完全履行法定的产品质量义务时所应依法承担的法律后果。

（二）产品包装标识应当符合法律的规定

《产品质量法》第27条规定："产品或者其包装上的标识必须真实，并符合下列要求：①有产品质量检验合格证明；②有中文标明的产品名称、生产厂厂名和厂址；③根据产品的特点和使用要求，需要标明产品规格、等级、所含主要成分的名称和含量的，用中文相应予以标明；需要事先让消费者知

晓的,应当在外包装上标明,或者预先向消费者提供有关资料;④限期使用的产品,应当在显著位置清晰地标明生产日期和安全使用期或者失效日期;⑤使用不当,容易造成产品本身损坏或者可能危及人身、财产安全的产品,应当有警示标志或者中文警示说明。裸装的食品和其他根据产品的特点难以附加标识的裸装产品,可以不附加产品标识。"

产品包装是指为在产品运输、储存、销售等流通过程中保护产品、促进销售,按照一定技术方法采用的容器、材料和附着物,并在包装物上附加有关标识而进行的操作活动的总称。产品标识是指用于识别产品或其特征、特性所做的各种表示的统称,产品标识可以用文字、符号、标志、标记、数字、图案等表示,产品标识由生产者提供,其主要作用是表明产品的有关信息,帮助消费者了解产品的质量状况,说明产品的正确使用、保养方法,指导消费。产品标识可以标注在产品上,也可以标注在产品的包装上。

《产品质量法》第28条规定:"易碎、易燃、易爆、有毒、有腐蚀性、有放射性等危险物品以及储运中不能倒置和其他有特殊要求的产品,其包装质量必须符合相应要求,依照国家有关规定作出警示标志或者中文警示说明,标明储运注意事项。"

(三)生产者的禁止性义务

根据《产品质量法》规定,产品生产者的禁止性义务如下。

1. 生产者不得生产国家明令淘汰的产品

"国家明令淘汰的产品"是指国家行政机关按照一定的程序,采用行政的措施,对涉及耗能高、技术落后、污染环境、危及人体健康等方面的因素,宣布不得继续生产、销售、使用的产品。

2. 生产者不得伪造产地,不得伪造或者冒用他人的厂名、厂址

伪造产地是指在甲地生产,而标注乙地地名的欺骗行为。伪造厂名、厂址是指生产者捏造、编造不真实的生产厂的厂名和厂址。冒用厂名、厂址是指生产者非法使用他人的厂名、厂址。

3. 生产者不得伪造或者冒用认证标志等质量标志

"质量标志"是指有关主管部门或者组织,按照规定的程序颁发给生产者,用以表明该企业生产的产品的质量达到相应水平的证明标志。本条所禁

止的行为包括两种,即伪造认证标志等质量标志和冒用认证标志等质量标志。伪造是指非法制作、编造实际上并不存在的质量标志;冒用是指未取得认证标志等质量标志,而谎称取得并擅自使用相应质量标志。

4. 生产者生产产品,不得掺杂、掺假,不得以假充真、以次充好,不得以不合格品冒充合格产品

"掺杂、掺假"是指行为人在产品中掺入杂质或者造假,致使产品有关物质的成分或者含量不符合国家有关法律、法规、标准规定要求的欺骗行为。"以假充真"是指以甲产品冒充与其特性不同的乙产品的欺骗行为。"以次充好"是指以低等级、低档次的产品冒充高等级、高档次产品的欺骗行为。"合格产品"对于有国家强制性标准的产品来说,是指符合国家强制性标准的产品;对于没有国家强制性标准的产品来说,是指符合产品或其包装上明确标注所采用的标准的产品。

二、销售者的产品质量责任和义务

《产品质量法》对销售者的产品质量义务作了专门规定,具体义务如下。

1. 销售者应当建立并执行进货检查验收制度,验明产品合格证明和其他标识

"进货检查验收制度"是指销售者根据国家有关规定及同生产者或其他供货者之间订立的合同的约定,对购进的产品质量进行检查,符合合同约定的即予以验收的制度。进货检查验收包括产品标识检查、产品感观检查和必要的产品内在质量的检验。

2. 销售者应当采取措施,保持销售产品的质量

"采取措施"是指销售者应当根据产品的不同特点,采取必要的防雨、通风、防晒、防霉变、分类等方式,对某些特殊产品的保管,应采取控制温度等措施,保持进货时的产品质量状况,尤其是药品和食品等。采取措施还应包括配置必要的设备和设施。"保持销售产品的质量"是指销售者通过采取一系列保管措施,使销售产品的质量基本保持着进货时的质量状况。

3. 销售者不得销售国家明令淘汰并停止销售的产品和失效、变质的产品

国家明令淘汰的产品是指国务院及其有关部门通过颁布决定、命令的形式,公开淘汰的某项产品或者产品的某个型号。"失效"是指产品失去了本来应当具有的效力、作用。"变质"是指产品内在质量发生了本质性的物理、化学变化,失去了产品应当具备的使用价值。

4. 销售者销售的产品的标识应当符合《产品质量法》第 27 条的规定

产品或者其包装上的标识应当有产品质量检验合格证明;有中文标明的产品名称、生产厂厂名和厂址;根据产品的特点和使用要求,需要标明产品规格、等级、所含成分的名称和含量的,用中文相应予以标明(需要事先让消费者知晓的,应当在外包装上标明,或者预先向消费者提供有关资料);限期使用的产品,应当在显著位置清晰地标明生产日期和安全使用期或者失效日期;使用不当且容易造成产品本身损坏或者可能危及人身、财产安全的产品,应当有警示标志或者中文警示说明。

5. 销售者不得伪造产地,不得伪造或者冒用他人的厂名、厂址

伪造产地是指销售者对产品原有的标识进行篡改或者变造,即在产品或者包装上标注假的产地。伪造厂名、厂址是指使用非法制作的,或者是编造的标有其他生产者厂名、厂址的标识,即在产品或其包装上标注虚假的、根本不存在的厂名、厂址。冒用他人的厂名、厂址,是指未经他人许可且擅自使用他人的厂名和厂址的标识。

6. 销售者不得伪造或者冒用认证标志等质量标志

质量标志是指有关主管部门或者组织,按照规定的程序颁发给企业,用以表明该企业的产品质量达到相应水平的证明标志。本条所禁止的行为包括两种,即伪造认证标志等质量标志和冒用认证标志等质量标志。伪造是指非法制作、编造实际上并不存在的质量标志;冒用是指未取得认证标志等质量标志,而谎称取得并擅自使用相应质量标志。

7. 销售者销售产品,不得掺杂、掺假,不得以假充真、以次充好,不得以不合格品冒充合格产品

第四节 产品质量责任制度

产品质量责任是指产品的生产者、销售者不履行《产品质量法》规定的保证义务,所应承担的法律后果。其包括产品质量民事责任和违反《产品质量法》规定的行政责任及刑事责任。

一、民事责任

民事责任是民事法律关系主体违反民事义务所应当承担的法律后果。《产品质量法》的民事责任可分为产品瑕疵担保责任（违约责任）和产品缺陷损害赔偿责任（侵权责任）。

（一）产品瑕疵担保责任

产品瑕疵担保责任是一种由合同关系引起的责任，它是指在产品买卖关系中，一方当事人为了全面履行买卖关系中所承担的义务，向对方当事人做出明示或默示的保证，按照这种保证，如果产品存在瑕疵，保证方应当承担由此而引起的法律后果。明示担保是卖方证明其产品符合规定标准的说明、广告或标签；默示担保是依据法律规定产生的，卖方必须对产品应当具有的性能或特定产品的适用性进行无条件担保。根据《产品质量法》第40条的规定，售出的产品有下列情形之一的，销售者应当负责修理、更换、退货；给购买产品的消费者造成损失的，销售者应当赔偿损失：①不具备产品应当具备的使用性能而事先未做说明的；②不符合在产品或者其包装上注明采用的产品标准的；③不符合以产品说明、实物样品等方式表明的质量状况的。

销售者依照上述规定负责修理、更换、退货、赔偿损失后，属于生产者的责任或者属于向销售者提供产品的其他销售者（简称供货者）的责任的，销售者有权向生产者、供货者追偿。

销售者未按上述规定给予修理、更换、退货或者赔偿损失的，由市场监督管理部门责令改正。生产者之间、销售者之间、生产者与销售者之间订立的买卖合同、承揽合同有不同约定的，合同当事人按照合同约定执行。

（二）产品缺陷损害赔偿责任

产品缺陷损害赔偿责任（以下简称产品责任）是指生产者和销售者提供的产品本身不符合法规、标准及合同质量的要求，给用户和消费者造成损失的，应当承担赔偿责任。产品责任作为产品质量责任，是一种特殊的侵权责任，其成立必须具备下列条件。

1. 产品本身有缺陷

产品有缺陷（瑕疵）一般是指产品质量不符合国家有关法规的规定、质量标准，以及合同约定的对产品适用、安全和其他特性的要求。一般可将质量缺陷分为：①设计上的缺陷，即产品本身在结构、功能上的缺陷；②制造上的缺陷，即生产或装配时的工艺流程或者操作规程处理不当；③指示上的缺陷，即对产品的性能、使用方法未作出正确的指示说明，对产品的潜在危害性未作出必要的警告。

2. 生产者与销售者有提供缺陷产品的行为

生产者与销售者提供的产品本身不符合法规、标准及合同质量的要求，没有履行或没有适当履行向消费者"告知"义务。

3. 存在着造成他人损害的事实

这里的损害，不是指产品本身的损害，而是指产品造成了他人的人身伤害、死亡和财产损失。这种损害是合同权利以外的损害。例如，食品变质造成食用者中毒，电视机爆炸炸伤收视者等。他人是指任何受到伤害的人，可以是自然人、法人，也可以是购买人、使用人，甚至是旁观者、过路人，不管受害人与产销者之间是否存在合同关系。

4. 损害的事实与提供缺陷产品的行为之间有因果关系

因果关系是指损害是由提供有缺陷产品的行为直接造成的，即损害是由于产品自身的原因所致，而不是由于他人把产品作为实施侵权的工具造成的。

（三）产品责任的归责原则

产品责任的归责原则是指生产者、销售者就产品缺陷所致的损害应承担何种形式的责任，它是确定缺陷产品生产者、销售者民事责任的依据和标准。我国《产品质量法》对生产者适用严格责任原则，对销售者适用过错责任原则。

生产者承担严格责任指的是只要产品存在缺陷，产品缺陷造成了损害的事实，则该产品的生产者就要承担产品责任。《产品质量法》第41条规定，因产品存在缺陷造成人身、缺陷产品以外的其他财产（以下简称他人财产）损害的，生产者应当承担赔偿责任。

销售者承担过错责任指的是销售者只有在因自己的过错致使产品存在缺

陷，造成他人人身、财产损害时，销售者才承担赔偿责任。《产品质量法》第42条规定，由于销售者的过错使产品存在缺陷，造成人身、他人财产损害的，销售者应当承担赔偿责任。但销售者不能指明缺陷产品的生产者也不能指明缺陷产品的供货者的，销售者也应当承担赔偿责任。

（四）产品责任的免责事由

如果生产者能够证明有下列情形之一的，不承担赔偿责任：①未将产品投入流通的；②产品投入流通时，引起损害的缺陷尚不存在的；③将产品投入流通时的科学技术水平尚不能发现缺陷的存在的。

不承担赔偿责任是指生产者对免除责任的条件，负有提供证据的责任。如果生产者不能有效地证明免责条件的，那么不免除生产者的赔偿责任。这体现了举证责任倒置的原则。

产品未投入流通是指产品未出厂销售。产品投入流通时的科学技术水平尚不能发现缺陷的存在的是指发展中的风险。判定是否属于发展中的风险，以当时社会的科学技术水平为依据。

（五）产品责任的承担方式

产品存在缺陷，造成受害人财产损失的，侵害人可采用恢复原状、折价赔偿等方式承担责任；如果受害人因产品缺陷遭受其他重大财产损失的，侵害人应该赔偿其全部实际损失。

产品存在缺陷，造成受害人人身伤害的，侵害人应当赔偿医疗费、治疗期间的护理费、因误工减少的收入等费用；造成残疾的，还应当支付残疾者生活自助具费、生活补助费、残疾赔偿金，以及由其扶养的人所必需的生活费等费用；造成受害人死亡的，应当支付丧葬费、死亡赔偿金，以及由死者生前扶养的人所必需的生活费等费用。

二、行政责任

行政责任是指有关的行政主管机关依法对生产者、销售者及其直接责任者的违法行为所作出的处罚决定。行政处罚的方式有：责令停止生产、销售，没收违法生产、销售的产品，没收违法所得，罚款，吊销营业执照等。

（1）生产、销售不符合保障人体健康和人身、财产安全的国家标准、行业标准产品的，责令停止生产、销售，没收违法生产、销售的产品，并处以违法生产、销售产品（包括已售和未售出的产品，下同）货值金额等值以上3倍以下的罚款；有违法所得的，并处没收违法所得；情节严重的，吊销营业执照。

（2）在产品中掺杂、掺假，以假充真，以次充好，或者以不合格产品冒充合格产品的，责令停止生产、销售，没收违法生产、销售的产品，并处以违法生产、销售产品货值金额50%以上3倍以下的罚款；有违法所得的，并处没收违法所得；情节严重的，吊销营业执照。

（3）生产国家明令淘汰的产品的，销售国家明令淘汰并停止销售的产品的，责令停止生产、销售，没收违法生产、销售的产品，并处以违法生产、销售产品货值金额等值以下的罚款；有违法所得的，并处没收违法所得；情节严重的，吊销营业执照。

（4）销售失效、变质的产品的，责令停止销售，没收违法销售的产品，并处以违法销售产品货值金额两倍以下的罚款；有违法所得的，并处没收违法所得；情节严重的，吊销营业执照。

（5）伪造产品产地的，伪造或者冒用他人厂名、厂址的，伪造或者冒用认证标志等质量标志的，责令改正，没收违法生产、销售的产品，并处以违法生产、销售产品货值金额等值以下的罚款；有违法所得的，并处没收违法所得；情节严重的，吊销营业执照。

（6）产品标识不符合《产品质量法》第27条规定的，责令改正；有包装的产品标识不符合《产品质量法》第27条第（4）项、第（5）项规定，情节严重的，责令停止生产、销售，并处以违法生产、销售产品货值金额30%以下的罚款；有违法所得的，并处没收违法所得。

销售者销售上述（1）~（5）规定禁止销售的产品，有充分证据证明其不知道该产品为禁止销售的产品并如实说明其进货来源的，可以从轻或者减轻处罚。

（7）拒绝接受依法进行的产品质量监督检查的，给予警告，责令改正；拒不改正的，责令停业整顿；情节特别严重的，吊销营业执照。

三、刑事责任

刑事责任是指司法机关对违反产品质量义务并触犯刑法构成犯罪的生产者、销售者，以及在产品质量监督管理过程中的其他犯罪嫌疑人，按照刑法规定强制他们承担的法律后果。

（1）生产者、销售者违反《产品质量法》的有关规定，情节严重构成犯罪的，依法追究刑事责任。

（2）从事市场监督管理的国家工作人员滥用职权，玩忽职守，构成犯罪的，依法追究刑事责任。

（3）国家工作人员利用职务，对明知有违反《产品质量法》有关规定构成犯罪的行为的，依法追究刑事责任。

（4）妨碍国家工作人员依法执行公务，情节严重构成犯罪的，依法追究刑事责任。

讨论思考题

1. 简述我国产品质量立法所遵循的原则。
2. 简述我国产品质量管理体制。
3. 我国产品生产者有哪些禁止性义务？
4. 我国《产品质量法》对产品内在质量的要求有哪些？
5. 构成产品质量法律责任的要件有哪三项？

案例分析

杨某为某县惠民中药材专业合作社业主。2018年1月，吕某与卢某到杨某处洽谈购买中药材白术、前胡种子，口头约定吕某从杨某处进购种子，杨某负责送货，并提供技术服务。吕某先后通过微信及湖北农村信用社转账，共支付货款84790元，运费830元。共购进白术种子6600斤，前胡种子33斤。收到货后不久，吕某发现种子出现发霉腐烂现象，便电话询问杨某，杨某说腐烂的种子不要用，上面发霉下面是好的种子可以种植。种子种下后，白术出现大面积死苗现象，吕某电话联系杨某，杨某刚开始说不需要打药，也不需要什么技术措施，经吕某再三要求，杨某于2018年4月7日来种植现场查看后，也没有提供什么技术措施，最后白术禾苗全部死掉，前胡则是根本不发芽。后吕某请教农业专家，得知是因为杨某提供的种子不合格造成的。为了种药材吕某承包了土地 95.6 亩，并支付租金 57360 元，还支付人工工钱及化肥农资等，现在吕某颗粒无收，遭受巨大经济损失。吕某认为，是由于杨某没有提供合格的服务，导致自己遭受巨大经济损失，杨某应赔偿自己的全部经济损失。

杨某认为帮卢某、吕某一起代购白术、前胡种子，是帮助关系，没有送货、技术服务义务。种子的好坏是看得见的，如果是不好就不会收货甚至可以要求退换货。如果出现死苗或不发芽的种子是否系被告代购的种子也是存疑的，与客观事实及农业生产规律不符，存在没有种白术、前胡种植的经验和具体种植土壤不适宜种植等原因。

问题：

杨某的说法有道理吗？如果需要赔偿，是吕某主张的全部经济损失吗？请用本章相关知识解释。

第十三章 消费者权益保护法

第一节 消费者权益保护法概述

消费者权益保护法是指 1993 年 10 月 31 日第八届全国人大常委会第四次会议通过的《中华人民共和国消费者权益保护法》（以下简称《消费者权益保护法》），2009 年 8 月 27 日，第十一届全国人民代表大会常务委员会第十次会议对《全国人民代表大会常务委员会关于修改部分法律的决定》进行第一次修正。2013 年 10 月 25 日，第十二届全国人民代表大会常务委员会第五次会议对《消费者权益保护法》进行第二次修正，自 2014 年 3 月 15 日起施行。

一、消费者权益保护法概述

（一）消费者的概念

消费者是指为满足生活消费需要而购买、使用商品或者接受服务的个人。国际标准化组织把消费者定义为以个人消费为目的而购买或使用商品和服务的个体社会成员，通常情况下只为自然人。农民购买、使用直接用于农业生产的生产资料，参照本法执行。与消费者相对应的是经营者，是指从事商品经营或者营利性服务，为消费者提供商品或者服务的法人、其他经济组织和个人。

（二）消费的特征

（1）消费的性质是指生活消费，不包括生产消费。消费的方式包括购买、使用商品和接受服务。

（2）消费者对商品和服务的消费既包括自己出钱获得的消费，也包括他人出钱获得的消费。

（3）消费的主体包括公民个人和单位。单位购买用于职工福利的商品或者服务，一般都要有偿或者无偿地转归个人，承受消费权益的最终主体仍然是个人，个人受到损害的，可以直接维权；若考虑到没有发票等证据问题，可以由单位作为诉讼第三人参加诉讼。

（4）消费的客体是商品和服务。

（三）消费者权益保护法的概念

消费者权益保护法是调整在保护消费者权益过程中发生的经济关系的法律规范的总称。其目的是保护消费者的合法权益，维护社会经济秩序，促进社会主义市场经济健康发展。

（四）消费者权益保护法的原则

（1）经营者依法原则。经营者应当依法提供商品或者服务，除遵守消费者权益保护法以外，应当遵守其他有关法律、法规。

（2）公平合理的交易原则。经营者与消费者进行交易，应当遵循自愿、平等、公平、诚实、信用的原则。

（3）消费者权益受国家保护原则。国家为保证消费者的合法权益不受侵犯，采取一系列措施，保障消费者依法行使权利，维护消费者的合法权益。国家倡导文明、健康、节约资源和保护环境的消费方式，反对浪费。

（4）全社会共同保护消费者的合法权益原则。保护消费者的合法权益是全社会的共同责任。国家鼓励、支持一切组织和个人对损害消费者合法权益的行为进行社会监督。大众传播媒介应当做好维护消费者合法权益的宣传，对损害消费者合法权益的行为进行舆论监督。

第二节　消费者权利

在消费者权益保护制度中，消费者的权利作为消费者权益在法律上的体现，是各国消费者权益保护法的核心。我国《消费者权益保护法》第二章专门规定了消费者有以下权利。

一、安全保障权

消费者在购买、使用商品和接受服务时享有人身、财产安全不受损害的权利。消费者有权要求经营者提供的商品和服务，符合保障人身、财产安全的要求。

人身安全权包括生命安全权和健康安全权。消费者的生命安全权，是指消费者在消费过程中享有生命不受侵犯的权利。消费者有权要求自己消费的商品对于自己的生命是安全的，如果因为商品的缺陷而导致消费者死亡，经营者就侵犯了消费者的生命安全权。消费者的健康安全权，是指消费者在消费过程中享有的身体健康不受损害的权利。如果因为服务设施的缺陷而致使消费者身体健康受到损害，经营者就侵犯了消费者的健康安全权。

消费者的财产安全权，是指消费者在消费过程中享有的财产不受损害的权利。财产损害包括财产在外观上的损毁和内在价值的减少。财产安全不仅是指购买、使用的商品或者接受的服务是否安全，更重要的是指购买、使用的商品或者接受的服务以外的其他财产的安全。如果消费者正常购买、使用商品或者接受服务，致使其他财产受到损害，同样是损害了消费者的财产安全权。

二、知悉真情权

消费者享有知悉其购买、使用的商品或者接受的服务的真实情况的权利。消费者有权根据商品或者服务的不同情况，要求经营者提供商品的价格、产地、生产者、用途、性能、规格、等级、主要成分、生产日期、有效期限、检验合格证明、使用方法说明书、售后服务，或者服务的内容、规格、费用等有关情况。消费者知情权的主要内容包括：

（1）消费者有权要求经营者按照法律、法规规定的方式表明商品或者服务的真实情况。例如，商品或者服务的价格、商品的生产者、用途、性能、主要成分等。

（2）消费者在购买、使用商品或者接受服务时，有权询问和了解商品或者服务的有关情况；在消费过程中，消费者的询问和了解的权利是受法律保护的，经营者应耐心细致地予以回答。

（3）消费者不仅要知悉商品或者服务的情况，更重要的是要知晓真实情况，经营者在向消费者推出商品或者服务时，应向消费者提供真实情况。

三、自主选择权

消费者享有自主选择商品或者服务的权利。消费者有权自主选择提供商品或者服务的经营者，自主选择商品品种或者服务方式，自主决定购买或者不购买任何一种商品、接受或者不接受任何一项服务。消费者在自主选择商品或者服务时，有权进行比较、鉴别和挑选。

在判断消费者的自主选择权是否受到侵害时，应当从以下几个方面进行衡量：①违背消费者的主观意愿；②客观上表现为强迫消费者进行不公平或不平等的交易；③该强制交易行为自身存在违法性；④该交易行为将要或已经造成消费者权益的损害。

在保护消费者的自主选择权的同时反对自主选择权的滥用。在以下几种情况下，消费者一般无自主选择权：①经营者以"高档商品，非买勿动"进行明确告知的；②裸装食品；③根据商品的特点，进行选择会降低使用价值的。

四、公平交易权

消费者享有公平交易的权利。消费者在购买商品或者接受服务时，有权获得质量保障、价格合理、计量正确等公平交易条件，有权拒绝经营者的强制交易行为。

消费者公平交易权的主要表现包括：①交易行为的发生必须在合理的条件下进行，即消费者购买商品或者接受服务时有权获得质量保障、价格合理、计量正确等公平交易的条件；②消费者有权拒绝经营者的强制交易行为。

五、依法求偿权

消费者因购买、使用商品或者接受服务受到人身、财产损害的，享有依法获得赔偿的权利。

消费者行使求偿权应该注意以下几方面：

（一）受损害的内容

消费者因购买、使用商品或者接受服务可能受到的损害从内容上划分，包括人身损害和财产损害。人身损害是指生命健康权、名誉权和荣誉权的损害；财产损害是指受到的直接或间接的财产损失。

（二）索赔的主体

无论是商品的购买者、使用者或服务的接受者，还是在别人购买、使用商品或者接受服务的过程中受到人身或者财产损害的其他受害人，只要其人身、财产损害是因为购买、使用商品或接受服务而引起的，都享有求偿权。

（三）损害赔偿的责任主体

对于消费者购买、使用商品或者接受服务受到的人身、财产损害，商品的生产者、销售者或者服务者都要承担赔偿责任，而不论其是否有过错，除非造成损害是消费者自己的过错。

六、成立维权组织权

消费者享有依法成立维护自身合法权益的社会组织的权利。这里所指的消费者依法成立的社会组织，主要是指由公众成立的社会组织类型。

七、获取知识权

消费者享有获得有关消费和消费者权益保护方面的知识的权利。消费者应当努力掌握所需商品或者服务的知识和使用技能，正确使用商品，提高自我保护意识。消费者获得知识的内容包括消费知识和消费者权益保护方面的知识。

八、受尊重权及信息得到保护权

消费者在购买、使用商品和接受服务时，享有人格尊严、民族风俗习惯得到尊重的权利，享有个人信息依法得到保护的权利。

在购买、使用商品或接受服务时，消费者的人格尊严不容侵犯。尊重消费者在消费活动中的人格尊严是消费者享有的最起码的权利，任何人都无权对消费者加以侮辱和诽谤。

九、监督权

消费者享有对商品和服务及保护消费者权益工作进行监督的权利。消费者有权检举、控告侵害消费者权益的行为和国家机关及其工作人员在保护消费者权益工作中的违法失职行为,有权对保护消费者权益工作提出批评、建议。

第三节 经营者的义务

经营者向消费者提供商品或者服务,应当依照《消费者权益保护法》和其他有关法律、法规的规定履行义务。

经营者和消费者有约定的,应当按照约定履行义务,但双方的约定不得违背法律、法规的规定。

一、经营者义务

经营者向消费者提供商品或者服务,应当恪守社会公德,诚信经营,保障消费者的合法权益;不得设定不公平、不合理的交易条件,不得强制交易。

二、听取意见、接受监督义务

经营者应当听取消费者对其提供的商品或者服务的意见,接受消费者的监督。

三、安全保障义务

经营者应当保证其提供的商品或者服务符合保障人身、财产安全的要求。对可能危及人身、财产安全的商品和服务,应当向消费者作出真实的说明和明确的警示,并说明和标明正确使用商品或者接受服务的方法,以及防止危害发生的方法。

宾馆、商场、餐馆、银行、机场、车站、港口、影剧院等经营场所的经营者,应当对消费者尽到安全保障义务。

四、对存在缺陷的产品和服务及时采取措施的义务

经营者发现其提供的商品或者服务存在缺陷,有危及人身、财产安全危险的,应当立即向有关行政部门报告和告知消费者,并采取停止销售、警示、

召回、无害化处理、销毁、停止生产或者服务等措施。采取召回措施的，经营者应当承担消费者因商品被召回支出的必要费用。

经营者对其提供的商品或服务负有跟踪服务的义务，经营者对投入流通后的商品不能撒手不管，应当进行跟踪服务，发现存在缺陷的，应当及时采取措施最大可能地避免消费者人身、财产损害，保护消费者的合法权益。

五、提供真实、全面信息的义务

经营者向消费者提供有关商品或者服务的质量、性能、用途、有效期限等信息，应当真实、全面，不得作虚假或者引人误解的宣传。

经营者对消费者就其提供的商品或者服务的质量和使用方法等问题提出的询问，应当作出真实、明确的答复。

经营者提供商品或者服务应当明码标价。

六、标明真实名称和标记的义务

经营者应当标明其真实名称和标记。

租赁他人柜台或者场地的经营者，应当标明其真实名称和标记。

七、出具发票的义务

经营者提供商品或者服务，应当按照国家有关规定或者商业惯例向消费者出具发票等购货凭证或者服务单据；消费者索要发票等购货凭证或者服务单据的，经营者必须出具。

消费者索要发票的，经营者不得以收据、购货卡、服务卡、保修证等代替。有正当理由不能即时出具的，经营者应当按照与消费者协商的时间、地点送交或者约定消费者到指定地点索取。经营者约定消费者到指定地点索取的，应当向消费者支付合理的交通费用。

八、质量担保义务、瑕疵举证责任

经营者应当保证在正常使用商品或者接受服务的情况下，其提供的商品或者服务应当具有的质量、性能、用途和有效期限；但消费者在购买该商品或者接受该服务前已经知道其存在瑕疵，且存在该瑕疵不违反法律强制性规定的除外。

经营者以广告、产品说明、实物样品或者其他方式表明商品或者服务的质量状况的，应当保证其提供的商品或者服务的实际质量与表明的质量状况相符。

经营者提供的机动车、计算机、电视机、电冰箱、空调器、洗衣机等耐用商品或者装饰装修等服务,消费者自接受商品或者服务之日起 6 个月内发现瑕疵、发生争议的,由经营者承担有关瑕疵的举证责任。

九、退货、更换、修理义务

经营者提供的商品或者服务不符合质量要求的,消费者可以依照国家规定、当事人约定退货,或者要求经营者履行更换、修理等义务。没有国家规定和当事人约定的,消费者可以自收到商品之日起 7 日内退货;7 日后符合法定解除合同条件的,消费者可以及时退货,不符合法定解除合同条件的,可以要求经营者履行更换、修理等义务。

依照前款规定进行退货、更换、修理的,经营者应当承担运输等必要费用。

十、无理由退货制度

经营者采用网络、电视、电话、邮购等方式销售商品,消费者有权自收到商品之日起 7 日内退货,且无须说明理由。但下列商品除外:①消费者定做的;②鲜活易腐的;③在线下载或者消费者拆封的音像制品、计算机软件等数字化商品;④交付的报纸、期刊。

除前款所列商品外,其他根据商品性质并经消费者在购买时确认不宜退货的商品,不适用无理由退货。

消费者退货的商品应当完好。经营者应当自收到退回商品之日起 7 日内返还消费者支付的商品价款。退回商品的运费由消费者承担;经营者和消费者另有约定的,则按照约定。

十一、格式条款的限制

经营者在经营活动中使用格式条款的,应当以显著方式提请消费者注意商品或者服务的数量和质量、价款或者费用、履行期限和方式、安全注意事项和风险警示、售后服务、民事责任等与消费者有重大利害关系的内容,并按照消费者的要求予以说明。

经营者不得以格式条款、通知、声明、店堂告示等方式,作出排除或者限制消费者权利、减轻或者免除经营者责任、加重消费者责任等对消费者不公平、不合理的规定，不得利用格式条款并借助技术手段强制交易。

格式条款、通知、声明、店堂告示等含有前款所列内容的，其内容无效。

十二、不得侵犯人格尊严和人身自由的义务

经营者不得对消费者进行侮辱、诽谤，不得搜查消费者的身体及其携带的物品，不得侵犯消费者的人身自由。

十三、特定领域经营者的信息披露义务

采用网络、电视、电话、邮购等方式提供商品或者服务的经营者，以及提供证券、保险、银行等金融服务的经营者，应当向消费者提供经营地址、联系方式、商品或者服务的数量和质量、价款或者费用、履行期限和方式、安全注意事项和风险警示、售后服务、民事责任等信息。

十四、收集使用消费者个人信息义务

经营者收集、使用消费者个人信息，应当遵循合法、正当、必要的原则，明示收集、使用信息的目的、方式和范围，并经消费者同意。经营者收集、使用消费者个人信息，应当公开其收集、使用规则，不得违反法律、法规的规定和双方的约定收集、使用信息。

经营者及其工作人员对收集的消费者个人信息必须严格保密，不得泄露、出售或者非法向他人提供。经营者应当采取技术措施和其他必要措施，确保信息安全，防止消费者个人信息泄露、丢失。在发生或者可能发生信息泄露、丢失的情况时，应当立即采取补救措施。

经营者未经消费者同意或者请求，或者消费者明确表示拒绝的，不得向其发送商业性信息。

第四节　消费者争议的解决和法律责任

消费者权益争议是指在消费领域发生的，消费者在购买、使用商品或接收服务的过程中，因经营者不依法履行或不适当履行义务，使消费者合法权益受到损害而引起的争议。

一、消费争议的解决

(一) 消费争议解决的途径

根据《消费者权益保护法》第39条规定,消费者和经营者发生消费者权益争议的,可以通过下列途径解决:①与经营者协商和解;②请求消费者协会或者依法成立的其他组织调解;③向有关行政部门投诉;④根据与经营者达成的仲裁协议提请仲裁机构仲裁;⑤向人民法院提起诉讼。

(二) 消费者索赔的权利

消费者在购买、使用商品时,其合法权益受到损害的,可以向销售者要求赔偿。销售者赔偿后,属于生产者的责任或者属于向销售者提供商品的其他销售者的责任的,销售者有权向生产者或者其他销售者追偿。

消费者或者其他受害人因商品缺陷造成人身、财产损害的,可以向销售者要求赔偿,也可以向生产者要求赔偿。属于生产者责任的,销售者赔偿后,有权向生产者追偿;属于销售者责任的,生产者赔偿后,有权向销售者追偿。运输者、仓储者对此负有责任的,产品制造者、销售者有权要求赔偿损失。

消费者在接受服务时,其合法权益受到损害的,可以向服务者要求赔偿。

(三) 最终承担损害赔偿责任的主体

(1) 消费者在购买、使用商品或者接受服务时,其合法权益受到损害,因原企业分立、合并的,可以向变更后承受其权利义务的企业要求赔偿。

(2) 使用他人营业执照的违法经营者提供商品或服务,损害消费者合法权益的,消费者可以直接向其要求赔偿,也可以向营业执照的持有人要求赔偿。

(3) 消费者在展销会、租赁柜台购买商品或者接受服务,其合法权益受到损害的,可以向销售者或者服务者要求赔偿。展销会结束或者柜台租赁期满后,也可以向展销会的举办者、柜台的出租者要求赔偿。展销会的举办者、柜台的出租者赔偿后,有权向销售者或者服务者追偿。

(4) 消费者通过网络交易平台购买商品或者接受服务,其合法权益受到损害的,可以向销售者或者服务者要求赔偿。网络交易平台提供者不能提供销售者或者服务者的真实名称、地址和有效联系方式的,消费者也可以向网络交易平台提供者要求赔偿;网络交易平台提供者作出更有利于消费者承诺的，应当履行承诺。网络交易平台提供者赔偿后，有权向销售者或者服务者追偿。

网络交易平台提供者明知或者应知销售者或者服务者利用其平台侵害消费者合法权益，未采取必要措施的，依法与该销售者或者服务者承担连带责任。

（5）消费者因经营者利用虚假广告或者其他虚假宣传方式提供商品或服务，其合法权益受到损害的，可以向经营者要求赔偿。广告经营者、发布者发布虚假广告的，消费者可以请求行政主管部门予以惩处。广告经营者、发布者不能提供经营者的真实名称、地址和有效联系方式的，应承担赔偿责任。

广告经营者、发布者设计、制作、发布关系消费者生命健康商品或者服务的虚假广告，造成消费者损害的，应当与提供该商品或者服务的经营者承担连带责任。社会团体或者其他组织、个人在关系消费者生命健康商品或服务的虚假广告或者其他虚假宣传中向消费者推荐商品或者服务，造成消费者损害的，应当与提供该商品或者服务的经营者承担连带责任。

消费者向有关行政部门投诉的，该部门应当自收到投诉之日起7个工作日内，予以处理并告知消费者。对侵害众多消费者合法权益的行为，中国消费者协会以及在省、自治区、直辖市设立的消费者协会，可以向人民法院提起诉讼。

二、违反消费者权益保护法的法律责任

（一）民事责任

（1）经营者提供商品或服务有下列情形之一的，除《消费者权益保护法》另有规定应依照《产品质量法》和其他有关法律、法规的规定，应当承担民事责任：①商品或服务存在缺陷的；②不具备商品应当具备的使用性能而出售时未作说明的；③不符合在商品或包装上注明采用的商品标准的；④不符合商品说明、实物样品等方式表明的质量状况的；⑤生产国家明令淘汰的商品或销售失效、变质的商品的；⑥销售的商品数量不足的；⑦服务的内容和费用违反约定的；⑧对消费者提出的修理、重做、更换、退货、补足商品数量、退还货款和服务费用或者赔偿损失的要求，故意拖延或者无理拒绝的；⑨法律、法规规定的其他损害消费者权益的情形。经营者对消费者未尽到安全保障义务，造成消费者损害的，应当承担侵权责任。

（2）经营者提供商品或服务，造成消费者或其他受害人人身伤害的，应当赔偿医疗费、护理费、交通费等为治疗和康复支出的合理费用，以及因误工减少的收入。造成残疾的，还应当赔偿残疾生活辅助具费和残疾赔偿金。造成死亡的，还应当赔偿丧葬费和死亡赔偿金。

（3）经营者侵害消费者的人格尊严、侵犯消费者人身自由或者侵害消费者个人信息依法得到保护的权利的，应当停止侵害、恢复名誉、消除影响、赔礼道歉，并赔偿损失。

（4）经营者有侮辱诽谤、搜查身体、侵犯人身自由等侵害消费者或者其他受害人人身权益的行为，造成严重精神损害的，受害人可以要求精神损害赔偿。

（5）经营者提供商品或者服务，造成消费者财产损害的，应当依照法律规定或者当事人约定承担修理、重做、更换、退货、补足商品数量、退还货款和服务费用或者赔偿损失等民事责任。

（6）经营者以预收款方式提供商品或者服务的，应当按照约定提供。未按照约定提供，应当按照消费者的要求履行约定或者退回预付款；还应当承担预付款的利息、消费者必须支付的合理费用。

（7）依法经有关行政部门认定为不合格的商品，消费者要求退货的，经营者应当负责退货。

（8）经营者提供商品或者服务有欺诈行为的，应当按照消费者的要求增加赔偿其受到的损失，增加赔偿的金额为消费者购买商品的价款或接受服务的费用的3倍；增加赔偿的金额不足500元的，为500元。法律另有规定的，依照其规定。

经营者明知商品或者服务存在缺陷，仍然向消费者提供，造成消费者或者其他受害人死亡或者健康严重损害的，受害人有权要求经营者依照《消费者权益保护法》第49条、第51条等法律规定赔偿损失，并有权要求所受损失2倍以下的惩罚性赔偿。

（二）行政责任

经营者有下列情形之一，除承担相应的民事责任外，其他有关法律、法规对处罚机关和处罚方式有规定的，依照法律、法规的规定执行；法律、法规未作规定的，由工商行政管理部门或者其他有关行政部门责令改正，可以根据情节单处或者并处警告、没收违法所得、处以违法所得1倍以上10倍以

下的罚款,没有违法所得的,处以50万元以下的罚款;情节严重的,责令停业整顿、吊销营业执照:

(1) 提供的商品或者服务不符合保障人身、财产安全要求的。

(2) 在商品中掺杂、掺假,以假充真,以次充好,或者以不合格商品冒充合格商品的。

(3) 生产国家明令淘汰的商品或者销售失效、变质的商品的。

(4) 伪造商品的产地,伪造或者冒用他人的厂名、厂址,篡改生产日期,伪造或冒用认证标志、名优标志等质量标志的。

(5) 销售的商品应当检验、检疫而未检验、检疫或伪造检验、检疫结果的。

(6) 对商品或者服务做虚假或者引人误解的宣传的。

(7) 拒绝或者拖延有关行政部门责令对缺陷商品或者服务采取停止销售、警示、召回、无害化处理、销毁、停止生产或者服务等措施的。

(8) 对消费者提出的修理、重做、更换、退货、补足商品数量、退还货款和服务费用或者赔偿损失的要求,故意拖延或者无理拒绝的。

(9) 侵犯消费者人格尊严或者侵犯消费者人身自由的,或者侵害消费者个人信息依法得到保护的权利的。

(10) 法律、法规规定的对损害消费者权益应当予以处罚的其他情形。

经营者有上述规定情形的,除依照法律、法规规定予以处罚外,处罚机关应当记入信用档案,并向社会公布。经营者对行政处罚决定不服的,可以依法申请行政复议决或提起行政诉讼。

(三) 刑事责任

经营者违反本法规定提供商品或者服务,侵害消费者合法权益,构成犯罪的,依法追究刑事责任。

(1) 经营者提供商品或者服务,造成消费者或其他受害人人身伤害或死亡;在商品中掺杂掺假、冒用他人商标生产国家明令淘汰产品或销售失效、变质商品等情节严重,构成犯罪的,依法追究刑事责任。

(2) 以暴力、威胁等方法阻碍有关行政部门工作人员依法执行职务,构成犯罪的,依法追究刑事责任。

(3) 国家机关工作人员玩忽职守或者包庇经营者侵害消费者合法权益的行为的,由所在单位或上级机关给予行政处分;情节严重构成犯罪的,依法追究刑事责任。

讨论思考题

1. 简述《消费者权益保护法》适用原则。
2. 简述经营者应当依法定或约定履行的义务。
3. 消费者享有哪些权利?
4. 在判断消费者的自主选择权是否受到侵害时有哪些依据?
5. 简述违反《消费者权益保护法》的法律责任。

案例分析

2007年7月1日,向某在某机电产品开发有限公司购买了轮胎翻新设备一套,之后开办了A轮胎翻新厂。2007年7月25日,向某开办的轮胎翻新厂在使用轮胎翻新设备过程中,轮胎翻新贴面机上的轮辋钢圈爆裂飞出,砸伤在现场操作的黄某。黄某受伤后,自己共支付住院费用7352.60元,确诊伤残程度为六级。轮胎翻新贴面机轮焊接件不合格是造成事故的直接原因。

2008年1月22日,向某与该机电产品开发有限公司签订《协议书》,甲方为向某、黄某(黄某未到场签字,亦未给向某出具授权委托书),乙方为某机电产品开发有限公司,协议内容为:"甲方向某于2007年7月1日在乙方购买轮胎翻新设备一套,甲方人员在使用过程中,砸伤现场操作人员黄某。截至本协议签订之日,乙方向甲方提供价值人民币4万元的人道支助;在签订本协议之后,乙方向甲方支付现金15000元,甲方向乙方出具收条。自此,乙方不再承担任何义务,甲方或者其中任何一方均不得在任何时间、地点,以任何方式、任何理由向乙方主张任何权利。如果伤者向甲、乙双方任何一方提出补偿要求,都由甲方承担一切补偿,与乙方无关。甲方全权委托向某一人与乙方签订本协议,委托书作为本协议附件具备同等法律效力。"协议签订后,向某从该机电产品开发有限公司领取了协议约定的现金15000元。

2008年7月8日,黄某提起民事诉讼,要求该机电产品开发有限公司、A轮胎翻新厂、向某共同赔偿其医疗费、残疾赔偿金等经济损失共计147692.35元。案件审理过程中,该机电产品开发有限公司以争议已协商解决为由提出抗辩。

问题:

该机电产品开发有限公司的抗辩理由成立吗?请用经济法相关理论解释。

第十四章　金融与保险法

第一节　金融法概述

一、金融法的概念及调整对象

（一）金融的含义

金融是商品经济条件下各种金融机构以货币为对象、以信用为形式进行的货币收支、资金融通活动的总称。简单地讲，金融就是货币资金的融通，是与货币流通和银行信用有关的一切活动。

（二）金融法的概念

金融法是调整金融关系的法律规范的总称。具体地说，金融法就是调整货币流通和资本信用活动中所发生的各种社会关系的法律规范的总称，它是国家宏观调控法的重要组成部分。

（三）金融法的调整对象

金融法的调整对象是指金融活动中各种主体之间产生的社会关系，即金融关系，具体包括以下两种关系：一是金融监管关系，即国家对金融活动进行干预、管理而形成的经济关系；二是资金融通关系，即银行等各类金融机构之间，以及它们与非金融机构的企业、其他组织和自然人之间的融资关系。

二、金融法的基本原则

金融法的基本原则是指在金融立法及法律适用中应遵循的基本行为准则，它贯穿于社会主义金融法治的全过程。在社会主义市场经济条件下，金融法要遵循以下几个基本原则。

（一）促进金融业发展原则

社会主义金融法是为社会主义市场经济发展服务的，它通过对市场经济条件下金融活动中形成的各种社会关系的调节，维护良好金融秩序，为社会主义金融业发展服务。

（二）适度竞争原则

竞争和优胜劣汰是一种有效机制。但是金融管理的重心应该是创造适度竞争，既要避免金融高度垄断，从而丧失效率和活力，又要防止过度竞争、恶性竞争，从而波及金融业的安全稳定，引起经常性的银行破产以及剧烈的社会动荡。

（三）保护投资者利益原则

金融关系到千家万户的利益，保护投资者的利益是金融法要遵循的一项基本原则。要维护投资者利益，就必须保证金融活动中资金的营利性、流通性和安全性。

（四）管理与经营分离原则

在社会主义市场经济条件下，金融体制必须适应市场经济发展要求，贯彻管理与经营分离的原则。第一，制定中央银行法，明确中央银行的法律地位、职责和权限；第二，制定商业银行法，使商业银行与政策性银行分离，商业银行实行企业化经营，以合法盈利为根本目标；第三，制定政策性银行法，政策性银行专门代表国家进行专项投资，并代表国家对投资进行管理，以保障国家投资安全和目标实现为己任，不以追求自身利润最大化为根本目标。

（五）与国际惯例接轨原则

与国际惯例接轨就是说我国金融法有关内容要与国际上的通行做法保持一致。

三、金融法的主要内容

从当前金融活动的范围来看，金融法的主要内容包括以下方面。

（一）银行法

银行法是金融法的核心。银行法包括中央银行法、商业银行法、政策性银行法,以及非银行金融机构管理法等内容。

(二) 货币管理法

货币管理法主要包括人民币发行与管理、外汇管理、金银管理等内容。

(三) 信贷法

信贷法是调整信贷关系的法律规范,包括存贷款管理制度、借款合同制度等内容。

(四) 银行结算与票据法

银行结算与票据法是调整银行结算与票据法律关系的法律规范。

(五) 信托法

信托法是调整金融信托法律关系的法律规范。其主要内容有信托机构设立的条件、信托机构的法律地位、信托业务规范、信托合同制度等。

(六) 融资租赁法

融资租赁法是调整融资租赁法律关系的法律规范。其主要内容有融资租赁公司成立的条件、融资租赁公司的法律地位与融资租赁合同等。

(七) 保险法

保险法是调整保险法律关系的法律规范,是金融法的一个重要组成部分。

(八) 证券法

证券法的调整对象是证券关系,即证券融资关系。其既包括证券发行人、证券投资人和证券商等平等主体之间因证券发行和交易而发生的社会经济关系,也包括证券监管机构因监督管理证券市场参与者所产生的证券监管关系。

(九) 涉外金融法

涉外金融法是调整具有涉外因素的金融关系的法律规范。

本章主要介绍银行法、证券法、票据法和保险法。

第二节 银行法

一、银行法概述

(一) 银行的概念和分类

1. 银行的概念

在我国,银行是指通过存款、贷款、汇兑、储蓄等业务,承担信用中介的金融机构。银行是金融机构之一,而且是最主要的金融机构。

2. 银行业分类

根据我国银行业的现状,银行业可以概括为以下四类。

(1) 中央银行,即中国人民银行,是指我国政府组建的,负责控制国家货币供给、信贷条件以及监管金融体系的特殊国家机关。中国人民银行是我国最高的货币金融管理机构,在我国金融体系中居于主导地位。

(2) 监管机构,即中华人民共和国银行业监督管理委员会,简称银监会,是国务院直属事业单位。银监会根据授权,统一监督管理银行、金融资产管理公司、信托投资公司,以及其他存款类金融机构,维护银行业的合法、稳健运行。

(3) 自律组织,即中国银行业协会,是指在我国境内注册的各商业银行、政策性银行自愿结成的非营利性社会团体,经中国人民银行批准并在民政部门登记注册,是我国银行业的自律组织。

(4) 银行业金融机构,包括商业银行、政策性银行、非银行金融机构、外资银行等。

(二) 银行法的概念和调整对象

1. 银行法的概念

银行法是指有关银行组织和银行业务活动的法律规范的总称。银行法的基本内容包括金融组织法和银行业务法。金融组织法用来规范银行的性质、地位、组织体系、管理体制、职责权限等;银行业务法用来规范银行的从业范围,以及在业务活动中当事人的权利义务等。

2. 银行法的调整对象

银行法的调整对象主要包括以下几个方面。

(1) 银行组织关系。银行组织关系是指在银行的设立、变更、接管、终止过程中发生的组织管理关系,以及银行内部组织机构设置和确认内部各部门之间权限过程中发生的组织管理关系,包括银行的财务预算关系、会计核算关系等。

(2) 银行经营业务关系。银行经营业务关系是指银行之间,以及银行与其客户之间,在经营货币或其他信用业务活动中所形成的经济关系。

(3) 银行管理关系。银行管理关系是指国家金融主管机关和其他国家经济管理机关,在对银行行为进行纵向的监督管理和宏观调控过程中形成的社会关系。

(三) 银行法的体系

银行法的体系是指银行法的内部结构,具体包括以下几个方面。

1. 银行组织法

银行组织法是指确认我国银行体系中所有银行以及从事某些银行业务的非银行金融机构的法律地位,调整其组织内部各部门之间的组织管理关系和经营协作关系的法律规范的总称。银行组织法的作用是规定银行等金融机构的法律主体资格,赋予不同银行参加金融活动时各自的权利、义务,确定银行组织机构的形式和经营规则等。

2. 银行业务法

银行业务法是指调整银行之间以及银行与客户之间,在经营货币或其他信用业务等活动中所形成的经济关系的法律规范的总称。简而言之,银行业务法是调整银行业务关系的法律规范的总称。银行业务关系是一种横向的平等主体之间的经济关系,主要包括存款业务关系、贷款业务关系、结算业务关系等。这种业务关系的一方是银行,另一方是其服务的对象,包括自然人、法人(包括银行)和国家等。

3. 银行管理法

银行管理法是指调整国家中央银行和有关国家经济管理机关对银行业进行监督管理和宏观调控过程中形成的社会关系的法律规范的总称。银行管理法通过明确银行管理的目标,确定管理机构的职责权限、规范管理手段等,贯彻国家货币政策,规范金融秩序。银行管理法在宏观经济调控体系中具有十分重要的作用。

由于篇幅有限,本节重点介绍《中华人民共和国中国人民银行法》(以下简称《中国人民银行法》)和《中华人民共和国商业银行法》(以下简称《商业银行法》)。

二、中国人民银行法

(一)《中国人民银行法》概述

我国现行《中国人民银行法》于1995年3月18日经第八届全国人民代表大会第三次会议通过,并于当日实施;后又于2003年12月27日经第十届全国人民代表大会常务委员会第六次会议修订,于2004年2月1日起施行。《中国人民银行法》以法律的形式确立了中国人民银行作为中华人民共和国中央银行的性质、地位、职能、货币政策目标、资本构成、组织结构及中央银行与政府的关系。《中国人民银行法》共8章,53条,主要内容包括总则、中国人民银行的组织机构、人民币、中国人民银行的业务、金融监督管理、财务会计、法律责任、附则。

(二)中国人民银行的法律地位与职责

1. 中国人民银行的法律地位

《中国人民银行法》规定,"中国人民银行是中华人民共和国的中央银行"。中国人民银行在国务院领导下,制定和执行货币政策,防范和化解金融风险,维护金融稳定。

2. 中国人民银行的职责

中国人民银行应履行下列职责:①发布与履行其职责有关的命令和规章;②依法制定和执行货币政策;③发行人民币,管理人民币流通;④监督管理银行间同业拆借市场和银行间债券市场;⑤实施外汇管理,监督管理银行间外汇市场;⑥监督管理黄金市场;⑦持有、管理、经营国家外汇储备、黄金储备;⑧经理国库;⑨维护支付、清算系统的正常运行;⑩指导、部署金融业反洗钱工作,负责反洗钱的资金监测;⑪负责金融业的统计、调查、分析和预测;⑫作为国家的中央银行,从事有关的国际金融活动;⑬为执行货币政策,可以依照《中国人民银行法》的有关规定从事金融业务活动;⑭国务院规定的其他职责。

(三) 中国人民银行的组织机构

1. 行长

中国人民银行设行长一人,副行长若干人。中国人民银行实行行长负责制。行长全面领导中国人民银行的工作;副行长在行长的领导下,按照各自分工,协助行长工作,对行长负责。中国人民银行行长的人选,由国务院总理提名,由全国人大决定;全国人大闭会期间,由全国人大常委会决定,由国家主席任免。副行长由国务院总理任免。

2. 货币政策委员会

中国人民银行设立货币政策委员会。货币政策委员会是中国人民银行制定货币政策的咨询议事机构,其职责是在综合分析客观经济形势的基础上,依据国家宏观经济调控目标,讨论有关货币政策事项,并提出相应建议。

3. 中国人民银行的分支机构

中国人民银行根据履行职责的需要依法设立分支机构。中国人民银行对分支机构实行集中统一管理。各分支机构根据授权,负责维护本辖区的金融稳定,承办有关业务。

(四) 中国人民银行的业务

1. 运用货币政策的业务

中国人民银行运用货币政策的业务主要有:①要求银行业金融机构按照规定的比例交存存款准备金;②确定中央银行基准利率;③为在中国人民银行开立账户的银行业金融机构办理再贴现;④向商业银行提供贷款;⑤在公开市场上买卖国债、其他政府债券和金融债券及外汇;⑥国务院确定的其他货币政策工具。

2. 其他金融业务

中国人民银行的其他金融业务主要有:①依照法律、行政法规的规定经理国库;②代理国务院财政部门向各金融机构组织发行、兑付国债和其他政府债券;③根据需要,为银行业金融机构开立账户,但不得对银行业金融机构的账户透支;④组织或者协助组织银行业金融机构相互之间的清算系统,协调银行业金融机构相互之间的清算事项,提供清算服务;⑤根据执行货币政策的需要,可以决定对商业银行贷款的数额、期限、利率和方式,但贷款的期限不得超过一年。

3. 禁止性业务

中国人民银行不得办理以下业务:①不得对政府财政透支,不得直接认购、包销国债和其他政府债券;②不得向地方政府、各级政府部门提供贷款,不得向非银行金融机构以及其他单位和个人提供贷款,但国务院决定中国人民银行可以向特定的非银行金融机构提供贷款的除外;③不得向任何单位和个人提供担保。

(五) 中国人民银行的金融监督管理

中国人民银行依法监测金融市场的运行情况,对金融市场实施宏观调控,促进其协调发展。

(1) 对金融机构以及其他单位和个人的金融违法行为进行检查监督。

(2) 根据执行货币政策和维护金融稳定的需要,可以建议国务院银行业监督管理机构对银行业金融机构进行检查监督。

(3) 当银行业金融机构出现支付困难,可能引发金融风险时,为了维护金融稳定,中国人民银行经国务院批准,有权对银行业金融机构进行检查监督。

(4) 根据履行职责的需要,有权要求银行业金融机构报送必要的资产负债表、利润表,以及其他财务会计、统计报表和资料。

(5) 和国务院银行业监督管理机构、国务院其他金融监督管理机构建立监督管理信息共享机制。

(6) 负责统一编制全国金融统计数据、报表,并按照国家有关规定予以公布。

(7) 建立、健全本系统的稽核、检查制度,加强内部的监督管理。

三、商业银行法

(一) 商业银行概述

我国《商业银行法》于 1995 年 5 月 10 日由第八届全国人民代表大会常

务委员会第十三次会议通过；于 2003 年 12 月 27 日第十届全国人民代表大会常务委员会第六次会议第一次修订；于 2015 年 8 月 29 日第十二届全国人民代表大会常务委员会第十六次会议第二次修订。

1. 商业银行的概念

商业银行是指依照《商业银行法》和《中华人民共和国公司法》（以下简称《公司法》）设立的吸收公众存款、发放贷款、办理结算等业务的企业法人。其基本职能是通过各种融资渠道和信用手段等筹集货币资金，为市场主体提供所需货币和信用工具，促进我国经济的发展。

2. 商业银行的性质

（1）商业银行是企业，具有企业的一般特征。其实行自主经营、自担风险、自负盈亏、自我约束；以获取利润为经营目的和发展动力。

（2）商业银行是特殊的金融企业。商业银行的经营对象不是普通商品，而是货币资金；商业银行业务活动的范围不是生产流通领域，而是货币信用领域；商业银行不是直接从事商品生产和流通的企业，而是为从事商品生产和流通的企业提供金融服务的企业。

（3）商业银行是特殊的银行。商业银行作为特殊银行，首先在经营性质和经营目标上，与中央银行和政策性金融机构不同。商业银行以盈利为目的，在经营过程中讲求营利性、安全性和流动性原则，不受政府行政干预。其次商业银行与各类专业银行和非银行金融机构也不同。商业银行的业务范围广泛、功能齐全、综合性强，尤其是商业银行能够经营活期存款业务，它可以借助于支票及转账结算制度创造存款货币，使其具有信用创造的功能。

3. 中国商业银行的分类

商业银行按照资本的组织形式不同，目前主要有以下四类。

（1）全国性股份制商业银行，包括光大银行、招商银行、深圳发展银行、福建兴业银行、广东发展银行、民生银行、上海浦发银行、华夏银行、渤海银行、中信银行等。

（2）国有商业银行也称国有控股大型商业银行，是指由国家（财政部、中央汇金公司）直接管控的商业银行，包括中国工商银行、中国建设银行、中国银行、中国农业银行、中国交通银行等 5 家。

（3）城市（地方性）商业银行，即各城市本地在原有城市信用社基础上重组改制建立的地区性商业银行。城市商业银行目前数量较多，一般大中城市都有，如吉林银行、长春农商银行、九台农商银行、沈阳盛京银行、北京银行、南京银行、上海银行等。

（4）外资银行。我国目前经国务院银行业监督管理机构批准已有39家外国银行将其境内的分行改制为外资法人银行，已正式运营并从事全面外汇和人民币业务，包括对中国境内公民的人民币业务。现有外资银行有汇丰银行、渣打银行、东亚银行、花旗银行、恒生银行、日本三菱东京日联银行、日本穗惠实业银行、新加坡新展银行、荷兰银行、永亨银行、新加坡华侨银行、美国摩根大通银行。

（二）商业银行的设立、变更和终止

1. 商业银行的设立

商业银行的设立是指创办人依照法定程序，组建商业银行并使之取得法律关系主体资格的行为。设立商业银行，应当经国务院银行业监督管理机构审查批准。未经国务院银行业监督管理机构批准，任何单位和个人不得从事吸收公众存款等商业银行业务，任何单位不得在名称中使用"银行"字样。银行业是国家特许经营的行业，只有经依法批准并领取经营许可证后，才能够设立商业银行。

（1）设立商业银行的条件。一是有符合《商业银行法》和《公司法》规定的章程。二是有符合《商业银行法》规定的注册资本最低限额。设立全国性商业银行的注册资本最低限额为10亿元人民币。设立城市商业银行的注册资本最低限额为1亿元人民币，设立农村商业银行的注册资本最低限额为5000万元人民币。注册资本应当是实缴资本。国务院银行业监督管理机构根据审慎监管的要求可以调整注册资本最低限额，但不得少于前款规定的限额。三是有具备任职专业知识和业务工作经验的董事、高级管理人员。四是有健全的组织机构和管理制度。五是有符合要求的营业场所、安全防范措施和与业务有关的其他设施。

（2）设立商业银行的程序。一是设立申请。设立商业银行，申请人应当向国务院银行业监督管理机构提出申请，并向国务院银行业监督管理机构提交以下文件、资料：申请书，可行性研究报告，国务院银行业监督管理机构规定提交的其他文件、资料。二是设立审批。设立审批的机构为国务院银行业监督管理机构及其分支机构。三是设立登记。经批准设立的商业银行,由国务院银行业监督管理机构颁发经营许可证,并凭该许可证向工商行政管理部门办理登记,领取营业执照。四是公告。经批准设立的商业银行及其分支机构,由国务院银行业监督管理机构予以公告。商业银行及其分支机构自取得营业执照之日起无正当理由超过6个月未开业的,或者开业后自行停业连续6个月以上的,由国务院银行业监督管理机构吊销其经营许可证,并予以公告。

2. 商业银行的变更

商业银行有下列变更事项之一的,应当经国务院银行业监督管理机构批准:①变更名称;②变更注册资本;③变更总行或者分支行所在地;④调整业务范围;⑤变更持有资本总额或者股份总额5%以上的股东;⑥修改章程;⑦国务院银行业监督管理机构规定的其他变更事项。此外,更换董事、高级管理人员时,应当报经国务院银行业监督管理机构审查其任职资格。

商业银行的分立、合并,适用《公司法》的规定。商业银行的分立、合并,应当经国务院银行业监督管理机构审查批准。商业银行应当依照法律、行政法规的规定使用经营许可证。禁止伪造、变造、转让、出租、出借经营许可证。

3. 商业银行的终止

商业银行因解散、被撤销和被宣告破产而终止。商业银行终止是指商业银行在组织上的解体和主体资格丧失,亦即从法律上消灭了其独立的人格。商业银行终止的法定事由有:①解散,即商业银行因分立、合并或者出现公司章程规定的解散事由而主动申请消灭其主体资格的行为;②撤销,是指商业银行因为实施了严重违反我国法律法规的行为,严重损害了国家、集体、社会公众利益,而依法被国务院银行业监督管理机构勒令停止,强制取消其主体资格的行为;③破产,是指商业银行无力清偿到期债务,经债权人和债务人向人民法院申请宣告破产,以商业银行的全部资产清偿债务的行为。

(三) 商业银行的业务范围及基本规则

1. 商业银行业务范围

商业银行可以经营以下部分或者全部业务:①吸收公众存款;②发放短期、中期和长期贷款;③办理国内结算;④办理票据贴现;⑤发行金融债券;

⑥代理发行、代理兑付、承销政府债券；⑦买卖政府债券；⑧从事同业拆借；⑨买卖、代理买卖外汇；⑩从事银行卡业务；⑪提供信用证服务及担保；⑫代理收付款项及代理保险业务；⑬提供保管箱服务；⑭经国务院银行业监督管理机构批准的其他业务。

经营范围由商业银行章程规定，报国务院银行业监督管理机构批准。商业银行经中国人民银行批准，可以经营结汇、售汇业务。

2. 商业银行业务基本规则

（1）存款业务的基本规则。商业银行办理个人储蓄存款业务，应当遵循存款自愿、取款自由、存款有息、为存款人保密的原则。对个人储蓄存款，商业银行有权拒绝任何单位或者个人查询、冻结、扣划，但法律另有规定的除外。对单位存款，商业银行有权拒绝任何单位或者个人查询，但法律、行政法规另有规定的除外；有权拒绝任何单位或者个人冻结、扣划，但法律另有规定的除外。商业银行应当按照中国人民银行规定的存款利率的上下限，确定存款利率，并予以公告。商业银行应当按照中国人民银行的规定，向中国人民银行交存存款准备金，留足备付金。商业银行应当保证存款本金和利息的支付，不得拖延、拒绝支付存款本金和利息。

（2）贷款业务的基本规则。商业银行根据国民经济和社会发展的需要，在国家产业政策指导下开展贷款业务。具体业务规则如下：

第一，严格资格审查。商业银行贷款，应当对借款人的借款用途、偿还能力、还款方式等情况进行严格审查。商业银行贷款，应当实行审贷分离、分级审批的制度。

第二，担保规则。商业银行贷款，借款人应当提供担保。商业银行应当对保证人的偿还能力，抵押物、质物的权属和价值，以及实现抵押权、质权的可行性进行严格审查。经商业银行审查、评估，确认借款人资信良好，确定能偿还贷款的，可以不提供担保。

第三，合同规则。商业银行贷款，应当与借款人订立书面合同。合同应当约定贷款种类、借款用途、金额、利率、还款期限、还款方式、违约责任和双方认为需要约定的其他事项。

第四，利率规则。商业银行应当按照中国人民银行规定的贷款利率的上下限，确定贷款利率。

第五，禁止向关系人贷款规则。商业银行不得向关系人发放信用贷款；向关系人发放担保贷款的条件不得优于其他借款人同类贷款的条件。前款所称关系人是指：一是商业银行的董事、监事、管理人员、信贷业务人员及其近亲属；二是前项所列人员投资或者担任高级管理职务的公司、企业和其他经济组织。

(3) 资产负债比例规则。商业银行贷款，应当遵守下列资产负债比例管理的规定：一是资本充足率不得低于8%；二是流动性资产余额与流动性负债余额的比例不得低于25%；三是国务院银行业监督管理机构对资产负债比例管理的其他规定。

(4) 同一借款人贷款规则。商业银行对同一借款人的贷款余额与商业银行资本余额的比例不得超过10%。这里的同一借款人是指同一自然人或同一法人。

(5) 同业拆借规则。同业拆借是银行之间利用资金融通过程中的时间差、空间差和行际差来调剂资金头寸的一种短期借贷行为。它是商业银行支持资金正常周转，实现流动性的一种重要的借款业务。

同业拆借应当遵守中国人民银行的规定。禁止利用拆入资金发放固定资产贷款或者用于投资。拆出资金限于交足存款准备金、留足备付金和归还中国人民银行到期贷款之后的闲置资金。拆入资金用于弥补票据结算、联行汇差头寸的不足和解决临时性周转资金的需要。

(6) 工作人员行为规则。商业银行的工作人员应当遵守法律、行政法规和其他各项业务管理的规定，不得有下列行为：一是利用职务上的便利，索取、收受贿赂或者违反国家规定收受各种名义的回扣、手续费；二是利用职务上的便利，贪污、挪用、侵占本行或者客户的资金；三是违反规定徇私向亲属、朋友发放贷款或者提供担保；四是在其他经济组织兼职；五是违反法律、行政法规和业务管理规定的其他行为。

(四) 商业银行的监督管理

商业银行的监督管理包括以下三种形式。

1. 商业银行的自我监管

商业银行的自我监管是商业银行监督管理的基础。《商业银行法》对商业银行的自我监管作了详细的规定。一是建立健全内部管理制度。商业银行应当按照有关规定，制定本行的业务规则，建立、健全本行的风险管理和内部控制制度。二是建立健全稽核检查制度。商业银行应当建立、健全本行对存款、贷款、结算、呆账等各项情况的稽核、检查制度。商业银行对分支机构应当进行经常性的稽核和检查监督。三是建立健全会计制度。商业银行应当依照法律和国家统一的会计制度，以及国务院银行业监督管理机构的有关规定，建立、健全本行的财务、会计制度，如实、全面、准确地记录本行的业务活动。商业银行应当按照规定向国务院银行业监督管理机构、中国人民银行报送资产负债表、利润表，以及其他财务会计、统计报表和资料。

2. 银行业监管机构的专门监督

国务院银行业监督管理机构有权依照《中华人民共和国商业银行法》有关规定，随时对商业银行的存款、贷款、结算、呆账等情况进行检查监督。

3. 审计机关的审计监督

商业银行应当依法接受审计机关的审计监督。

第三节　证券法

一、证券法概述

（一）证券的概念、特征及种类

1. 证券的概念

证券是指记载并代表特定民事权利的书面凭证，即用来证明证券持有人拥有按证券记载取得相应权利的凭证。证券有广义证券和狭义证券之分。广义证券是指民法意义上的证券，包括货物证券、货币证券和资本证券，如提单、仓单、汇票、支票、股票、债券等。狭义证券仅指资本证券，即仅指公司债券、股票、公债，以及其他特定长期融通资金之工具。我国现行证券法所规范的证券即狭义证券。

2. 证券的特征

（1）证券是财产性权利凭证。证券是资本所有权或债权的书面证明，它表明持券人拥有与证券相对应的经济权利。

（2）证券是流通性权利凭证。证券是主要的融资工具，可以在市场转让，多次转让就构成了流通。

（3）证券是收益性权利凭证。证券的最终目的是权利人获得收益，一方面，证券持有人持有证券就可以获得收益，股票持有人可以取得红利和股息收入，债券持有人可以获得利息收入；另一方面，证券持有人可通过转让证券获得收益，即行使处分权换取对价。

（4）证券是风险性权利凭证。证券的风险性，表现为投资收益的不确定性，甚至可能发生亏损。

3. 证券的种类

我国《证券法》所涉及的证券包括股票、债券和国务院依法认定的其他证券。其中，以股票和债券最为常见。此处着重介绍股票和债券。

（1）股票。股票是指股份有限公司依法发行的，表明股东所持股份数额并依此享有权益和承担义务的一种有价证券。根据股东享有权利的不同，股票可以分为普通股和优先股。普通股股东对公司的管理和收益享有平等权利，在公司中的法律地位一律平等。普通股的分红多少随经营业绩而定，承担的风险比较大。优先股股东对公司的资产、利润分配等享有比普通股股东优先的权利。优先权包括优先取得股息的权利、优先分配剩余财产的权利。但是优先股分红的多少，是事先设定好的，承担的风险较小，享有的收益也不大。

此外，按照投资主体及资金来源的不同，股票可分为国有股、法人股、社会公众股。按照投资对象及定价币种的不同，股票可以分为A股、B股、H股、N股等。

（2）债券。债券是指政府、金融机构，以及公司或企业依法定程序发行的，在一定期限内按约定的条件履行还本付息义务的一种有价证券。按照发行主体的不同，债券可分为国债、地方债、金融债和公司债。按照是否设置担保，债券可分为信用债券和担保债券。按照偿还期限的不同，债券可分为短期债券、中期债券和长期债券。按照付息方式的不同，债券可分为普通债券、付息债券和贴现债券。

（二）证券法的概念和基本原则

1. 证券法的概念

证券法是调整国家在证券市场管理以及证券在平等主体间流通转让过程中所发生的社会关系的法律规范的总称。证券法被称为我国最贴近市场脉搏、最触动股民神经的一部经济法律，也是中华人民共和国成立以来第一部按照国际上通行的做法，由国家立法机关而不是由政府行政主管部门组织起草的经济法律。

2. 证券法的基本原则

（1）公开原则。公开原则是指证券发行人将其所有与该项发行有关的资料必须公开，不得有虚假、误导性陈述和遗漏，否则，应承担相应的刑事和民事责任。

（2）公正原则。公正原则既指法律、法规、规章，以及证券市场相关机构的规章制度，均应以公正、不偏袒本位利益的立场制定，又指证券监督管理机构及其他组织和人员应根据证券法严厉制止，并查处各种证券违法犯罪行为，以保护投资者的合法权益。

（3）公平原则。公平原则是指在证券发行和交易活动中，当事人的法律地位完全平等，任何组织或个人不得享有超越证券法规定范围的特殊权利。

二、证券市场

（一）证券市场的概念

证券市场是指证券发行与交易的场所。按照市场的职能分，证券市场可以分为发行市场和交易市场。发行市场又称一级市场，是发行新证券的市场，证券发行人通过证券发行市场将已获准发行的证券第一次销售给投资者，以获取资金。证券交易市场又称二级市场，是对已发行的证券进行买卖、转让交易的场所。按照交易对象分，证券市场可以分为股票市场、债券市场和基金市场。按照组织形式分，证券市场可以分为场内市场（即集中交易市场）和场外市场。场内市场由证券交易所开设，是提供有价证券竞价买卖的场所；场外市场则主要指店头市场，即柜台市场，它是指交易所集中交易之外的交易市场。

(二) 证券市场的主体

证券市场的主体包括证券发行人、投资者、中介机构、交易场所,以及自律性组织和监管机构。发行人是指在证券市场上发行证券的单位。投资者是指证券市场上证券的购买者,也是资金的提供者。证券中介机构主要是指证券经营机构、资产评估机构、会计师事务所和律师事务所等。交易场所是进行证券交易的场所。自律性组织和证券监管机构是对证券市场进行监督管理的机构。自律性组织包括证券交易所、证券业协会等,主要是在本所或本行业内实行自我监管。证券监管机构是代表政府对证券市场进行监督管理的机构,在我国为中国证券监督管理委员会及其派出机构。

三、证券发行

(一) 证券发行的概念和种类

1. 证券发行的概念

证券发行是指经批准符合条件的发行人按照一定程序、以相同条件将有关证券发售给投资者的行为。

2. 证券发行的种类

证券发行按照证券发行对象分,可以分为公募发行和私募发行;按照证券发行种类分,可以分为股票发行、债券发行和基金单位发行;按照证券发行方式分,可以分为直接发行和间接发行;按照证券发行时间分,可以分为公募设立发行和新股发行;按照证券发行条件分,可以分为议价发行和招标发行;按照证券发行价格与票面金额之间的关系分,可以分为平价发行、折价发行和溢价发行。

(二) 股票的发行

1. 在主板和中小板上市的公司首次公开发行股票的条件

公司在主板和中小板上市、首次公开发行股票,除了应当符合《公司法》相关规定外,还应当符合以下条件。

(1) 持续经营时间3年以上。第一,股份有限公司自成立后,持续经营时间在3年以上。第二,有限责任公司按原账面净资产值折股整体变更为股份有限公司的,持续经营时间可以从有限责任公司成立之日起计算,并达3

年以上。第三，经国务院批准，有限责任公司在依法变更为股份有限公司时，可以采取募集设立方式公开发行股票。

（2）最近3年稳定。发行人最近3年内主营业务和董事、高级管理人员没有发生重大变化，实际控制人没有发生变更。

（3）人员独立。第一，发行人的总经理、副总经理、财务负责人和董事会秘书等高级管理人员不得在控股股东、实际控制人及其控制的其他企业中担任除"董事、监事"以外的其他职务，不得在控股股东、实际控制人及其控制的其他企业领薪。第二，发行人的"财务人员"不得在控股股东、实际控制人及其控制的其他企业中兼职。

（4）业务独立。发行人的业务应当独立于控股股东、实际控制人及其控制的其他企业，与控股股东、实际控制人及其控制的其他企业间不得有同业竞争或者显失公平的关联交易。

（5）具有持续盈利能力。影响发行人持续盈利能力的情形，包括但不限于：第一，发行人最近1个会计年度的营业收入或净利润对关联方或者存在重大不确定性的客户存在重大依赖。第二，发行人最近1个会计年度的净利润主要来自合并财务报表范围以外的投资收益。

（6）内部控制有效。发行人内部控制在所有重大方面应是有效的，并由注册会计师出具了无保留意见的内部控制鉴证报告。

（7）财务指标良好。第一，最近3个会计年度净利润均为正数且累计超过人民币3000万元，净利润以扣除非经常性损益前后较低者为计算依据。第二，最近3个会计年度经营活动产生的现金流量净额累计超过人民币5000万元；或者最近3个会计年度营业收入累计超过人民币3亿元。第三，发行前股本总额不少于人民币3000万元。第四，最近一期期末无形资产（扣除土地使用权、水面养殖权和采矿权等后）占净资产的比例不高于20%。第五，最近一期期末不存在未弥补亏损。

（8）不存在重大偿债风险。发行人不存在重大偿债风险，不存在影响持续经营的担保、诉讼及仲裁等重大或有事项。

（9）财务资料真实完整。发行人披露的财务资料不得存在以下情形：第一，故意遗漏或虚构交易、事项或者其他重要信息；第二，滥用会计政策或者会计估计；第三，操纵、伪造或篡改编制财务报表所依据的会计记录或者相关凭证。

(10) 募集资金用途符合规定。募集资金原则上应当用于主营业务。除金融类企业外,募集资金使用项目不得为持有交易性金融资产和可供出售的金融资产、借予他人、委托理财等财务性投资,不得直接或者间接投资于以买卖有价证券为主要业务的公司。

(11) 发行人不存在法定的违法行为。发行人存在下列情形之一的,不得发行股票并上市:第一,最近36个月内未经法定机关核准,擅自公开或者变相公开发行过证券;或者有关违法行为虽然发生在36个月前,但目前仍处于持续状态。第二,最近36个月内违反工商、税收、土地、环保、海关以及其他法律、行政法规,受到行政处罚,且情节严重。第三,最近36个月内曾向中国证监会提出发行申请,但报送的发行申请文件有虚假记载、误导性陈述或重大遗漏;或者不符合发行条件以欺骗手段骗取发行核准;或者以不正当手段干扰中国证监会及其发行审核委员会审核工作;或者伪造、变造发行人或其董事、监事、高级管理人员的签字、盖章。第四,本次报送的发行申请文件有虚假记载、误导性陈述或者重大遗漏。第五,涉嫌犯罪被司法机关立案侦查,尚未有明确结论意见。第六,严重损害投资者合法权益和社会公共利益的其他情形。

2. 在创业板上市的公司首次公开发行股票的条件

在创业板上市的公司与在主板市场上市的公司相比,规模小,风险大,经营不稳定,但却具有创新性和成长性。为了扶持此类企业,其首次发行的条件远低于在主板和中小板首发的条件,具体条件如下:

(1) 发行人是依法设立且持续经营3年以上的股份有限公司;有限责任公司按原账面净资产值折股整体变更为股份有限公司的,持续经营时间可以从有限责任公司成立之日起计算。

(2) 最近2年连续盈利,净利润累计不少于1000万元;或者最近1年盈利,营业收入不少于5000万元。净利润以扣除非经常性损益前后孰低者为计算依据。

(3) 最近一期期末净资产不少于2000万元,且不存在未弥补亏损。

(4) 发行后股本总额不少于3000万元。

(5) 发行人的注册资本已足额缴纳,发起人或者股东用作出资的资产的财产权转移手续已办理完毕;发行人的主要资产不存在重大权属纠纷。

(6)发行人应当主要经营一种业务,其生产经营活动符合法律、行政法规和公司章程的规定,符合国家产业政策及环境保护政策。

(7)发行人最近2年内主营业务和董事、高级管理人员均没有发生重大变化,实际控制人没有发生变更。

(8)发行人的股权清晰,控股股东和受控股股东、实际控制人支配的股东所持发行人的股份不存在重大权属纠纷。

(9)发行人资产完整,业务及人员、财务、机构独立,具有完整的业务体系和直接面向市场独立经营的能力。与控股股东、实际控制人及其控制的其他企业间不存在同业竞争,以及严重影响公司独立性或者显失公允的关联交易。

(10)发行人具有完善的公司治理结构,依法建立健全股东大会、董事会、监事会,以及独立董事、董事会秘书、审计委员会制度,相关机构和人员能够依法履行职责。发行人应当建立健全股东投票计票制度,建立发行人与股东之间的多元化纠纷解决机制,切实保障投资者依法行使收益权、知情权、参与权、监督权等股东权利。

(11)发行人会计基础工作规范,财务报表的编制和披露符合企业会计准则和相关信息披露规则的规定,在所有重大方面公允地反映了发行人的财务状况、经营成果和现金流量,并由注册会计师出具无保留意见的审计报告。

(12)发行人内部控制制度健全且被有效执行,能够合理保证公司运行效率、合法合规和财务报告的可靠性,并由注册会计师出具无保留结论的内部控制鉴证报告。

(13)发行人的董事、监事和高级管理人员应当忠实、勤勉,具备法律、行政法规和规章规定的资格,且不存在下列情形:第一,被中国证监会采取证券市场禁入措施尚在禁入期的;第二,最近3年内受到中国证监会行政处罚,或者最近1年内受到证券交易所公开谴责的;第三,因涉嫌犯罪被司法机关立案侦查或者涉嫌违法违规被中国证监会立案调查,尚未有明确结论意见的。

(14)发行人及其控股股东、实际控制人最近3年内不存在损害投资者合法权益和社会公共利益的重大违法行为;发行人及其控股股东、实际控制人最近3年内不存在未经法定机关核准，且擅自公开或者变相公开发行证券，或者有关违法行为虽然发生在3年前，但目前仍处于持续状态的情形。

（15）发行人募集资金应当用于主营业务，并有明确的用途。募集资金数额和投资方向应当与发行人现有生产经营规模、财务状况、技术水平、管理能力及未来资本支出规划等相适应。

3. 首次公开发行股票的程序

（1）发行人的董事会应当依法就本次股票发行的具体方案、本次募集资金的用途，以及其他必须明确的事项作出决议，并提请股东大会批准。

（2）发行人应当按照中国证监会的有关规定制作申请文件，由保荐人保荐并向中国证监会申报。特定行业的发行人，应当提供管理部门的相关意见。

（3）中国证监会收到申请文件后，应在5个工作日内作出是否受理的决定。

（4）股票发行申请经核准后，发行人应自中国证监会核准之日起6个月内发行股票；超过6个月未发行股票的，核准文件失效，必须重新经中国证监会核准后方可发行。

（5）发行申请核准后、股票发行结束前，发行人发生重大事项的，应当暂缓或暂停发行，并及时报告中国证监会，同时履行信息披露义务。影响发行条件的，应当重新履行核准程序。

（6）发行股票。发行人发行股票申请经中国证监会核准同意后，即可发行股票。股票发行一般由证券公司承销。向不特定对象公开发行的证券票面总值超过人民币5000万元的，应当由承销团承销。

（7）股票依法发行后，发行人经营与收益的变化，由发行人自行负责，由此变化引发的投资风险，由投资者自行负责。

4. 首次公开发行股票禁止配售的对象

首次公开发行股票网下配售时，发行人和主承销商不得向下列对象配售股票。

（1）发行人及其股东、实际控制人、董事、监事、高级管理人员和其他员工；发行人及其股东、实际控制人、董事、监事、高级管理人员能够直接或间接实施控制、共同控制或施加重大影响的公司，以及该公司控股股东、控股子公司和控股股东控制的其他子公司。

（2）主承销商及其持股比例 5% 以上的股东、董事、监事、高级管理人员和其他员工；主承销商及其持股比例 5% 以上的股东、董事、监事、高级管理人员能够直接或间接实施控制、共同控制或施加重大影响的公司，以及该公司控股股东、控股子公司和控股股东控制的其他子公司。

（3）主承销商及其控股股东、董事、监事、高级管理人员和其他员工。

（4）上述前三项所述人员的关系密切的家庭成员，包括配偶、子女及其配偶、父母及配偶的父母、兄弟姐妹及其配偶、配偶的兄弟姐妹、子女配偶的父母。

（5）过去 6 个月内与主承销商存在保荐、承销业务关系的公司及其持股 5% 以上的股东、实际控制人、董事、监事、高级管理人员，或者已与主承销商签署保荐、承销业务合同或达成相关意向的公司及其持股 5% 以上的股东、实际控制人、董事、监事、高级管理人员。

（6）通过配售可能导致不正当行为或不正当利益的其他自然人、法人和组织。

5. 上市公司增发新股的条件

（1）上市公司增发股票的一般条件。

第一，现任董事、监事和高级管理人员具备任职资格，不存在违反《公司法》第 147 条、第 148 条规定的行为，且最近 36 个月内未受到过中国证监会的行政处罚、最近 12 个月内未受到过证券交易所的公开谴责。

第二，最近 12 个月内不存在违规对外提供担保的行为。

第三，上市公司最近 3 个会计年度连续盈利，扣除非经常性损益后的净利润与扣除前的净利润相比，以低者作为计算依据。

第四，高级管理人员和核心技术人员稳定，最近 12 个月内未发生重大不利变化。

第五，最近 24 个月内曾公开发行证券的，不存在发行当年营业利润比上年下降 50% 以上的情形。

第六，最近 3 年及最近一期财务报表未被注册会计师出具保留意见、否定意见或无法表示意见的审计报告；被注册会计师出具带强调事项段的无保留意见审计报告的，所涉及的事项对发行人无重大不利影响或者在发行前重大不利影响已经消除。

第七，最近3年以现金方式累计分配的利润不少于最近3年实现的年均可分配利润的"30%"。

第八，除金融类企业外，本次募集资金使用项目不得为持有交易性金融资产和可供出售的金融资产、借予他人、委托理财等财务性投资，不得直接或间接投资于以买卖有价证券为主要业务的公司。

第九，上市公司不存在下列行为（包括但不限于）：一是擅自改变前次公开发行证券募集资金的用途而未作纠正；二是上市公司最近12个月内受到过证券交易所的公开谴责；三是上市公司及其控股股东或实际控制人最近12个月内存在未履行向投资者作出的公开承诺的行为；四是上市公司或其现任董事、高级管理人员因涉嫌犯罪被司法机关立案侦查或涉嫌违法违规被中国证监会立案调查；五是存在违反工商、税收、土地、环保、海关法律、行政法规或规章，受到行政处罚且情节严重，或者受到刑事处罚的行为。

第十，股东大会就增发事项作出决议，必须经出席会议的股东所持表决权的2/3以上通过。

（2）上市公司配股的条件。上市公司配股除了应满足增发股票的一般条件，还应当符合以下条件：

第一，拟配售股份数量不超过本次配售股份前股本总额的30%。

第二，控股股东应当在"股东大会召开前"公开承诺认购股份的数量。

第三，采用代销方式发行。控股股东不履行认购股份的承诺，或者代销期限届满，原股东认购股票的数量未达到拟配售数量70%的，发行人应当按照发行价并加算银行同期存款利息返还已经认购的股东。

（3）向不特定对象发行的条件。向不特定对象发行，除了具备增发的一般条件外，还必须具备以下条件：

第一，最近3个会计年度加权平均净资产收益率平均不低于6%，扣除非经常性损益后的净利润与扣除前的净利润相比，以较低者作为计算依据。

第二，发行价格应不低于公告招股说明书前20个交易日公司股票均价或前一个交易日股票交易的均价。

第三，除金融类企业外，最近一期期末不存在持有金额较大的交易性金融资产和可供出售金融资产、借予他人款项、委托理财等财务性投资的情况。

6. 上市公司增发新股的程序

（1）董事会作出决议。董事会就上市公司申请增发股票作出决议，该决议应当包括以下内容：本次增发股票发行的方案；本次募集资金使用的可行性报告；前次募集资金使用的报告；其他必须明确的事项。

（2）提请股东大会批准。股东大会就发行事项作出决议，必须采取特别决议方式，即须经出席大会有表决权的 2/3 以上股东通过。向本公司特定的股东及其关联人发行的，股东大会就发行方案进行表决时，关联股东应当回避。

（3）保荐人保荐。保荐人应当按照中国证监会的有关要求编制和报送发行申请文件，并向中国证监会申报。

（4）中国证监会依照有关程序审核。

（5）发行股票。自中国证监会核准之日起，发行人应当在 6 个月内发行股票；超过 6 个月未发行股票的，核准文件失效，必须重新经中国证监会核准后方可发行。

（6）承销，即由证券公司进行承销。

（三）公司债券的发行

1. 公司债券公开发行的条件

（1）公开发行公司债券的一般条件。公开发行公司债券，应当符合以下条件：①股份有限公司的净资产不低于 3000 万元，有限责任公司的净资产不低于 6000 万元；②本次发行后累计公司债券余额不超过最近一期期末净资产的 40%；③公司的生产经营符合法律、行政法规和公司章程的规定，募集的资金投向符合国家产业政策；④最近 3 个会计年度实现的年均可分配利润足以支付公司债券 1 年的利息；⑤债券的利率不超过国务院限定的利率水平；⑥公司的内部控制制度健全，内部控制制度的完整性、合理性、有效性不存在重大缺陷；⑦经资信机构评级，债券资信级别良好；⑧国务院规定的其他条件。

（2）发行公司资信状况条件。公开发行公司债券，应当委托具有从事证券服务业务资格的资信评级机构进行信用评级。资信状况符合以下标准的公司债券可以向"公众投资者"公开发行，也可以自主选择仅面向"合格投资者"公开发行：①发行人最近3年无债务违约或者迟延支付本息的事实；②发行人最近3个会计年度实现的年均可分配利润不少于债券1年利息的1.5倍；③债券信用评级达到AAA级；④中国证监会根据投资者保护的需要规定的其他条件。

(3) 公司债券发行人不得存在的情形。上市公司存在下列情形的，不得公开发行公司债券：①前一次公开发行的公司债券尚未募足；②对已发行的公司债券或者其他债务有违约或者延迟支付本息的事实，且仍处于继续状态；③违反规定，改变公开发行公司债券所募集资金的用途；④最近36个月内公司财务会计文件存在虚假记载，或者公司存在其他重大违法行为；⑤本次发行申请文件存在虚假记载、误导性陈述或者重大遗漏；⑥严重损害投资者合法权益和社会公共利益的其他情形。

(4) 公开发行公司债券募集的资金，必须用于核准的用途，不得用于弥补亏损和非生产性支出。

(5) 公开发行的核准。①公开发行公司债券应当经过中国证监会核准；②仅面向"合格投资者"公开发行的，中国证监会简化核准程序。

(6) 公开发行的方式。公开发行公司债券，可以申请一次核准，分期发行。

2. 公司债券公开发行的程序

(1) 作出发行决定。公司发行债券，应当先由董事会制订方案，再经股东会或股东大会作出决议。

(2) 保荐人保荐。发行公司债券，应当由保荐人保荐，并向中国证监会申报。

(3) 制作申请文件。保荐人应当按照中国证监会的有关规定编制和报送募集说明书和发行申请文件。

(4) 核准。发行债券应报经中国证监会核准，公司应当在发行债券前的2~5个工作日内，将经中国证监会核准的债券募集说明书摘要刊登在至少一种中国证监会指定的报刊，同时将其全文刊登在中国证监会指定的互联网网站。

(5) 发行。发行公司债券，可以申请一次核准，分期发行。自中国证监会核准发行之日起，公司应在12个月内首期发行，剩余数量应当在24个月内发行完毕。超过核准文件限定时效发行的，须重新经中国证监会核准后方可发行。首期发行数量应当不少于总发行数量的 50%，剩余各期发行的数量由公司自行确定，每期发行完毕后 5 个工作日内报中国证监会备案。公开发行公司债券的募集说明书自最后签署之日起 6 个月内有效。

3. 公司债券的非公开发行

非公开发行的公司债券应当向"合格投资者"发行，并不得采用公告、公开劝诱和变相公开发行方式，每次发行对象不得超过 200 人。

合格投资者，应当具备相应的风险识别和承担能力，知悉并自行承担公司债券的投资风险，并符合下列资质条件：①经有关金融监管部门批准设立的金融机构，包括证券公司、基金管理公司及其子公司、期货公司、商业银行、保险公司和信托公司等，以及经中国证券投资基金业协会（以下简称基金业协会）登记的私募基金管理人。②上述金融机构面向投资者发行的理财产品，包括但不限于证券公司资产管理产品、基金及基金子公司产品、期货公司资产管理产品、银行理财产品、保险产品、信托产品，以及经基金业协会备案的私募基金。③净资产不低于人民币 1000 万元的企事业单位法人、合伙企业。④合格境外机构投资者（QFII）、人民币合格境外机构投资者（RQFII）。⑤社会保障基金、企业年金等养老基金，慈善基金等社会公益基金。⑥名下金融资产不低于人民币 300 万元的个人投资者。⑦经中国证监会认可的其他合格投资者。

非公开发行公司债券，可以申请在证券交易所、全国中小企业股份转让系统、机构间私募产品报价与服务系统、证券公司柜台转让。非公开发行的公司债券仅限于在"合格投资者"范围内转让；转让后，持有同次发行债券的"合格投资者"合计不得超过 200 人。

非公开发行公司债券是否进行信用评级由发行人确定，并在债券募集说明书中披露。

非公开发行公司债券，承销机构或者依法自行销售的发行人应当在每次发行完成后 5 个工作日内向中国证券业协会备案。

四、证券上市

证券上市是指发行人的股票、债券等按照法定条件和程序，在证券交易所或其他依法设立的证券交易所公开挂牌交易的行为。

(一)股票上市

1. 股票上市的条件

股票上市应当符合下列条件:①股票经国务院证券监督管理机构核准已公开发行;②公司股本总额不少于人民币3000万元;③公开发行的股份达到公司股份总数的25%以上;公司股本总额超过人民币4亿元的,公开发行股份的比例为10%以上;④公司最近3年无重大违法行为,财务会计报告无虚假记载。

证券交易所可以规定高于上述规定的上市条件,并报国务院证券监督管理机构批准。

2. 股票上市的程序

股份有限公司申请股票上市具备上述条件后,还应符合一定的程序。

申请股票上市交易,应当向证券交易所报送下列文件:①上市报告书;②申请股票上市的股东大会决议;③公司章程;④公司营业执照;⑤依法经会计师事务所审计的公司最近3年的财务会计报告;⑥法律意见书和上市保荐书;⑦最近一次的招股说明书;⑧证券交易所上市规则规定的其他文件。

股票上市交易申请经证券交易所审核同意后,签订上市协议的公司应当在规定的期限内公告股票上市的有关文件,并将该文件置备于指定场所供公众查阅。

签订上市协议的公司除了公告上述规定的文件外,还应当公告下列事项:①股票获准在证券交易所交易的日期;②持有公司股份最多的前十名股东的名单和持股数额;③公司的实际控制人;④董事、监事、高级管理人员的姓名及其持有本公司股票和债券的情况。

(二)公司债券上市

1. 公司债券上市的条件

公司债券上市交易应当符合下列条件:①公司债券的期限为1年以上;②公司债券实际发行额不少于人民币5000万元;③公司申请债券上市时应符合法定的公司债券发行条件。

2. 公司债券上市的程序

(1)申请。公司申请其发行的公司债券上市交易,应当报经国务院证券监督管理机构核准。国务院证券监督管理机构可以授权证券交易所依照法定的条件和法定程序核准公司债券上市申请。

申请公司债券上市交易，应当向证券交易所报送下列文件：上市报告书、申请公司债券上市的董事长决议、公司章程、公司营业执照、公司债券募集办法、公司债券的实际发行数额、证券交易所上市规则规定的其他文件。

申请可转换公司债券上市交易，还应当报送保荐人出具的上市保荐书。

（2）安排上市。公司债券上市交易申请经证券交易所审核同意后，签订上市协议的公司应当在规定的期限内公告公司债券上市文件及其他有关文件，并将申请文件置备于指定场所供公众查阅。

（三）信息公开制度

1. 信息公开制度的概念

信息公开制度亦称"信息披露制度"，是指为保障投资者利益和接受社会公众的监督，上市公司依照法律规定必须公开或公布其有关信息和资料的规定。信息公开分为证券发行信息公开和持续信息公开。《证券法》对信息公开的主题、内容、时间、方式和程序等事项作了规定，形成了证券法上的信息公开制度。信息公开制度是公开、公平、公正原则的具体体现，也是证券监管体制的一项重要内容。

2. 信息公开的内容

（1）证券发行信息公开。证券发行信息公开是指证券发行人及其他信息公开义务人依法定的条件、程序和方式公布与所发行证券有关的各种法定信息。披露与发行证券有关的信息的目的在于让准备购买证券的投资者能全面了解发行公司的情况，从而作出其投资判断。根据有关规定，证券发行信息披露主要包括招股说明书、债券募集说明书和上市公告书等。

（2）持续信息公开。持续信息公开是指证券发行人在发行证券后对于已发行证券的投资价值及证券发行人有关的各种信息按时或及时予以披露。持续信息公开主要采取定期报告和临时报告两种形式。定期报告是上市公司和公司债券上市交易的公司进行持续信息公开的主要形式之一，包括年度报告、中期报告和季度报告。临时报告是指在定期报告之外临时发布的报告，包括前文所述的足以对上市公司股票价格产生较大影响的重大事件。

五、证券交易

（一）证券交易概述

1. 证券交易的概念

证券交易是指已发行证券的买卖、流通和转让行为。证券交易的主要功能是使投资者手中不能赎回的投资证券，能通过市场自由转让和转化为现金，从而实现资金的自由流通。

2. 证券交易的原则

（1）价格优先原则。价格优先是指同时有两个买（卖）方进行买卖同种证券时，作为买方给的价格高时，应处在优先购买地位；作为卖方给的价格低时，应处在优先卖出的地位。

（2）时间优先原则。时间优先原则在价格优先原则下执行，即在交易过程中，同一证券出现相同的报价时，以优先报价的一方优先成交。

（3）数量优先原则。数量优先原则在价格优先原则和时间优先原则下执行，即在交易过程中，对同一证券同一时间出现相同的报价时，以委托交易额较大的一方优先成交。

3. 证券交易程序

（1）开户。开户是指证券投资者在证券公司开立证券交易账户。

（2）委托。委托是投资人向证券公司发出的声明愿意以某种价格买进或卖出一定数量的某种证券的意思表示，如果证券公司接受委托，则双方的证券委托买卖合同关系就建立了。

（3）成交。成交是指证券交易双方委托证券公司按规定的程序就买卖证券的价格和数量达成一致的行为。这是证券交易程序的核心步骤。

（4）清算与交割。证券交易成立以后就必须进行证券的交付，这就是证券的清算与交割。清算是为了减少证券和价款的交割数量，分别冲抵多次买卖证券的数量和价款的特定程序。交割是证券卖方将卖出的证券交付买方，买方将买进证券的价款交付卖方的行为。

（二）证券交易的暂停和终止

证券交易的暂停是指已获准上市的证券，因公司一定事由的发生，由证券主管机关或证券交易所决定或自动停止其在交易所的集中竞价交易的情形。

证券交易的终止则是指已获准上市的证券，因发生法定事由，由证券主管机关或证券交易所决定终止其上市资格的情形。证券交易的暂停和终止主要包括股票和公司债券交易的暂停和终止。

1. 股票交易的暂停和终止

（1）股票交易的暂停。上市公司有下列情形之一的，由证券交易所决定暂停其股票上市交易：①公司股本总额、股权分布等发生变化不再具备上市条件；②公司不按照规定公开其财务状况，或者对财务会计报告做虚假记载，可能误导投资者；③公司有重大违法行为；④公司最近3年连续亏损；⑤证券交易所上市规则规定的其他情形。

（2）股票交易的终止。上市公司有下列情形之一的，由证券交易所决定终止其股票上市交易：①公司股本总额、股权分布等发生变化，不再具备上市条件，在证券交易所规定的期限内仍不能达到上市条件；②公司不按照规定公开其财务状况，或者对财务会计报告做虚假记载，且拒绝纠正的；③公司最近3年连续亏损，在其后一个年度内未能恢复盈利；④公司解散或者被宣告破产；⑤证券交易所上市规则规定的其他情形。

2. 公司债券交易的暂停和终止

（1）公司债券交易的暂停。上市公司有下列情形之一的，由证券交易所决定暂停其公司债券上市交易：①公司有重大违法行为；②公司情况发生重大变化，不再符合公司债券上市条件；③公司债券所募集资金不按照核准的用途使用；④未按照公司债券募集办法履行义务；⑤公司最近2年连续亏损。

（2）公司债券交易的终止。公司有上述第一项、第四项所列情形之一，经查实后果严重的，或者有第二项、第三项、第五项所列情形之一，在限期内未能消除的，由证券交易所决定终止其公司债券上市交易。公司解散或者被宣告破产的，由证券交易所终止其公司债券上市交易。

（三）限制和禁止的证券交易行为

1. 限制和禁止的证券交易行为的一般规定

证券交易的限制和禁止行为是指我国《中华人民共和国证券法》（以下简称《证券法》）《公司法》等法律、法规规定的，证券市场的参与者在证券交易过程中限制或者禁止从事的行为。

限制和禁止的证券交易行为的一般性规定主要有:

(1) 证券交易当事人依法买卖的证券,必须是依法发行并交付的证券。非依法发行的证券,不得买卖。依法发行的证券,法律对其转让期限有限制性规定的,在限定的期限内,不得买卖。

(2) 依法公开发行的股票、公司债券及其他证券,应当在依法设立的证券交易所上市交易或者在国务院批准的其他证券交易场所转让。

(3) 证券交易以现货和国务院规定的其他方式进行交易。

(4) 证券交易所、证券公司、证券登记结算机构的从业人员,证券监督管理机构的工作人员和法律、行政法规禁止参与股票交易的其他人员,在任期或者法定限期内,不得直接或者以化名、借他人名义持有、买卖股票,也不得收受他人赠送的股票。

(5) 为股票发行出具审计报告、资产评估报告或者法律意见书等文件的证券服务机构和人员,在该股票承销期内和期满后6个月内,不得买卖该种股票。除上述规定外,为上市公司出具审计报告、资产评估报告或者法律意见书等文件的证券服务机构和人员,自接受上市公司委托之日起至上述文件公开后5日内,不得买卖该种股票。

(6) 投资者持有或者通过协议、其他安排与他人共同持有一个股份有限公司已发行的股份5%的,应当在其持股数额达到该比例之日起3日内向该公司报告,公司必须在接到报告之日起3日内向国务院证券监督管理机构报告;属于上市公司的,应当同时向证券交易所报告。

上市公司董事、监事、高级管理人员、持有上市公司股份5%以上的股东,将其持有的该公司的股票在买入后6个月内卖出,或者在卖出后6个月内又买入,由此所得收益归该公司所有,公司董事会应当收回其所得收益。但是,证券公司因包销购入售后剩余股票而持有5%以上股份的,卖出该股票不受6个月时间限制。

公司董事会不按上述规定执行的,股东有权要求董事会在30日内执行。公司董事会未在上述期限内执行的,股东有权为了公司的利益以自己的名义直接向人民法院提起诉讼。

公司董事会不按上述规定执行的,负有责任的董事依法承担连带责任。

2. 内幕交易行为

内幕交易是指知悉证券交易内幕信息的知情人和非法获取内幕信息的人,利用内幕信息进行证券交易的活动。

我国《证券法》规定,证券交易内幕信息的知情人包括:①发行人的董事、监事、高级管理人员;②持有公司5%以上股份的股东及其董事、监事、高级管理人员,公司的实际控制人及其董事、监事、高级管理人员;③发行人控股的公司及其董事、监事、高级管理人员;④由于所任公司职务可以获取公司有关内幕信息的人员;⑤证券监督管理机构工作人员以及由于法定职责对证券的发行、交易进行管理的其他人员;⑥保荐人、承销的证券公司、证券交易所、证券登记结算机构、证券服务机构的有关人员;⑦国务院证券监督管理机构规定的其他人。

内幕信息是指证券交易活动中,涉及公司的经营、财务或者对该公司证券的市场价格有重大影响的尚未公开的信息。下列信息皆属内幕信息:①法律规定上市公司必须公开的、可能对股票价格产生较大影响而投资者尚未得知的重大事件;②公司分配股利或者增资的计划;③公司股权结构的重大变化;④公司债务担保的重大变更;⑤公司营业用主要资产的抵押、出售或者报废一次超过该资产的30%;⑥公司的董事、监事、高级管理人员的行为可能依法承担重大损害赔偿责任;⑦上市公司收购的有关方案;⑧国务院证券监督管理机构认定的对证券交易价格有显著影响的其他重要信息。

知悉证券交易内幕信息的知情人员或者非法获取内幕信息的其他人员,不得买入或者卖出所持有的该公司的证券,或者泄露该信息或者建议他人买卖该证券。

内幕交易行为给投资者造成损失的,行为人应当依法承担赔偿责任。

3. 操纵证券市场行为

操纵证券市场行为是指个人或机构背离市场自由竞争和供求关系原则,人为地操纵证券价格,以引诱他人参与证券交易,为自己谋取私利的行为。

操纵证券市场的行为包括:①单独或者通过合谋,集中资金优势、持股优势或者利用信息优势联合或者连续买卖,操纵证券交易价格或者证券交易量;②与他人串通,以事先约定的时间、价格和方式相互进行证券交易,影响证券交易价格或者证券交易量;③在自己实际控制的账户之间进行证券交易,影响证券交易价格或者证券交易量;④以其他手段操纵证券市场。

操纵证券市场行为给投资者造成损失的,行为人应当依法承担赔偿责任。

4. 欺诈客户行为

欺诈客户行为是指证券公司及其从业人员在证券交易中违背客户的真实意愿,损害客户利益的行为。损害客户利益的欺诈行为包括:①违背客户的委托为其买卖证券;②不在规定时间内向客户提供交易的书面确认文件;③挪用客户所委托买卖的证券或者客户账户上的资金;④未经客户的委托,擅自为客户买卖证券,或者假借客户的名义买卖证券;⑤为谋取佣金收入,诱使客户进行不必要的证券买卖;⑥利用传播媒介或者通过其他方式提供、传播虚假或者误导投资者的信息;⑦其他违背客户真实意思表示,损害客户利益的行为。

欺诈客户行为给客户造成损失的,行为人应当依法承担赔偿责任。

5. 其他应禁止的行为

在证券交易中的其他禁止行为,是指除了上述禁止行为之外的其他可能影响正常证券交易或损害投资者利益的行为。例如,在证券交易中,严禁账外交易,另立非法账户;禁止法人以个人名义开立账户,买卖证券;禁止任何人挪用公款买卖证券;国有企业和国有资产控股的企业买卖上市交易的股票,必须遵守国家有关规定等。

六、上市公司收购

(一) 上市公司收购的概念和方式

1. 上市公司收购的概念

上市公司收购是指收购人通过法定方式,取得上市公司一定比例的发行在外的股份,以实现对该上市公司控股或者合并的行为。它是公司并购的一种重要形式,也是实现公司兼并控制的重要手段。在公司收购过程中,采取主动的一方称为收购人,而被动的一方则称为被收购公司或目标公司。

2. 上市公司收购的方式

投资者可以采取要约收购、协议收购及其他合法方式收购上市公司。采取要约收购方式的,收购人必须遵守《证券法》规定的程序和法则,在收购要约期限内，不得采取要约规定以外的形式和超出要约的条件买卖被收购公司的股票。

采取协议收购方式的，收购人可以依照法律、行政法规的规定同被收购公司的股东以协议方式进行股权转让。

（二）要约收购与协议收购

1. 要约收购

（1）要约收购的概念。要约收购是收购人在证券交易所的集中竞价系统之外，直接向股东发出要约购买其手中持有股票的一种收购方式。投资者选择向被收购公司的所有股东发出收购其所持有的全部股份要约的，称为全面要约收购；投资者选择向被收购公司所有股东发出收购其所持有的部分股份要约的，称为部分要约收购。

（2）要约收购的适用条件。一是持股比例达到30%。投资者通过证券交易所的证券交易，或者协议、其他安排持有或与他人共同持有一个上市公司的股份达到30%（含直接持有和间接持有）。二是继续增持股份。在前一个条件下，投资者继续增持该公司股份时，即触发依法向上市公司所有股东发出收购上市公司全部或部分股份的要约的义务。

只有在上述两个条件同时具备时，才适用要约收购。收购人应当公平对待被收购公司的所有股东。持有同一种类股份的股东应当得到同等对待。

（3）要约收购的期限。收购要约约定的收购期限不得少于30日，并不得超过60日，但出现竞争要约的除外。

（4）收购要约的撤销。收购要约确定的承诺期限内，收购人不得撤销其收购要约。

（5）收购要约的变更。收购人需要变更要约的，必须及时公告，载明具体变更事项，并通知被收购公司。收购要约届满15日内，收购人不得更改收购要约条件，但出现竞争要约的除外。在要约收购期间，被收购公司董事不得辞职。

2. 协议收购

协议收购是指收购人在证券交易所之外，通过与被收购公司的股东协商一致达成协议，受让其持有的上市公司的股份而进行的收购。

以协议方式收购上市公司时,收购协议的各方应当获得相应的内部批准(如股东大会、董事会等)。达成协议后,收购人必须在3日内将该收购协议向国务院证券监督管理机构及证券交易所作出书面报告,并予公告,在公告前不得履行收购协议。

采取协议收购方式的,收购人收购或者通过协议、其他安排与他人共同收购一个上市公司已发行的股份达到30%时,继续进行收购的,应当向该上市公司所有股东发出收购上市公司全部或者部分股份的要约。但是,经国务院证券监督管理机构免除发出要约的除外。如果收购人依照上述规定触发以要约方式收购上市公司股份,应当遵守前述有关要约收购的规定。

(三)上市公司收购的法律后果

收购期限届满,被收购公司股权分布不符合上市条件的,该上市公司的股票应当由证券交易所终止上市交易;其余仍持有被收购公司股票的股东,有权向收购人以收购要约的同等条件出售其股票,收购人应当收购。收购行为完成后,被收购公司不再具备股份有限公司条件的,应当依法变更企业形式。

在上市公司收购中,收购人持有的被收购公司的股票,在收购行为完成后的12个月内不得转让。

收购行为完成后,收购人与被收购公司合并,并将该公司解散的,被解散公司的原有股票由收购人依法更换。

收购行为完成后,收购人应当在15日内向证券交易所提交关于收购情况的书面报告,并予以公告。

第四节 票据法

一、票据及票据法概述

(一) 票据概述

1. 票据的概念和分类

票据是指出票人签发的、承诺由本人或者委托他人在见票时或者在票载日期无条件支付一定金额给持票人的有价证券。我国《中华人民共和国票据法》(以下简称《票据法》) 中规定的票据包含支票、本票和汇票。根据不同的标准,票据可以分成不同的种类。

(1) 根据出票人是否直接对票据付款,票据可以分为委托票据和自付票据。委托票据是指出票人不担任票据付款人,而是在票据上记载他人为付款人的票据,如银行承兑汇票。自付票据是指出票人自己担任票据付款人的票据,如银行本票。

(2) 根据票据所记载的到期日的不同,票据可分为即期票据和远期票据。有的票据的到期日是"见票即付",即持票人可以随时请求付款,此种票据称为即期票据。有的票据须在票据记载的特定日期或者以一定方法计算的日期到来时,才有权请求付款,此种票据称为远期票据。按照我国法律的有关规定,本票和支票均为即期票据;汇票可以是即期票据,也可以是远期票据。

2. 票据的特征

(1) 票据是债权证券和金钱证券。持票人可以就票据上所记载的金额向特定票据债务人行使其请求权,其性质是债权,所以票据是债权证券。就债权的标的而言,持票人享有的权利就是请求债务人给付一定金额的金钱,所以票据是一种金钱证券。

(2) 票据是设权证券。票据权利的产生基于票据本身的作成,有票据即有票据权利,无票据即无票据权利,此为设权证券。

(3) 票据是文义证券。票据上的一切权利义务,都严格依照票据上记载的文义而定,文义之外的任何理由、事项都不得作为认定或改变票据权利义务的依据。

(4) 票据是要式证券。票据必须具备法定格式才能有效。除票据法另有规定者外，不具备法定格式的，均不发生票据的效力。

(5) 票据是无因证券。票据如果符合《票据法》规定的条件，票据权利就成立，持票人不必证明取得票据的原因，仅以票据文义请求履行票据权利。

(6) 票据是流通证券。票据可以流通转让。与一般财产权相比，票据权利的转让灵活简便，无须通知债务人，通过背书行为直接转让。

3. 票据的功能

(1) 支付功能。票据可以充当支付工具，代替现金使用。

(2) 汇兑功能。票据可以代替货币在不同地方之间运送，方便异地之间的支付。

(3) 信用功能。票据当事人可以凭借自己的信誉，将未来才能获得的金钱作为现在的金钱来使用，如远期票据。

(4) 结算功能。结算功能又可以称为债务抵销功能。互负票据债务的双方当事人，可以不必分别实际支付票据金额，而可以在金额相同的范围内进行抵销，从而简化了程序，减少了交易费用。

(5) 融资功能。即融通资金或调度资金的功能。票据的融资功能是通过票据的贴现、转贴现和再贴现实现的。

(二) 票据法概述

1. 票据法的概念

广义的票据法是指涉及票据关系调整的各种法律规范，既包括专门的票据法律、法规，也包括其他法律、法规中有关票据的规范。一般意义上所说的票据法是指狭义的票据法，即专门的票据法规范，它是规定票据的种类、形式和内容，明确票据当事人之间的权利、义务，调整因票据而发生的各种社会关系的法律规范。简而言之，票据法是调整票据关系的法律规范的总称。

2. 票据法的特征

(1) 强制性。票据的种类、格式、应记载的事项等，都由票据法律、法规规定，不得由票据当事人自行决定。

(2) 技术性。票据法中的许多规定都具有明显的技术性，如票据的出票、背书、支付、结算等,如当事人不按照规定办理,将不能产生法律效力。

(3) 国际性。票据法本身是国内法,但却是国际通用程度最高的法律制度之一。

二、票据行为

票据行为是指票据当事人以发生票据债务为目的的、以在票据上签章为权利义务成立要件的法律行为。票据行为包括出票、背书、承兑和保证。

(一) 出票

1. 出票的概念

出票是指出票人签发票据并将其交付给收款人的票据行为。出票包括两个行为：一是出票人依照《票据法》的规定做成票据,即在原始票据上记载法定事项并签章;二是交付票据,即将做成的票据交付给他人占有。二者缺一不可。

2. 出票的基本要求

出票人必须与付款人之间具有真实的委托付款关系,并且具有支付票据金额的可靠资金来源,不得签发无对价的票据用以骗取银行或其他票据当事人的资金。

3. 出票的记载事项

出票人和其他票据行为当事人在票据上的记载事项必须符合《票据法》的规定。票据记载事项是指依法在票据上记载的票据相关内容。票据记载事项一般分为绝对必要记载事项、相对必要记载事项、任意记载事项、记载不产生票据法上效力的事项、记载本身无效事项和记载使票据行为无效事项等。

(1) 绝对必要记载事项,是指《票据法》上明文规定必须记载的事项,如不记载或记载不符合规定,将导致票据行为无效。

(2) 相对必要记载事项,是指除了绝对必要记载事项外,《票据法》规定的其他应记载的事项,如果未记载,票据仍然有效,但须按照法律规定决定相应事项。例如,如果商业汇票未记载到期日,按规定推定为见票即付。

(3) 任意记载事项,是指可以记载也可以不记载的事项,如果不记载不发生相应的法律效力,如果记载了就要产生票据法上的效力。例如,出票人记载了"不得转让"事项，票据转让无效。

（4）记载不产生票据法上效力的事项，是指这样一类事项，即使记载了也不产生票据法上的效力，但可以产生民法上的效力。例如，背书时记载的条件。

（5）记载本身无效事项，是指记载了但在票据法和民法上均无效的事项。例如，汇票的出票人免除自己担保承兑、担保付款责任的记载。

（6）记载使票据行为无效事项，是指记载了不仅该记载事项无效，而且还会导致整个票据行为无效的事项。例如，汇票的出票行为、承兑行为附条件。

4. 签章要求

自然人的签章，为签名、盖章或者签名加盖章。

法人和其他单位的签章，为该法人或者该单位的盖章，加其法人代表或者其授权的代理人的签章（签名、盖章或者签名加盖章），并且法律对于法人或者其他单位的盖章，还明确规定了其具体类型。

（1）银行的签章。银行作为银行汇票的出票人、银行承兑汇票的承兑人签章时，应当盖该银行的汇票专用章；作为银行本票的出票人签章时，应当加盖银行本票专用章。不过，根据《票据法》的规定，加盖银行的公章也有效。

（2）其他法人或者单位的签章。商业汇票上的出票人、支票的出票人的签章，应当加盖该单位的财务专用章或单位公章。

5. 出票的效力

出票成功后，将产生如下法律效力：

（1）对出票人而言，出票人成为票据的债务人，承担担保承兑和担保付款的责任。

（2）对付款人而言，付款人成为票据上的关系人。付款人并未在票据上签章，并非票据的义务人。

（3）对收款人而言，收款人取得票据权利，包括付款请求权、追索权，以及以背书等方式处分其票据权利的权利。

（二）背书

1. 背书的概念和种类

背书，是指持票人为将票据权利转让给他人或者将票据权利授予他人行使，在票据背面或者粘单上记载有关事项并签章，然后将票据交付给被背书人的票据行为。背书包括转让背书、委托收款背书和质押背书。

（1）转让背书，是指将票据权利转让给被背书人的背书。此时，票据所有权转移给被背书人，被背书人享有票据所有权利。

（2）委托收款背书，是指背书人委托被背书人行使票据权利的背书。此时，票据的所有权并没有转移，背书人与被背书人之间形成委托代理关系，即被背书人代背书人行使票据权利（票据权利包括付款请求权和追索权，下同），但不享有票据的处分权。

（3）质押背书，是指以担保债务而在票据上设定质权为目的的背书，此时，票据的所有权并没有转移，被背书人依法实现其质权时，可以行使票据权利，但不享有票据的处分权。

2. 背书的基本要求

（1）一般情况下，背书必须以真实的交易为基础，但票据贴现例外，且贴现时被背书人必须是银行等金融机构。

（2）部分背书和多头背书无效。部分背书是指将票据金额的一部分背书给被背书人，比如票据金额为 100 万元，如果只将其中的 60 万背书给被背书人，则称该背书为部分背书，部分背书无效。多头背书是指同时将同一张票据背书给多个被背书人，比如票据金额为 100 万元，同时将其中的 60 万背书给张三，将其中的 40 万背书给李四，则称该背书为多头背书，多头背书无效。

（3）附条件的背书，条件无效，背书有效。条件背书是指背书附有条件，背书时附有条件的，所附条件不具有票据法上的效力。

（4）以下三种情况票据不得背书转让：一是出票人记载"不得转让"字样的票据不得背书转让。若收款人背书转让，则该背书转让行为无效。注意，若不是出票人，而是其他票据当事人在背书时记载"不得转让"字样的，并不影响后手的背书行为的效力。二是填明"现金"字样的票据不得背书转让。

三是到期票据不得背书转让,即禁止"期后背书"。

3. 背书的记载事项

(1) 背书人签章。背书人签章为背书的绝对必要记载事项,背书人未签章,背书行为无效。

(2) 被背书人名称。被背书人名称为背书的绝对必要记载事项,但被背书人名称可以授权补记,即背书人未记载被背书人名称并不导致背书行为无效,而是可以授权受让人予以补记。

(3) 背书日期。背书人应当记载背书日期,未记载背书日期,背书行为有效,视为在票据到期日前背书。

(4) "不得转让"字样。票据背书时,如果背书人没有记载"不得转让"字样,其后手再背书转让,背书人要对所有后手承担保证责任,即要负担追索权上的义务。如果背书人在票据上记载了"不得转让"字样,该记载虽然不影响被背书人(其直接后手)对他人进行背书的效力,但是背书人仅对其直接后手承担票据责任,而不对其直接后手的后手承担票据责任。

(5) "委托收款"字样。委托收款背书除了记载被背书人名称、背书人签章等事项外,还应记载"委托收款"字样。

(6) "质押"字样。质押背书除了记载被背书人名称、背书人签章等事项外,还应记载"质押"字样。

票据凭证不能满足背书人记载事项的需要,可以加附粘单,并粘附于票据凭证上。粘单上的第一记载人,应当在票据和粘单的粘接处签章。

4. 背书效力

背书人通过背书转让票据后,即承担保证其后手所持票据承兑和付款的责任。

(三) 承兑

1. 承兑的概念

承兑是指汇票付款人承诺在汇票到期日支付汇票金额并签章的行为,仅适用于商业汇票。

2. 承兑程序

承兑程序包括提示承兑、受理承兑和记载承兑事项等。

(1) 提示承兑。提示承兑是指持票人向付款人出示汇票,并要求付款人承诺付款的行为。定日付款或者出票后定期付款的汇票,持票人应当在汇票到期日前向付款人提示承兑。见票定期付款的汇票,持票人应当自出票后1个月内向付款人提示承兑。汇票未按照规定期限提示承兑的,持票人丧失对其前手的追索权。

(2) 受理承兑。付款人收到持票人提示承兑的汇票时,应当向持票人签发收到的汇票回单。回单上应当记明汇票提示承兑日期并签章。付款人对向其提示承兑的汇票,应当自收到提示承兑的汇票之日起3日内承兑或拒绝承兑。

(3) 记载承兑事项。付款人承兑汇票的,应当在汇票正面记载"承兑"字样和承兑日期并签章;见票后定期付款的汇票,应当在承兑日记载付款日期。汇票上未记载承兑日期的,应当以收到提示承兑的汇票之日起3日内的最后一天为承兑日期。

3. 承兑效力

付款人承兑汇票,不得附有条件;承兑附有条件的,视为拒绝承兑。付款人承兑汇票后,应当承担到期付款的责任。

(四) 保证

1. 保证的概念

保证是指票据债务人以外的人,为担保特定债务人履行票据债务而在票据上记载有关事项并签章的行为。

2. 保证的记载事项

保证人必须在票据或粘单上记载下列事项:表明"保证"的字样,保证人名称和住所,被保证人的名称,保证日期,保证人签章。未记载"被保证人名称",且已承兑的票据,承兑人为被保证人;未承兑的票据,出票人为被保证人;未记载"保证日期"的,出票日为保证日期。

3. 保证责任

被保证的票据,保证人应当与被保证人对持票人承担连带责任。票据到期后得不到付款的,持票人有权向保证人请求付款,保证人应当足额付款。保证人为两人及以上的,保证人之间承担连带责任。

4. 保证效力

保证人对合法取得票据的持票人所享有的票据权利，承担保证责任。但是，被保证人的债务因票据记载事项欠缺而无效的除外。保证不得附有条件，附有条件的，不影响对票据的保证责任。因此，保证人清偿票据债务后，可以行使持票人对被保证人及其前手的追索权。

三、票据权利

（一）票据权利概述

票据权利是指票据持票人基于票据行为而取得的、向票据债务人请求支付票据金额的权利，包括付款请求权和追索权。

付款请求权，是指票据持票人向主债务人，包括汇票的承兑人、本票的出票人和支票的付款人，出示票据要求付款的权利，是第一顺序权利。行使票据付款请求权的人可以是票据记载的收款人或最后的被背书人。

追索权，是指票据当事人的付款请求权没有获得满足或者有可能无法获得满足的情况下，在符合了法定的条件之后，向其前手请求偿还票据金额及其他法定费用的权利，是第二顺序权利。行使追索权的票据当事人可能是票据记载的收款人和最后的被背书人，也可能是代为清偿票据债务的保证人、背书人。

持票人可以不按照票据债务人的先后顺序，对其中的任何一人、数人或者全体行使追索权。持票人对票据债务人中的一人或数人已经进行追索的，对其他票据债务人仍可以行使追索权。被追索人清偿债务后，与持票人享有同一权利。

（二）票据权利的取得

票据的签发、取得和转让，必须以真实的交易关系和债权债务关系为基础。票据的取得，必须给付对价，即应当给付票据双方当事人认可的相对应的代价。但也有例外情形，即如果是因为税收、继承、赠与可以依法无偿取得票据的，则不受给付对价的限制，但是所享有的票据权利不得优于其前手的权利。

取得票据并享有票据权利的情形：①依法接受出票人签发的票据；②依

法接受背书转让的票据；③因税收、继承、赠与可以依法无偿取得的票据。

取得票据但不享有票据权利的情形：①以诈骗、偷盗或者胁迫等手段取得票据的，或者明知有以上情形，处于恶意取得票据的；②持票人因重大过失取得不符合《票据法》规定的票据的。

（三）票据权利时效

票据权利的时效是指票据权利在时效期内不行使，即引起票据权利丧失。具体规定如下：

（1）持票人对票据的出票人和承兑人的权利自票据到期日起2年。见票即付的汇票、本票自出票日起2年。

（2）持票人对支票出票人的权利，自出票日起6个月。

（3）持票人对前手的追索权，自被拒绝承兑或者被拒绝付款之日起6个月。

（4）持票人对前手的再追索权，自清偿日或者被提起诉讼之日起3个月。

追索权的行使以获得拒绝付款证明或者退票理由书等有关证明为前提。如果持票人因超过票据权利时效或者因票据记载事项欠缺而丧失票据权利的，《票据法》为了保护持票人的合法权益，规定其仍享有民事权利，则可以请求出票人或者承兑人返还其与支付的票据金额相当的利益。

（四）票据权利的行使与保全

票据权利的行使是指持票人请求票据债务人履行票据义务的行为。票据权利的保全是指票据权利人为防止票据权利的丧失而实施的一切行为。

票据权利的保全行为大多又是票据权利的行使行为，所以《票据法》通常都将二者一并进行规定。票据权利行使和保全的方法通常包括"按期提示"和"依法证明"两种。"按期提示"是指要按照规定的期限向票据债务人提示票据，包括提示承兑或提示付款，以及时保全或行使追索权。"依法证明"是指持票人为了证明自己曾经依法行使票据权利而遭拒绝或者根本无法行使票据权利而以法律规定的时间和方式取得相关的证据。

（五）票据权利的消灭

票据权利的消灭是指票据权利由于出现法定事由而失去法律效力，包括付款请求权的消灭和追索权的消灭。导致票据权利消灭的主要事实有：付款、拒绝付款、记载事项的更改、时效期间已过、保全手续欠缺，以及民法上规定的债权消灭等。

（六）票据权利丧失补救

票据权利与票据密不可分，如果票据丢失，票据权利就无法主张。由于票据丧失并非出于持票人的本意，所以《票据法》规定了票据丧失后的三种补救方式。

1. 挂失止付

挂失止付是指失票人将票据丧失的情况通知付款人并由接受通知的付款人暂停支付票款的行为。适用挂失止付的票据可以是已承兑的商业汇票、支票、填明"现金"字样和代理付款人的银行汇票，以及填明"现金"字样的银行本票。未填明"现金"字样和代理付款人的银行汇票，以及未填明"现金"字样的银行本票丧失，不得挂失止付。

挂失止付非票据丧失后必经的法律程序，而只是一种暂时的预防措施，失票人要重新获得票据权利须经公示催告或普通诉讼程序。付款人或代理付款人自收到挂失止付通知书之日起12日没有收到人民法院的止付通知书的，自第13天起，挂失止付通知书失效。因此，失票人在办理了挂失止付手续后，应尽快向人民法院申请公示催告或提起普通诉讼。

2. 公示催告

公示催告是指在票据丧失后，由失票人向人民法院提出申请，请求人民法院以公告的方式通知不确定的利害关系人限期申报权利，逾期未申报的，由人民法院通过除权判决宣告所丧失票据无效的一种制度。可以背书转让的票据丧失的，失票人可以申请公示催告。由于填明"现金"字样的银行汇票、银行本票和现金支票不得背书转让，故对这些票据不能申请公示催告。但出票人已经签章的授权补记的支票丧失后，持票人可以申请公示催告。可以申请公示催告的失票人，应当是丧失票据占有以前的最后合法持票人。

人民法院收到公示催告申请后，经审查认为符合受理条件的，通知予以受理，并同时通知付款人停止支付；认为不符合受理条件的，7日内裁定驳回申请。人民法院在受理后的3日内发出公告，催促利害关系人申报权利。公示期间不得少于60日，且公示催告期间届满日不得早于票据付款日后15日。

在申报权利的期间无人申报权利,或者申报被驳回的,申请人应当自公示催告期间届满之日起 1 个月内申请法院作出除权判决。公示催告申请人可以依据人民法院的判决书向债务人主张权利。逾期不申请判决的,终结公示催告程序。

3. 普通诉讼

普通诉讼是指丧失票据的失票人向人民法院提起民事诉讼,要求法院判定付款人向其支付票据金额的行为。与票据权利有关的民事诉讼有以下三种:票据返还之诉、请求补发票据之诉、请求付款之诉。其中,以票据返还之诉最为常见。

丧失票据的失票人在向人民法院提起诉讼时,应当按照以下要求办理:①失票人一般以付款人为被告,但在付款人下落不明、无力清偿或者破产等情形下,也可以将其他债务人(出票人、背书人、保证人等)作为被告;②失票人在向法院起诉时,应提供所丧失票据的有关书面证明;③失票人在向法院起诉时,应当提供担保,担保的数额相当于票据载明的金额;④诉讼请求的内容是要求付款人或者其他票据债务人在票据到期日或判决生效后支付或清偿票据金额;⑤在判决前,丧失的票据出现时,付款人应当暂不付款,将情况及时通知失票人和人民法院,法院应当终结诉讼程序。

四、票据责任

票据责任是指票据债务人向持票人支付票据金额的义务。票据债务人承担票据义务一般有四种情况:一是汇票承兑人因承兑而应承担付款义务;二是本票出票人因出票而承担自己付款的义务;三是支票付款人在与出票人有资金关系时承担付款义务;四是汇票、本票、支票的背书人,汇票、支票的出票人、保证人,在票据不获承兑或不获付款时的付款清偿义务。

五、票据抗辩

(一)票据抗辩的概念

票据抗辩是指票据债务人依照《票据法》的规定,对票据权利人拒绝履行票据义务的行为。票据抗辩是票据债务人的一种权利,票据债务人只要有合法的理由,就可以对抗票据权利人要求其付款的权利。

(二) 票据抗辩的种类

1. 对人的抗辩

对人的抗辩是指债务人对抗特定票据权利人的抗辩。票据债务人可以对不履行约定义务的且与自己有直接债权债务关系的持票人进行抗辩。若不履行约定义务的该票据持票人将票据转让给第三人,而第三人为善意并已支付对价的持票人,则票据债务人不能对其进行抗辩。

2. 对物的抗辩

对物的抗辩是指基于票据本身存在的事由进行的抗辩,具体包括:

(1) 票据行为不成立的抗辩,如票据记载事项不全,特别是绝对记载事项缺失、票据上有禁止记载事项、背书不连续、持票人的票据权利有瑕疵等。

(2) 依票据记载不能提出请求进行的抗辩,如票据未到期、付款地不符等。

(3) 票据载明的权利已消灭或已失效而进行的抗辩,如票据债权因付款、抵销、提存、免除、除权判决、时效届满而消灭等。

(4) 票据权利的保全手续欠缺而进行的抗辩,如未取得拒付证明等。

(5) 票据上有伪造、变造情形而进行的抗辩。

(三) 票据抗辩的限制

为了确保票据的有效流通,防止票据债务人恶意拒绝付款,滥用抗辩权利,《票据法》对票据抗辩规定了以下限制:

(1) 票据债务人不得以自己与出票人之间的抗辩事由对抗持票人,即除非票据债务人与持票人有直接的债权债务关系或者存在票据本身的瑕疵,否则票据债务人必须承担票据责任。

(2) 票据债务人不得以自己与持票人的前手之间的抗辩事由对抗持票人。

(3) 凡是善意的、已支付对价的持票人可以向票据上一切债务人请求付款,不受前手权利瑕疵和前手相互间抗辩的影响。如持票人不知道前手取得票据存在欺诈、胁迫、偷盗、重大过失等情形,并已为取得票据支付了相应的对价,则票据债务人就必须对持票人承担票据责任。

(4) 持票人取得的票据是无对价或者不相当对价的,其享有的票据权利不得优于其前手，故票据债务人可以将对抗持票人前手的抗辩事由对抗该持票人。

六、支票

（一）支票概述

1. 支票的概念

支票是指出票人签发的，委托办理支票存款业务的银行或者其他金融机构在见票时无条件支付确定金额给收款人或者持票人的票据。

支票的基本当事人包括出票人、付款人、收款人。出票人即存款人，是在批准办理支票业务的银行机构开立可以使用支票的存款账户的单位和个人；支票的付款人只能是出票人的开户银行或其他金融机构，其他组织和个人不能成为支票的付款人；收款人即支票上载明的收款人，也可以是经背书转让的被背书人。

2. 支票的种类

支票可以分为现金支票、转账支票和普通支票。支票上印有"现金"字样的为现金支票，现金支票只能用于支取现金。支票上印有"转账"字样的为转账支票，转账支票只能用于转账。支票上未印有"现金"或"转账"字样的为普通支票，普通支票既可以用于支取现金，也可以用于转账。在普通支票左上角划两条平行线的，为划线支票，划线支票只能用于转账，不能用于支取现金。

3. 支票的使用范围

单位和个人在同一票据交换区域的各种款项结算，均可以使用支票。

（二）支票的出票

1. 开立支票存款账户

开立支票存款，申请人必须使用本名，提交证明其身份的合法证件，并应当预留其本名的签名式样和印鉴。

2. 支票出票的记载事项

（1）支票的绝对必要记载事项。支票的绝对必要记载事项有：表明"支票"的字样、无条件支付的委托、确定的金额、付款人名称、出票日期、出票人签章。支票上未记载这些事项之一的,支票无效。其中,支票的"付款人"为支票上记载的出票人开户银行。支票的金额、收款人名称,可以由出票人授权补记,未补记前不得背书转让和提示付款。出票人可以在支票上记载自己为收款人。

(2) 签发支票的注意事项。支票的出票人所签发的支票金额不得超过其付款时在付款人处实有的存款金额。出票人签发的支票金额超过其付款时在付款人处实有的存款金额的,为空头支票。支票的出票人不得签发与其预留本名的签名式样或印鉴不符的支票。

(三) 支票的付款

1. 提示付款

支票的持票人应当自出票日起10日内提示付款。超过该期限提示付款的,持票人丧失对出票人以外的前手的追索权。

2. 付款

出票人必须按照签发的支票金额承担保证向该持票人付款的责任。出票人在付款处的存款足以支付支票金额时,付款人应当在见票当日足额付款。如果持票人提示付款时,出票人在付款处的存款金额不足以支付支票金额时(此时称为"空头支票",禁止签发"空头支票"),付款人不予付款。签发空头支票或者签发与其预留的签章不符的支票,不以骗取财物为目的的,由中国人民银行处以票面金额5%但不低于1000元的罚款;持票人有权要求出票人赔偿支票金额2%的赔偿金。

七、本票

(一) 本票概述

1. 本票的概念

本票是指出票人签发的,承诺自己在见票时无条件支付确定金额给收款人或者持票人的票据。在我国,本票仅限于银行本票,即银行出票、银行付款。

2. 本票的分类

(1) 定额银行本票和不定额银行本票。这是以本票上记载的金额是否固定为标准对银行本票所作的分类。定额银行本票的金额,已由本票的印刷部门事先印刷于本票正面,签发时不必再另行填写;不定额银行本票则并未印有本票金额,而是由出票银行根据当事人的约定在出票时按规定填写。

(2) 现金本票和转账本票。这是以付款方式为标准对银行本票所作的分类。用于转账的,是转账银行本票;用于支取现金的,是现金银行本票。

3. 适用范围

单位和个人在同一票据交换区域需要支付各种款项,均可以使用银行本票。

(二) 本票的出票

1. 申请

申请人使用银行本票,应向银行填写"银行本票申请书",填明收款人名称、申请人名称、支付金额、申请日期等事项,并签章。银行本票的出票人,为经中国人民银行当地分支行批准办理银行本票业务的银行机构。向银行申请签发银行本票的当事人("银行本票申请人")并非出票人。

2. 受理

出票银行受理"银行本票申请书",收妥款项,签发银行本票交给申请人。签发银行本票必须记载以下六个事项:①表明"本票"字样;②无条件支付的承诺;③确定的金额;④收款人名称;⑤出票日期;⑥出票人签章。未记载上述任一事项均导致银行本票无效。

申请人或收款人为单位的,银行不得为其签发现金银行本票。

出票银行必须具有支付银行本票金额的可靠资金来源,并保证支付。

3. 交付

申请人应将银行本票交付给本票上记载的收款人。收款人受理银行本票时,应审查下列事项:①收款人是否确为本单位或本人;②银行本票是否在提示有效期限内;③必须记载的事项是否齐全;④出票人签章是否符合规定,出票金额大小写是否一致;⑤出票金额、出票日期、收款人名称是否更改,更改的其他记载事项是否由原记载人签章证明。

(三) 本票的付款

1. 被提示人

银行本票的出票人是最终的票据责任人,持票人应当向出票人提示付款。

2. 提示付款期限

银行本票均为见票即付。银行本票的提示付款期限自出票日起最长不超过2个月。超过这一期限提示付款的,持票人丧失对出票人以外的前手的追索权。

(四) 本票的退款和丧失

申请人因银行本票超过提示付款期限或其他原因要求退款时,应将银行本票提交到出票银行。申请人为单位的,应出具该单位的证明;申请人为个人的,应出具该本人的身份证件。出票银行对于在本行开立存款账户的申请人,只能将款项转入原申请人账户;对于现金银行本票和未在本行开立存款账户的申请人,才能退付现金。

银行本票丧失,失票人可以凭人民法院出具的其享有票据权利的证明,向出票银行请求付款或退款。

八、银行汇票

(一) 银行汇票概述

1. 银行汇票的概念

银行汇票是出票银行签发的,由其在见票时按照实际结算金额无条件支付给收款人或者持票人的票据。出票银行为银行汇票的付款人。银行汇票可用于转账,填明"现金"字样的银行汇票也可用于支取现金。

2. 适用范围

单位和个人各种款项结算,均可使用银行汇票。

(二) 银行汇票的出票

1. 申请

申请人使用银行汇票,应向出票银行填写"银行汇票申请书",填写收款人名称、汇票金额、申请人名称、申请日期等事项,并签章,签章为其预留银行的签章。申请人和收款人均为个人,且需要通过代理付款人支付现金的,申请人须在"银行汇票申请书"上填明代理付款人名称,在"出票金额"栏先填写"现金"字样,后填写汇票金额。申请人或收款人为单位的,不得在"银行汇票申请书"上填明"现金"字样。

2. 签发并交付

出票银行受理银行汇票申请书，收妥款项后签发银行汇票，并将银行汇票和解讫通知一并交给申请人。签发银行汇票必须记载下列事项：表明"银行汇票"的字样；无条件支付的承诺；出票金额；付款人名称；收款人名称；出票日期；出票人签章。欠缺记载上述事项之一的，银行汇票无效。

签发现金银行汇票，申请人和收款人必须均为个人，收妥申请人交存的现金后，在银行汇票"出票金额"栏先填写"现金"字样，后填写出票金额，并填写代理付款人名称。申请人或者收款人为单位的，银行不得为其签发现金银行汇票。

（三）填写实际结算金额

收款人受理申请人交付的银行汇票时，应在出票金额以内，根据实际需要的款项办理结算，并将实际结算金额和多余金额准确、清晰地填入银行汇票和解讫通知的有关栏内。银行汇票的实际结算金额低于出票金额的，其多余金额由出票银行退交申请人。未填明实际结算金额和多余金额或实际结算金额超过出票金额的，银行不予受理。银行汇票的实际结算金额一经填写不得更改，更改实际结算金额的银行汇票无效。

（四）银行汇票的背书

银行汇票的背书转让以不超过出票金额的实际结算金额为准。未填写实际结算金额或实际结算金额超过出票金额的银行汇票不得背书转让。

（五）银行汇票提示付款

银行汇票的提示付款期限为自出票日起1个月。持票人超过付款期限提示付款的，代理付款人不予受理。持票人向银行提示付款时，须同时提交银行汇票和解讫通知，缺少任何一联，银行不予受理。持票人超过期限向代理付款银行提示付款却不获付款的，须在票据权利时效内向出票银行作出说明，并提供本人身份证件或单位证明，持银行汇票和解讫通知向出票银行请求付款。

在银行开立存款账户的持票人向开户银行提示付款时，应在汇票背面"持票人向银行提示付款签章"处签章，签章须与预留银行签章相同，并将银行汇票和解讫通知、进账单送交开户银行。未在银行开立存款账户的个人持票人，可以向任何一家银行机构提示付款。提示付款时，应在汇票背面"持票人向银行提示付款签章"处签章，并填明本人身份证件名称、号码及发证机关，由其本人向银行提交身份证件及其复印件。

（六）银行汇票退款和丧失

申请人因银行汇票超过付款提示期限或其他原因要求退款时，应将银行汇票和解讫通知同时提交到出票银行。申请人为单位的，应出具该单位的证明；申请人为个人的，应出具本人的身份证件。对于代理付款银行查询的要求退款的银行汇票，应在汇票提示付款期满后方能办理退款。出票银行对于转账银行汇票的退款，只能转入原申请人账户；对于符合规定填明"现金"字样银行汇票的退款，才能退付现金。申请人缺少解讫通知要求退款的，出票银行应于银行汇票提示付款期满1个月后办理。

银行汇票丧失，失票人可以凭人民法院出具的其享有票据权利的证明，向出票银行请求付款或退款。

九、商业汇票

（一）商业汇票概述

1. 商业汇票的概念

商业汇票是由银行以外的企业或者其他组织签发的，委托付款人在指定日期无条件支付确定的金额给收款人或者持票人的票据。

2. 商业汇票的种类

商业汇票按照承兑人的不同分为银行承兑汇票和商业承兑汇票。银行承兑汇票由银行承兑，商业承兑汇票由银行以外的付款人承兑。

3. 商业汇票的适用范围

只有在银行开立存款账户的法人以及其他组织之间，才能使用商业汇票。

（二）商业汇票的出票

1. 出票人的资格条件

商业承兑汇票的出票人为在银行开立存款账户的法人以及其他组织，并与付款人具有真实的委托付款关系，具有支付汇票金额的可靠资金来源。银行承兑汇票的出票人必须是在承兑银行开立存款账户的法人以及其他组织，并与承兑银行具有真实的委托付款关系，资信状况良好，具有支付汇票金额的可靠资金来源。

2. 出票人的确定

商业承兑汇票可以由付款人签发并承兑，也可以由收款人签发交由付款人承兑。银行承兑汇票应由在承兑银行开立存款账户的存款人签发。

3. 出票的记载事项

签发商业汇票必须记载以下事项：①表明"商业承兑汇票"或"银行承兑汇票"的字样；②无条件支付的委托；③确定的金额；④付款人名称；⑤收款人名称；⑥出票日期；⑦出票人签章。欠缺记载上述事项之一的，票据无效。

商业汇票的付款期限记载有以下三种形式：①定日付款的汇票付款期限自出票日起计算，并在汇票上记载具体的到期日；②出票后定期付款的汇票期限自出票日起按月计算，并在汇票上记载；③见票后定期付款的汇票付款期限自承兑或拒绝承兑日起按月计算，并在汇票上记载。

纸质商业汇票的付款期限，最长不得超过 6 个月。

（三）商业汇票的承兑

商业汇票的承兑可以在出票时向付款人提示承兑后使用，也可以在出票后先使用再向付款人提示承兑。付款人拒绝承兑的，必须出具拒绝承兑的证明。付款人承兑汇票，不得附有条件；附有条件的承兑，视为拒绝承兑。付款人承兑汇票后，应当承担到期付款的责任。除了见票即付的票据外，其他汇票都必须承兑。

承兑记载的事项包括：承兑文句、承兑日期、承兑人签章。承兑文句、承兑人签章是绝对必要记载事项，承兑日期是相对必要记载事项，但如果是见票后定期付款的汇票，则必须记载承兑日期。

（四）商业汇票的贴现

1. 贴现的概念

贴现是指票据持有人在票据未到期前为获得现金向银行贴付一定利息而发生的票据转让行为。

2. 贴现的基本规定

在我国，商业汇票只能向经中国人民银行批准的银行等金融机构进行贴现,其实质是转让背书。一般的转让背书必须以真实的交易为基础,但贴现不需要以真实的交易为基础。商业汇票的持票人向银行办理贴现必须具备以下条件:票据未到期;票据未记载"不得转让"字样;在银行开立存款账户的企业法人以及其他组织;与出票人或者直接前手之间存在真实的交易关系。

(五)商业汇票的付款

付款是汇票的承兑人或付款人在汇票到期时,无条件支付票据金额给持票人,从而消灭票据的债权债务关系的行为。商业汇票的提示付款期限为自汇票到期日起10天,持票人应在提示付款期内向付款人提示付款。超过规定的提示付款期提示付款,若遭到拒付,将丧失对出票人和承兑人以外的前手的追索权。

第五节 保险法

一、保险法概述

(一)保险的概念和种类

1. 保险的概念

保险是指投保人根据合同约定,向保险人支付保险费,保险人对于合同约定的可能发生的事故因其发生所造成的财产损失承担赔偿保险金责任,或者当被保险人死亡、伤残、疾病,或者达到合同约定的年龄、期限等条件时承担给付保险金责任的商业保险行为。

作为一种具有经济补偿功能的商事法律行为,保险必须以存在不确定的危险为前提,以多数人的互助共济为基础,以对危险事故所致损失进行补偿为目的。

2. 保险的种类

(1)根据保险标的的不同,保险可分为财产保险和人身保险。保险标的是指作为保险对象的财产及其利益或者人的寿命和身体。财产保险是以财产及其有关利益为保险标的的保险,包括财产损失保险、责任保险、信用保险、保证保险等。人身保险是以人的寿命和身体为保险标的的保险,包括人寿保险、健康保险、意外伤害保险等。

（2）根据实施形式的不同，保险可分为自愿保险和强制保险。自愿保险是指根据投保人与保险人双方在平等互利原则的基础上签订保险合同而产生的保险。强制保险也称法定保险，是指以国家颁布法律、法令的形式强制实行的保险。如我国的机动车交通事故责任强制保险即属于强制保险。

（3）根据保险人承担责任的次序不同，保险可分为原保险和再保险。原保险是指由保险人直接承担保险业务并与投保人签订保险合同，对于被保险人因保险事故所造成的损失，承担直接的原始赔偿责任的保险。再保险是指对原保险的保险责任再予以承担的保险。也就是说，再保险是保险人通过订立合同，将自己已承保的风险，全部或部分地转移给一个或几个其他保险人，以降低自己所面临的风险的保险行为。其中，分出自己承保业务的保险人被称为原保险人，接受再保险业务的保险人被称为再保险人。

（4）根据保险次数的不同，保险可分为单保险和复保险。单保险是指投保人对同一保险标的、同一保险利益、同一保险事故，与一个保险人订立保险合同的行为。复保险是指投保人对同一保险标的、同一保险利益、同一保险事故，与多个保险人订立多个保险合同的行为。

（5）根据保险保障范围不同，保险可分为责任保险、保证保险、财产保险和人身保险。责任保险是指以被保险人的民事赔偿责任为保险标的的一种保险。保证保险是指由保险人为被保险人向权利人提供担保，保证被保险人作为或不作为的一种保险。保证保险实际上是一种由保险人充当保证人的担保业务。财产保险和人身保险见前述。

（二）保险法的概念

在我国，保险法有广义和狭义之分。广义的保险法是指调整保险关系的法律规范的总称，包括商业保险法和社会保险法；狭义的保险法是指调整商业保险关系的法律规范的总称。

我国专门调整商业保险的法律是《中华人民共和国保险法》（以下简称《保险法》），专门调整社会保险的法律是《中华人民共和国社会保险法》。

（三）保险法的基本原则

1. 最大诚信原则

对投保人而言，诚信原则主要表现为应当承担以下两项义务：①在订立保险合同时的如实告知义务，即应当将有关保险标的的重要情况如实向保险人作出陈述；②履行保险合同时的信守保险义务，即严守允诺，完成保险合同中约定的作为或不作为的义务。

对保险人而言，诚信原则也表现为其应当承担以下两项义务：①在订立保险合同时将保险条款告知投保人的义务，特别是保险人的免责条款；②及时与全面支付保险金的义务。

2. 保险利益原则

保险利益又称可保利益，是指投保人对保险标的具有法律所认可的利益。投保人对保险标的之合法的利益，包括财产利益和人身利益。保险利益具有以下特征：

（1）保险利益是为法律所认可的利益。保险利益必须符合法律规定，为法律所认可并受法律保护。

（2）保险利益是能够确定的利益。一方面，保险利益一般是能够以货币形式估价的，另一方面，保险利益不是当事人主观估价的，而是客观上的利益，包括现有利益和期待利益。

（3）保险利益一般是经济上的利益。当事人的精神痛苦、人格利益、刑事处罚等非经济上的利益，不能构成保险利益。

3. 近因原则

近因并非指时间上最接近损失的原因，而是指直接促成结果的原因，效果上有支配力或有效的原因，也即必要原因。适用近因原则一方面可以克服漫无边际地对保险人滥施责任；另一方面也可有效地避免保险人推卸责任。

4. 损失补偿原则

损失补偿原则是指保险人在保险合同所约定的危险事故发生之后，对其所遭受的实际损失或损害，可以获得一定的补偿。基本含义包含两层：一是只有保险事故发生造成保险标的的毁损致使被保险人遭受经济损失时，保险人才承担损失补偿的责任，否则，即使在保险期限内发生了保险事故，但被保险人没有遭受损失，就无权要求保险人赔偿。这是损失补偿原则质的规定。二是被保险人可获得的补偿量仅以其保险标的在经济上恢复到保险事故发生之前的状态，而不能使被保险人获得多于损失的补偿，即不能让被保险人通过保险获得额外的收益。这是损失补偿原则的量的限定。

二、保险合同

（一）保险合同的概念及特征

保险合同是投保人与保险人约定保险权利义务关系的协议。保险合同具有以下四个特征。

1. 保险合同是射幸合同

射幸合同是指当事人一方或双方的给付义务，取决于合同成立后偶然事件的发生的一种合同。

2. 保险合同是附合合同

附合合同也称格式合同、标准合同或定式合同，是指内容不是由当事人双方共同协商拟定，而是由一方当事人先拟定，另一方当事人只能作出是否同意的意思表示的一种合同。

3. 保险合同是双务、有偿合同

双务合同是指合同双方当事人相互享有权利、承担义务的合同。有偿合同是指因为享有一定的权利而必须偿付一定对价的合同。

4. 保险合同是诺成合同

诺成合同是指只要双方当事人意思表示一致，保险合同即可成立生效的合同。

（二）保险合同的主体

1. 保险合同的当事人

（1）投保人。投保人是指与保险人订立保险合同，并按照合同约定负有支付保险费义务的人。

（2）保险人。保险人是指与投保人订立保险合同，并按照合同约定承担赔偿或者给付保险金责任的保险公司。

2. 保险合同的关系人

（1）被保险人。被保险人是指其财产或者人身受保险合同保障，享有保险金请求权的人。投保人可以为被保险人。

（2）受益人。受益人是指人身保险合同中由被保险人或者投保人指定的享有保险金请求权的人。投保人、被保险人可以为受益人。

3. 保险合同的辅助人

（1）保险代理人。保险代理人是指根据保险人的委托授权，代理其经营保险业务，并收取代理费用的人。

（2）保险经纪人。保险经纪人是基于投保人的利益，为投保人与保险人订立保险合同提供中介服务，并依法收取佣金的人。

（3）保险公估人。保险公估人是指依照法律规定设立，受保险公司、投保人或被保险人委托办理保险标的的查勘、鉴定、估损，以及赔款的理算，并向委托人收取酬金的机构或个人。

（三）保险合同的订立、变更、解除和终止

1. 保险合同的订立

（1）保险合同订立程序。①投保。投保人提出保险请求，简称投保。②承保。承保是保险人承诺投保人的保险要约的行为。

一般认为，法律对保险合同的生效有规定的，从其规定；没有规定的，依当事人之间的约定；法律既无规定当事人之间又无约定的，保险合同于保险合同成立之时生效。

（2）保险合同的形式。保险合同主要有以下几种形式：一是投保单，即投保人向保险人提出订立保险合同的书面文件；二是保险单，即投保人与保险人之间订立保险合同的正式书面证明；三是保险凭证，即除保险单以外的由保险人签发的，表明其接受投保人申请、与之签订保险合同，交由投保人收执的书面凭证；四是暂保单，即保险人在签发正式保险单前出具给投保人的、用于证明存在保险合同的一种临时凭证；五是批单，即为了对保险合同进行修改、补充或增删内容而由保险人出立的一种凭证。

2. 保险合同的变更

在保险合同有效期内，投保人和保险人经协商同意，可以变更保险合同的有关内容。变更保险合同的，应当由保险人在原保险单或者其他保险凭证上批注或附贴批单，或者由投保人和保险人订立变更的书面协议。

3. 保险合同的解除

保险合同的解除是指保险合同成立后，当事人因一定事由解除双方的权利义务关系，使保险合同自始无效的法律行为。保险合同成立后，除法律规

定或保险合同约定不许解除外,投保人可以解除合同。而保险人只能在法律规定或保险合同约定的情况下才能解除保险合同。

4. 保险合同的终止

保险合同终止是指保险合同成立后因法定或约定事由发生,使合同确定的权利义务关系消灭,法律效力完全消失的事实。保险合同终止的主要原因有以下三个方面:

一是保险合同因期限届满而终止,即在保险合同规定的期限内,未发生保险事故,则期限届满,保险合同即告终止,也被称为保险合同的自然终止。

二是保险合同因履行而终止,即保险合同有效期间,发生保险事故后,合同因保险人按约定履行了全部保险金赔偿或给付义务而消灭。

三是因解除而终止,即合同双方协议解除或一方当事人行使解除权解除合同导致效力的终止。

(四) 保险合同的内容

保险合同的内容应当包括下列事项:①保险人的名称和住所;②投保人、被保险人的姓名或者名称、住所,以及人身保险的受益人的姓名或者名称、住所;③保险标的;④保险责任和责任免除;⑤保险期间和保险责任开始时间;⑥保险金额;⑦保险费及支付办法;⑧保险金赔偿或者给付办法;⑨违约责任和争议处理;⑩订立合同的年、月、日;⑪投保人和保险人可以约定与保险有关的其他事项。

(五) 索赔和理赔

1. 保险索赔

保险索赔是指被保险人或受益人在保险标的因保险事故发生而造成财产损失或人身伤亡,或依照保险合同的约定,在一定的法律事实出现时,请求保险人赔偿或给付保险金的意思表示。保险索赔的程序如下。

(1) 向保险人发出出险通知和提出索赔申请。保险索赔应首先及时把保险事故发生的时间、地点、原因、情况,以及有关合同的单证、保险标的、保险期限等事项告知保险人,以便于保险人迅速地调查、核实,确认保险事故发生的原因、造成的损失。被保险人、受益人得知保险事故发生造成损害后，应在保险索赔的时效内，向保险人提出赔偿或保险金给付的请求。

（2）提供索赔单证。保险事故发生后，依照保险合同请求保险人赔偿或者给付保险金时，投保人、被保险人或者受益人应当向保险人提供其所能提供的与确认保险事故的性质、原因、损失程度等有关的证明和资料。

（3）领取赔偿金或保险金。保险人对索赔资料进行审核后，对于符合合同规定的，投保人、被保险人或受益人可以领取保险赔偿金或保险金。

权利人应在法律规定的期限内行使索赔权，人寿保险以外的其他保险的被保险人或者受益人，向保险人请求赔偿或者给付保险金的诉讼时效期间为 2 年，自其知道或者应当知道保险事故发生之日起计算。人寿保险的被保险人或者受益人向保险人请求给付保险金的诉讼时效期间为 5 年，自其知道或者应当知道保险事故发生之日起计算。

2. 保险理赔

保险理赔是保险人在保险标的发生风险事故后，对被保险人提出的索赔请求进行处理的行为，是保险人履行保险合同的一种体现。任何单位和个人不得非法干预保险人履行赔偿或者给付保险金的义务，也不得限制被保险人或受益人取得保险金的权利。

保险人收到被保险人或者受益人的赔偿或者给付保险金的请求后，应当及时作出核定，情形复杂的，应当在 30 天内作出核定，并将核定结果书面通知对方；对属于保险责任的，保险人在赔付协议达成后 10 天内支付赔款；对不属于保险责任的，保险人应当自作出核定之日起 3 天内发出拒赔通知书并说明理由。保险人自收到赔偿或者给付保险金的请求和有关证明、资料之日起 60 日内，对其赔偿或者给付保险金的数额不能确定的，应当根据已有证明和资料将可以确定的数额先予以支付；保险人最终确定赔偿或者给付保险金的数额后，应当支付相应的差额。

保险理赔应当遵循下列程序：①立案检验；②核定责任；③计算并支付赔偿金或保险金；④进行损余处理和行使代位求偿权。

三、人身保险合同

(一) 人身保险合同概述

1. 人身保险合同的概念

人身保险合同是指当事人以人的寿命和身体作为保险标的而订立的保险合同。按照人身保险合同，保险人有权向投保人收取保险费，并于被保险人死亡、伤残或保险期限届满时向受益人或被保险人给付保险金。

2. 人身保险合同的特征

人身保险合同除了具有合同的一般特征外，还具有以下特征：

（1）保险标的不可估价。人身保险合同以人的生命或身体为保险标的。人的身体和生命不是商品，不具有商品价值，不能用货币来估价。

（2）保险金额一般实行定额给付。在保险事故发生时，除对医疗费用支出可以按实际损失补偿外，保险金给付均采用定额方式，即保险人仅按保险合同中约定的保险金额给付保险金。

（3）保险期限较长。人身保险合同的有效期限一般较长。除了个别的保险合同外，投保人可以任意选择中长期保险期限，且在期限届满后还可以办理续保手续。

（4）当事人可以指定受益人。在人身保险合同中，除投保人、保险人、被保险人之外，还可以存在受益人。一般由被保险人直接指定，也可以由投保人在经得被保险人同意后指定。

（5）人身保险具有储蓄功能。人身保险合同不仅具有经济保障作用，还具有储蓄功能。

3. 人身保险合同的类型

人身保险合同主要有以下三种类型：

（1）人寿保险合同。人寿保险合同是以被保险人的死亡或生存为保险事故的人身保险合同。人寿保险的基本内容是投保人向保险人缴纳保险费，当被保险人在保险期限内死亡或生存到一定的年龄时，保险人向被保险人或其受益人给付保险金。人寿保险是人身保险中最基本、最主要的种类。

（2）人身意外伤害保险合同。人身意外伤害保险合同是以被保险人因遭受意外伤害造成死亡或残疾为基本保险责任,可附加被保险人因遭受意外伤害需要医疗或收入损失的保险责任的合同。

(3) 健康保险合同。健康保险合同以被保险人因疾病需要医疗或造成残疾或收入损失等为保险责任的人身保险合同。

(二) 人身保险合同的效力

1. 对保险人的效力

保险人的主要义务为依法或依约定向被保险人或受益人给付保险金,该义务应当在保险事故发生时或保险期限届满时履行。当被保险人死亡后,如果合同没有指定受益人,或者受益人先于被保险人死亡又没有其他受益人,或者受益人依法丧失受益权或放弃受益权利又没有其他受益人的,保险金作为被保险人的遗产,保险人应当向被保险人的继承人给付保险金。

2. 对投保人的效力

投保人的主要义务是向保险人缴纳保险费。投保人应当按照合同约定的方式和时间履行该义务。在人身保险合同成立后生效,如投保人不愿意缴纳或拒绝缴纳保险费,保险人不得以诉讼方式要求投保人履行义务。

3. 对被保险人的效力

在合同没有规定受益人的情况下,被保险人享有保险金给付请求权。在保险合同的有效期内,被保险人行为对保险合同的效力具有重大影响。在以死亡为给付条件的合同中,自合同成立之日起 2 年内,如被保险人自杀,保险人可以不承担保险责任。如果被保险人故意犯罪导致其自身伤残或死亡的,保险人也不承担保险责任。

4. 对受益人的效力

受益人根据保险合同可以享有受益权。当合同指定多个受益人时,各受益人按照合同规定的份额享有受益权;如果多个受益人之间存在顺位差异,只有顺位在前的全部受益人放弃或丧失受益权或死亡时,后顺位的受益人才可以行使受益权。但受益人如果故意造成被保险人死亡、伤残、疾病的,或者故意杀害被保险人未遂的,丧失受益权。

(三) 人身保险合同的终止

人身保险合同一般出现下列事由而终止:①合同已经履行;②保险期限

届满；③合同被解除。

在人身保险合同中，投保人享有法定的任意单方解除权，保险人则只有在具备法定事由时才享有解除权，即：①投保人申报的被保险人年龄不实且超出合同约定的限制；②投保人因未按期交纳保费而导致合同效力中止后，投保人未与保险人就恢复合同效力达成协议。保险人行使解除权还受期间的限制。因投保人违反如实告知义务解除合同的期间为自合同成立之日起2年，因投保人欠交保费而解除合同的期间为自合同效力中止之日起2年。

四、财产保险合同

（一）财产保险合同的概念和种类

1. 财产保险合同的概念

财产保险合同是以投保人或被保险人对某项财产及其有关利益为标的而订立的保险合同。

2. 财产保险合同的种类

财产保险合同具体可以分为以下四种：

（1）财产损失保险合同。财产损失保险合同是以补偿财产的损失为目的的保险合同，其标的是除农作物、牲畜以外的一切动产和不动产。根据投保标的的不同，财产损失保险合同又可分为以下四种：一是企业财产保险合同，即以国家、企事业单位所有或经营的财产为保险标的的保险合同；二是家庭财产保险合同，即以家庭或公民个人所有的财产为保险标的的保险合同；三是运输工具保险合同，即以船舶、飞机、机动车辆等运输工具为保险标的的保险合同；四是运输货物保险合同，即以运输过程中的货物为保险标的的保险合同。

（2）责任保险合同。责任保险合同是以被保险人对第三者所负的赔偿责任为保险标的的保险合同。责任保险合同通常分为以下四种：一是产品责任保险合同，即以投保人因其产品的质量缺陷致使产品使用者或消费者遭受人身伤亡或财产损失而依法应承担的赔偿责任为保险标的的保险合同；二是雇主责任保险合同，即以投保人（雇主）对雇佣人在雇佣期间因人身伤害依法应承担的赔偿责任为保险标的的保险合同；三是公众责任保险合同，即以投保人因意外事故造成第三者人身伤亡而依法应承担的赔偿责任为保险标的的保险合同；四是职业责任保险合同，即以投保人因职业工作中的过失致使他人遭受人身伤亡或财产损失而应依法承担的赔偿责任为保险标的的保险合同。

（3）信用保险合同。信用保险合同是指保险人对被保险人的信用放贷或信用售货的一种保证形式，当债务人不能清偿时，由保险人负责赔偿。信用保险合同主要包括出口信用保险合同、国外投资信用保险合同、国内商业信用保险合同。

（4）保证保险合同。保证保险合同是指保险人向被保险人提供担保而成立的保险合同。当被保证人行为或不行为致使权利人遭受经济损失，由保险人负赔偿责任。保证保险合同主要有忠诚保证保险合同和确实保证保险合同两种。

（二）财产保险合同的主要内容

1. 保险标的

（1）可保财产。凡承保人依法可以承保的财物即为可保财产。可保财产可分为两种：一种是一般的可保财产，即企事业单位的固定资产、流动资产和建设工程，个人的房屋、家具、电器用品等生活资料，以及汽车、飞机、轮船等；另一种是特约的可保财产，即市场价格变化大或无固定价格的稀有、珍贵财产，如金银、首饰、珠宝、古玩等。

（2）预期利益。预期利益包括两种：一是因现有利益而产生的期待利益；二是因合同而产生的利益。

（3）消极利益。消极利益是指免除由于事故的发生而增加的额外支出。

值得注意的是，对于价值的评估没有客观标准、损失率难以预测、道德危险大的物品，一般不能作为财产保险合同的保险标的，投保人非法占有、使用的财产，也不能成为财产保险合同的保险标的。

2. 保险金额

保险金额是指投保人对保险标的的实际投保金额，是保险人承担赔偿责任的最高限额和计算保险费的依据。财产保险合同的保险金额是按保险标的的实际价值确定的，保险金额一般不得高于保险财产的实际价值。根据保险金额与保险财产实际价值的关系，可将保险金额分为三种：

（1）足额保险。足额保险是指保险金额相当于财产实际价值的保险。

（2）不足额保险。不足额保险是指保险金额低于财产实际价值的保险。

（3）超额保险。超额保险是指保险金额大于财产实际价值的保险。

3. 保险责任

财产保险合同中保险责任的范围主要包括：

（1）因自然灾害造成的损失。自然灾害是指不可预见、不能避免并不能克服的客观情况。

（2）因意外事件造成的损失。意外事件是指损害结果的发生，不是行为人出于故意或过失，而是由于不能抗拒或者不能预见的原因所引起的事件。

4. 除外责任

在财产保险合同中，除了明确规定的保险责任外，还须对保险人不承担的危险事故作为除外责任明列于合同之中。主要包括以下几个方面：

（1）投保人或被保险人、受益人的故意行为。投保人或被保险人、受益人故意制造保险事故的，保险人有权解除合同，不承担赔偿或者给付保险金的责任；除法律另有规定外，不退还保险费。

（2）因财产本身缺陷、保管不善而导致的损失。

（3）堆放在露天或罩棚下的保险财产，以及用芦席、布、草、纸板、塑料布做棚顶的罩棚，由于暴风雨所造成的损失。

（4）战争、军事行动或暴力行为。

（5）核辐射和污染。

（6）因遭受保险责任内的灾害或事故造成的停工、停业等的一切间接损失。

（三）财产保险合同的效力

财产保险合同的效力，是指保险合同成立后所发生的法律后果，表现为保险当事人的权利和义务。

1. 投保人、被保险人的义务

投保人、被保险人依约应承担以下义务：①依约支付保险费；②维护保险标的的安全；③及时发出危险增加的通知；④采取补救措施避免损失扩大；⑤及时发出保险事故通知；⑥协助保险人依约对保险标的进行防损检查、核实损害、调查取证等；⑦不得放弃对第三人的索赔。

2. 保险人的义务

保险人的义务主要是在保险事故发生后，依约向被保险人承担赔偿损失的责任。保险人收到被保险人或者受益人的赔偿或者给付保险金的请求后，应当及时作出核定，并将核定结果通知被保险人或者受益人；对属于保险责任的，在与被保险人或者受益人达成有关赔偿或者给付保险金额的协议后10日内，履行赔偿或者给付保险金义务。保险人未及时履行规定的义务，除了支付保险金外，应当赔偿被保险人或受益人因此受到的损失。

（四）保险人的代位求偿权

保险人代位求偿权是指保险事故因第三人造成时，保险人在向被保险人赔偿后依法取得的向该第三人求偿的权利。代位求偿权仅存在于财产保险合同中。

1. 代位求偿权的成立条件

一般认为，保险人的代位求偿权需具备以下三个条件：①需第三人与保险人同时对被保险人因保险事故的发生所受损失负有赔偿责任；②被保险人没有放弃对第三人的赔偿请求权；③保险人已经向被保险人支付了保险赔偿金。

2. 代位求偿权的效力

保险人的代位求偿权具有以下效力：①保险人直接向第三人请求赔偿；②被保险人放弃对第三人的赔偿请求权的行为无效；③被保险人负辅助保险人行使求偿权的义务；④被保险人就未从保险人处取得赔偿的部分损失对第三人仍享有赔偿请求权。

3. 代位求偿权的限制

除被保险人的家庭成员或者组成人员作为第三人故意造成保险事故外，保险人不得对被保险人的家庭成员或其组成人员行使代位求偿权。

保险人取得保险标的的权利。保险事故发生后，保险人如果已经向被保险人支付了全部保险金额，并且保险金额与保险价值相等的，则保险人取得保险标的的全部权利；如果保险金额低于保险价值的，则保险人可以按照保险金额与保险价值的比例取得保险标的的部分权利。

(五) 财产保险合同的转让、变更和终止

1. 财产保险合同的转让

保险合同的转让是指投保人或被保险人将保险合同中的权利和义务转让给他人的法律行为。其实质是合同主体的变更。保险合同的转让通常是由保险标的所有权的转移或出售所引起的。

保险标的转让的,保险标的的受让人继承被保险人的权利和义务。保险标的转让的,被保险人或者受让人应当及时通知保险人,但货物运输保险合同和另有约定的合同除外。保险人自收到通知之日起30日内,可以按照合同约定增加保险费或者解除合同。保险人解除合同的,应当将已收取的保险费,按照合同约定扣除自保险责任开始之日起至合同解除之日止应收的部分后,退还投保人。被保险人、受让人未履行通知义务的,因转让导致保险标的危险程度显著增加而发生的保险事故,保险人不承担赔偿保险金的责任。

2. 财产保险合同的变更

财产保险合同的变更是指在保险合同有效期内合同内容的变更,分为法定变更和协议变更两种。协议变更是指当事人协商变更合同的内容。法定变更是指在发生法定事由时,当事人一方变更合同内容。

3. 财产保险合同的终止

财产保险合同的终止,是指财产保险合同的权利和义务关系归于消灭。导致财产保险合同终止的原因有:①保险合同的有效期届满;②保险合同已经全部履行;③出现法定事由时当事人依法终止合同;④保险合同被依法解除。

【讨论思考题】

1. 简述中国人民银行的职责。
2. 简述股票首次公开发行的条件。
3. 简述票据行为的内容。
4. 简述保险法的基本原则。

【案例分析】

2018年8月20日,A公司向B公司签发了一张金额为10万元、D公司为承兑人的商业汇票。该汇票载明出票后1个月内付款,C公司为该票据提

供保证，但C公司在汇票上签章了只保证，没有记载被保证人名称。B公司取得汇票后转让给E公司，E公司又把汇票背书转让给F公司。F公司在9月12日向D公司提示承兑，D公司以只欠A公司债务8万元为由拒绝承兑。F公司因此行使票据追索权，以实现自己的票据权利。

问题：

1.F公司可行使追索权的被追索对象有哪些？这些被追索人之间有什么责任？

2.D公司如果承兑了汇票，能否以其只欠A公司债务8万元为由拒绝付款？

3.本案例中汇票的被保证人是谁？为什么？

第十五章 税法

第一节 税法概述

一、税收的概念和特征

(一) 税收的概念

税收是国家为实现其公共职能而凭借其政治权力,依法强制、无偿地取得财政收入的活动。税收活动是国家参与社会产品分配和再分配的重要手段,税收杠杆是国家进行宏观调控的重要工具,税收收入是国家财政收入的最主要的来源。

(二) 税收的特征

(1) 国家主体性,即在征税主体方面,国家是税收的主体,征税权只属于国家,并由中央政府和地方政府来具体实现,国家在税收活动中居于主导地位。

(2) 公共目的性,即在税收目的方面,税收作为提供公共物品的最主要的资金来源,着重以满足公共欲望、实现国家的公共职能为直接目的。

(3) 政权依托性,即在权力依据方面,税收以政权为依托,它所依据的是政治权力而不是财产权利或所有者权利。

(4) 单方强制性,即在主体意志方面,税收并不取决于纳税主体的主观意愿或征纳双方的意思表示,而只取决于征税主体的认识和意图,因而具有单方强制性。

(5) 无偿征收性,即在征税代价方面,税收是无偿征收的。国家征税既不需要事先支付对价,也不需要事后向各个纳税人作直接、具体的偿还。在国家与纳税人之间不存在等价有偿的交换关系，同时纳税人缴纳税款的多少与其可能消费的公共物品的数量亦无直接关系。

(6) 标准确定性，即在征收标准方面，税收的征收标准是相对明确、稳定的，并体现在税法的课税要素的规定之中，从而使税收具有标准确定性或称固定性的特征。

二、税收的分类

(一) 流转税、所得税、财产与行为税

依据征税对象的不同，税收可以分为流转税、所得税、财产与行为税，这是税收最重要、最基本的分类。流转税是以商品或非商品流转额，如销售额、转让额等，作为征税对象的一类税，如增值税、消费税、关税等，又称商品与劳务税或商品税；所得税是以企业、个人的所得额、收益额为征税对象的一类税，如企业所得税、个人所得税等；财产与行为税是以纳税人的财产价值或数量、行为的交易金额等为征收对象的一类税，如房产税、城镇土地使用税、印花税、资源税、车船税、契税等。

(二) 直接税与间接税

依据税负能否转嫁，税收可以分为直接税和间接税。凡税负不能转嫁给他人，而是由纳税人直接来承担税负的税种，即为直接税，如各类所得税。凡税负可以转嫁他人，纳税人只是间接承担税负的税种，即为间接税，如流转税。这种分类对于研究税收归宿、税法实效等问题具有重要意义。

(三) 从量税、从价税和复合税

依据税收计征标准的不同，税收可分为从量税、从价税和复合税。凡以征税对象的数量、重量、容量等为标准计征的税种，即为从量税，或称"从量计征"，如车船税、城镇土地使用税等；凡以征税对象的价格为标准计征的税种，即为从价税，或称"从价计征"，如增值税、企业所得税等。同时按照征税对象的销售金额和数量为标准计征的税种，即为复合税，如消费税法律规范规定卷烟和白酒适用复合税。这种分类有利于研究税收与价格变化的关系，便于国家相机实行相应的经济政策。

(四) 中央税、地方税和中央地方共享税

依据税权归属的不同，税收可分为中央税、地方税和中央地方共享税。

凡税权（特别是税收立法权和税收收益权）归属于中央政府的税收，即为中央税，也简称国税；凡税权归属于地方政府的税收，即为地方税，也简称地税；此外，某些税种的税收收入由中央政府和地方政府按分成比例共同享有，可以统称为中央地方共享税。这种分类与一国的税收管理体制密切相关，且直接影响着税收的征管。

（五）价内税和价外税

依据税收与价格的关系，税收可分为价内税和价外税。凡在征税对象的价格中包含税款的，即为价内税；凡税款独立于征税对象的价格之外的税，即为价外税，如增值税。这种分类有助于认识税负转嫁和重复征税等问题。

（六）独立税和附加税

依据课税标准是否具有依附性，税收可分为独立税和附加税。凡不需依附于其他税种而仅依自己的课税标准独立课征的税，即为独立税，也称主税；凡需附加于其他税种之上课征的税，即为附加税。独立税可以单独征收，而附加税只能附加征收。

三、税法的概念和体系

（一）税法的概念

税法是调整在税收活动中发生的社会关系的法律规范的总称，它是经济法的重要部门法，在经济法的宏观调控法中居于重要地位。为了更好地理解税法的概念，有必要了解税法与税收的关系、税法的调整对象等问题。

1. 税法与税收的关系

税法与税收存在着密切的联系，税收活动必须严格依税法的规定进行，税法是税收的法律依据和法律保障。税收与税法是一一对应的，税收必须以税法为其依据和保障，而税法又必须以保障税收活动的有序进行为其存在的理由和依据；税法与税收亦有区别，税收作为一种经济活动，属于经济范畴，而税法则是一种法律制度，属于法律范畴。

2. 税法的调整对象

税法的调整对象是在税收活动中发生的社会关系，简称税收关系。它可以分为两大类，即税收体制关系和税收征纳关系。前者是指各相关国家机关因税收方面的权限划分而发生的社会关系,实质上是一种权力分配关系;后者是指在税收征纳过程中发生的社会关系,主要体现为税收征纳双方之间的关系。同时,税收征纳关系还可进一步分为税收征纳实体关系和税收征纳程序关系两类。

(二)税法的体系

税法的体系是指各类税法规范所构成的协调、统一的整体。由于税法所调整的税收关系包括税收体制关系和税收征纳关系,因此,调整税收关系的法律规范也就可以分为两类,即税收体制法和税收征纳法。同时,税收征纳法又可进一步分为税收征纳实体法和税收征纳程序法。其中,税收征纳实体法依其所涉及税种的不同,又可以进一步分为流转税法、所得税法和财产与行为税法,它们在整个税法体系中都占有重要地位,需要适时变动,以保障宏观调控的有效实施。

在税法体系的各个组成部分中,税收体制法是规定税收权力分配的法律规范的总称,它在税法体系中居于基础和主导地位。没有税收体制法,就不可能有税收征纳法。此外,在税法体系中,税收征纳实体法居于主体地位,税收征纳程序法居于保障地位。各个组成部分都是税法体系不可或缺的重要内容。

可见,上述三个方面的法律规范是相互补充、相辅相成的,它们共同构成了和谐、统一的整体。这样的税法体系同各国现行的税收法律制度的构成是一致的。

四、税法的要素

税法上的课税要素也称课税要件,是税法上规定的国家课税必须具备的条件。有关课税要素的规定,是税法必不可少的最核心的内容。

(一)税法主体

税法主体是在税收法律关系中享有权利和承担义务的当事人。包括征税主体和纳税主体两类。征税主体是国家,因为征税权是国家主权的一部分,在具体的征税活动中,由国家授权政府的职能部门实际行使征税权,在各国,一般是由税务机关和海关来具体负责税收征管。纳税主体又称纳税义务人,简称纳税人，是依照税法规定直接负有纳税义务的自然人、法人和非法人组织。

（二）征税客体

征税客体也称征税对象或课税对象。征税客体在税法的构成要素中居于十分重要的地位。它即是各税种相区别的主要标志，也是进行税法分类的最重要的依据，同时还是确定征税范围的重要因素。依据征税对象性质的不同，可以将其分为商品、所得和财产三大类。但在具体的税法中，还需要通过税目和计税依据来对其加以具体化。

（三）税目与计税依据

税目与计税依据是对征税对象在质与量上的具体化。税目就是税法规定的征税的具体项目，它是征税对象在质的方面的具体化，反映了征税的广度。计税依据也称计税标准、计税基数，简称税基，是指根据税法规定所取得的用以计算应纳税额的依据，亦即用以计算应纳税额的基数。它是征税对象在量的方面的具体化，直接影响着纳税人最终税负的承担。

（四）税率

税率是应纳税额与计税基数之间的数量关系或比率。它是衡量税负高低的重要指标，是税法的核心要素。它反映国家征税的深度和国家的经济政策，是极为重要的宏观调控手段。

税率可分为比例税率、累进税率和定额税率，这是税率的一种最重要的分类。

比例税率是指对同一征税对象，不论其数额大小，均按照同一比例计算应纳税额的税率，如增值税。

累进税率是指随着征税对象的数额由低到高逐级累进，所适用的税率也随之逐级提高的税率，即按征税对象数额的大小划分若干等级，每级由低到高规定相应的税率，征税对象数额越大，适用的税率越高。累进税率可分为全额累进税率、超额累进税率、超率累进税率等，其中，全额累进税率因其违背公平原则，故一般已不采用。我国现行的个人所得税中的工资薪金所得、个体工商户生产经营所得等采用超额累进税率，土地增值税采用超率累进税率。

定额税率是指按征税对象的一定计量单位直接规定的固定的税额，因而也称固定税额，一般适用于从量计征，如土地使用税、车船税等均采用这种税率形式。

（五）税收特别措施

税收特别措施包括两类，即税收优惠措施和税收重课措施。前者以减轻纳税人的税负为主要目标，并与一定的经济政策和社会政策相关；后者是以加重纳税人的税负为目标而采行的措施，如税款的加成、加倍征收等。

由于税法具有规制性，因而两类措施在税法中都会存在，但是通常税收优惠措施采行更为普遍，如税收减免、税收抵免、亏损结转等，在广义上均属于税收优惠。其中，税收减免运用得最为广泛。

（六）纳税时间

纳税时间是指在纳税义务发生后，纳税人依法缴纳税款的期限，也称纳税期限。纳税期限可分为纳税计算期和税款缴库期。前者说明纳税人应多长时间计缴一次税款，反映了计税的频率；后者说明应在多长期限内将税款缴入国库，它是纳税人实际缴纳税款的期限。

（七）纳税地点

纳税地点是纳税人依据税法规定向征税机关申报纳税的具体地点。它说明纳税人应向哪里的征税机关申报纳税，以及哪里的征税机关有权进行税收管辖的问题。通常，在税法上规定的纳税地点主要是机构所在地、经济活动发生地、财产所在地、报关地等。

第二节　流转税法

一、增值税

增值税是以应税商品或劳务的增值额为计税依据而征收的一种税。它是流转税中的核心税种，对于保障财政收入、避免重复征税、保护公平竞争等具有特别重要的意义。

（一）纳税主体

我国增值税的纳税主体是在我国境内销售货物、提供应税劳务，以及进口货物的单位和个人。其中,单位是指企业、行政单位、事业单位、军事单位、社会团体及其他单位,个人是指个体工商户和其他个人。

从税法地位和税款计算的角度,增值税的纳税主体还可以分为两类,即一般纳税人和小规模纳税人。其中,后者是指年销售额在规定标准以下,且会计核算不健全,不能按规定报送有关增值税税务资料的纳税主体,以及税法规定视同小规模纳税人的纳税主体。小规模纳税人以外的其他纳税主体,即为增值税的一般纳税人。

"营改增"全面试点后,原来营业税的纳税人全部缴纳增值税,在中国境内销售服务、无形资产或者不动产的单位和个人,应当按照规定缴纳增值税,不缴纳营业税。

(二) 征税范围

增值税的征税范围包括三个方面,即销售货物、提供应税劳务和进口货物。

1. 销售货物

销售货物是指有偿转让货物的所有权。这里的"货物"是指有形动产,包括电力、热力和气体等。除了一般意义上的销售货物外,视同销售货物和混合销售的行为,也要依法征收增值税。

销售货物包括:①一般销售,即销售有形动产;②视同销售,包括税法列举的各个项目,如销售代销货物,将自产的货物用于非应税项目,或者用于集体福利、个人消费、无偿赠送他人等;③混合销售是指一项销售行为既涉及货物又涉及服务的情形。从事货物的生产、批发或者零售的单位和个体工商户的混合销售行为,按照销售货物缴纳增值税;其他单位和个体工商户的混合销售行为,按照销售服务缴纳增值税。

2. 提供应税劳务

提供应税劳务,包括提供加工、修理修配劳务。单位或者个体工商户聘用的员工为本单位或者雇主提供加工、修理修配劳务,不属于提供应税劳务。

3. 进口货物

进口货物实际上是货物销售的一个特殊环节,在货物报关进口时,同样要征收进口环节增值税、由于货物在出口环节多不征税,因而税法未直接规定出口货物亦属于其征税范围，但在某些情况下，出口货物也应征收增值税。

"营改增"全面试点后，原来营业税的纳税人全部缴纳增值税，其征税范围如下：

（1）销售服务。指提供交通运输服务、邮政服务、电信服务、建筑服务、金融服务、现代服务、生活服务。各类服务的范围如下：交通运输服务包括陆路运输服务、水路运输服务、航空运输服务和管道运输服务；邮政服务包括邮政普遍服务、邮政特殊服务和其他邮政服务；电信服务包括基础电信服务和增值电信服务；建筑服务包括工程服务、安装服务、修缮服务、装饰服务和其他建筑服务；金融服务包括贷款服务、直接收费金融服务、保险服务和金融商品转让；现代服务包括研发和技术服务、信息技术服务、文化创意服务、物流辅助服务、租赁服务、鉴证咨询服务、广播影视服务、商务辅助服务和其他现代服务；生活服务包括文化体育服务、教育医疗服务、旅游娱乐服务、餐饮住宿服务、居民日常服务和其他生活服务。

（2）销售无形资产。指转让无形资产所有权或者使用权的业务活动。无形资产是指不具实物形态，但能带来经济利益的资产，包括技术、商标、著作权、商誉、自然资源使用权和其他权益性无形资产。

（3）销售不动产。指转让不动产所有权的业务活动。不动产，是指不能移动或者移动后会引起性质、形状改变的财产，包括建筑物、构筑物等。其中，建筑物，包括住宅、商业营业用房、办公楼等可供居住、工作或者进行其他活动的建造物。构筑物，包括道路、桥梁、隧道、水坝等建造物。

（三）税率

我国增值税的税率分为三档，即基本税率、低税率和零税率。

依据国务院的决定，从2019年4月1日起，基本税率为13%，适用于一般情况（即不适用低税率和零税率的情况）下的销售货物、进口货物，以及所有提供应税劳务的情况。低税率为9%，适用于以下货物的销售和进口：粮食、食用植物油；自来水、暖气、冷气、热水、煤气、石油液化气、天然气、沼气、居民用煤炭制品；图书、报纸、杂志；饲料、化肥、农药、农机、农膜；国务院规定的其他货物。零税率即税率为0，仅适用于法律不限制或不禁止的报关出口的货物。国务院另有规定的某些货物，不适用零税率。

在"营改增"之后，税率主要内容如下：①提供交通运输、邮政、基础电信、建筑、不动产租赁服务，销售不动产，转让土地使用权，税率为9%；②提供有形动产租赁服务，税率为13%；③境内单位和个人发生的跨境应税行为，税率为0；④纳税人发生其他应税行为的，税率为6%。

另外，小规模纳税人适用的增值税征收率为3%，财政部和国家税务总局另有规定的除外。

在计税方法方面，一般纳税人发生应税行为适用一般计税方法计税。小规模纳税人发生应税行为适用简易计税方法计税。具体方法与原来增值税的计税方法相同。

（四）增值税应纳税额的计算

（1）一般纳税人销售货物或者提供应税劳务，其应纳税额适用"扣税法"计算，其公式为：

$$应纳税额 = 当期销项税额 - 当期进项税额$$

$$当期销项税额 = 当期销售额 \times 税率$$

（2）小规模纳税人销售货物或者提供应税劳务，其应纳税额适用简易的方法计算，其公式为：

$$应纳税额 = 销售额 \times 税率$$

（3）进口货物，无论是一般纳税人还是小规模纳税人，都应按组成计税价格计算，不得抵扣进项税额。其公式为：

$$组成计税价格 = 关税完税价格 + 关税 + 消费税$$

$$应纳税额 = 组成计税价格 \times 税率$$

此外，自2009年1月1日起，增值税一般纳税人购进（包括接受捐赠、实物投资）或者自制（包括改扩建、安装）固定资产发生的进项税额，可依法从销项税额中抵扣，这标志着我国实现了从生产型增值税向消费型增值税的转型。

（五）税收减免

我国增值税的税收减免仍然较多，例如农业生产者销售的自产农产品、古旧图书、直接用于教学、科研的进口仪器和设备、销售自己使用过的物品等，都属于免税项目。此外，个人的销售额未达到规定的起征点的，也免征增值税。

二、消费税

消费税是以特定的消费品的流转额为计税依据而征收的一种税。消费税的征收体现国家的消费政策,其征收范围具有选择性,税率具有差别性,能充分发挥特殊调节作用,是增值税普遍调节的补充。

我国的消费税制度主要表现为《消费税暂行条例》及与之配套的相关法规、规章的规定,其规范的主要内容如下。

(一) 税法主体

消费税的征税主体是税务机关(进口环节的消费税由海关代征);纳税主体是在我国境内从事生产、委托加工和进口应税消费品的单位和个人。此处"单位和个人"的具体范围与增值税的相关规定相同。

(二) 征税范围

(1) 过度消费会对人类健康、社会秩序和生态环境等造成危害的消费品,包括烟、酒、鞭炮和焰火、木制一次性筷子、实木地板、电池、涂料等税目。

(2) 奢侈品、非生活必需品,包括贵重首饰及珠宝玉石、化妆品、高尔夫球及球具、高档手表、游艇等税目。

(3) 高能耗的高档消费品,包括小汽车、摩托车等税目。

(4) 石油类消费品,包括成品油一个税目,下设汽油、柴油、石脑油、润滑油、燃料油等多个子目。

(三) 税率

消费税的税率包括两类,即比例税率和定额税率。黄酒、啤酒、成品油采用定额税率从量征收,其他消费品则采用比率税率从价征收。纳税人兼营不同税率的应税消费品,应当分别核算不同税率应税消费品的销售额和销售数量,未分别核算销售额和销售数量的,从高适用税率。纳税人将不同税率的应税消费品组成成套消费品销售的,从高适用税率。

(四) 应纳税额的计算

适用比例税率的消费品的应纳税额计算公式为:

$$应纳税额 = 销售额 \times 比例税率$$

同增值税类似,上述销售额的确定也是较为复杂的。在进口应税消费品等方面,往往要用到组价,限于篇幅,不再展开介绍。

此外,适用定额税率的消费品的应纳税额计算公式为:

$$应纳税额=销售数量\times定额税率$$

在税收减免方面,消费税的减免项目很少,主要是纳税人出口应税消费品,除国家限制出口的以外,免征消费税。此外,纳税人自产自用的应税消费品,用于连续生产应税消费品的,不纳税。

三、关税

关税是以进出关境的货物或物品的流转额为征税对象而征收的一种税。作为一种较为古老的税种,它在各国开征十分普遍,且具有较强的政策性。关税可分为进口税、出口税和过境税,但各国一般主要是征收进口税,且以对进口货物征税为主,因为进口税对于国际经济和一国的民族经济的发展影响更大。

我国的关税法律制度主要为《进出口关税条例》《海关进出口税则》《海关法》等相关的法律、法规,其实体法规范的主要内容如下。

关税的征收范围包括准许进出我国关境的各类货物和物品。其中,货物是指贸易性的进出口商品,物品则包括非贸易性的下列物品:①入境旅客随身携带的行李和物品;②个人邮递物品;③各种运输工具上的服务人员携带进口的自用物品;④馈赠物品以及以其他方式入境的个人物品。

关税的纳税主体是依法负有缴纳关税义务的单位和个人。就贸易性商品来说,其纳税主体是:①进口货物的收货人;②出口货物的发货人。就非贸易性物品而言,其纳税主体为进境物品的所有人。

在税率方面,我国关税实行差别比例税率,将同一税目的货物分为进口税率和出口税率。其中,进口关税设置最惠国税率、协定税率、特惠税率、普通税率、关税配额税率等税率。对进口货物在一定期限内可以实行暂定税率。出口关税设置出口税率。对出口货物在一定期限内可以实行暂定税率。

在税率的适用方面,上述各类税率分别有各自的适用对象,具体有以下几种情况:

(1) 对于原产于共同适用最惠国待遇条款的世界贸易组织成员的进口货

物，原产于与中华人民共和国签订含有相互给予最惠国待遇条款的双边贸易协定的国家或者地区的进口货物，以及原产于中华人民共和国境内的进口货物，适用最惠国税率。

（2）对于原产于与中华人民共和国签订含有关税优惠条款的区域性贸易协定的国家或者地区的进口货物，适用协定税率。

（3）对于原产于与中华人民共和国签订含有特殊关税优惠条款的贸易协定的国家或者地区的进口货物，适用特惠税率。

（4）对于原产于上述（1）、（2）、（3）项所列区域以外的国家或者地区的进口货物，以及原产地不明的进口货物，适用普通税率。

在计税依据方面，关税的计税依据是关税的完税价格。其中，进口货物的完税价格，由海关以"符合法定条件的成交价格"以及该货物运抵中华人民共和国境内输入地点起卸前的运输及其相关费用、保险费为基础审查确定。出口货物的完税价格，由海关以该货物的成交价格以及该货物运至中华人民共和国境内输出地点装载前的运输及其相关费用、保险费为基础审查确定。如果进出口货物的成交价格不能依法有效确定，则可以依法估定。

关税的应纳税额计算公式为：

完税价格确定后，应纳税额=完税价格×关税税率

完税价格估定后，应纳税额=货物数量×单位税额

在税收减免方面，关税的税收减免项目较多，可分为法定减免、特定减免和临时减免三大类。其中，法定减免是指应依据税法的明确规定实施的税收减免；特定减免是国务院及其授权机关在法定减免以外，为实现特定的目的而特准给予的税收减免；临时减免是对某个具体纳税人的某次进出口货物临时给予的减免，它不具有普遍的减免效力。

第三节 所得税法

一、企业所得税

(一) 纳税主体

1. 纳税主体的范围

在中国境内，企业和其他取得收入的组织（统称企业）为企业所得税的纳税人。

企业所得税的纳税人包括两类，一类是企业，另一类是其他取得收入的组织。其中，企业既包括国有企业、集体企业、私营企业等，也包括外商投资企业和外国企业。另外，个人独资企业、合伙企业不适用本法。这是因为从所得税制度的通例来看，对个人独资企业、合伙企业一般都是征收个人所得税，而不是征收企业所得税。

2. 纳税主体的分类

纳税主体分为两类，即居民企业和非居民企业。其中，居民企业是指依法在中国境内成立，或者依照外国（地区）法律成立但实际管理机构在中国境内的企业。非居民企业是指依照外国（地区）法律成立且实际管理机构不在中国境内，但在中国境内设立机构、场所的，或者在中国境内未设立机构、场所，但有来源于中国境内所得的企业。

(二) 征税范围与税率

企业所得税的征税范围，包括纳税主体以货币形式和非货币形式从各种来源取得的收入，如营业收入、劳务收入、投资收入、捐赠收入等，具体包括销售货物收入、提供劳务收入、转让财产收入、股息、红利等权益性投资收益、利息收入、租金收入、特许权使用费收入、接受捐赠收入以及其他收入等。但是，有些收入是不纳入征税范围的，这些收入属于不征税收入。不征税收入包括：①财政拨款；②依法收取并纳入财政管理的行政事业性收费、政府性基金；③国务院规定的其他不征税收入。

在税率方面，我国《企业所得税法》将企业的税率分为两类：一类是一般税率,另一类是预提所得税税率。其中,一般税率为25%;预提所得税税率为10%,适用于非居民企业缴纳企业所得税的情况。

(三)应税所得额的确定

1. 应税所得额的总体确定

企业每一纳税年度的收入总额,减除不征税收入、免税收入、各项扣除,以及允许弥补的以前年度亏损后的余额,即为应纳税所得额。

2. 应税所得额的具体确定

第一,企业实际发生的与取得收入有关的合理的支出,包括成本、费用、税金、损失和其他支出,准予在计算应纳税所得额时扣除,这是一个总的原则,但在具体扣除方面,还有一系列的特殊规定,并非无条件地都可以扣除。因此,必须关注税法有关固定资产折旧、无形资产摊销费用、捐赠支出扣除等方面的具体规定。例如,在捐赠支出扣除方面,企业发生的公益性捐赠支出,在年度利润总额12%以内的部分,准予在计算应纳税所得额时扣除。

第二,在计算应税所得额时,下列支出不得扣除:向投资者支付的股息、红利等权益性投资收益款项;企业所得税税款;税收滞纳金;罚金、罚款和被没收财物的损失;上述公益性捐赠支出以外的捐赠支出;赞助支出;未经核定的准备金支出;与取得收入无关的其他支出。

第三,企业在汇总计算缴纳企业所得税时,其境外营业机构的亏损不得抵减境内营业机构的盈利。

第四,企业纳税年度发生的亏损,准予向以后年度结转,用以后年度的所得弥补,但结转年限最长不得超过5年。

3. 预提所得税应税所得额的确定

非居民企业在中国境内未设立机构、场所的,或者虽设立机构、场所,但取得的所得与其所设机构、场所没有实际联系的,属于一类特殊的情况,不能适用上述有关扣除或不准扣除等规定,而应当按照下列方法计算其应纳税所得额。

第一,股息、红利等权益性投资收益和利息、租金、特许权使用费所得,以收入全额为应纳税所得额。

第二,转让财产所得,以收入全额减除财产净值后的余额为应纳税所得额。

第三，其他所得，参照上述两类方法计算应纳税所得额。

（四）应纳税额的计算

在企业的应税所得额确定以后，用该应税所得额乘以适用税率，减除依照《企业所得税法》关于税收优惠的规定减免和抵免的税额后的余额，即为应纳税额。

（五）税收优惠

1. 税收优惠的基本类型

第一，免税收入。主要包括：国债利息收入；符合条件的居民企业之间的股息、红利等权益性投资收益；在中国境内设立机构、场所的非居民企业从居民企业取得与该机构、场所有实际联系的股息、红利等权益性投资收益；符合条件的非营利组织的收入。

第二，免征减征。主要包括：从事农林牧渔业项目的所得；从事国家重点扶持的公共基础设施项目投资经营的所得；从事符合条件的环境保护，节能节水项目的所得；符合条件的技术转让所得；非居民企业应纳预提所得税的所得。

此外，民族自治地方的自治机关对本民族自治地方的企业应缴纳的企业所得税中属于地方分享的部分，可以决定减征或免征，自治州、自治县决定减征或者免征的，须报省、自治区、直辖市人民政府批准。

第三，税率优惠。主要包括：符合条件的小型微利企业，减按20%的税率征收企业所得税；国家需要重点扶持的高新技术企业，减按15%的税率征收企业所得税。

第四，加计扣除。主要包括：开发新技术、新产品、新工艺发生的研究开发费用；安置残疾人员及国家鼓励安置的其他就业人员所支付的工资。

第五，所得抵扣。创业投资企业从事国家需要重点扶持和鼓励的创业投资，可以按投资额的一定比例抵扣应纳税所得额。

第六，加速折旧。企业的固定资产由于技术进步等原因，确需加速折旧的，可以缩短折旧年限或者采取加速折旧的方法。

第七，减计收入。企业综合利用资源，生产符合国家产业政策规定的产品所取得的收入,可以在计算应纳税所得额时减计收入。

第八,税额抵免。企业购置用于环境保护、节能节水、安全生产等专用设备的投资额,可以按一定比例实行税额抵免。

2. 税收优惠的过渡性安排

《企业所得税法》规定,该法公布前已经批准设立的企业,依照当时的税收法律、行政法规规定,享受低税率优惠的,按照国务院规定,可以在该法施行后5年内,逐步过渡到法律规定的税率;享受定期减免税优惠的,按照国务院规定,可以在该法施行后继续享受到期满为止,但因未获利而尚未享受优惠的,优惠期限从该法施行年度起计算。

(六) 特别纳税调整制度

在纳税调整制度方面,征税机关享有调整权,可以依照法律规定和具体情况,据实调整或推定调整纳税人的应税所得额或应纳税额。

特别纳税调整制度,主要用于关联企业领域,并由此形成了税法上的关联企业制度,事实上,广义的关联企业制度包含多个方面的内容,如转让定价的税法规制、关联企业的信息披露制度、对通过避税地或资本弱化手段进行避税的规制,等等。由于这些制度的重要目标是反避税,因而也称为反避税制度。

二、个人所得税

个人所得税是以个人所得为征税对象,并由获取所得的个人缴纳的一种税。

(一) 纳税主体

纳税主体可分为两类,即居民纳税人和非居民纳税人。其中,凡在我国境内有住所,或者无住所而在境内居住满1年的个人,即为居民纳税人;凡在我国境内无住所又不居住,或者无住所而在我国境内居住不满1年的个人,为非居民纳税人。

(二) 征税范围

我国实行分类所得税制,包括11个税目,即工资、薪金所得;个体工商户的生产、经营所得;对企事业单位的承包经营、承租经营所得;劳务报酬所得；稿酬所得；特许权使用费所得；利息、股息、红利所得；财产租赁所得；财产转让所得；偶然所得及经国务院财政部门确定征税的其他所得。

下列各项个人所得免纳个人所得税：省级人民政府、国务院部委和中国人民解放军军以上单位，以及外国组织、国际组织颁发的科学、教育、技术、文化、卫生、体育、环保等方面的奖金；国债和国家发行的金融债券利息；按照国家统一规定发给的补贴、津贴；福利费、抚恤金，救济金；保险赔款；军人的转业费、复员费；按照国家统一规定发给干部、职工的安家费、退休费、退休工资、离休工资、离休生活补助费；依照我国有关法律规定应予免税的各国驻华使馆、领事馆的外交代表、领事官员和其他人员的所得；中国政府参加的国际公约、签订的协议中规定免税的所得；经国务院财政部门批准免税的所得。

（三）税率

个人所得税税率实行超额累进税率和比例税率相结合的形式。①工资、薪金所得适用七级超额累进税率，税率为3%～45%；②个体工商户的生产、经营所得和对企事业单位的承包经营、承租经营所得适用五级超额累进税率，税率为5%～35%；③稿酬所得适用比例税率，税率为20%，并按应纳税额减征30%；④劳务报酬所得适用比例税率，税率为20%，对劳务报酬所得一次收入畸高的，即应纳税所得额超过2万元的，实行加成征收，应纳税所得额超过2万元不到5万元的部分，加征5%，5万元以上的部分，加征10%；⑤特许权使用费所得，利息、股息、红利所得，财产租赁所得，财产转让所得，偶然所得，以及其他所得适用比例税率，税率为20%。

（四）应纳税额的计算

首先按税法规定确定应税所得额，然后即可计算应纳税额，其计税公式是：

$$应纳税额 = 应税所得额 \times 税率$$

（五）税收减免

在税收减免方面，我国《个人所得税法》的规定较多，如国债利息，福利费、抚恤金和救济金，军人的转业费、复员费等，均应免税。此外，残疾、孤老人员和烈属的所得等，经批准可以减征。

第四节　财产与行为税法

财产与行为税是以纳税人拥有的财产数量或财产价值为征税对象或为了实现某种特定的目的，以纳税人的某些特定行为为征税对象而开征的一类税。我国财产税的税种较多，主要包括房产税、城镇土地使用税、契税、土地增值税、车船税、资源税等税种。

一、房产税

房产税是以房屋为征税对象，按照房屋的计税余值或租金收入，向产权所有人征收的一种财产税。房产税在征税范围内的房屋产权所有人为纳税义务人，包括房屋的产权人、承典人、代管人或使用人，无租使用纳税人房产，由使用人从价计算缴纳房产税。房产税的征税对象为房产，其中房产不包括独立于房屋之外的建筑物、位于农村的房屋，以及出售前未使用、未出租、未出借的商品房。我国现行房产税采用的是比率税率，计税依据分为从价计征和从租计征两种形式。一种是按房产原值一次减除10%~30%的余值计征的，税率为1.2%；另一种是按房产出租的租金收入计征的，税率为12%。对于个人按市场价格出租的房产，按4%的税率征收房产税。

二、城镇土地使用税

城镇土地使用税是以国有土地为征税对象，对拥有土地使用权的单位和个人征收的一种税。该税种的纳税义务人为拥有土地使用权的单位和个人。征税范围包括城市、县城、建制镇和工矿区的国家所有和集体所有的土地。计税依据为纳税人实际占用的土地面积（平方米）。税率采用地区幅度差别定额税率。

三、契税

契税是以在中国境内转移土地、房屋权属为征税对象，向产权承受人征收的一种税。契税的纳税义务人为土地、房屋的产权承受人。税率采用3%~5%的幅度税率。计税依据为不动产的成交价格或市场价格。

四、土地增值税

土地增值税是对有偿转让国有土地使用权及地上建筑物和其他附着物产权，取得增值收入的单位和个人征收的一种税。其纳税义务人为转让国有土地使用权及地上建筑物和其他附着物产权，并取得增值收入的单位和个人。土地增值税是对转让国有土地使用权及地上建筑物和其他附着物的行为征税，不包括国有土地使用权出让所取得的收入。土地增值税税率采用四级超额累进税率。纳税人转让房地产取得的应税收入，应包括转让房地产的全部价款及有关的经济收益。计算土地增值税应纳税额，并不是直接对转让房地产所取得的收入征税，而是要对收入额减除国家规定的各项扣除项目金额后的余额计算征税，这个余额就是纳税人在转让房地产中获取的余额。

五、车船税

车船税是指在中国境内的车辆、船舶的所有人或管理人依法应缴纳的一种税。其纳税义务人是在中国境内，车辆、船舶的所有人或管理人。征税范围是依法应当在我国车船登记管理部门登记的机动车辆和船舶（除规定减免的车船外）。境内单位和个人租入外籍船舶，不征收车船税；境内单位将船舶出租到境外的，应依法征收车船税。税率实行定额税率。

六、资源税

资源税是对我国境内（包括领域及管辖海域）从事应税矿产品开采和生产盐的单位和个人计征的一种税。其计税依据是应税产品的销售额或销售数量和自用数量。税目包括七大类：原油、天然气、煤炭、其他非金属矿原矿、黑色金属矿原矿、有色金属矿原矿、盐。资源税采用从价定率或从量定额的办法计征。进口矿产品不缴纳资源税。

第五节 税收征收管理法

一、税收征收管理法概述

我国的税收征纳程序法律制度在总体上仍不够完善。目前在这一领域中的立法主要是全国人大常委会于 1992 年 9 月 4 日通过的《中华人民共和国税收征收管理法》（以下简称《税收征收管理法》），以及与其相配套的《中华人民共和国税收征收管理实施细则》（以下简称《实施细则》）和其他法规、规章。其中，最重要的是《税收征收管理法》。

在适用范围方面，我国的《税收征收管理法》规定，凡依法由税务机关征收的各种税收的征收管理，均适用该法。由海关负责的关税、船舶吨税及海关代征税收的征管，依照法律、行政法规的有关规定执行。

一般说来，税收征收管理法应当明确有关税收的征收制度、管理制度、稽查制度及责任制度等内容。因此，我国《税收征收管理法》规定了税务管理制度、税款征收制度、税务检查制度，以及违法应当承担的法律责任。

二、税务管理

（一）税务登记

企业在外地设立的分支机构和从事生产、经营的场所，个体工商户和从事生产、经营的事业单位（统称从事生产、经营的纳税人），向生产、经营所在地税务机关申报办理税务登记。税务登记主要包括设立登记、变更登记、注销登记，以及停业、复业登记和外出经营报验登记等。

（二）账簿、凭证管理

账簿、凭证管理主要包括账簿设置的管理，以及账簿、凭证的使用和保存的管理。由于账簿、凭证所反映出的信息直接影响税基的确定和应纳税额的计算，因此，必须加强账簿、凭证管理，以使其反映的会计信息真实、准确、可靠。

依据现行税法规定，纳税人应当自领取营业执照或发生纳税义务之日起 15 日内，按照国务院财政、税务主管部门的规定设置账簿，根据合法、有效的凭证记账进行核算。此外，采用计算机记账的，应当在使用前将其会计核算软件、使用说明书及有关资料报送主管税务机关备案。另外，纳税人应当按照国务院财政、税务主管部门规定的期限（通常为 10 年）保管账簿、凭证，且对于需保管的资料不得伪造、变造或者擅自损毁。

（三）纳税申报

由于纳税申报是现行税收征管体制的重要组成部分，是税收征纳的基础，因此，纳税人必须在法定或者税务机关依法确定的申报期限内办理纳税申报，报送纳税申报表、财务会计报表，以及税务机关根据实际需要要求纳税人报送的其他纳税资料。即使是享受减税、免税待遇的纳税人，也应当依法办理纳税申报。

纳税人进行纳税申报的内容主要包括：税种、税目、应税项目、适用税率、计税依据、扣除项目及标准、应纳税额、应退税及应减免税的项目及税额、税款所属期限，等等。

此外，纳税人按照规定的期限办理纳税申报确有困难，需要延期的，应在规定期限内向税务机关提出书面延期申请，经税务机关核准，在核准的期限内办理。纳税人因不可抗力，不能按期申报的，可以延期办理，无须事先申请。但应在不可抗力情形消除后，立即向税务机关报告，税务机关应当查明具体事实，决定是否予以核准。

三、税款征收

税款征收通常是指征税机关依法将纳税人的应纳税款征收入库的各类活动的总称。在税法上与税款征收相关的一系列制度，包括税款征收基本制度、税款征收特别制度、税款征收保障制度等。

（一）**基本制度**

税款征收基本制度，是在税款征收方面通行的一般制度。它主要包括征纳主体制度、税务管辖制度、征收方式制度、税额确定制度、征纳期限制度、文书送达制度等。

在上述各类制度中，征纳主体制度在整个税款征收制度中非常重要。由于征税机关的税款征收活动与纳税人的税款缴纳活动密不可分，因此必须从征纳双方的角度分别规定征纳主体各自的资格、权利、义务等，从而形成征纳主体制度。

(二) 特别制度

税款征收特别制度，是为了解决在税收征纳活动中发生的一些特殊问题而设立的制度。这些制度包括税收减免制度、退税制度、缓征制度和补税制度、追征制度等。

在上述各类制度中，税收减免制度非常重要。我国《税收征收管理法》规定，纳税人可以依照法律、行政法规的规定向税务机关书面申请减税、免税。减税、免税的申请须经法定的审查批准机关审批；地方各级人民政府及其主管部门、单位和个人违反法律、行政法规规定，擅自作出的减税、免税决定无效，税务机关不得执行。

另外，征纳期限也很重要。在纳税期限之前，征税机关不得违法提前征税，纳税主体亦无提前申报纳税之义务；在纳税期限届满后，纳税主体不得违法拖欠税款，否则将被作为税收违法行为而被加收滞纳金。依据我国《税收征收管理法》的规定，纳税人、扣缴义务人未按照纳税期限缴纳或解缴税款的，税务机关除责令限期缴纳外，从滞纳税款之日起，按日加收滞纳税款0.05%的滞纳金。但纳税人因有特殊困难（如遇到不可抗力），不能按期缴纳税款的，经省级税务机关批准，可以延期缴纳税款，但最长不得超过3个月。

(三) 保障制度

为了确保税收征纳活动的顺利进行，特别是为了确保应纳税款的及时、足额入库，我国税法还规定了税款征收保障制度，主要包括税收保全制度、强制执行制度、欠税回收保障制度等。

四、税务检查

税务检查通常是指征税机关根据税法及其他有关法律的规定而对纳税主体履行纳税义务的情况进行检验、核查的活动。税务检查制度是整个税收征管制度的重要组成部分，它由有关税务检查的一系列法律规范所构成，反映了征纳双方在税务检查活动中的权利与义务。

税务检查制度的有效施行，有利于征税机关及时了解和发现纳税主体履行纳税义务的情况及存在的问题，从而可以及时纠正和处理税收违法行为，确保税收收入足额入库；有利于帮助纳税人严格依法纳税，提高其经营管理水平；有利于发现税收征管漏洞，维护税收秩序，促使税收征管制度进一步优化和完善。

征税机关的税务检查权必须依法定的范围和程序行使，不得滥用，也不得越权。税务机关的税务检查权主要包括：资料检查权、实地检查权、资料取得权、税情询问权、单证查核权、存款查核权等。税务机关在行使其税务检查权的同时，必须履行相应的义务，税务机关在税务检查方面的义务主要有：资料退还的义务、保守秘密的义务、持证检查的义务等。

五、法律责任

依据我国《税收征收管理法》及其《实施细则》的规定，对于违反税收征管法的一般违法行为，其主要的制裁方式是罚款和其他行政处罚；对于违反税收征管法的严重违法行为，其主要的制裁方式则是罚金和其他刑事处罚。对于不同主体的不同违法行为，法律规定了不同的制裁手段，从而使违法主体承担的具体法律责任也各不相同。

讨论思考题

1. 简述税收的概念和特征。
2. 简述税收的分类。
3. 简述税率的形式。
4. 简述增值税的三种类型。
5. 简述消费税的征收范围。
6. 简述企业所得税的税收优惠政策。

案例分析

某烟厂销售雪茄烟300箱给各专卖店，取得不含税销售收入600万元；以雪茄烟40箱换回小轿车2辆、大货车1辆。

问题：

根据上述情况计算其应纳流转税。

第十六章 会计与审计法

第一节 会计与审计法概述

一、会计法概述

(一) 会计法概念

会计法是国家权力机关和行政机关制定的用于调整会计机构、会计人员在办理会计事务过程中发生的经济关系，以及国家在管理监督会计工作过程中所发生的经济关系的法律规范的总称。

我国第一部《中华人民共和国会计法》（以下简称《会计法》）于1985年1月21日第六届全国人民代表大会常务委员会第九次会议通过，并于同年5月1日起执行。为适应社会经济发展要求，《会计法》于1993年12月29日第八届全国人民代表大会常务委员会第五次会议进行第一次修正、1999年10月31日第九届全国人民代表大会常务委员会第十二次会议进行修订、2017年11月4日第十二届全国人民代表大会常务委员会第三十次会议进行第二次修正。构成会计法律体系的还有1990年12月31日国务院发布、2011年1月8日国务院令第588号修正的《总会计师条例》，2000年6月21日国务院发布的《企业财务会计报告条例》，2016年2月16日财政部发布的《代理记账管理办法》，2015年12月11日财政部、国家档案局联合修订的《会计档案管理办法》，2008年5月22日财政部等五部门联合发布的《企业内部控制基本规范》，1996年6月17日发布的《会计基础工作规范》，以及2006年2月15日财政部令第33号《企业会计准则》、2014年和2017年新增的4部具体准则及其解释等。

（二） 会计法的适用范围

国家机关、社会团体、公司、企业、事业单位和其他组织（以下统称单位）办理会计事务必须依照《会计法》规定。《会计法》规定我国实行统一的会计制度，它是国务院财政部门根据《会计法》制定的关于会计核算、会计监督、会计机构和会计人员，以及会计工作管理的制度。

（三） 会计法的基本原则

根据《会计法》总则规定，会计机构和会计人员在执行会计事务过程中，必须遵守以下原则。

(1) 各单位必须依法设置会计账簿，并保证其完整真实。

(2) 单位负责人对本单位的会计工作和会计资料的真实性、完整性负责。

(3) 会计机构、会计人员依照本法规定进行会计核算，实行会计监督；任何单位或者个人不得以任何方式，授意、指使、强令会计机构、会计人员伪造或变造会计凭证、会计账簿和其他会计资料，提供虚假财务会计报告，任何单位或者个人不得对依法履行职责、抵制违反本法规定行为的会计人员实行打击报复。

(4) 对认真执行本法，忠于职守、坚持原则，做出显著成绩的会计人员给予精神的或物质的奖励。

二、审计法概述

（一） 审计法概念

审计是由专职机构和人员对被审计单位的财政财务收支及其他经济活动的真实性、合法性和效益性进行审查和评价的独立性经济监督活动。

审计法是调整审计关系的法律规范的总称，审计关系是一种经济监督关系，发生于审计单位和被审计单位之间。审计法是审计工作的基本法律依据，它以法律的形式确定了审计工作的地位、任务和作用，规定审计工作的基本准则。

（二） 审计法的适用范围

审计法规范了审计主体和审计客体之间的关系，所以审计法适用范围，既有会计法规定的各主体，也有对这些主体实行监督的审计单位及审计人员。

(三) 审计法的基本原则

(1) 依法审计原则。依照法定职权和程序审计。

(2) 独立审计原则。审计机关依照法律规定,独立行使审计监督权不受其他行政机关、社会团体和个人的干涉,任何组织和个人不得拒绝、阻碍审计人员依法执行职务,不得打击报复审计人员。

(3) 客观公正原则。执行过程中实行回避制度,实行征求意见制度。

(4) 强制性原则。对被审计单位或人员的违法违规行为,保全证据提请法院冻结存款。

(5) 保密原则。泄露所知悉的国家秘密、商业秘密的,依法给予处分,构成犯罪的,依法追究刑事责任。

第二节 会计法

一、会计核算

会计核算是以货币为主要计量单位,运用专门的会计方法,对会计主体的经济活动进行连续、系统、全面的记录、报告,为相关利益人提供会计信息的一项会计活动。会计核算是会计工作的基本职能之一,是会计工作的重要环节。

(一) 会计核算的内容

会计核算的内容,是应当进行会计核算的经济业务事项。根据《会计法》的规定,对下列经济业务事项,应当办理会计手续,进行会计核算。

1. 款项和有价证券的收付

款项的收付,主要包括货币资金的收入、转存、付出、结存等。有价证券的收付,主要包括有价证券的购入、无偿取得、债务重组取得;有价证券的有偿转让、抵债、对外投资、捐赠;有价证券的利息和股利、溢价与折价的摊销;有价证券的期末结存、减值等。

2. 财物的收发、增减和使用

财物的收发、增减和使用,包括存货、固定资产、投资、无形资产等的购入、自行建造、无偿取得、债务重组取得、融资租入、接受捐赠、出售、转让、抵债、无偿调出捐赠、减值等。

3. 债权债务的发生和结算

债权的发生和结算，主要包括债权的收回及孳息、债务重组、债权减值等。债务的发生和结算，主要包括债权人变更、债务的偿还及孳息、债务重组及免偿等。

4. 资本、基金的增减

资本、基金的增减，主要包括实收资本（股本）、资本公积、盈余公积、基金等的增减变动。如实收资本（股本）的取得和企业增资、减资；资本公积的形成、转增资本；基金的提取、转入、使用和给付等。

5. 收入、支出、费用、成本的计算

收入的计算，如商品销售收入、提供劳务收入、让渡资产使用权收入等主营业务收入；材料销售收入、代购、代销、代加工、代管、代修收入和出租收入等其他业务收入；投资收益、补贴收入、固定资产盘盈、处置固定资产净收益、出售无形资产收益、罚款收益等营业外收入；以前年度损益调整等的确认与结转。支出、费用、成本的计算，如生产成本的汇集、分配与结转销售费用、管理费用和财务费用等的汇集与结转；税金及附加、出售无形资产损失、债务重组损失、计提的固定资产减值准备、捐赠支出等的确认与结转。

6. 财务成果的计算和处理

财务成果的计算和处理，主要包括将收入和相配比的成本、费用、支出转入本年利润，计算利润总额；将所得税转入本年利润，计算净利润；年终结转本年利润；所得税的计提、缴纳、返还和余额结转，递延税款的余额调整等。

7. 需要办理会计手续、进行会计核算的其他事项

其他事项，如涉及企业向股东分配红利的经济活动。

（二）会计核算方法

会计核算方法是指会计人员对企事业机关单位已经发生的经济活动进行完整的、连续的、系统的反映和监督所应用的方法，主要包括设置账户、复

式记账、填制和审核凭证、登记账簿、成本计算、财产清查和编制会计报表。

(三) 会计核算程序

会计核算程序也称为会计核算流程,就是由凭证开始到编制会计报表的这一过程。在各单位具体流程如下。

(1) 凡是发生《会计法》规定的经济业务事项,先填制或取得原始凭证,并及时送交会计机构,会计机构对原始凭证进行审核,并根据审核过的原始凭证编制记账凭证。

(2) 会计机构再由根据审核过的原始凭证和记账凭证,按会计制度的有关规定进行记账。

(3) 各单位建立财产清查制度,定期或不定期进行财产清查,保证账簿记录与实物、款项相符。

(4) 各单位在账账相符、账实相符的情况下,根据账簿记录编制会计报表,由单位责任人和会计机构负责人签名和盖章,报送财政部门和相关部门。

(四) 会计年度

会计年度是指以年度为单位进行会计核算的时间区间,是反映单位财务状况、核算经营成果的时间界限。根据《会计法》的规定,我国是以公历年度为会计年度,即以每年公历的1月1日起至12月31日止为一个会计年度。每一个会计年度还可以按照公历日期具体划分为半年度、季度、月度。

(五) 记账本位币

记账本位币是指日常登记账簿和编制财务会计报告用以计量的货币,也就是单位进行会计核算业务时所使用的货币。根据《会计法》的规定,会计核算以人民币为记账本位币。业务收支以人民币以外的货币为主的单位,可以选定其中一种货币作为记账本位币,但是编报的财务会计报告应当折算为人民币。

(六) 会计核算要求

1. 各单位必须根据实际发生的经济业务进行会计核算,依法建账

各单位必须根据实际发生的经济业务事项进行会计核算、填制会计凭证、登记会计账簿、编制财务会计报告,按规定设置账簿统一进行会计核算,不得违反规定私设会计账簿进行登记,不得以虚假的经济业务事项或者资料进行会计核算。

2. 确保会计资料真实和完整

会计资料主要是指会计凭证、会计账簿、财务会计报告等会计核算资料。会计资料的真实性主要是指会计资料所反映的内容和结果，应当同单位实际发生的经济业务的内容及其结果相一致。会计资料的完整性，主要是指构成会计资料的各项要素都必须齐全，以使会计资料如实、全面地记录和反映经济业务发生情况，便于会计资料使用者全面、准确地了解经济活动情况。

会计机构和会计人员在审核凭证过程中，对不真实、不合法的原始凭证不予接受，并应向单位负责人报告，对记载不准确、不完整的原始凭证应予以退回，并要求其按规定更正、补充。原始凭证记载的各项内容不得涂改，原始凭证有错误的，应当由出具单位重开或更正，更正处应当加盖出具单位印章。原始凭证金额有错误的，应当由出具单位重开，不得在原始凭证上更正。会计账簿必须以经过审核的会计凭证为依据进行登记，并符合有关法律行政法规和国家统一的会计制度的规定，会计账簿应当按照连续编号的页码顺序登记，如若发现错误，或者隔页、缺号、跳行的，应当按照国家统一的会计制度规定方法更正，并由会计人员和会计机构负责人在更正处盖章，使用电子计算机进行会计核算的，会计账簿的登记、更正应当符合国家统一的会计制度的规定。

3. 正确采用会计处理方法

采用不同的会计处理方法，或者在不同会计期间采用不同的会计处理方法，都会影响会计资料的一致性和可比性，进而影响会计资料的使用。因此，《会计法》和国家统一的会计制度规定，各单位采用的会计处理方法，前后各期应当一致，不得随意变更；确有必要变更的，应当按照国家统一的会计制度的规定变更，并将变更的原因、情况及影响在财务会计报告中说明。

4. 正确使用会计记录文字

根据《会计法》的规定，会计记录的文字应当使用中文。在民族自治地区，会计记录可以同时使用当地通用的一种民族文字。在中国境内的外商投资企业、外国企业和其他外国组织的会计记录可以同时使用一种外国文字。

二、会计监督

会计监督是会计的基本职能之一,是对经济活动的本身进行检查监督,借以控制经济活动能够根据一定的方向、目标、计划,遵循一定的原则正常进行。根据会计监督的主体不同,可以把会计监督分为单位内部监督、政府监督、社会监督。

(一) 单位内部监督

单位内部会计监督制度,是指为了保护其资产的安全、完整,保证其经营活动符合国家法律、法规和内部有关管理制度,提高经营管理水平和效率,而在单位内部采取的一系列相互制约、相互监督的制度与方法。

1. 单位内部会计监督的概念

单位内部会计监督是指各单位的会计机构、会计人员依据法律法规规定,通过会计手段对本单位经济活动的合法性、合理性和有效性进行监督。内部会计监督的主体是各单位的会计机构、会计人员,内部会计监督的对象是单位的经济活动。

2. 单位内部会计监督的内容

单位内部会计监督的内容十分广泛,涉及人、财、物等诸多方面,各单位应当根据实际情况建立健全本单位内部会计监督制度。

会计机构、会计人员对违反《会计法》和国家统一的会计制度规定的会计事项,有权拒绝办理或者按照职权予以纠正。发现会计账簿记录与实物、款项及有关资料不相符的,按照国家统一的会计制度的规定有权自行处理的,应当及时处理;无权处理的,应当立即向单位负责人报告,请求查明原因,作出处理。单位负责人应当保证会计机构、会计人员依法履行职责,不得授意、指使、强令会计机构、会计人员违法办理会计事项。

(二) 政府监督

1. 会计工作政府监督的概念

会计工作的政府监督,主要是指财政部门代表国家对各单位和单位中相关人员的会计行为实施的监督检查,以及对发现的违法会计行为实施行政处罚。这里所说的财政部门,是指国务院财政部门、省级以上人民政府财政部门派出机构和县级以上人民政府财政部门。财政部门按照行政区域对会计事项实施监督。

此外,根据《会计法》的规定,除财政部门外,审计、税务、人民银行、证券监管、保险监管等部门依照有关法律、行政法规规定的职责和权限,可以对有关单位的会计资料实施监督检查。

2. 财政部门会计监督的主要内容

财政部门对各单位是否依法设置会计账簿;会计凭证、会计账簿、财务会计报告和其他会计资料是否真实、完整;会计核算是否符合《会计法》和国家统一的会计制度的规定;从事会计工作的人员是否具备专业能力、遵守职业道德等情况实施会计监督。

根据《会计法》的规定,财政部门在对各单位会计凭证、会计账簿、财务会计报告和其他会计资料真实性、完整性实施监督检查中,发现重大违法嫌疑时,国务院财政部门及其派出机构可以向与被监督单位有经济业务往来的单位和被监督单位开立账户的金融机构查询有关情况,有关单位和金融机构应予以支持。

依法对有关单位的会计资料实施监督检查的部门及其工作人员对在监督检查中知悉的国家秘密和商业秘密负有保密的义务。

财政、审计、税务、人民银行、证券监管、保险监管等部门应当依照有关法律、行政法规规定的职责,对有关单位的会计资料实施监督检查。各单位必须依照有关法律、行政法规的规定,接受有关监督检查部门依法实施的监督检查,如实提供会计凭证、会计账簿、财务会计报告和其他会计资料及有关情况,不得拒绝、隐匿、谎报。

(三)社会监督

会计工作的社会监督,主要是指由注册会计师及其所在的会计师事务所等中介机构接受委托,依法对单位的经济活动进行审计,出具审计报告,发表审计意见的一种监督制度。

根据《会计法》的规定,法律、行政法规规定须经注册会计师进行审计的单位,应当向受委托的会计师事务所如实提供会计凭证、会计账簿、财务会计报告和其他会计资料有关情况。任何单位或者个人不得以任何方式要求或者示意注册会计师及其所在的会计师事务所出具不实或者不当的审计报告。

根据《会计法》的规定，任何单位和个人对违反《会计法》和国家统一的会计制度规定的行为，有权检举。这是为了充分发挥社会各方面的力量，鼓励任何单位和个人检举违法会计行为，也属于会计工作社会监督的范畴。

三、会计相关法律责任

（一）不依法进行会计管理、核算和监督的法律责任

违反《会计法》规定，有下列行为之一的，由县级以上人民政府财政部门责令限期改正，可以对单位并处300元以上5万元以下的罚款；对其直接负责的主管人员和其他直接责任人员，可以处200元以上2万元以下的罚款；属于国家工作人员的，还应当由其所在单位或者有关单位依法给予行政处分；构成犯罪的，依法追究刑事责任：①不依法设置会计账簿的；②私设会计账簿的；③未按照规定填制、取得原始凭证或者填制、取得的原始凭证不符合规定的；④以未经审核的会计凭证为依据登记会计账簿或者登记会计账簿不符合规定的；⑤随意变更会计处理方法的；⑥向不同的会计资料使用者提供的财务会计报告编制依据不一致的；⑦未按照规定使用会计记录文字或者记账本位币的；⑧未按照规定保管会计资料，致使会计资料毁损、灭失的；⑨未按照规定建立并实施单位内部会计监督制度或者拒绝依法实施的监督或者不如实提供有关会计资料及有关情况的；⑩任用会计人员不符合《会计法》规定的。

会计人员有上述所列行为之一，情节严重的，5年内不得从事会计工作。有关法律对上述所列行为的处罚另有规定的，依照有关法律的规定办理。

（二）伪造、变造、编制虚假会计资料的法律责任

伪造、变造会计凭证、会计账簿，编制虚假财务会计报告，构成犯罪的，依法追究刑事责任。尚不构成犯罪的，由县级以上人民政府财政部门予以通报，可以对单位并处5000元以上10万元以下的罚款；对其直接负责的主管人员和其他直接责任人员，可以处3000元以上5万元以下的罚款；属于国家工作人员的，还应当由其所在单位或者有关单位依法给予撤职直至开除的行政处分；其中的会计人员，5年内不得从事会计工作。

（三）隐匿或者故意销毁会计资料的法律责任

隐匿或者故意销毁依法应当保存的会计凭证、会计账簿、财务会计报告，构成犯罪的，依法追究刑事责任。尚不构成犯罪的，由县级以上人民政府财政部门予以通报，可以对单位并处 5000 元以上 10 万元以下的罚金；对其直接负责的主管人员和其他直接责任人员，可以处 3000 元以上 5 万元以下的罚金；属于国家工作人员的，还应当由其所在单位或者有关单位依法给予撤职直至开除的行政处分；其中的会计人员，5 年内不得从事会计工作。

根据《中华人民共和国刑法》第 162 条第 2 款的规定，隐匿或者故意销毁依法应当保存的会计凭证、会计账簿、财务会计报告，情节严重的，处 5 年以下有期徒刑或者拘役，并处或者单处 2 万元以上 20 万元以下罚金。单位犯前款罪的，对单位判处罚金，并对其直接负责的主管人员和其他直接责任人员，依照前款的规定处罚。

（四）授意、指使、强令会计机构、会计人员及其他人员伪造、变造会计资料或者隐匿、故意销毁会计资料的法律责任

授意、指使、强令会计机构、会计人员及其他人员伪造、变造会计凭证、会计账簿，编制虚假财务会计报告或者隐匿、故意销毁依法应当保存的会计凭证、会计账簿、财务会计报告，构成犯罪的，依法追究刑事责任。尚不构成犯罪的，可以处 5000 元以上 5 万元以下的罚款；属于国家工作人员的，还应当由其所在单位或者有关单位依法给予降级、撤职、开除的行政处分。

（五）单位负责人对会计人员实行打击报复的法律责任

单位负责人对依法履行职责、抵制违反《会计法》规定行为的会计人员以降级、撤职、调离工作岗位、解聘或者开除等方式实行打击报复，构成犯罪的，依法追究刑事责任。尚不构成犯罪的，由其所在单位或者有关单位依法给予行政处分。对受打击报复的会计人员，应当恢复其名誉和原有职务、级别。

根据《刑法》第 255 条规定，公司、企业、事业单位、机关、团体的领导人，对依法履行职责、抵制违反《会计法》行为的会计人员实行打击报复，情节恶劣的，处 3 年以下有期徒刑或者拘役。

（六）财政部门及有关行政部门工作人员职务违法行为的法律责任

财政部门及有关行政部门的工作人员在实施监督管理中滥用职权、玩忽

职守、徇私舞弊或者泄露国家秘密、商业秘密,构成犯罪的,依法追究刑事责任。尚不构成犯罪的,依法给予行政处分。

收到对违反《会计法》和国家统一的会计制度行为检举的部门及负责处理检举的部门,将检举人姓名和检举材料转给被检举单位和被检举个人的,由所在单位或者有关单位依法给予行政处分。

第三节 审计法

一、审计分类

(一)按其内容进行分类,可分为财政财务审计、经济效益审计和财经法纪审计

(1)财政财务审计,是指审计机构对国家机关、企事业单位的财政、财务收支活动和反映其经济活动的会计资料进行的审计。其目的主要是判断被审计单位的经济活动包括财政和财务收支活动的真实性、合法性和会计处理方法的一贯性。

其中,财政审计是由国家机关对本级财政预算执行情况和下级财政预算执行及决算等情况进行监督;财务审计是对会计资料及其所反映的经济活动三性发表意见。

(2)经济效益审计,是指审计机构对被审单位或项目的经济活动(包括财政、财务收支活动)的效益性进行审查。其目的主要是评价被审单位或项目的经济效益的优劣,以利于不断提高企业的经济效益。经济效益审计又可根据审查内容的不同分为业务经营审计和管理审计两个分支。

(3)财经法纪审计,是指国家审计机关和内部审计部门对严重违反财经法纪的行为所进行的专项审计。其目的在于维护财经法纪,保护国家和人民财产的安全和完整。

(二)按其主体进行分类,可分为国家审计、社会审计和内部审计

(1)国家审计,也称政府审计,是指由国家审计机关所实施的审计。

(2)社会审计,也称注册会计师审计,是指由持有注册会计师执业资格

的会计师依法接受委托、独立执业、有偿为社会提供专业服务的活动。

(3) 内部审计,也称部门和单位审计,是指由部门内部独立于财会部门以外的专职审计机构所进行的审计。

二、审计程序

审计程序是指审计机关和审计人员对审计项目实施审计的工作步骤。审计程序如下。

(1) 审计准备。审计机关根据审计项目计划确定的审计事项组成审计组,并应当在实施审计三日前向被审计单位送达审计通知书。

(2) 审计实施。审计人员通过审查会计凭证、会计账簿、财务会计报告,查阅与审计事项有关的文件、资料,检查现金、实物、有价证券,向有关单位和个人调查等方式进行审计,并取得证明材料。

(3) 提出审计报告。审计组对审计事项实施后,应当向审计机关提出审计组的审计报告,审计组的审计报告报送审计机关前应当征求被审计对象的意见,被审计对象应当自接到审计组的审计报告之日起 10 日内将书面意见送达审计组,审计组应当将被审计对象的书面意见一并报送审计机关。

(4) 出具审计意见书、做出审计决定。审计机关在审定审计报告时,应当对审计事项做出评价,出具审计意见书;对违反国家规定的财政收支、财务收支行为,需要依法给予处理、处罚的,在法定职权范围内做出审计决定,或者向有关主管机关提出处罚意见。审计机关应当自收到审计报告之日起 30 日内将审计机关的审计报告和审计决定送达被审计单位和有关主管机关、单位。审计决定自送达之日起生效。

三、审计机关职责及权限

(一) 审计机关职责

根据审计法的有关规定,审计机关执行审计任务,应履行以下职责。

(1) 审计机关对本级各部门(含直属单位)和下级政府预算的执行情况和决算,以及其他财政收支情况进行审计监督。

(2) 审计机关对国家的事业组织和使用财政资金的其他事业组织的财务

收支进行审计监督。

（3）审计机关对国有企业的资产、负债、损益，进行审计监督。

（4）审计机关对政府投资和政府投资为主的建设项目的预算执行情况和决算，进行审计监督。

（5）审计机关对政府部门管理的和其他单位受政府委托管理的社会保障基金、社会捐赠资金以及其他有关基金、资金的财务收支进行审计监督。

（6）审计机关对国际组织和外国政府援助贷款项目的财务收支进行审计监督。

（7）审计机关按照国家有关规定，对国家机关和依法属于审计机关审计监督对象的其他单位的主要人员在任职期间对本地区、本部门或者本单位的财政收支、财务收支，以及有关经济活动应负经济责任的履行情况进行审计监督。

（8）除本法规定的审计事项外，审计机关对其他法律、行政法规规定的应当由审计机关进行审计的事项，依照本法有关法律、行政法规的规定进行审计监督。

（9）依法属于审计机关审计监督对象的单位应当按照国家有关规定，建立健全内部审计制度，其内部审计工作应当接受审计机关业务指导和监督。

（10）社会审计机构审计的单位依法属于审计机关审计监督对象的，审计机关按照国务院的规定，有权对该社会审计机构出具的相关审计报告进行核查。

（二）审计机关权限

审计机关在执行审计任务时，享有以下权限。

（1）审计机关有权要求被审计单位按照审计机关的规定提供预算或者财务收支计划、预算执行情况、决算、财务报告，运用电子计算机储存、处理的财政收支、财务收支电子数据和必要的电子计算技术文档，在金融机构开立账户的情况，社会审计机构出具的审计报告，以及其他与财政收支或者财务收支有关的资料，被审计单位不得拒绝、拖延、谎报。

（2）审计机关进行审计时，有权检查被审计单位的会计凭证、会计账簿、财务会计报告和运用电子计算机管理财政收支、财务收支电子数据的系统，以及其他与财政收支、财务收支有关的资料和资产,被审计单位不得拒绝。

(3) 审计机关进行审计时,有权就审计事项的相关问题向有关单位和个人进行调查,并取得有关证明材料,有关单位和个人应当支持、协助审计机关工作,如实向审计机关反映情况,提供有关证明材料。

(4) 审计机关在进行审计时,被审计单位出现转移、隐匿、篡改、毁弃会计凭证、会计账簿、财务会计报告,以及其他与财政收支或财务收支有关的资料等行为的,审计机关有权制止;必要时可以经过县级以上人民政府审计机关负责人批准,封存有关资料和违反规定取得的资产;有权向当地人民法院提出申请冻结其在金融机构的存款。

(5) 审计机关在审计时发现被审计单位有正在进行的违反国家规定的财政收支、财务收支的行为,应予以制止,制止无效的,经县级以上人民政府审计机关负责人批准,通知财政部门和有关主管部门暂停拨付与违反国家规定的财政收支、财务收支行为直接有关的款项,已经拨付的,暂停使用。

(6) 审计机关可以向政府有关部门通报或者向社会公布审计结果。

(7) 审计机关履行审计监督职责,可以提请公安、监察、财政、税务、海关、工商行政管理等机关予以协助。

四、审计法相关法律责任

审计活动的违法行为通常有两种情况,一种是被审计单位及其相关人员的违法行为,另一种是审计人员的违法行为。

(一) 被审计单位及其有关人员的违法行为的法律责任

(1) 被审计单位拒绝或者拖延提供与审计事项有关资料的,或者提供的资料不真实、不完整的,或者拒绝、阻碍检查的,由审计机关责令改正,可以通报批评,给予警告;拒不改正的,依法追究责任。

(2) 被审计单位转移、隐匿、篡改、毁弃会计凭证、会计账簿、财务会计报告,以及其他与财政收支、财务收支有关的资料,或者转移、隐匿所持有的违反国家规定取得的资产,审计机关认为对直接负责的主管人员和其他直接责任人员依法应当给予处分的,应当提出给予处分的建议,被审计单位或者其上级机关、监察机关应当依法及时作出决定,并将结果书面通知审计机关;构成犯罪的,依法追究刑事责任。

(3) 被审计单位违反国家规定的财政收支行为,审计机关、人民政府或者有关主管部门在法定职权范围内,依照法律、行政法规的规定,责令限期缴纳应当上缴的款项,限期退还被侵占的国有资产,限期退还违法所得,责令采取相应措施改正,并依法给予处罚。构成犯罪的,依法追究刑事责任。

(4) 报复陷害审计人员的,依法给予处分;构成犯罪的,依法追究刑事责任。

(二) 审计人员的违法行为的法律责任

审计人员滥用职权、徇私舞弊、玩忽职守或者泄露所知悉的国家秘密、商业秘密的,依法给予处分;构成犯罪的,依法追究刑事责任。

讨论思考题

1. 试述《会计法》对会计人员的法律保护有哪些?
2. 试述违反《会计法》的主要情形及其相应的法律责任?
3. 试述审计人员违法行为的法律责任有哪些?
4. 被审计对象违法行为的法律责任有哪些?

案例分析

王某是一家医药公司的会计主管,为公司明年申请上市做准备,公司的财务总监应公司董事长要求,必须把公司的财务会计报告做得比较漂亮。该任务很快下达给王某,王某接到任务后查看当年的收入、费用各指标,利润几乎为零。要想上报的财务会计报告做得漂亮,他就得虚增公司收入,压缩相关费用,作为公司的一员,为公司的长远发展做出自己的贡献,王某很快上交了让公司领导层满意的答卷。

问题:

1. 王某的做法是否正确?为什么?
2. 该案例中王某要不要承担法律责任,如若需要,将承担什么样的法律后果?
3. 本案例中财务总监和董事长是否也应承担法律责任?如果承担法律责任,他们会受到什么样的处分或处罚?

第十七章 劳动与社会保障法

第一节 劳动与社会保障法概述

一、劳动法概述

(一) 劳动法发展的历史

从国际视野来看劳动法的历史,大体上可以将其分为三个阶段:一是资本主义初期;二是资本主义自由竞争时期;三是近现代社会。这里并未将原始社会、奴隶社会和封建社会纳入其中,是因为在原始社会每个人都是为了自己劳动的,即每个人既是劳动力所有者又是资料所有者,根据劳动关系的重要特征——两权分离来说,此时并不存在劳动关系,自然而然也就没有劳动法生存的土壤。而奴隶社会与封建社会中,主要的劳动形式是奴隶从事农业劳动,此时的奴隶实则为奴隶主的工具而非一个有血有肉的劳动者,也不符合现代劳动法理论中劳动者身份。因此,劳动法的历史,是从资本主义时期逐渐开始建立与完善的。

在资本主义初期,即 14 世纪至 18 世纪末,资本家为了增加其资本积累的速度,便对工人进行了残酷的剩余价值压榨,即对劳动者的工作时间进行了相当无理的延长。这时第一个劳工法规由英皇爱德华三世颁布,但是其内容并非保护劳工,而是站在资本家的角度来剥削工人,其中甚至规定了最低工作时间和最高工资,可以说那个时期的工人是真的"不辞辛苦"。到了 19 世纪,资本家的物质基础积累已经达到了一定程度,资本家和劳动者之间的力量之悬殊使得资本家不需要政府出面就可以剥削和压榨工人。因此,此时的劳动者与资本家缔结劳动关系完全基于契约的规定,历史上将其称为"自由放任阶段"。虽然此时奉行"平等自由"的原则,但实际上劳动者的劳动状态并没有改善。直到1802年,英国才出台了《学徒健康和道德法》,它虽然只保护了从救济院出来的贫苦儿童的身体健康,但却是立法中保护劳动者的第一次,具有里程碑式的意义。自此之后,劳动法越来越重视对劳动者的保护,这一点在《中华人民共和国劳动法》(以下简称《劳动法》)和《中华人民共和国劳动合同法》(以下简称《劳动合同法》)中体现得非常清楚。正是因为在实际生活中劳动者往往处于劣势一方,因此我国相关的劳动法条文基本都向劳动者倾斜。

(二) 劳动法的相关概念

劳动法的概念较多,其中劳动、劳动法与劳动关系是核心概念,以下分别对这三个基本概念加以阐述。

1. 劳动

劳动在《现代汉语词典》中的定义是:为了某种目的或在被迫情况下从事体力或脑力工作。但是在《劳动法》中,劳动的意义更为狭隘,其概念为劳动者基于法定或约定的义务所从事的一种职业性的有偿劳动。下文所说的所有劳动皆系后者,即法律中劳动的概念。

2. 劳动法

劳动法是调整劳动法律关系(以下简称劳动关系)以及与劳动关系密切联系的其他社会关系(以下简称劳动附随关系)的法律规范的总称。其调整的对象包括劳动关系及劳动附随关系,其中以劳动关系为主。其他社会关系包括因管理社会劳动力、执行社会保险、组织工会和职工参加民主管理、监督劳动法规的执行、处理劳动争议等发生的社会关系。这些关系虽然本身不是劳动关系,但与劳动关系有密切联系,因此也是《劳动法》调整的对象。

目前,我国调整劳动关系的劳动法律体系包括《劳动法》《劳动合同法》《中华人民共和国社会保险法》(以下简称《社会保险法》)《劳动争议调解仲裁法》《关于贯彻执行〈中华人民共和国劳动法〉若干问题的意见》《最高人民法院关于审理劳动争议案件适用法律若干问题的解释》《企业职工患病或非因公负伤医疗期规定》《工资支付暂行规定》《女职工劳动保护特别规定》《企业职工带薪年休假实施办法》《工伤保险条例》等一系列劳动法律、法规及部门规章。其中最近的一次法规修订为 2018 年 12 月 29 日第十三届全国人民代表大会常务委员会第七次会议决定对《劳动法》作出修改。修订后的《劳动法》自 2018 年 12 月 29 日起施行。

3. 劳动关系

劳动关系是指用人单位招用劳动者为其成员，劳动者在用人单位的管理下提供有报酬的劳动而产生的权利义务关系。劳动关系的一般特征是：

（1）主体特定。当事人一方固定为劳动力所有者和支出者，即劳动者；另一方固定为生产资料占有者和劳动力使用者，称为用人单位。

（2）两权分离。劳动力所有权以依法能够自由支配劳动力并能够获得劳动力再生产保障为标志，而使用权则只限于将劳动力与生产资料相结合。

（3）平等与从属性兼容。在劳动合同订立过程中，双方都是本着诚实信用等原则自愿来磋商、订立、延续变更、解除劳动合同，这体现了劳动关系的平等性。但劳动关系建立之后，劳动者必须接受用人单位的管理，两者之间存在着指挥、命令与服从的关系。从属性是劳动关系中最本质的特征，是与其他社会关系相区别的重要性质。

而现实中，劳动关系和劳务关系两者特别相似，但从法律上来说，两者是截然不同的，需要注意区分。劳务关系是指两个或两个以上的平等主体之间就劳务事项订立合约确定由劳动者向用工者提供一次性的或者是特定的劳动服务，用工者依约向劳动者支付劳务报酬的一种有偿服务的法律关系。两者的具体区别为：

（1）法律适用不同。劳动关系受《劳动法》和《劳动合同法》调整，而劳务关系则主要适用《合同法》。

（2）主体不同。劳动关系的主体必须一方为用人单位，另一方为劳动者个人；劳务关系的主体双方当事人可以同时都是法人、组织、公民。

（3）客体不同。劳动关系的客体是劳动者提供的作为生产要素的劳动力；劳务关系的客体是作为产品的劳务，即运用劳动力等生产要素所生产的产品。

（4）有无从属关系。在劳动关系中，劳动者作为劳动组织成员而与用人单位有组织上的从属关系；而劳务关系的双方是平等的主体，并没有从属关系。

此外，两者的风险承担主体与报酬的确定规则也存在不同。

二、社会保障法概述

(一) 社会保障的概念

社会保障是指国家为了保障社会安全和经济发展而依法建立的,在公民生、老、病、死、伤、残、失业或因自然灾害面临生活困难时,由国家和社会提供物质帮助,以保障公民基本生活需要的制度。

(二) 社会保障法的概念、调整对象和特征

社会保障法是调整社会保障关系的法律规范的总称。社会保障法的调整对象为社会保障关系,在内容上可分为社会保险关系、社会救助关系、社会福利关系、社会优抚关系,社会保障法具有以下特征:

一是广泛的社会性。社会保障法的权利与义务广泛地涉及全体社会成员。二是社会保障法是强制性规范与任意性规范的统一,但以强制性规范为主。三是社会保障法是人道主义与互助共济的统一。四是社会保障法具有实现社会公平的职能。社会保障法规定公民享有平等参与社会保障的权利,通过社会保障,使社会成员能够在基本生活得到保障的前提下,公平地进行社会竞争。五是社会保障法律制度由多项法律协调构成。由于社会保障涉及的事项繁杂、内容丰富,而且不同事项需要不同的法律方式调整,因而不可能用一部法律来规定全部社会保障事物,各国通常制定多部社会保障方面的法律和法规来协调构成社会保障法律制度。

(三) 社会保障法的宗旨和原则

1. 社会保障法的宗旨

(1) 保障基本人权。人权中最基本的是生存权,即获得最低限度生活条件的权利,人的其他内容都以生存权为基础。社会保障法的首要目的,就是要保障公民的生存权。

(2) 实现社会公平。社会公平是人类社会发展中客观产生的一种共同需要,是人类向往和追求的一种伦理目标。社会保障法就是以实现公平为目的的收入分配调节法,是贫富差别节制法。

(3) 保障社会安全。任何国家都应当建立一个可靠的社会安全体系,即形成一套不断防范和化解风险、自动减轻震荡和恢复平衡的社会安全机制和

制度。社会保障被公认为社会安全网或社会稳定器,是各国社会安全体系中最普遍、最常用、效果最好的机制和制度。

2. 社会保障法的原则

社会保障法的原则是调整社会保障法律关系所应遵循的基本准则,它全面地反映社会保障法所调整的社会关系的客观要求,对如何调整社会保障法律关系进行整体的指导和规范。社会保障法的原则有:

(1) 普遍保障原则。普遍保障原则,强调全体社会成员享有社会保障的共同权利,要求对全体社会成员实行普遍的社会保障。

(2) 平等保障原则。平等保障原则,强调人人平等享有社会保障的权利,要求给予条件相同者以平等的社会保障待遇。

(3) 社会保障水平与经济发展相适应原则。社会保障制度的建立和发展,须与社会经济发展水平相适应。社会保障对象、社会保障项目、社会保障待遇水平,无一不受到本国社会经济发展水平的制约与影响。

(4) 社会公平与效率兼顾原则。社会保障水平随着经济的发展和社会的进步而不断提高,但社会保障待遇标准也不能定得过高,社会保障水平应建立在既能保障公民的基本生活需要,又能激励全社会成员积极劳动的基础上,力求社会公平与效率的统一。

(四) 我国社会保障的立法现状

中华人民共和国成立以后,国家对社会保障立法工作给予了充分的重视,制定并发布了大量社会保障方面的法律规范。我国的社会保障立法是从社会保险的立法开始的,1951年颁布的《中华人民共和国劳动保险条例》,是中华人民共和国第一部综合性的社会保险法规,也是中华人民共和国成立以后我国企业职工享受社会保险福利的基本法律依据。

改革开放以来,为适应经济体制改革的需要,我国社会保障立法的步伐不断加快,1985年9月通过的《中共中央关于制定国民经济和社会发展第七个五年计划的建议》中,首次明确提出"社会保障"的概念,将我国的社会保险、社会福利、社会救助、社会优抚等制度统一归并于社会保障制度中。进入20世纪90年代以后,随着我国经济体制改革的发展,我国深化了社会保障制度的改革,尤其在社会保险方面迈出了较大的步伐,颁发一系列法律、法规和政策性文件,其中主要有:《关于企业职工养老保险制度改革的决定》(1991年)、《企业职工生育保险试行办法》(1994年)、《关于深化企业职工养老保险制度改革的通知》(1995年)、《关于建立统一的企业职工基本养老保险制度的决定》(1997年)、《关于建立城镇职工基本医疗保险制度的决定》(1998年)、《失业保险条例》(1999年)、《社会保险费征缴暂行条例》(1999年)、《城市居民最低生活保障条例》(1990年)、《工伤保险条例》(2003年)、《关于深化医药卫生体制改革的意见》(2009年)、《社会保障法》(2010年)等。其中,《社会保障法》已由中华人民共和国第十一届全国人民代表大会常务委员会第十七次会议于2010年10月28日通过,自2011年7月1日起施行。此外,《劳动法》专章对社会保险和福利作了原则性和纲领性的规定。我国社会保障制度通过一系列改革,初步形成了国家、企业和个人共同负担的多层次的社会保障新格局。

第二节 劳动法

一、劳动法主体

我国《劳动法》所涉及的两种主体为劳动者和用人单位。这里主要对这两种主体加以介绍。

(一)劳动者的定义

劳动者是依据劳动法律和劳动合同规定,在用人单位从事体力或脑力劳动,并获取劳动报酬的自然人。

自然人要成为劳动者,必须同时具有劳动权利能力和劳动行为能力。我国《劳动法》规定,凡年满16周岁、有劳动能力的公民是具有劳动权利能力和劳动行为能力的人。对有可能危害未成年人健康、安全或道德的职业或工作,最低就业年龄不应低于18周岁,用人单位不得招用已满16周岁未满18周岁的公民从事过重、有毒、有害的劳动或者危险作业。换言之,企业不得招聘未满16周岁的公民,可以招聘16周岁至18周岁的公民从事非过重、非有毒、非有害的劳动或者非危险的作业。劳动者从事着各种各样的劳动,但并非所有干活的都是《劳动法》意义上的劳动者,譬如现役军人、保姆、公务员及农村劳动者。

(二) 劳动者的劳动权利和义务

根据《劳动法》的规定,劳动者的劳动权利主要有:①平等就业和选择职业的权利;②取得劳动报酬的权利;③休息休假的权利;④获得劳动安全卫生保护的权利;⑤接受专业技能培训的权利;⑥享受社会保险和福利的权利;⑦依法参加工会和职工民主管理的权利;⑧提请劳动争议处理的权利;⑨法律规定的其他劳动权利。

劳动者的劳动义务主要有:劳动者应按时完成劳动者任务,提高职业技能,执行劳动安全卫生规程,遵守劳动纪律和职业道德,爱护和保卫公共财产,保守国家秘密和用人单位商业秘密等。

(三) 用人单位的定义

用人单位,在很多国家被称为雇主或雇用人,我国考虑到"雇"这个词当时存在的阶级色彩创设了"用人单位"这个词。用人单位是指具有用人权利能力和用人行为能力,运用劳动力组织生产劳动,且向劳动者支付工资等劳动报酬的单位。根据《劳动合同法》第2条的规定,中华人民共和国境内的企业、个体经济组织、民办企业单位等组织与劳动者建立劳动关系,订立、履行、变更、解除或者终止劳动合同,适用《劳动合同法》。国家机关、事业单位、社会团体和与其建立劳动关系的劳动者,订立、履行、变更、解除或者终止劳动合同,依照《劳动合同法》执行。

《劳动合同法》第2条所称的"企业",为我国境内的所有企业,包括国有企业、集体所有制企业、中外合资企业、中外合作企业、外商独资企业、股份制企业、混合式企业、港澳台企业、私营企业、联营企业、乡镇企业等;个体经济组织是指雇工在7人以下的个体工商户;民办非企业单位是指企业事业单位、社会团体和其他社会力量,以及公民个人利用非国有资产举办的、从事非营利性社会服务活动的社会组织,如民办学校、民办医院、民办图书馆、民办敬老院等。

国家机关、事业单位、社会团体实行劳动合同制度的,以及按规定实行劳动合同制的工勤人员;其他通过劳动合同与国家机关、事业组织、社会团体建立劳动关系的劳动，适用《劳动法》。未建立劳动合同关系的非工勤人员与国家机关、事业组织、社会团体之间的关系，不适用《劳动法》。实行公务员制度的国家机关，以及比照实行公务员制度的事业组织和社会团体工作人员，不适用《劳动法》而适用《公务员法》。

实行企业化管理的事业组织的人员。实行企业化管理的事业组织是指国家不再核拨经费，实行独立核算、自负盈亏的事业组织。国家机关、事业组织、社会团体在劳动关系中应视为用人单位。劳动者在试用期内、退休后都受我国《劳动法》的调整。但是农村劳动者（乡镇企业职工和进城务工、经商的农民除外）、现役军人和家庭保姆、在中华人民共和国境内享有外交特权和豁免权的外国人不适用我国《劳动法》。

（四）用人单位的权利和义务

用人单位一般拥有以下几种用人权利：①录用职工方面的权利；②劳动组织方面的权利；③劳动报酬方面的权利，主要指用人单位有权确定员工的工资级别，并制定员工晋级增薪、降级减薪的方法；④劳动纪律方面的权利；⑤决定劳动关系续存方面的权利。

用人单位同时负有下列 6 种义务：①付酬义务；②安全卫生义务；③帮助义务，主要是保险、福利等方式为职工及其亲属提供物质帮助；④合理使用职工义务；⑤培训义务；⑥制度保证义务。

二、劳动合同

（一）劳动合同概念和特点

劳动合同是劳动者与用人单位确立劳动关系、明确双方权利和义务的书面协议。劳动合同有其独有的特征：

一是劳动合同主体具有特定性，即劳动合同的主体一方是劳动者，另一方是用人单位。二是劳动合同是劳动者与用人单位确立劳动关系的法律形式，其内容是明确劳动权利和劳动义务。三是劳动合同具有较强的法定性，即劳动合同内容等主要以劳动法律、法规为依据，且均有强制性规定，法律虽允许双方当事人协商签订劳动合同，但协商的内容不得违反或排斥强制性规范，否则无效。四是劳动合同的客体具有单一性。劳动合同的客体是劳动行为，双方权利义务的指向对象是劳动行为。

（二）劳动合同的种类

根据不同的分类标准，对劳动合同可作不同的分类：

一是按劳动者人数的不同，劳动合同分为个人劳动合同和集体劳动合同。二是按招工对象的不同，劳动合同分为城镇劳动合同制、工人劳动合同制和集体劳动合同制。三是按用人方式不同，劳动合同分为录用合同、聘用合同和借调合同；四是按合同期限不同，劳动合同分为有固定期限、无固定期限和以完成一定的工作为期限的劳动合同；这种分类也是《劳动合同法》采用的分类方式。

有固定期限劳动合同又称定期劳动合同，是指用人单位与劳动者约定合同终止时间的劳动合同。劳动合同期限届满，劳动关系即告终止。无固定期限劳动合同是指用人单位与劳动者约定无确定终止时间的劳动合同。

根据《劳动合同法》第 14 条的规定，用人单位与劳动者协商一致，可以订立无固定期限劳动合同。有下列情形之一，劳动者提出或者同意续订、订立劳动合同的，除劳动者提出订立固定期限劳动合同外，应当订立无固定期限劳动合同：

（1）劳动者在该用人单位连续工作满 10 年的。

（2）用人单位初次实行劳动合同制度或者国有企业改制重新订立劳动合同时，劳动者在该用人单位连续工作满 10 年且距法定退休年龄不足 10 年的。

（3）连续订立 2 次固定期限劳动合同，且劳动者没有《劳动合同法》规定的用人单位可以解除合同的法定情形，续订劳动合同的。

用人单位自用工之日起满 1 年不与劳动者订立书面劳动合同的，视为用人单位与劳动者已订立无期限劳动合同。

用人单位违反《劳动合同法》规定不与劳动者订立无固定期限劳动合同的，自应当订立无固定期限劳动合同之日起向劳动者每月支付 2 倍的工资。

以完成一定的工作为期限的劳动合同是指用人单位与劳动者约定以某项工作的完成为合同期限的劳动合同。以下是订立此类合同的情况：①以完成单项工作任务为期限的劳动合同；②以项目承包方式完成承包任务的劳动合同；③应季节原因用工的劳动合同；④其他双方约定的以完成一定工作任务为期限的劳动合同。

(三) 劳动合同的签订

劳动合同的订立是劳动者与用人单位之间确立劳动关系,明确双方权利义务的法律行为。根据《劳动合同法》第 10 条的规定,建立劳动关系,应当订立书面劳动合同。已建立劳动关系,未同时订立书面劳动合同的,应当自用工之日起 1 个月内订立书面劳动合同。用人单位与劳动者在用工前订立劳动合同的,劳动关系自用工之日起建立。

1. 劳动合同的订立原则

订立劳动合同应遵循合法、平等自愿和协商一致三项原则。

合法原则即劳动合同必须依法订立,不得违反法律、行政法规的规定。合法原则的具体要求主要有两个方面:一是劳动合同的主体合法,即劳动合同的当事人必须具备合法资格,劳动者应是年满 16 周岁,身体健康,具有劳动权利能力和劳动行为能力的公民,可以是中国人、外国人(包括无国籍人)。用人单位应是依法成立或核准登记的企业、个体经济组织民办非企业单位、国家机关、事业组织、社会团体等组织,具有用人的权利能力和行为能力。二是劳动合同的内容合法。劳动合同的内容是对劳动合同双方当事人劳动权利义务的具体规定,包括法定必备条款和约定必备条款。《劳动合同法》第 17 条规定了劳动合同应当具备 9 个方面的必备条款。

平等自愿原则是一条重要原则。平等是指在订立劳动合同过程中,双方当事人的法律地位平等,不存在管理与服从的关系;自愿是指劳动合同的订立及合同内容的达成,完全出于当事人自己的意志,是其真实意思的表达,任何一方不得将自己的意志强加于对方,也不允许第三者非法干预。

协商一致是指经过双方当事人充分协商,达成一致意见,签订劳动合同。

2. 劳动合同的效力

《劳动法》第 16 条规定,劳动合同是劳动者与用人单位确立劳动关系、明确双方权利和义务的协议。建立劳动关系,应当订立劳动合同。同时,《劳动合同法》第 82 条规定,用人单位自用工之日起超过 1 个月不满 1 年未与劳动者订立书面劳动合同的,应当向劳动者每月支付 2 倍的工资。可是现实中很多用人单位会选择不签订书面的劳动合同,以此来否认自己和劳动者之间存在劳动关系。

虽然法律规定得很清楚，而且各行业的劳动合同范本也都相同，可是因为用人单位偶尔操作不规范，劳动合同约定的劳动标准可能会不确定，此时根据《劳动合同法》第18条的规定进行操作。条文中规定，劳动合同对报酬和劳动条件等标准约定不明确，引发争议的，用人单位与劳动者可以重新协商；协商不一致的，适用集体合同规定；没有集体合同规定或者集体合同未规定劳动报酬的，实行同工同酬；没有集体合同或者集体合同未规定劳动条件的，适用国家有关规定。

劳动合同的无效是指由于当事人违反法律、行政法规，致使签订的劳动合同不具备法律效力。下列情况属于劳动合同无效：①主体不合法；②订立劳动合同的程序或形式不合法；③违反法律、行政法规的劳动合同；④采取欺诈、威胁等手段订立的劳动合同。

无效的劳动合同，从订立起，就没有法律效力。确认劳动合同部分无效的，如果不影响其余部分的效力，其余部分依然有效。劳动合同无效的，由劳动争议仲裁委员会或者人民法院确认。

3. 劳动合同的履行与变更

劳动合同的履行是指劳动合同双方当事人应当完成劳动合同所规定的义务，实现劳动过程和各自的合法权益的行为。履行时，应当符合全面履行以及适当履行原则。但在劳动合同订立之后，如果订立合同时所依据的情况发生了重大变化，致使原劳动合同无法履行，双方当事人可在遵循平等自愿、协商一致的原则，且不违反法律、法规的前提下变更劳动合同。根据我国劳动法规的规定，允许变更劳动合同的情形如下：

（1）当事人经协商达成变更的协议。

（2）订立劳动合同时所依据的法律、行政法规和规章已经修改或废止。

（3）劳动合同条款与集体合同规定不同的。

（4）企业经上级主管部门批准或根据市场变化决定转产或调整生产任务。

（5）劳动合同订立时所依据的客观情况发生重大变化，致使劳动合同无法履行的。

（6）企业严重亏损或因发生自然灾害，确实无法按照原约定的条件履行劳动合同的。

（7）劳动者因健康状况而不能从事原工作的。

（8）法律、法规允许的其他情况。

在劳动合同没有变更的情况下，用人单位不得安排职工从事合同规定以外的工作，但下列情况除外：①发生事故或遇灾害，需要及时抢修或救灾；②因工作需要而临时调动工作；③发生短期停工；④法律允许的其他情况。

4. 劳动合同的解除

劳动者、用人单位只要符合法定的条件和程序，也可在劳动合同期限届满前终止劳动合同，即解除劳动合同。总的来说，解除劳动合同可以分为两种：协议解除和单方解除。

根据《劳动法》第24条的规定，经劳动合同当事人协商一致，劳动合同可以解除。而且《劳动合同法》也规定，用人单位首先提出协议解除劳动合同的，须支付经济补偿金；而劳动者首先提出协议解除的，用人单位可以不支付经济补偿金。

单方解除又可以分为劳动者单方解除和用人单位单方解除。

劳动者单方解除主要有两种：一种是预告辞职，即劳动者应当在30日以前书面通知用人单位方可解除劳动合同。劳动者无须说明任何法定事由，只需提前预告用人单位即可解除劳动合同，超过30日，劳动者可以向用人单位提出办理解除劳动合同的手续，用人单位应予办理。此时用人单位可以不支付经济赔偿金。试用期内，劳动者预告辞职的预告期为3天，并且可以采取口头通知。第二种是即时辞职，即劳动者无须提前预告用人单位，只要具备法律规定的正当理由，劳动者可随时通知用人单位解除劳动合同，还应对因用人单位的违约行为和侵权行为造成的损失要求用人单位予以赔偿，并有权提请有关机关追究用人单位的行政责任、刑事责任。

根据《劳动合同法》第38条的规定，用人单位有下列6种情形之一的，劳动者可以解除合同：①未按照劳动合同约定提供劳动保护或者劳动条件的；②未及时足额支付劳动报酬的；③未依法为劳动者缴纳社会保险费的；④规章制度违反法律、法规的规定，损害劳动者权益的；⑤以欺诈、胁迫的手段或乘人之危，使劳动者在违背真实意思的情况下订立或者变更劳动合同的。用人单位以暴力、威胁或者非法限制人身自由的手段强迫劳动者劳动的，或者用人单位违章指挥、强令冒险作业危及劳动者人身安全的，劳动者可以立即解除劳动合同，无须事先告知用人单位。

用人单位单方解除有三种：一是即时解除。即时解除是指用人单位无须以任何形式提前告知劳动者，可随时通知劳动者解除合同。根据《劳动合同法》第39条的规定，劳动者有下列情形之一的，用人单位可以解除劳动合同：在试用期间被证明不符合录用条件的；严重违反劳动纪律或者用人单位规章制度的；严重失职，营私舞弊，对用人单位利益造成重大损害的；被依法追究刑事责任的；劳动者同时与其他用人单位建立劳动关系，对完成工作任务造成严重影响，或者经由用人单位提出，拒不改正的，此时用人单位可不支付经济补偿。二是需预告的解除。需预告的解除是指用人单位应当提前30日以书面形式通知劳动者本人方可解除劳动合同。根据《劳动法》第26条的规定，有下列情形之一的，用人单位可以解除劳动合同：劳动者患病或者非因工负伤，医疗期满后，不能从事原工作也不能从事由用人单位另行安排的工作的；劳动者不能胜任工作，经过培训或者调整工作岗位，仍不能胜任工作的；劳动合同订立时所依据的客观情况发生重大变化，致使原劳动合同无法履行，经当事人协商不能就变更劳动合同达成协议的；裁员。《劳动法》第27条规定，用人单位濒临破产进行法定整顿期间或者生产经营状况发生严重困难，确需裁减人员的，应当提前30日向工会或者全体职工说明情况，听取工会或者职工的意见，经向劳动行政部门报告后，可以裁减人员。用人单位依据本条规定裁减人员，在6个月内录用人员的，应当优先录用被裁减的人员。

第三节　社会保障法

一、社会保险法

（一）社会保险与社会保险法概述

1. 社会保险的概念和特征

社会保险是指为了预防和分担年老、疾病、死亡及失业等社会风险，维护社会安全，而由国家强制社会成员参加的具有所得重分配功能的非营利性

的社会保障制度。社会保险具有以下特征:

(1) 强制性。社会保险是国家通过立法强制实施的,凡依照法律规定必须参加投保的劳动者和用人单位必须参加社会保险,当事人没有任意选择的权利,也不能任意退出社会保险,社会保险的险种和保险费的缴纳也应按照法律规定执行。

(2) 保障性。社会保险旨在保障劳动者由于生、老、病、死、伤、失业等原因丧失劳动能力或劳动机会时,从国家和社会获得必要的帮助和补偿,以保证其基本生活。

(3) 互济性。社会保险基金是按照社会共担风险的原理进行筹备的,一般由国家、用人单位和劳动者三方合理负担,在保险基金的使用上,统一调剂使用,互助互济。

(4) 社会性。社会保险的社会性主要表现为两方面:一方面,社会保险的范围具有社会性。我国劳动者的范围也包括了不同所有制形式的各种劳动者。另一方面,社会保险的组织和管理具有社会性。社会保险是由国家通过立法建立的,并由国家设立专门的社会保险机构统一进行管理,社会保险基金的筹集、发放、调剂都由社会保险机构依照国家规定的标准统一进行管理。

2. 社会保险与商业人身保险的区别

社会保险与商业人身保险虽然都是以被保险人的生命、健康作为保险标的,但又存在很大的差别:

(1) 保险对象不同。社会保险的对象主要是劳动者,其适用范围是由法律强制规定的;商业人身保险的对象可以是一切公民。

(2) 两者性质不同。前者为法定强制保险;后者为任意性保险,遵循自愿原则,是否建立保险法律关系,由当事人双方决定。

(3) 盈利性不同。社会保险不以营利为目的,具有非营利性;商业人身保险具有盈利性,商业保险机构经营人身保险业务的目的在于盈利。

(4) 保险费用的担负比例不同。社会保险费用由国家、用人单位、劳动者三方共同负担;商业人身保险则完全由投保人自行承担。

3. 社会保险法的概念

社会保险法是调整社会保险关系的法律规范的总称,它对社会保险的项目体系与实施对象、资金来源、待遇标准、发放办法、社会保险机构的性质与职能、社会保险的管理与监督等事项作出法律规定。

4. 社会保险法的作用

社会保险法的作用主要表现为：

（1）维护社会秩序的稳定。当人们生、老、病、死、伤、残、失业而面临生活困难，根据社会保险法律制度，人们能够从国家和社会得到一定的物质帮助，以保障基本的生活需要，促进社会安定团结。

（2）免除劳动者的后顾之忧，调动他们的劳动积极性。

（3）加强安全防范工作，促进安全生产。

（4）有利于劳动者队伍的正常更新和劳动力的合理流动。

（二）我国社会保险的基本种类

目前我国已建立了养老保险、医疗保险、工伤保险、失业保险、生育保险等社会保险制度，社会保险体系的基本框架已初步形成。2019年3月，国务院办公厅印发了《关于全面推进生育保险和职工基本医疗保险合并实施的意见》，实质上，我国的五险已经整合成四险。

1. 养老保险

养老保险，又称老年社会保险或年金保险，是指劳动者在因年老或病残而丧失劳动能力的情况下，由国家和社会依法给予一定物质帮助，以维持其老年生活的一种社会保险制度。

依据我国《社会保险法》规定，基本养老保险分为职工基本养老保险、新型农村社会养老保险、城镇居民社会养老保险等类别。这里着重介绍一下我国企业职工基本养老保险。

（1）养老保险费的负担。养老保险费的负担实行国家、企业、职工个人三方共同负担，以企业负担为主的原则。企业缴纳养老保险费的比例一般不得超过企业工资总额的16%，个人缴纳要达到其缴费工资的8%。

（2）社会统筹与个人账户相结合。在实行社会养老保险费社会统筹的同时，由社会保险经办机构按职工本人缴费工资11%的数额为职工建立基本养老保险个人账户，个人缴费全部记入个人账户，其余部分从企业缴费中划入。个人账户储存额，每年参考银行同期存款利率计算利息。个人账户储存额只用于职工养老，不得提前支取。职工调动时，个人账户全部随同转移。职工或退休人员死亡，个人账户中的个人缴费部分可以继承。

（3）实行养老保险行政管理与基金管理、执行机构与监督机构分设的管理体制。

（4）养老保险待遇的给付。参加基本养老保险的个人，达到法定退休年龄时累计缴费满15年的，按月领取基本养老金。基本养老金由基础养老金和个人账户养老金组成。基础养老金月标准以当地上年度在岗职工月平均工资和本人指数化月平均缴费工资的平均值为基数，缴费每满1年发给1%。个人账户养老金月标准为个人账户储存额除以计发月数，计发月数根据职工退休时城镇人口平均预期寿命、本人退休年龄、利息等因素确定。

2. 医疗保险

医疗保险，是指人们因患病或非因工负伤而需要医疗时，由国家和社会为其提供必需的医疗服务及物质帮助的一种社会保险。

依据我国《社会保障法》的规定，基本医疗保险分为职工基本医疗保险、新型农村合作医疗和城镇居民基本医疗保险等类别。这里着重介绍一下我国企业职工基本医疗保险。我国企业职工基本医疗保险制度的主要内容有：

（1）医疗保险费的负担。基本医疗保险费由用人单位和职工共同缴纳。用人单位缴费率控制在职工工资总额的6%左右，职工缴费率一般为本人工资收入的2%。

（2）基本医疗保险基金由社会统筹使用的统筹基金和个人专项使用的个人账户基金组成。个人缴费全部划入个人账户，单位缴费按30%左右划入个人账户，其余部分建立统筹基金。个人账户专项用于本人医疗费用支出，可以结转使用和继承，本金和利息归个人所有。

（3）医疗期。企业职工患病或者非因公负伤，需要停止工作医疗的，根据本人实际工作年限以及在本单位的工作年限，给予3~24个月的医疗期。难以治愈的疾病，经医疗机构提出，本人申请，劳动行政部门批准后，可适当延长，但延长期限最多为6个月。

（4）病假工资又称疾病津贴。职工患病或非因工负伤，停止工作满1个月以上的，停发工资，由用人单位按其工龄长短给付相当于本人工资一定比例的疾病津贴。

（5）医疗待遇。职工在社会保险机构确定的医疗机构治疗时，其在规定范围内的药品、检查、治疗、住院等费用,按规定比例从医疗保险社会统筹基金和个人账户基金支付,其余部分由个人负担。

3. 工伤保险

工伤保险是指劳动者在劳动过程中,由于意外事故负伤、致残或患职业病,对其本人供养亲属给予物质帮助和经济补偿的一项社会保险制度。

工伤保险具有以下特点:①工伤保险赔偿适用无过错责任原则。②工伤保险费由用人单位承担,劳动者个人无须缴纳费用。工伤保险实行浮动差别费率,平均缴费率原则上要控制在职工工资总额的1.0%左右。③工伤保险的待遇标准相对较高,受伤害者享受的服务项目较多。

工伤的范围的认定包括以下几种情形。

(1) 应当认定为工伤情形的:在工作时间和工作场所内,因工作原因受到事故伤害的;工作时间前后在工作场所内,从事与工作有关的预备性或者收尾性工作受到事故伤害的;在工作时间和工作场所内,因履行工作职责受到暴力等意外伤害的;患职业病的;因工外出期间,由于工作原因受到伤害或者发生事故下落不明的;在上下班途中,受到非本人主要责任的交通事故或者城市轨道交通、客运轮渡、火车事故伤害的;法律、行政法规规定应当认定为工伤的其他情形。

(2) 视同工伤情形的:在工作时间和工作岗位,突发疾病死亡或者在48小时之内经抢救无效死亡的;在抢险救灾等维护国家利益、公共利益活动中受到伤害的;职工原在军队服役,因战、因公负伤致残,已取得革命伤残军人证,到用人单位后旧伤复发的。

(3) 不得认定为工伤或者视同工伤情形的:故意犯罪的;醉酒或者吸毒的;自残或者自杀的;法律、行政法规规定的其他情形。

工伤保险待遇的规定包括以下几种。

(1) 工伤医疗期:职工因工作遭受事故伤害或者患职业病需要暂停工作接受工伤医疗的,在停工留薪期内,原工资福利待遇不变,由所在单位按月支付;停工留薪期一般不超过12个月;伤情严重或者情况特殊,经设区的市级劳动能力鉴定委员会确认,可以适当延长,但延长不得超过12个月。

(2) 工伤医疗待遇:职工因工作遭受事故伤害或者患职业病进行治疗,享受工伤医疗待遇;治疗工伤所需费用符合工伤保险诊疗项目目录、工伤保险药品目录、工伤保险住院服务标准的，从工伤保险基金支付；职工住院治疗工伤的伙食补助费以及经医疗机构出具证明，报经办机构同意，工伤职工到统筹地区以外就医所需的交通、食宿费用从工伤保险基金支付，基金支付的具体标准由统筹地区人民政府规定；工伤职工因日常生活或者就业需要，经劳动能力鉴定委员会确认，可以安装假肢、矫形器、假眼、义齿和配置轮椅等辅助器具，所需费用按照国家规定的标准从工伤保险基金支付。

(3) 因工致残的，按工伤等级，从工伤保险基金或由用人单位支付伤残补助金、伤残津、工伤医疗补助金、伤残就业补助金等。

(4) 职工因工死亡，其近亲属按照规定从工伤保险基金领取丧葬补助金、供养亲属抚恤金和一次性工亡补助金。

4. 失业保险

失业保险是指国家通过建立失业保险基金，使因失业而暂时中断生活来源的劳动者在法定期间内从国家和社会获得物质帮助的社会保障制度。

失业保险费的负担，城镇企业事业单位按照本单位工资总额的2%缴纳失业保险费，职工按照本人工资的1%缴纳失业保险费，城镇用人单位招用的农民工不缴纳失业保险费。

失业保险基金在直辖市和设区的市实行全市统筹；其他地区的统筹层次由省、自治区人民政府规定。

享受失业保险的条件为：按照规定参加失业保险，所在单位和本人已按照规定履行缴费义务满1年的；非因本人意愿中断就业的；已办理失业登记，并有求职要求的。

失业保险待遇包括：失业保险金、医疗补助费、生活补助金等。失业保险金的标准按照低于当地最低工资标准、高于城市居民最低生活保障标准的水平，由省一级政府确定。一般为最低工资标准的75%~85%。

5. 生育保险

生育保险是指女职工因怀孕和分娩所造成的暂时丧失劳动能力，中断正常收入来源时，从国家和社会获得物质帮助的一种社会保险制度。生育保险是对女职工专门建立的社会保险，是对女职工生育子女全过程的物质保障。生育保险实行社会统筹，由用人单位按国家规定标准缴纳，职工个人不负担。具体征收标准由当地人民政府根据计划内生育人数和生育津贴、生育医疗费等项费用的实际情况确定,最多不超过职工工资总额的 1%。

生育保险待遇包括:产假、生育津贴、生育医疗费等。

二、社会救助法

(一) 社会救助法的概念、意义和立法概况

社会救济法是通过立法形式确立的由国家和社会对因遭受自然灾害或因贫困、残疾,丧失劳动能力等无依无靠、生活陷入困境、自身无法维持基本生活的社会成员给予必要的物资帮助,确保其维持最低水平的生活需求,以提高和增强他们社会生存力和适应力的各种社会救助制度。

社会救济法律制度是国家和社会关心、帮助城乡困难群众及灾区人民的生活,解除有关社会成员疾苦措施的法定化,对保障基本人权、维护社会稳定和国家的长治,以及安及促进社会经济的发展具有重要意义。

中华人民共和国成立以来,国家对于社会救济一直是非常重视的,不仅制定了大量的社会救济方面的法规政策,如《城市居民最低生活保障条例》(1999 年)、《城市生活无着的流浪乞讨人员救助管理办法》(2003 年)、《农村五保供养工作条例》(2006 年)、《社会救助暂行办法》(2014 年)等。而且为社会救济投入了大量财力和物力,保障了那些处于生活困境者的基本生活,维护了国家和社会稳定。

社会救助制度坚持托底线、救难、可持续,与其他社会保障制度相衔接,社会救助水平与经济社会发展水平相适应。社会救助工作应当遵循公开、公平、公正、及时的原则。

国务院民政部门统筹全国社会救助体系建设。国务院民政、卫生健康、教育、城乡住房建设、人力资源社会保障等部门,按照各自职责负责相应的社会救助管理工作;县级以上地方人民政府民政、卫生健康、教育、城乡住房建设、人力资源社会保障等部门,按照各自职责负责本行政区域内相应的社会救助管理工作。

乡镇人民政府、街道办事处负责有关社会救助的申请受理、调查审核,具体工作由社会救助经办机构或者经办人员承担。村民委员会、居民委员会协助做好有关社会救助工作。

县级以上人民政府应当将社会救助纳入国民经济和社会发展规划，建立健全政府领导、民政部门牵头、有关部门配合、社会力量参与的社会救助工作协调机制，完善社会救助资金、物资保障机制，将政府安排的社会救助资金和社会救助工作经费纳入财政预算。

社会救助资金实行专项管理，分账核算，专款专用，任何单位或者个人不得挤占挪用。社会救助资金的支付，按照财政国库管理的有关规定执行。

县级以上人民政府应当按照国家统一规划建立社会救助管理信息系统，实现社会救助信息互联互通、资源共享。国家鼓励、支持社会力量参与社会救助，并对在社会救助工作中做出显著成绩的单位、个人，按照国家有关规定给予表彰、奖励。

（二）社会救助的具体制度

1. 最低生活保障制度

国家对共同生活的家庭成员人均收入低于当地最低生活保障标准，且符合当地最低生活保障家庭财产状况规定的家庭，给予最低生活保障。对批准获得最低生活保障的家庭，县级人民政府民政部门按照共同生活的家庭成员人均收入低于当地最低生活保障标准的差额，按月发给最低生活保障金。对获得最低生活保障后生活仍有困难的老年人、未成年人、重度残疾人和重病患者，县级以上地方人民政府应当采取必要措施给予生活保障。

最低生活保障家庭的人口状况、收入状况、财产状况发生变化的，应当及时告知乡镇人民政府、街道办事处。县级人民政府民政部门以及乡镇人民政府、街道办事处，应当对获得最低生活保障家庭的人口状况、收入状况、财产状况定期核查。最低生活保障家庭的人口状况、收入状况、财产状况发生变化的，县级人民政府民政部门应当及时决定增发、减发或者停发最低生活保障金。

2. 特困人员供养制度

国家对无劳动能力、无生活来源且无法定赡养、抚养、扶养义务人，或者其法定赡养、抚养、扶养义务人无赡养、抚养、扶养能力的老年人、残疾人，以及未满16周岁的未成年人给予特困人员供养。特困人员供养的内容包括：①提供基本生活条件；②对生活不能自理的给予照料；③提供疾病治疗；

④办理丧葬事宜。特困人员供养应当与城乡居民养老保险、基本医疗保险、最低生活保障、孤儿基本生活保障等制度相衔接。

申请特困人员供养，由本人向户籍所在地的乡镇人民政府、街道办事处提出书面申请；本人申请有困难的，可以委托村民委员会、居民委员会代为提出申请。乡镇人民政府、街道办事处应当及时了解掌握居民的生活情况，发现符合特困供养条件的人员，应当主动为其依法办理供养。特困供养人员不再符合供养条件的，村民委员会、居民委员会或者供养服务机构应当告知乡镇人民政府、街道办事处，由乡镇人民政府、街道办事处审核并报县级人民政府民政部门核准后，终止供养并予以公示。

3. 受灾人员救助制度

国家建立健全自然灾害救助制度，对基本生活受到自然灾害严重影响的人员，提供生活救助。设区的市级以上人民政府和自然灾害多发、易发地区的县级人民政府应当根据自然灾害特点、居民人口数量和分布等情况，设立自然灾害救助物资储备库，保障自然灾害发生后救助物质的紧急供应。

自然灾害发生后，县级以上人民政府或者人民政府的自然灾害救助应急综合协调机构应当根据情况紧急疏散、转移、安置受灾人员，及时为受灾人员提供必要的食品、饮用水、衣被、取暖、临时住所、医疗防疫等应急救助。灾情稳定后，受灾地区县级以上人民政府应当评估、核定并发布自然灾害损失情况。自然灾害危险消除后，受灾地区人民政府民政等部门应当及时核实本行政区域内居民住房恢复重建补助对象，并给予资金、物资等救助。受灾地区人民政府应当为因当年冬寒或者次年春荒遇到生活困难的受灾人员提供基本生活救助。

4. 医疗救助制度

国家建立健全医疗救助制度，保障医疗救助对象获得基本医疗卫生服务。下列人员可以申请相关医疗救助：①最低生活保障家庭成员；②特困供养人员；③县级以上人民政府规定的其他特殊困难人员。

国家建立疾病应急救助制度，对需要急救但身份不明或者无力支付急救费用的急重危伤病患者给予救助。符合规定的急救费用由疾病应急救助基金支付。疾病应急救助制度应当与其他医疗保障制度相衔接。

5. 教育救助制度

国家对在义务教育阶段就学的最低生活保障家庭成员、特困供养人员，给予教育救助。对在高中教育（含中等职业教育）、普通高等教育阶段就学的最低生活保障家庭成员、特困供养人员，以及不能入学接受义务教育的残疾儿童，根据实际情况给予适当教育救助。

教育救助根据不同教育阶段需求，采取减免相关费用、发放助学金、给予生活补助、安排勤工助学等方式实施，保障教育救助对象基本学习、生活需求。申请教育救助应当按照国家有关规定向就读学校提出，按规定程序审核、确认后，由学校按照国家有关规定实施。

6. 住房救助制度

国家对符合规定标准的住房困难的最低生活保障家庭、分散供养的特困人员，给予住房救助。

住房救助通过配租公共租赁住房、发放住房租赁补贴、农村危房改造等方式实施。各级人民政府按照国家规定通过财政投入、用地供应等措施为实施住房救助提供保障。

7. 就业救助制度

国家对最低生活保障家庭中有劳动能力并处于失业状态的成员，通过贷款贴息、社会保险补贴、岗位补贴、培训补贴、费用减免、公益性岗位安置等办法，给予就业救助。

8. 临时救助制度

国家对因火灾、交通事故等意外事件，家庭成员突发重大疾病等原因，导致基本生活暂时出现严重困难的家庭，或者因生活必需支出突然增加超出家庭承受能力，导致基本生活暂时出现严重困难的最低生活保障家庭，以及遭遇其他特殊困难的家庭，给予临时救助。

国家对生活无着的流浪、乞讨人员提供临时食宿、急病救治、协助返回等救助。公安机关和其他有关行政机关的工作人员在执行公务时发现流浪、乞讨人员的，应当告知其向救助管理机构求助。对其中的残疾人、未成年人、老年人和行动不便的其他人员，应当引导、护送到救助管理机构；对突发急病人员，应当立即通知急救机构进行救治。

三、社会福利法

（一）社会福利法的概念和立法概况

社会福利法是以立法形式确立的，为保障全体社会成员的基本生活、改善和提高人们物质生活和文化生活水平，由国家、集体和社会共同举办的，向全体社会成员提供各种福利性物质帮助、福利设施，以及社会服务的法律制度。该制度具体规定对社会成员在分享社会发展成果方面获得的经济帮助，即建立老年福利、托幼福利、残疾人福利、社区服务、城镇居民福利津贴等各项制度和设立文化、教育、卫生、保健等社会公益设施。

社会福利法涉及全体社会成员的物质文化生活，是社会保障法的重要组成部分。我国目前关于社会福利方面还未建立起社会福利的基本法律制度，与社会福利相关的法律有《劳动法》（2018年修订）、《中华人民共和国教育法》（2015年修订）、《中华人民共和国妇女权益保障法》（2005年修订）、《中华人民共和国母婴保健法》、《中华人民共和国未成年人保护法》（2006年修订）、《中华人民共和国老年人权益保障法》和《中华人民共和国残疾人保障法》（2008年修订）等。

如《劳动法》第76条规定："国家发展社会福利事业，兴建公共福利设施，为劳动者休息、休养和疗养提供条件。用人单位应当创造条件，改善集体福利，提高劳动者的福利待遇标准。"

（二）社会福利法涉及的内容

（1）社会福利的对象。社会福利是全社会成员享有的，或为满足某些人的特别需要而提供的物质帮助和社会服务。

（2）社会福利的范围。社会福利包括教育福利、卫生福利、文化康乐福利、住房福利、职业福利、单位职工福利及社会福利事业等。

（3）社会福利的形式。社会福利既可以表现为货币形式，也可以表现为实物形式，还可以是提供免费的医疗、教育等服务，以及给社会福利对象提供疗养或休闲条件等。

（4）社会福利管理及社会福利设施的建设。

（5）相关的法律责任。

四、社会优抚法

（一）社会优抚法概况

社会优抚法是国家和社会依法对特定的社会成员，通过优待、抚恤、安置及其他物质和精神奖励等方式，保证他们的生活不低于当地群众平均水平并带有褒扬性质的一种社会保障法律制度。

自 20 世纪以来，我国社会优抚制度不断改革与完善，在抚恤、优待和安置等方面颁布了诸如《中华人民共和国兵役法》（2011 年修订）、《中华人民共和国英雄烈士保护法》（2018 年修订）、《中华人民共和国现役军官法》（2000 年修订）、《中华人民共和国军人抚恤优待条例》（2004 年修订）、《中华人民共和国烈士褒扬条例》（2011 年修订）等法律法规和规章，对保障优抚对象的生活、维护国家和社会稳定，以及促进国防建设均起到了重要作用。

（二）社会优待的具体制度

1. 社会优待

社会优待是指国家和社会对优抚对象在政治上、经济上给予优厚待遇的制度。社会优待的对象包括现役军人、服现役或者退出现役的残疾军人，以及复员军人、退伍军人、烈士、因公牺牲军人遗属、病故军人遗属、现役军人家属。他们为国家建设作出了特别重大的贡献和牺牲，应当受到国家和社会的优待。

社会优待的基本内容包括发放优待金、医疗优待、生活优待、子女教育和就业方面的优待、经济补助等。

2. 社会抚恤

社会抚恤是指国家通过发放抚恤金向优抚对象提供生活保障的优抚形式。包括伤残抚恤和死亡抚恤。

（1）伤残抚恤。伤残抚恤针对的对象是被认定为因战致残、因公致残或者因病致残的现役军人和退役的伤残军人。残疾的等级根据劳动功能障碍程度和生活自理障碍程度确定，由重到轻分为一级至十级。因战、因公致残，残疾等级被评定为一级至十级的，享受抚恤；因病致残，残疾等级被评定为一级至六级的，享受抚恤。残疾军人的抚恤金标准应当参照全国职工平均工资水平确定。退出现役的一级至四级残疾军人,由国家供养终身;其中,对需要长年医疗或者独身一人不便分散安置的,经省级人民政府民政部门批准,可以集中供养。

(2) 死亡抚恤。死亡抚恤针对的对象主要是烈士遗属、因公牺牲、病故军人的家属,分为一次性抚恤和定期抚恤。现役军人死亡,根据其死亡性质和死亡时的月工资标准,由县级人民政府民政部门发给其遗属一次性抚恤金。获得荣誉称号或者立功的烈士、因公牺牲、病故军人,其遗属在应当享受的一次性抚恤金的基础上,由县级人民政府民政部门按照一定比例增发一次性抚恤金。定期抚恤领取的条件是:父母(抚养人)、配偶无劳动能力、无生活费来源或者收入水平低于当地居民平均生活水平的;子女未满18周岁或者已满18周岁但因上学或者残疾无生活费来源的;兄弟姐妹未满18周岁或者已满18周岁但因上学无生活费来源且由该军人生前供养的。定期抚恤金标准参照全国城乡居民家庭人均收入水平确定。

3. 安置保障

安置保障是以政府为主导,社会广泛参与,保障军人转化为普通社会成员的法律制度和措施,包括退役安置和离退休安置。

退役安置是指国家和社会为退出现役的军人提供资金和服务,以帮助其重新就业的一项保障制度;离退休安置是指国家和社会依法向其直接从军队现役中离退休的军人提供资金和服务,以保证其安度晚年的社会保障制度和措施。

讨论思考题

1. 简述劳动法的概念和调整对象。
2. 试述我国劳动法对人的适用范围。
3. 简述劳动合同的内容和形式。
4. 试述劳动合同的解除。
5. 简述我国处理劳动争议的方式和程序。
6. 社会保险的概念和特征是什么?它与商业人身保险的主要区别是什么?
7. 试述我国社会保险制度。

案例分析

2015年3月3日,上诉人A公司因经济补偿金纠纷一案,不服辽宁省本溪市溪湖区人民法院（2014 溪民初字第 00749 号）的民事判决，向辽宁省本溪市中级人民法院提起上诉本案中。2013 年 11 月 4 日牛某作为原审被告（甲方）与 A 公司（乙方）订立有劳动合同，其中第 24 条约定甲方违法解除或者终止本合同，乙方要求继续履行本合同的，甲方应当继续履行；乙方不要求继续履行本合同或者本合同已经不能继续履行的，甲方应当依法按照经济补偿金标准的 2 倍向乙方支付赔偿金，乙方违法解除劳动合同，给甲方造成损失的，应当承担赔偿责任。二审时法院发现，牛某在 2014 年 5 月 16 日 19 时 31 分与上诉人通过微信方式沟通，赵某（A 公司法定代表人）提出："周一你交个辞职报告吧，志不同不相为谋！"牛某回答："好的！祝您以后事业越来越好！"2014 年 5 月 29 日 9 时 25 分，牛某询问："我的最后工作日期写哪天？"赵某回答："截至 16 日"。

问题：

牛某以微信提出解除劳动合同，合法吗？本案如何处理？

第十八章 经济纠纷解决法律制度

第一节 经济纠纷解决法律制度概述

在各种经济活动过程中,当事人就有关权利义务经常会与他人产生异议并引起争执,比如,经济合同纠纷、产品质量纠纷、所有权归属纠纷、侵权纠纷等。随着经济的不断发展、经济关系日益复杂,种类也会越来越多。解决经济纠纷,确定当事人之间的权利义务关系,消除当事人之间的争议就显得非常重要。

目前解决经济纠纷的方式主要有协商、调解、仲裁和诉讼等。协商是当事人之间自行进行,调解则由第三人作为中间人参与调停。在协商、调解不成或当事人不愿协商、调解时,只能采取相对较为正式的方式,即仲裁或诉讼。经济仲裁是指经济纠纷的当事人按照事先或事后达成的协议,自愿将有关争议提交仲裁机构,仲裁机构以第三者的身份对争议的事实和权利义务作出判断和裁决,以解决争议、维护当事人正当权益,当事人必须履行仲裁裁决的一种制度。经济诉讼是指当事人依法请求人民法院运用审判权处理经济纠纷,解决当事人双方权利义务争执的一种方式。

其中,仲裁属民间裁判行为,仲裁机构是民间组织,是由当事人以协议的方式自愿选定并授予仲裁管辖权,但仲裁是一种法律制度,法律赋予仲裁机构的裁决具有强制执行的效力。于1994年8月31日第八届全国人民代表大会常务委员会第九次会议通过《中华人民共和国仲裁法》(以下简称《仲裁法》),1995年9月1日起施行。于2009年8月27日第十一届全国人民代表大会常务委员会第十次会议对《仲裁法》予以修正。经济仲裁是解决经济纠纷的特定方式,它不同于人民法院通过审判解决争议的方式,也不同于第三人调解解决争议的方式。

而经济诉讼的实质是国家行使审判权审理案件和当事人行使诉权保护自己的合法权益的活动。目前，我国并没有一部专门的经济诉讼法。对于经济纠纷的处理或经济案件的诉讼主要适用《中华人民共和国民事诉讼法》（1991年4月9日第七届全国人民代表大会第四次会议通过），根据2007年10月28日第十届全国人民代表大会常务委员会第三十次会议《关于修改〈中华人民共和国民事诉讼法〉的决定》，对该法进行了第一次修正，根据2012年8月31日第十一届全国人民代表大会常务委员会第二十八次会议《关于修改〈中华人民共和国民事诉讼法〉的决定》，进行了第二次修正，自2013年1月1日起施行。该法共分四编，27章，284条。

第二节 协商和调解

一、协商

（一）协商的概念

协商又称为谈判，是纠纷当事人在自愿的基础上，按照有关法律和合同规定，直接进行磋商，自行达成协议，从而解决争议的一种方式。由于这种方式是通过协高或协低实现争议的和解，故这种方式又称为和解。协商解决争议的最大特点在于它无须有第三者介入，完全由当事人各方自行解决其纠纷。

由于协商是当事人在平等和自愿的基础上，通过谈判达成协议来解决争议的，所以当事人协商的行为是一种法律行为，当事人之间达成的解决争议的协议实质上是成立了一项新的合同，一旦当事人经协商依法达成解决争议的协议，该协议即具有与合同一样的效力，当事人应自觉和认真履行，否则就构成违约。协商是解决经济纠纷的最初方法，但不是解决纠纷的唯一方法。一般来说，大多数经济纠纷通过协商能够得到解决，但也有许多纠纷通过协商方式得不到解决，在通过协商不能解决时，协商并不妨碍当事人采取进一步的法律行动，当事人可以按照具体情况和双方的约定，进一步采取其他方式解决纠纷。

(二) 协商的优越性与局限性

协商作为解决国际民事争议的一种方式有许多优越性。第一，协商自始至终都是在自愿基础上进行的，因此，当事人一旦达成解决纠纷的协议，一般都能自思道守；第二，协商一般是在当事人应该互让的友好气氛中进行的，其结果不仅可以解决双方的纠纷，而且还可以增进彼此的了解和理解，从而促进其合作关系进一步发展；第三，协商不需要经过严格的法律程序，在一般情况下，当事人对有关纠纷事项协商一致，达成协议，纠纷即告解决，因此，协商可以节省时间和费用，有利于及时解决纠纷；第四，协商不必严格按照实体法规作出决定，在不违反法律基本原则的前提下，当事人可以根据实际情况灵活解决纠纷；第五，协商没有第三者参与，协商各方就他们之间的任何涉及商业秘密的纠纷进行谈判，如谈判成功，当事人之间有可能将公之于众的纠纷就会在极秘密的情况下化解，从而有效地保守了当事人的商业秘密。协商的上述优越性使得纠纷当事人一般都愿意最先采用这种方式解决纠纷。在实际中，我国的法律均要求当事人尽量协商解决纠纷，而且许多纠纷也都是当事人自己协商解决的。

但是，协商方式也有一定的局限性。其一，对当事人来说，协商并无达成协议的义务，所以有时纠纷会拖延甚久而无法解决；其二，谈判往往取决于当事人各自讨价还价的力量，在当事人实力不对等的情况下，实力较弱一方可能感到压力太大而无法获得一致协议，而实力较强一方可能或企图增加压力，迫使对方就范，更可能增加获得一致协议的困难，即使达成协议，力量较弱一方的利益常常得不到应有的保护；其三，在当事人对争议有严重分歧时，双方常常很难通过协商解决纠纷，不得不求助于第三者解决纠纷。

(三) 协商的原则

1. 自愿原则

自愿是协商的前提，协商必须由各方自觉地进行，任何一方都有权拒绝协商或终止协商，双方不得强迫对方同自己进行协商。

2. 平等原则

平等是协商的基础，经济民事法律关系的当事人本来就是平等的，当事人之间发生纠纷后理应在平等的基础上进行协商解决。

3. 合法原则

合法是协商的基本要求，协商在相关法律范围内有一定的灵活性，当事人不必严格按照任意性的实体法规作出决定。但是，协商仍然应根据有关法律要求进行，协商的事项和达成的协议，必须符合有关法律规定，尤其不得违反法律的基本原则。

4. 协商一致原则

协商一致是协商的内核。协商一致就是当事人对争议解决的意思表示一致。

5. 公平合理原则

公平合理是协商的最高目标，公平合理原则是法律的基本原则之一。通过协商解决争议，要做到公平合理，这不仅要求当事人充分协商，均衡利益，意思表示达成一致，而且还要求实力较强一方充分尊重实力较弱一方的意见，照顾后者利益，达成实质上的公平合理的纠纷解决协议。

二、调解

（一）调解的概念

调解是当事人自愿将纠纷提交第三者，并在第三者的主持下，查清事实，分清是非，明确责任，通过第三者的劝说引导，促使当事人在互让的基础上达成和解，从而解决争议的一种方法。

调解和协商的主要相同之处在于：两者都是在当事人自愿的基础上进行的，两者都需要通过当事人的协商来达成解决纠纷的协议。而两者的主要不同之处在于：调解是在第三者介入的情况下进行的，协商则没有第三者介入。调解中的第三者称为调解人，调解人可以是组织，也可以是个人；调解人可以由当事人指定，也可以由调解机构指定。在一般情况下，如果调解成功，当事人将会签订协议，如果协议上仅有当事人签字，该协议则被称为和解书或和解协议。

（二）调解的类型

根据不同的标准，调解可作不同的分类，比如根据调解是否含有国际因素或涉外因素，可分为国内调解和国际调解。而根据调解纠纷的性质，国际调解可分为国际公法上的调解和国际私法上的调解，前者主要是调解国家与国家之间的经济纠纷，后者调解国际民事经济纠纷。根据调解人的性质为标准，调解可分为民间调解和官方调解；根据调解人是否为一机构，调解可分为机构调解和个人调解。

在我国，调解大体上可分为五种，即民间调解、人民调解、调解机构调解、仲裁机构调解和法院调解。其中，民间调解、调解机构调解、仲裁机构调解和法院调解在解决民事经济纠纷中发挥重要的作用。

（三）调解的优越性和局限性

在解决民事经济纠纷方面，调解具有如下优越性：

（1）调解可以快捷地解决争议。调解往往不要求调解人遵循刻板的规则或模式，调解人可以以灵活的方式调解纠纷，这种随意性使得当事人不必在程序上耗过多的时间，有利于争议的迅速解决。

（2）调解可以不伤当事人之间的友好合作关系，调解是在当事人自愿的前提下进行的，它可以使当事人不伤和气，息事宁人，应该互让，平和地解决争议。

（3）调解人的介入及其专业性增加了争议解决的可能性。调解人通常是当事人选择的公正和专业知识具备的人士，调解人介入争议的解决，可以参照有关法律、合同或公平原则，利用其专业知识和技能，对当事人不同的观点和利益进行调和，说服当事人应该互让达成公平合理的协议，防止协议片面维护某一方的利益。

（4）调解书对当事人有法律约束力，经过调解，当事人达成的和解协议，可以说是当事人订立的一个新的合同，当事人因此建立了新的合同关系，一方当事人在签和解协议之后拒不履行的，另一方当事人可以指控其违约。在法律许可的情况下，如果依据和解协议达成的调解书具有强制执行的效力，那么，争议一方实际上得到了彻底的调解，由于调解具有上述优越性，得到越来越多的仲裁机构、民间团体的重视，也为经济纠纷法律关系的当事人广为采用，并已成为解决经济纠纷的重要方式。

但是调解也有局限性，由于调解是以当事人的自愿为前提的，是否成功有赖于当事人的意愿，如果纠纷涉及利益重大，当事人双方分歧严重，那么调解常难取得成功；另外，在调解过程中，任何当事人一方可以随时提出终止调解，而且在调解书生效前，任何一方可以反悔，这也常常使调解失败，各方浪费时间。

第三节 经济仲裁

一、经济仲裁概述

（一）经济仲裁的概念

经济仲裁也称公断，是指当事人之间发生经济争议时，根据双方达成的协议，自愿将争议提交仲裁机构，由其在查清事实、分清是非的基础上，依法居中进行裁决的制度。经济仲裁是一种不同于诉讼的争议解决方式。

（二）经济仲裁的特征

仲裁与其他解决纠纷的方式不同，它具有以下特征：第一，仲裁机构属于民间组织，仲裁员是各个行业的专家，有利于争议案件的正确处理；第二，仲裁是根据当事人自愿选择的争议解决方式，容易为双方接受并自觉执行裁决；第三，仲裁程序比较简单，时间短费用低，更容易为当事人选择；第四，仲裁一般不实行公开审理，有利于保护当事人的商业秘密；第五，仲裁尽管不同于诉讼程序，但依法作出的裁决却可以在司法机关的支持下获得强制执行的效果。

二、经济仲裁的基本原则

仲裁法的基本原则，既是制定该法的总体指导思想和贯穿该法始终的立法精神，又是贯彻执行该法的基本行为准则。

（一）自愿原则

自愿原则是仲裁制度的核心和根本制度。自愿原则，在仲裁中体现为：当事人采用仲裁方式解决纠纷，应当双方自愿且达成仲裁协议。没有仲裁协议且一方申请仲裁的，仲裁委员会不予受理。当事人达成仲裁协议且一方向人民法院起诉的，人民法院不予受理，但仲裁协议无效的除外。

(二) 以事实为根据，符合法律的原则

仲裁应当根据事实，符合法律规定，公平合理地解决纠纷。这一原则是公正解决民事经济纠纷的根本保障，是解决当事人之间争议的基本原则。

(三) 独立仲裁原则

没有独立的仲裁，也就没有真正意义上的仲裁。为此，仲裁法规定，仲裁依法独立进行，不受行政机关、社会团体和个人的干涉。仲裁独立，包括从仲裁机构的设置，到仲裁纠纷的整个程序，都依法具有独立性。

(四) 仲裁实行一裁终局的原则或制度

裁决一经作出，即具有法律效力。当事人合同纠纷再申请仲裁或者向人民法院起诉的，仲裁委员会或者人民法院不予受理。裁决被人民法院依法裁定撤销或者不予执行的，当事人就该纠纷既可以根据双方重新达成的仲裁协议申请仲裁，也可以向人民法院起诉。

三、经济仲裁机构

(一) 仲裁委员会

仲裁委员会是指通过仲裁方式，独立地解决当事人双方争议的组织。它是一种民间性常设机构，与行政机关无隶属关系，各仲裁委员会之间也没有隶属关系，其主要职能是对有关仲裁活动的日常事务和仲裁人员进行安排处理和协调组织。我国《仲裁法》规定，仲裁机构为仲裁委员会。仲裁委员会既可以在直辖市和省、自治区人民政府所在地的市设立，也可以根据需要在其他设区的市设立，不按行政区划层层设立。

设立仲裁委员会应当具备下列条件：①有自己的名称、住所和章程；②有必要的财产；③有该委员会的组成人员；④有聘任的仲裁员。仲裁委员会由主任1人、副主任2~4人和委员7~11人组成。仲裁委员会的正、副主任和委员由法律、经济贸易专家和有实际工作经验的人员担任。

(二) 仲裁员

仲裁员是具体负责审理仲裁纠纷的案件承办人员。《仲裁法》规定，仲裁委员会应当从公道正派的人员中聘任仲裁员。仲裁员应当符合下列条件之一：①从事仲裁工作满8年的；②从事律师工作满8年的；③曾任审判员满8年

的；④从事法律研究、教学工作并具有高级职称的；⑤具有法律知识、从事经济贸易等专业工作并具有高级职称或具有同等专业水平的。仲裁委员会按照不同专业设仲裁员名册。

(三) 仲裁协会

中国仲裁协会是社会团体法人，是仲裁委员会的自律性组织，其主要职责有二：一是根据章程对仲裁委员会及其组成人员、仲裁员的违纪行为进行监督；二是依照仲裁法和民事诉讼法的有关规定制定仲裁规则。仲裁委员会是中国仲裁协会的会员。中国仲裁协会的章程由全国会员大会制定。

四、经济仲裁协议

(一) 仲裁协议的种类

仲裁协议是当事人以书面方式请求仲裁委员会仲裁的意思表示，是申请仲裁的重要依据，也是仲裁委员会取得管辖权的依据。概括起来，仲裁协议主要有两种表现形式：一种是当事人在合同中订有以仲裁方式解决争议的条款；另一种是当事人在主合同以外单独订立的发生争议时请求仲裁的协议书。这种协议书可以是在订立合同时订立的，也可以是纠纷发生后，双方共同订立的。

(二) 仲裁协议的基本内容

根据《仲裁法》规定，仲裁协议应具有下列内容：①请求仲裁的意思表示；②仲裁事项；③选定的仲裁委员会。

仲裁协议对仲裁事项或者仲裁委员会没有约定或者约定不明确的，当事人可以补充协议；达不成补充协议的，仲裁协议无效。

(三) 仲裁协议的无效

根据《仲裁法》规定，仲裁协议有下列情形之一的，仲裁协议无效：①约定的仲裁事项超出法律规定的仲裁范围的；②无民事行为能力人或者限制民事行为能力人订立的仲裁协议；③一方采取胁迫手段，迫使对方订立仲裁协议的。

当事人对仲裁协议的效力有异议的，可以请求仲裁委员会作出决定或者请求人民法院作出裁定。一方请求仲裁委员会作出决定，另一方请求人民法院作出裁定的,由人民法院裁定。当事人对仲裁协议的效力有异议,应当在仲裁庭首次开庭前提出。

五、经济仲裁程序

(一) 申请和受理

1. 仲裁的申请

当事人申请仲裁应当符合下列条件:①有仲裁协议;②有具体的仲裁请求和事实、理由;③属于仲裁委员会的受理范围。

当事人申请仲裁,应当向仲裁委员会递交仲裁协议、仲裁申请书及副本。仲裁申请书应当载明下列事项:①当事人的姓名、性别、年龄、职业、工作单位和住所,法人或者其他组织的名称、住所和法定代表人或者主要负责人的姓名、职务;②仲裁请求和所根据的事实、理由;③证据和证据来源、证人姓名和住所。

2. 仲裁申请的受理

仲裁委员会收到仲裁申请书之日起 5 日内,认为符合受理条件的,应当受理,并通知当事人;认为不符合受理条件的,应当书面通知当事人不予受理,并说明理由。

3. 答辩

被申请人收到仲裁申请书副本后,应当在仲裁规则规定的期限内向仲裁委员会提交答辩书。仲裁委员会收到答辩书后,应当在仲裁规则的期限内将答辩书副本送达申请人。被申请人未提交答辩书的,不影响仲裁程序的进行。

(二) 仲裁庭的组成

仲裁庭的组成有两种情况。一种是由 3 名仲裁员组成的仲裁庭。由 3 名仲裁员组成的,设首席仲裁员。当事人约定由 3 名仲裁员组成的仲裁庭,应当各自选定或者各自委托仲裁委员会主任指定 1 名仲裁员,第 3 名仲裁员由当事人共同选定或者共同委托仲裁委员会主任指定。第 3 名仲裁员是首席仲裁员。另一种是当事人约定由 1 名仲裁员成立仲裁庭的,应当由当事人共同选定或者共同委托仲裁委员会主任指定仲裁员。当事人没有在仲裁规则的期限内约定仲裁庭的组成方式或者选定仲裁员的,由仲裁委员会主任指定。

仲裁庭组成后，仲裁委员会应当将仲裁庭的组成情况书面通知当事人。仲裁庭组成后，当事人有权提出回避申请，但是应当说明理由，并在首次开庭前提出。回避事由在首次开庭后知道的，可以在最后一次开庭终结前提出。仲裁员有下列情形之一的，必须回避，当事人也有权提出回避申请：①是本案当事人或者当事人、代理人的近亲属；②与本案有利害关系；③与本案当事人、代理人有其他关系，可能影响公正仲裁的；④私自会见当事人、代理人，或者接受当事人、代理人的请客送礼的。

仲裁员是否回避，由仲裁委员会主任决定；仲裁委员会主任担任仲裁员时，由仲裁委员会集体决定。仲裁员因回避或者其他原因不能履行职责的，应当依照仲裁法的规定重新选定或者指定仲裁员。

（三）仲裁庭开庭和裁决

1. 开庭

仲裁应当开庭进行，当事人协议不开庭的，仲裁庭可以根据仲裁申请书、答辩书，以及其他材料作出裁决。仲裁不公开进行，当事人协议公开的，可以公开进行，但涉及国家秘密的除外。

仲裁委员会应当在仲裁规定的期限内将开庭日期通知双方当事人。当事人有正当理由的，可以在仲裁规定的期限内请求延期开庭。是否延期，由仲裁庭决定。

申请人经书面通知，无正当理由不到庭或者未经仲裁庭许可中途退庭的，可以视为撤回仲裁申请；被申请人经书面通知，无正当理由不到庭或者未经仲裁庭许可中途退庭的，可以缺席裁决。

2. 和解

当事人申请仲裁后，可以自行和解。达成和解协议的，可以请求仲裁庭根据和解协议作出裁决书，也可以撤回仲裁申请。当事人达成和解协议，撤回仲裁申请后反悔的，可以根据仲裁协议申请仲裁。

3. 调解

仲裁庭在作出裁决前，可以先行调解。当事人自愿调解的，仲裁庭应当调解。调解不成的，应当及时作出裁决。调解达成协议的，仲裁庭应当制作调解书或者根据协议的结果制作裁决书。调解书与裁决书具有同等法律效力。

调解书应当写明仲裁请求和当事人协议的结果。调解书由仲裁员签名,加盖仲裁委员会印章,送达双方当事人。调解书经双方当事人签收后,即发生法律效力。在调解书签收前当事人反悔的,仲裁庭应当及时作出裁决。

4. 裁决

对调解不成或在调解书签收前双方当事人反悔的,仲裁庭应及时作出裁决。裁决应当按照多数仲裁员的意见作出,少数仲裁员的不同意见可以记入笔录。仲裁庭不能形成多数意见时,裁决应当按照首席仲裁员的意见作出。

裁决书应当写明仲裁请求、争议事实、裁决理由、裁决结果、仲裁费用的负担和裁决日期。当事人协议不愿写明争议事实和裁决理由的,可以不写。裁决书由仲裁员签名,加盖仲裁委员会印章。对裁决持不同意见的仲裁员,可以签名,也可以不签名。

仲裁庭仲裁纠纷时,其中一部分事实已经清楚,可以就该部分先行裁决。对裁决书中的文字、计算错误或者仲裁庭已经裁决,但在裁决书中遗漏的事项,仲裁庭应当补正;当事人自收到裁决书之日起 30 日内,可以请求仲裁庭补正。

裁决书自作出之日起发生法律效力。

六、仲裁裁决的撤销

申请撤销裁决是指当事人对已经发生法律效力的裁决,当事人有证据证明裁决违背仲裁法规定的,可以向仲裁委员会所在地的中级人民法院申请撤销裁决。申请撤销裁决,是当事人的一项权利,但不是仲裁中的必备程序。

当事人自收到裁决书之日起 6 个月内,提出证据证明裁决有下列情形之一的可以申请撤销裁决:①没有仲裁协议的;②裁决的事项不属于仲裁协议的范围或者仲裁委员会无权仲裁的;③仲裁庭的组成或者仲裁的程序违反法定程序的;④裁决所根据的证据是伪造的;⑤对方当事人隐瞒了足以影响公正裁决的证据的;⑥仲裁员在仲裁该案时有索贿受赠、徇私舞弊、枉法裁决行为的。

人民法院经组成合议庭审查核实裁决有前款规定情形之一的,应当裁定撤销。人民法院认定该裁决违背社会公共利益的,应当裁定撤销。人民法院应当在受理撤销裁决申请之日起两个月内作出撤销裁决或者驳回申请的裁定。

人民法院受理撤销裁决的申请后，认为可以由仲裁庭重新仲裁的，通知仲裁庭在一定期限内重新仲裁，并裁定中止撤销程序。仲裁庭拒绝重新仲裁的，人民法院应当裁定恢复撤销程序。

七、仲裁裁决的执行

仲裁裁决是整个仲裁活动的结果和归宿，只有执行裁决，才能有效地保护当事人的合法权益。因此，《仲裁法》规定，当事人应当履行裁决。一方当事人不履行的，另一方当事人可以依照民事诉讼法的有关规定向被执行人户籍所在地（或被执行单位所在地）人民法院或被执行的财产所在地的人民法院申请执行，受申请的人民法院应当执行。但是，被申请人提出证据证明仲裁裁决有下列情形之一的，经人民法院组成合议庭审查核实，裁定不予执行：①当事人在合同中没有订有仲裁条款或者事后没有达成书面仲裁协议的；②裁决的事项不属于仲裁协议的范围或者仲裁机构无权仲裁的；③仲裁庭的组成或者仲裁的程序违反法定程序的；④认定事实的主要证据不足的；⑤适用法律确有错误的；⑥仲裁员在仲裁该案时有贪污受贿、徇私舞弊、枉法裁决行为的。

仲裁裁决被人民法院裁定不予执行的，当事人可以根据双方达成的书面仲裁协议重新申请仲裁，也可以向人民法院起诉。

第四节　经济诉讼

一、经济诉讼的管辖

管辖是指法院系统内各级法院之间以及同级法院之间受理第一审案件的分工与权限，管辖有级别管辖，地域管辖、移送管辖和指定管辖之分，本书主要介绍级别管辖与地域管辖。

（一）级别管辖

级别管辖是指人民法院系统内上下级法院之间受理第一审案件的分工与权限。根据《中华人民共和国民事诉讼法》规定，除法律另有规定外，基层人民法院管辖第一审民事案件，中级人民法院管辖下列第一审民事案件：

①重大涉外案件；②在本辖区有重大影响的案件；③最高人民法院确定由中级人民法院管辖的案件，高级人民法院管辖在本辖区有重大影响的第一审民事案件。最高人民法院管辖下列第一审民事案件：①在全国有重大影响的案件；②认为应当由本院审理的案件。

（二）地域管辖

地域管辖是指不同地区的法院之间受理第一审案件的权限划分。有一般地域管辖、特别地域管辖、协议管辖、专属管辖、共同管辖。本书主要介绍前四种。

1. 一般地域管辖

一般地域管辖也称普通地域管辖，是指根据当事人住所所在地确定行使管辖权的法院依法受理的诉讼；地域管辖采取原告就被告原则，即原告到被告住所地起诉，此原则防止原告滥用诉权。

2. 特别地域管辖

特别地域管辖是指根据诉讼标的或诉讼标的物所在地及被告住所地来确定管辖权，它与普通地域管辖相对称。例如，因合同纠纷提起的诉讼，由被告住所地或者合同履行地人民法院管辖。

3. 协议管辖

协议管辖是指当事人可以在充分协商的基础上对第一审案件共同协议选择由哪个法院管辖。其立法旨在尊重当事人的自主选择，减少当事人对管辖的争议，克服地方保护主义，促使当事人对管辖法院信赖。目前我国协议管辖只适用于合同纠纷案件。

4. 专属管辖

专属管辖即根据案件的特定性质，法律规定某类案件必须由一定地区的人民法院管辖，其他法院无权管辖。

二、经济诉讼当事人的权利

（一）申请回避的权利

当事人发现审判人员、书记员、翻译人员、鉴定人、勘验人有下列情形之一的，有权用口头或者书面方式申请他们回避：

（1）是本案当事人或者当事人、诉讼代理人的近亲属。

(2) 与本案有利害关系。

(3) 与本案当事人、诉讼代理人有其他关系,可能影响对案件公正审理的。

当事人提出回避申请,应当说明理由,在案件开始审理时提出;回避事由在案件审理开始后知道的,也可以在法庭辩论终结前提出。被申请回避的人员在人民法院作出是否回避的决定前,应当暂停参与本案的工作,但案件需要采取紧急措施的除外;人民法院对当事人提出的回避申请,应当在申请提出的3日内,以口头或者书面形式作出决定。申请人对决定不服的,可以在接到决定时申请复议一次。复议期间,被申请回避的人员,不停止参与本案的工作。人民法院对复议申请,应当在3日内作出决定,一并通知复议申请人。

(二) 请求财产保全的权利

财产保全是指当事人因另一方的行为或者其他原因,如抽逃、转移、隐藏财产,使判决不能执行或难以执行时,向法院提出财产保全的申请。当事人没有提出申请的,法院认为有必要的也可以裁定采取财产保全措施,以免使胜诉的判决书如废纸一张,债权人无法确保权益。

法院采取财产保全,可以责令申请人提供担保,申请人不提供担保,法院将驳回申请。提供担保的主要目的是:如果申请人有错误并败诉,使被申请人因财产保全遭受损失时,可用担保财产赔偿被申请人的损失。法院接受申请后,对情况紧急的,必须在48小时内作出裁定;裁定采取财产保全措施的,应立即开始执行。申请人在法院采取保全措施后30日内必须起诉,如果30日内不起诉,30日过后,财产保全自动失效,法院将解除财产保全。

财产保全仅限于诉讼请求的范围,与债务额相当,不能与债务额过分悬殊,从而影响被申请人的正常生产经营活动。

财产保全采取查封、扣押、冻结或法律规定的其他方法。法院冻结财产后,应立即通知被冻结人。被申请人提供担保的,法院应当解除财产保全。此外,当事人申请财产保全应向财产所在地法院申请。

三、主要诉讼程序

(一) 第一审程序

第一审程序包括普通程序、简易程序和特别程序。第一审程序是民事诉讼法中规定的一种诉讼程序，在整个民事诉讼程序中具有广泛的适用性，审理第一审经济纠纷案件一般适用普通程序。简易程序是基层人民法院和它的派出法庭，审理事实清楚、权利义务关系明确、争议不大的简单的案件时适用的一种既独立又简便易行的诉讼程序。特别程序是法院审理某些特别的非民事权益争议案件所适用的程序，这些案件包括选民资格、宣告失踪或者宣告死亡案件、认定公民无民事行为能力或者限制民事行为能力案件和认定财产无主案件、确认调解协议案件和实现担保物权案件。

第一审普通程序包括起诉和受理、审理前的准备、开庭审理、诉讼中止和终结、判决和裁定等几个部分。人民法院收到诉状后应当在 7 日内决定是否立案，并通知当事人；对不予受理的裁定不服的，原告可以上诉。

开庭审理一般按照如下程序进行：①宣布开庭；②法庭调查；③法庭辩论；④法庭调解；⑤合议庭评议；⑥宣判。

当事人不服第一审法院的判决和裁定的，有权向上级人民法院提起上诉。

（二）第二审程序

当事人不服第一审法院的判决，在收到判决书起 15 日内有权上诉；对裁定不服的，应在裁定书送达之日起 10 日内提起上诉。逾期没有上诉的，第一审法院的判决和裁定发生法律效力。

第二审人民法院对上诉案件应当组成合议庭开庭审理，其程序与第一审程序大致相同。第二审不采用独任制，也没有陪审员参加合议庭。经过阅卷、调查和询问当事人，在事实核对清楚后，合议庭认为不需要开庭审理的，也可以采取判决、裁定。第二审人民法院应当对上诉请求的有关事实和适用法律进行审查。第二审人民法院审理上诉案件，既可以在本院进行，也可以到案件发生地或者原审人民法院所在地进行。

第二审人民法院对上诉案件，经过审理，按照下列情形分别处理：①原判决、裁定认定事实清楚，适用法律正确的，以判决、裁定方式驳回上诉，维持原判决、裁定；②原判决、裁定认定事实错误或者适用法律错误的，以判决、裁定方式依法改判、撤销或变更；③原判决认定事实不清的，裁定撤销原判决，发回原审人民法院重审，或者查清事实后改判；④原判决遗漏当事人或者违法缺席判决等严重违反法定程序的，裁定撤销原判决，发回原审人民法院重审。当事人对重审案件的判决、裁定，可以上诉。

第二审人民法院对不服第一审人民法院裁定的上诉案件的处理，一律使用裁定。第二审人民法院的判决、裁定，是终审的判决、裁定。

(三) 审判监督程序

审判监督程序是指对已经发生法律效力的判决、裁定，发现确有错误，重新再审，以纠正错判。这是当事人最后一次申辩机会，也是司法审判中最后的修错和救济机制。

(1) 提起审判监督的途径：①各级人民法院院长对本院已经发生法律效力的判决、裁定、调解书，发现确有错误，认为需要再审的，由本院审判委员会决定是否再审；②最高人民法院对地方各级人民法院和上一级法院对下级法院作出的生效判决有权再审；③最高人民检察院对各级人民法院和上一级检察院对下一级法院已作出的生效判决有权抗诉，引起再审；④当事人提起。

(2) 提起再审的条件：①有新的证据，足以推翻原判决、裁定；②原判决、裁定认定事实的主要证据不足；③原审运用法律确有错误；④法院违反法定程序，可能影响案件正确判决；⑤审判人员在审理该案时贪污受贿、徇私舞弊、枉法裁判。

(四) 督促程序

督促程序是指人民法院根据债权人要求债务人给付金钱或有价证券的请求，不经过审判程序，直接向债务人发出支付令要求其按期给付；否则，即根据债权人的申请和支付予以强制执行。

支付令的申请条件如下：

(1) 支付令仅适用于给付金钱与有价证券。

(2) 债权人和债务人之间无其他债务纠纷，不存在抵消法律关系。

(3) 支付令能够送达债务人，如债务人不在我国境内或虽在境内但不能直接到达，则人民法院不予受理。

(五) 执行程序

执行程序是指人民法院依法对已经发生法律效力的民事判决、裁定，刑事判决、裁定中的财产部分，以及其他法律文书强制当事人履行的程序。执行程序不是民事诉讼的必经程序，它只在当事人不自动履行已经生效的法律义务时才发生。

1. 执行根据和执行法院

执行根据是指执行所依据的法律文书。主要包括有：①人民法院的发生法律效力的具有给付内容的民事判决书、裁定书和调解书、支付令和民事制裁决定书；②人民法院制作的生效的行政判决书、裁定书及行政赔偿调解书；③人民法院作出的生效的具有财产执行内容的刑事判决书、裁定书和调解书；④我国仲裁机关制作，依法申请由人民法院执行的仲裁裁决书和调解书；⑤公证机关依法作出的具有强制执行效力的关于追偿债款、物品的债权文书；⑥行政机关制作的依法由人民法院执行的行政处罚决定书和行政处理决定书；⑦人民法院经审查决定承认外国法院裁判效力的裁定书；⑧法律规定由法院执行的其他法律文书。以上法律文书中，除第①、②项由第一审人民法院或者与第一审人民法院同级的被执行的财产所在地人民法院执行外，其余均由被执行人所在地或被执行财产所在地人民法院执行。

2. 执行措施

被执行人未按执行通知履行法律文书确定的义务，人民法院有权采取以下强制执行的措施：①查询被执行人的存款、债券、股票、基金份额等财产情况；根据不同情形扣押、冻结、划拨被执行人的存款，但不得超出被执行人应当履行义务的范围；②扣留、提取被执行人应当履行义务部分的收入，但应当保留被执行人及所扶养家属的生活必需费用；③查封、扣押、冻结、拍卖、变卖被执行人应当履行义务部分的财产，但应当保留被执行人及其所扶养家属的生活必需品；④搜查被执行人隐匿的财产；⑤裁定禁止被执行人转让其专利权、注册商标专用权、著作权（财产部分）等知识产权；⑥裁定禁止被执行人提取和有关企业向被执行人支付已到期的股息或红利等收益，并要求有关企业直接向申请执行人支付；⑦强制执行拒不交出的法律文书指定交付的财物或者票证；⑧强制迁出房屋或者强制退出土地；⑨强制执行或者委托有关单位或者其他人完成对判决、裁定和其他法律文书指定的行为，费用由被执行人承担；⑩被执行人未按判决、裁定和其他法律文书指定的期间履行给付金钱义务的，应当加倍支付迟延履行期间的债务利息。被执行人未按判决、裁定和其他法律文书指定的期间履行其他义务的，当支付迟延履行金。

3. 申请执行的期限

根据民事诉讼法的规定，申请执行的期间为 2 年。申请执行时效的中止、中断，适用法律有关诉讼时效中止、中断的规定。执行期间，从法律文书规定履行期间的最后 1 日起计算。

讨论思考题

1. 经济仲裁的含义及特征是什么？
2. 经济仲裁与经济诉讼有何区别？
3. 经济仲裁有哪些程序？
4. 经济诉讼管辖是如何划分的？
5. 审判监督程序与二审程序有何区别？
6. 执行措施有哪些？

案例分析

王某持龙卡去建行存款，当他将签名的回单交给银行柜台操作员时，操作员告诉他的签名与该信用卡的所有人不符。原来该卡的持有人并非王某。为什么自己钱包里的信用卡会变成别人的呢？王某仔细回忆，才想起自己从办公室抽屉拿信用卡时，可能错拿了别人的卡。但这张信用卡究竟是谁的，当王某询问银行时，银行声称这是客户个人资料，银行有义务为客户保密，因此拒绝提供。这样，王某将1.6万元存进了连他自己都不知道是谁的账户里？王某该怎么办？

处理：在律师的建议下，王某以银行为被告，向当地法院提起了诉讼，要求法院撤销该次存钱行为。

法院受理了该案件。在诉讼过程中，银行提供了该信用卡的持有人信息，原来该卡为厦门的邓某所有。法院将邓某列为不当得利的第三人。在无法通知到邓某且邮寄送达不成功的情况下，法院进行了公告送达。公告之日起60日后，视为送达，法院进行了缺席审理，并最终作出了缺席判决。该判决撤销了该次存钱行为，第三人邓某作为不当得利人应当将该笔存款返还给王某。判决后，鉴于邓某一直未能出现，法院将判决书予以公告送达。在公告满60日后的15日内，原被告均未上诉。在法院的协助下，王某持生效的判决书前往银行，由银行撤销了该次存钱行为。

几经周折，王某终于取回了因一时疏忽而打入别人账户的1.6万元。

问题：

1. 结合本案例分析这是一种经济纠纷吗？
2. 这次经济纠纷的处理是否合法？为什么？

主要参考文献

［1］习近平：《决胜全面建成小康社会 夺取新时代中国特色社会主义伟大胜利——在中国共产党第十九次全国代表大会上的报告》，2017年10月18日。

［2］刘泽海．经济法［M］．南京：南京大学出版社，2018.

［3］刘大洪．经济法［M］．北京：中国人民大学出版社，2018.

［4］曲振涛．经济法教程［M］．北京：高等教育出版社，2018.

［5］张守文．经济法学［M］．北京大学出版社，2018.

［6］财政部会计资格评估中心经济法基础（中级会计资格）［M］．北京：经济科学出版社，2018.

［7］中国注册会计师协会组织．经济法［M］．北京：中国财政经济出版社，2018.

［8］张文彬．新编经济法教程［M］．武汉：武汉大学出版社，2018.

［9］郭若愚．经济法［M］．北京：清华大学出版社，2018.

［10］殷洁．经济法［M］．北京：法律出版社，2018.

［11］赵旭．陆中宝．经济法［M］．长沙：湖南师范大学出版社，2018.

［12］黄河，张卫华．经济法概论［M］．北京：中国政法大学出版社，2018.

［13］财政部会计资格评估中心．经济法基础（初级会计资格）［M］．北京：经济科学出版社，2017.

［14］陈践．经济法概论［M］．北京：清华大学出版社，2017.

［15］张秋华，王晓红．经济法概论［M］．北京：中国人民大学出版社，2017.

［16］赵威．经济法［M］．北京：中国人民大学出版社，2017.

［17］刘映春，缪树蕾．经济法概论［M］．北京：中国人民大学出版

社,2017.

[18] 周黎明.经济法教程[M].杭州:浙江大学出版社,2015.

[19] 马洪.经济法概论[M].上海:上海财经大学出版社,2017.

[20] 魏俊,朱福娟.经济法概论[M].北京:法律出版社,2015.

[21] 曾咏梅,王峰.经济法[M].武汉:武汉大学出版社,2015.

[22] 高程德.经济法[M].上海:上海人民出版社,2015.

[23] 王晓红,张秋华.经济法概论[M].北京:中国人民大学出版社,2018.

[24] 秦雷,郑轶.经济法[M].北京:清华大学出版社,2019.

[25] 周黎明.经济法理论与实务[M].杭州:浙江大学出版社,2018.

[26] 葛恒云,吴贵春.经济法[M].北京:机械工业出版社,2018.

[27] 姜吾梅,余友飞.经济法[M].北京:机械工业出版社,2018.